Dietrich Woessner

Das praktische Rosenbuch

Dietrich Woessner

Das praktische Rosenbuch

3., überarbeitete, ergänzte und
neugestaltete Auflage
124 Farbfotos, 40 Schwarzweißfotos
und Zeichnungen

E.U.
VERLAG
EUGEN
ULMER

Seite 2: Ein tiefes, reines Goldgelb, das nicht verblaßt, zeigen die Blüten der robusten und öfterblühenden Kletterrose 'Goldstern'.

Die Deutsche Bibliothek – CIP-Einheitsaufnahme

Woessner, Dietrich:
Das praktische Rosenbuch / Dietrich Woessner. –
3., überarb., erg. und neugestaltete Aufl. –
Stuttgart (Hohenheim) : Ulmer, 1996
ISBN 3-8001-6580-5
NE: HST

Wollgrasweg 41, 70599 Stuttgart (Hohenheim)
Printed in Germany
Lektorat: Agnes Pahler
Herstellung: Dieter Kleinschrot
Satz: Typomedia Satztechnik GmbH, Ostfildern
Druck: Georg Appl, Wemding
Bindung: Großbuchbinderei Monheim

Vorwort

Die Rose ist ein eigenwilliges Gewächs. Stachelbewehrt behauptet sie sich an vielen Wildstandorten auf der ganzen Welt, und überall in den Gärten beglückt sie uns mit ihren herrlichen Blumen, den »Rosen«. Es gibt wohl keinen, der sich ihrer Schönheit entziehen könnte. Obwohl die Rose schon seit Jahrhunderten die Gärten schmückt, erfreut sie sich erst seit dem letzten Vierteljahrhundert der großen und immer noch zunehmenden Beliebtheit und Verbreitung, die sie als in jeder Hinsicht hervorragende Gartenpflanze verdient. Wir Garten- und Pflanzenfreunde dürfen heute beinahe von einem Zeitalter der Rose sprechen. Und zweifellos ist die Rose eine der schönsten Blumen und sicher auch die beliebteste.

Beobachten wir, wie sich eine Rosenknospe allmählich zur offenen Blüte entfaltet, erfahren wir gleichzeitig etwas über die Entwicklung des Menschen in seinem Lebenslauf. Die Rose ist Sinnbild des Lebens, und sie ist die Blume der Seele. Betrachten wir das Innere einer vollständig erblühten Rose, fühlen wir uns von deren edlen Form bezaubert. Strömt sie überdies einen unvergleichlich frischen Duft aus, wie z. B. die weiße 'Margaret Merril', sind wir von der herrlichen Blume hingerissen. Es fällt uns nicht schwer zu begreifen, daß die Menschen seit dem Altertum bis zur Gegenwart Rosen gehegt und gepflegt haben. Fast jeder Gartenbesitzer wünscht sich Rosen für seinen Garten. Die Vielfalt an Beet-, Kletter- und Strauchrosen und die große Auswahl an Sorten ermöglicht es, einem Garten – bei geschickter Anordnung – ein besonderes Aussehen zu verleihen. Rosen haben in unseren Breitengraden zudem die angenehme Eigenschaft, uns je nach Sorte schon ab Ende Mai bis kurz vor Wintereinbruch ständig mit ihrem Blühen zu erfreuen. Und im Herbst begeistert uns der leuchtende Schmuck der Hagebutten.

Kulturrosen stellen an ihre Lebensbedingungen besondere Anforderungen. Deshalb sind spezielle Kenntnisse und exakte Anleitungen zu ihrer Pflege unentbehrlich. »Das praktische Rosenbuch« ging aus jahrzehntelanger beruflicher Erfahrung mit Rosen hervor. Es möchte allen Rosenliebhabern zur praktischen Hilfe werden. Alle darin enthaltenen Anweisungen haben sich in der Praxis bewährt. Zudem findet der Leser die Ergebnisse von 120 Versuchen zu Veredlungsunterlagen, Steckholzvermehrung, Bodenverträglichkeit, Sorteneigenschaften, Pflanzabstände, Pflanztiefe, Düngung, Bewässerung sowie zur Gesunderhaltung der Rosen. Auch über den Anbau von Kulturrosen in Alpinlagen wird ausführlich berichtet. Die neuzeitlichen Kulturmethoden sind, soweit sie sich bewährten, mitberücksichtigt.

Bei der erneuten Bearbeitung dieses Buches durfte ich von verschiedenen Seiten Unterstützung erfahren. Allen, die mir geholfen haben, danke ich herzlich. Herrn emer. Prof. Dr. C. H. Eugster verdanke ich den Beitrag über die Rosenfarbstoffe, der die neusten Forschungsergebnisse berücksichtigt. Den verschiedenen Fotografen bin ich für die neuen Aufnahmen zu großem Dank verpflichtet. Dem Verleger, Herrn Roland Ulmer, und den Damen und Herren des Lektorates im Verlag Eugen Ulmer danke ich herzlich für die freundschaftliche Zusammenarbeit.

Dietrich Woessner
Neuhausen
am Rheinfall, Sommer 1996

Inhaltsverzeichnis

Zur Kultur- und Entwicklungsgeschichte 9
Geschichtliches 9
Zur Etymologie des Wortes Rose 11
Von der wildwachsenden Rose zur Kulturrose 13

Einige Gedanken zur Klassifizierung 23

Rosenzüchtung 25
Zuchtziele 25
Vererbung 25
Wie entstehen neue Rosen? 30

Die Vermehrung der Rosen 34
Methoden für besondere Fälle 34
Vermehrung durch Okulation 37

Die Rose aus botanischer Sicht 50

Die Rosenarten und Rosensorten 63
Erläuterungen zu den Sortenangaben 63

Wildrosen 67

Strauchrosen 73
Bodenbedeckende Rosen 94
»Ökorosen« 95

Kletterrosen 97
Climbing-Sports (Rosen mit Klimmwuchs) 107

Miniaturrosen (Zwerg-Bengalrosen) 109

Compacta-Rosen 111

Englische Rosen 113

Polyantharosen, Polyanthahybriden, Floribundarosen, Floribunda-Grandiflora-Rosen und andere 117

Remontantrosen, Teerosen, Teehybridrosen 135

Die Strauchrose 'Mme Isaac Pereire' schmückt sich mit großen, stark gefüllten Blüten in Karminrosa. Völlig aufgeblüht hängen die duftenden Rosen etwas.

Die Verwendung der Rosen im Garten 160
Die Wuchs- und Erziehungsformen der Rosen 161
Rosen im Bauerngarten 165
Rosen im Garten und Park 166
Begleitpflanzen 172
Bepflanzungsbeispiele 174
Rosengärten 178
Duftrosengärten für Blinde 182

Das Pflanzen der Rosen 183
Standort 183
Boden 183
Auswahl, Bestellung und Ankunft der Rosen 188
Das Pflanzen 191

Die Pflege der Rosen 195
Rosenschnitt 195
Bodenpflege 201
Düngung der Rosen 202
Bewässerung der Rosen 209
Sommerbehandlung 210
Das Schneiden von Rosen für die Vase 212
Winterschutz 213
Lebensdauer der Rosen 214

Krankheiten und Schädlinge 215
Allgemeine Pflanzenschutzmaßnahmen 215
Nichtparasitäre Schädigungen 217
Bodenmüdigkeit und Rosenmüdigkeit 218
Rosenvirus (Rosenmosaik) 219
Rosenkrankheiten und -schädlinge 220
Pflanzenschutz mit Sinn und Verstand 223

Besondere Rosenpflanzungen 225
Die Rosenkultur in Alpinlagen 225
Rosen als Balkon- und Dachgartenpflanzen 229
Rosen zur Bepflanzung von Gräbern 230
Freilandrosen im Folientunnel 231
Das Treiben von Topfrosen 231

Interessantes über alte Rosensorten 233

Allerlei Wissenswertes über Rosen 237
Kulturgeschichtliches über Rosen 237
Wenig Bekanntes über Rosen 240
Der Rosenpfarrer 242
Vom Wert der Rosenfrüchte (Hagebutten) und Blütenblätter 242
Haltbarkeit von Schnittrosen 244
Die Rose in der Werbung 245
Rosenprüfgärten in aller Welt 245

Rosenzüchter 248

Freunde der Rose 250

Literaturverzeichnis 252
Bildquellen 254
Register 255

Zur Kultur- und Entwicklungsgeschichte

Geschichtliches

Die Rose blühte Jahrtausende, bevor der Mensch sich mit ihr befaßte. Die heutige prunkvolle Gartenrose ist – wie jede Pflanze – das Kind einer langen Geschichte. Angesichts ihrer gefüllten Zuchtformen haben wir beinahe vergessen, daß sie ursprünglich eine einfache Blüte mit nur fünf Blumenblättern hatte, so wie die wilde Heckenrose noch heute. Nur zu einem Teil waren Menschen beteiligt an der Formung der heutigen Gartenrose. Die Natur ging und geht ihre eigenen Wege. Erst seit der Mensch in die Natur eingriff, es der Natur gleichtun wollte, sind auch die Rosen von ihm »mitgeformt« worden. Diese Veränderungen sind – wenngleich sie manchem groß vorkommen – im Vergleich zur Entwicklungsgeschichte gering.

Die Rose war also längst vor den Menschen da. Forscher fanden sie in den tiefen Schichten des Tertiärs und des Quartärs. Aber wer weiß, ob nicht noch tiefere Schichten angeschürft werden müßten? Und als die Menschheitsgeschichte aufdämmerte, das heißt, als die Menschen sich ihrer bewußt wurden und ihre Kulturen entwickelten, da kreisten ihre Gedanken auch schon um die Rose. Bei den Ägyptern, den Persern und Chinesen war sie da, sobald Menschen Geschehen schriftlich festhielten, Geschichte schrieben. Die Rose ist die Sonne und das Rad und die Rundung, Sinnbild des Unendlichen und gleichzeitig des Vollendeten.

Die heutigen Rosenforscher rätseln über das eigentliche **Ursprungsland der Rose**. Ist es Asien? Oder Griechenland? Oder Ägypten? Das weiß niemand. Noch in neueren Büchern findet sich, die Spanier hätten die Rosen nach Amerika gebracht. Wir wissen nicht, wer diesen Unsinn erfunden hat. Auf jeden Fall fischte Kolumbus am 11. Oktober 1492, bei seiner ersten Westfahrt, angesichts des Landes einen Rosenzweig aus dem Meer. Rosen hatten den Entdecker begrüßt. Dornen (Stacheln) sollten folgen. Wir wissen heute, daß die Rose von Natur aus in den ganzen nördlich-gemäßigten Breiten und in den tropischen Gebirgen zu Hause ist.

Früh wurde die Rose von den Dichtern besungen. Bei den Chinesen etwa, die sie als überirdisches Wesen feierten. Rosenprägungen auf Münzen gab es ab 400 bis 80 v. Chr. auf Rhodos. Im nördlichen Asien wurden erst später Rosen auf Münzen geschlagen. Von den Medern und Persern lernten die Griechen der Homerischen Zeit die Rose kennen. Die Römer übernahmen sie von den Griechen für ihre Rosenfeste. In der nachchristlichen Kaiserzeit verschwendeten die Römer bei Gastmählern und üppigen Rosengelagen Unsummen, um die Gäste mit herrlichen Rosen zu überschütten.

Natürlich blühten in Frankreich seit Jahrtausenden die wilden Heckenrosen, ähnlich wie bei den Turkmenen und den Chinesen. Aber die Kreuzritter des 11. und 12. Jahrhunderts fanden die Rosen des östlichen Mittelmeerraumes viel schöner als die ihren. Sie brachten diese zauberhaften Rosen über die Meere mit, in ihren Gärten pflanzten sie sie an – Rosen aus dem Orient, märchenhaft und einzigartig.

Die Kreuzfahrer entdeckten in der Levante, im Umkreis um das Heilige Grab, die Zentifolie. Sie liebten sie so sehr, daß sie begannen, ihre schlichten fünfblättrigen Hundsrosen (Heckenrosen) langweilig zu finden. Dieweil die romanischen Münsterbauer um die Jahrtausendwende noch in ihren Kathedralen wunderbare schlichte Rosetten mit fünf Petalen einbauten, kam nun der Überschwang der gotischen Zentifolie (lateinisch centifolia = hundertblättrig). Erinnern wir uns der Münsterrose von

Die einmalblühende, frostharte Strauchrose 'Parkjuwel' mit auffällig stacheligen Trieben wächst kräftig und breit ausladend. Blütenkelche und -stiele sind bemoost. Überreich trägt der Strauch die leuchtend rosa, gefüllten Blüten.

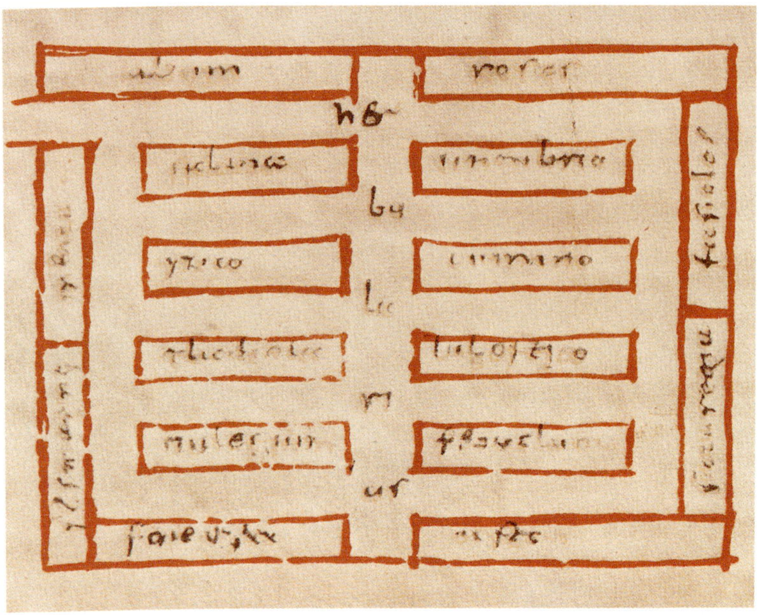

Der Ausschnitt aus dem karolingischen Klosterplan von St. Gallen (816 n. Chr.) zeigt den Wurzgarten (herbularius), in dem neben verschiedenen Arznei- und Gewürzkräutern auch Lilien (lilium, links oben) und Rosen (roses, rechts oben) angepflanzt wurden.

Lausanne, schlicht und bescheiden, und der von Straßburg: Hier drängen sich die hundert Kronblätter in dichtgefügter Reihe. Die großen abendländischen Kathedralen sind fast immer auch ein unvergängliches Denkmal für die Rose. Diese Münsterrosette versinnbildlicht das Auge Gottes, das geheimnisvoll glühend auf den Gläubigen ruht.

Einen der frühesten Belege für die **Einführung von Rosen in Gärten** bringt das »Capitulare de villis«, ein von Karl dem Großen um 795 erlassenes Dokument über das Anlegen von Herrenhöfen, in dessen 70. Kapitel Gärten und die darin zu kultivierenden Pflanzen aufgeführt sind. Im Gartenplan sodann zum Kloster von St. Gallen von 816 ist ein Rosenbeet eingezeichnet, was uns den Beginn der Verbreitung der Rosen anzeigt. Ob diese Rosen als Zier- oder mehr als Nutzpflanzen zu Heilzwecken angebaut wurden, ist nicht mit Sicherheit zu ergründen. Erst von den Klostergärten des Frühmittelalters aus haben sich dann die Rosen in die Bürger- und in der Folge auch in die Bauerngärten ausgedehnt. Somit finden wir sie um die Mitte des 14. Jahrhunderts bereits in beträchtlichen Mengen vor.

1789 gelangte die Bengalrose nach Europa. Es war die hochrote, sogenannte Chinesenrose. In Frankreich und England tauchte sie zuerst auf. Ihr folgte schon 1809, ebenfalls aus China, eine gelbblühende Teerose. Lindley, der große Systematiker, nannte später die Bengalrose *Rosa indica* und die gelbe Teerose *Rosa thea* oder *Rosa indica* var. *odoratissima*.

China schenkte uns nochmals eine Rose, 1824, rein goldgelb. Von größter Bedeutung wurde aber schließlich doch die Bengalrose von 1789. Diese schloß mit den alten europäischen Rosen einen Liebesbund, und das Kind dieser Ehe war die Bourbonrose. Das war 1817. Mütterlicherseits hatte sich eine Chinarose, väterlicherseits eine Damaszenerrose gefunden.

In diesem Elternpaar haben wir Adam und Eva der modernen Rosen vor uns. Von diesem Kind an, der Bourbonrose, groß und rot, begann der Aufstieg. Nach wenigen Jahren war der **Stammbaum** schon riesig verbreitert. Einzelne Höhepunkte markieren diesen steilen Anstieg: 1843 die Sorte 'Souvenir de la Malmaison', später 'Niphetos' und alle jene herrlichen Rosen seither. Waren es zu Beginn, nach 1843, erst wenige Dutzend, häuften sich jetzt die Kreuzungen aus Menschenhand, künstlich gewählt und gelenkt. Die Franzosen gingen voran, Vilbert und Laffay und Pernet-Ducher. Schließlich kamen die Deutschen mit Peter Lambert aus Trier, die großen Briten, die Amerikaner und die neueren Deutschen mit Matthias Tantau und Wilhelm Kordes. Immer aber erinnern wir uns der neueren genialen Franzosen Gaujard und Mallerin und der Dynastie der

Meillands in Antibes. Der frühverstorbene Sohn von Antoine Meilland, Francis Meilland, schenkte uns wundervolle und unvergeßliche Rosen. Heute ist es schon die dritte Generation, die eine große französische Tradition überlegen verkörpert. Was haben diese Rosenzüchter uns doch beschert: gesunde, große, reichblühende Rosen aller Formen und Farben. Blaue und gestreifte Rosen sind häufig genannt worden. Aber auch die schwarze Rose! In neuester Zeit haben sich große amerikanische Rosenzüchter nach vorn geschoben: Armstrong, Swim und Boerner und viele andere.

Wie bescheiden war das Sortiment der Rosen in Goethes geliebtem Garten vor dem Frauen-Plan. Wie bescheiden auch zahlenmäßig! Wie bescheiden zeigt sich heute etwa die 'Souvenir de la Malmaison' in ihrer naiv-schlichten Form etwa neben der kraftstrotzenden 'Madame A. Meilland'. Und doch scheint uns das Geheimnis der Urrose in jenen alten Sorten strahlender anzusprechen. Um die dreißigtausend Sorten stehen heute in den gelehrten rosenbotanischen Werken verzeichnet. Die größten Rosengärten in L'Hay-les-Roses und in Sangerhausen haben etwa 6500 Sorten ausgepflanzt.

Zur Etymologie des Wortes Rose

Während manche Wörter unserer Sprache keine nennenswerten etymologischen Schwierigkeiten bieten, ist der Ursprung des Wortes Rose nur sehr schwer aufzuhellen, da er in dunkle Vorzeiten zurückreicht. Da das Wort Rose in fast allen indogermanischen (idg.) Sprachen ähnlich lautet, hielt die ältere Forschung es für ein im Indogermanischen entstandenes Wort. (Als Indogermanisch bezeichnen wir die Sprachen, die geographisch von Indien bis Europa reichen. Die zu postulierende idg. Ursprache, von der sich die einzelnen Sprachstämme abtrennten, bildete sich zwischen 2000–1500 v. Ch. heraus.) Folgende Belege von Begriffen für »Rose« in idg. Sprachen stützen diese Behauptung:

awestisch: *vareda*
altpersisch: **wurdo*
armenisch: *vard*
griechisch: ῥόδον *(älter:* σῥόδον)
lateinisch: *rosa*
gälisch: *ros*
russisch: *Roza*
germanisch: althochdeutsch (ahd.) *rôsa*

Das einem Wort vorangestellte Zeichen * bedeutet, daß es nur sprachwissenschaftlich erschlossen, rekonstruiert, nicht aber in Texten der betreffenden Sprache belegt ist.

Wenn man nebst diesen Belegen noch in Betracht zieht, daß im Angelsächsischen (ags.) des 8. Jh. n. Chr. ein ähnlich klingender Begriff mit ähnlicher Bedeutung existierte, nämlich *word* = Dornstrauch, so könnte man auf den ersten Blick tatsächlich versucht sein, alles auf ein idg. Ursprungswort zurückzuführen, das etwa **wrdhom* gelautet haben müßte, mit der Bedeutung »dorniges Gewächs« (so Grimm, Fr. Kluge; und Schulze in den Sitzungsberichten der Berl. Akad. 1910, S. 806ff.). Wenn wir aber genauer hinsehen, so fällt uns auf, daß sich damit nur das Iranische (awest. u. pers.), Armenische und Griechische »unter einen Hut« bringen lassen; hingegen müßte idg. **wrdhom* lat. **vurba* ergeben statt rosa, germ. **wurd* oder **wurt* statt rôsa. Ebenso müßte es gälisch und russisch ganz anders lauten. Sodann läßt sich ags. *word* = Dornstrauch seiner Bedeutung wegen (Dornstrauch statt Rose) besser erklären aus idg. **wer* = wehren, zur Abwehr einen Schutz ausbilden.

Aus all diesem ersehen wir, daß in der Hauptsache keine idg. Urverwandtschaft besteht, sondern das Wort als **Lehnwort** von Sprache zu Sprache wanderte. Wahrscheinlich besteht nicht einmal zwischen dem iranischen, armenischen und griechischen Urverwandtschaft, sondern nur Entlehnungsbeziehung.

Wir müssen annehmen, daß das Wort – ungefähr in der Form *ward* = Rose – aus einer außeridg. Sprache ins idg. Sprachgebiet eindrang und sich wahrscheinlich zuerst im Iranischen (Persien) festsetzte: awestisch (früheste altiranische Sprache, 600 v. Chr.) *vareda*, altpersisch **wurdo*.

Von da wurde es ins Armenische und Griechische entlehnt: armen. *vard*, urgriech. σϱόδον *(wródon)*, das noch im äolischen Dialekt nachweisbar ist. Äol. βϱόδον, normales altgriech. ϱόδον (*rhódon)* schon bei Homer (700 v. Chr.) im Ausdruck ϱοδοδάχτυλοςήώς *(rhododaktylos Eos* = rosenfingrige Morgenröte). Vermutlich bestand für den Plural neben der Normalform ϱόδια = Rosen eine Nebenform *ϱοξά *(rhosá)*, woraus dann die Römer ihr Wort lat. *rosa* entlehnten, das zuerst bei Horaz um 50 v. Chr. auftaucht. Im einzelnen ist der Übergang von griech. -d- zu lat. -s- bei diesem Entlehnungsvorgang unklar. Vom Latein vererbte sich das Wort *rosa* = Rose nicht nur in dessen Tochtersprachen (frz. *rose*, ital. und span. *rosa)*, sondern auch ins Keltische: zum Beispiel gälisch *ros* (um 600 n. Chr.), ins Slawische: zum Beispiel russ. *póz a(roza)*, ins Finnische: *ruusu*, ins Ungarische: *rózsa*; und wie so manches Wort auch ins Germanische: ahd. *rôsa*, zum ersten Mal bei Otfrid von Weissenburg um 870 n. Chr.:

Thar, blýent thir io, lília inti rósa
súazo sie thir stínkent ioh élichor
nirwélkent

(Otfrid, Evangelienharmonie, Buch V, 23, Vers 273 f.: Da [im himmlischen Gefilde] blühen dir immerfort Lilien und Rosen; süß duften sie dir, und zudem welken sie nie) ahd. *rôsa* > mhd. *rôse* (um 1200 n. Chr.) > unser Wort nhd. Rose. (Das Zeichen > bedeutet: entwickelt sich zu...)

Der Mädchenvorname Rosa und die Farbbezeichnung rosa (eigentlich rosenfarbig) kommen ebenfalls von lat. *rosa*.

Gewichtige Argumente sprechen für einen außerindogermanischen Ursprung des Wortes »Rose«. Das Lehnwort wurde offenbar von Sprache zu Sprache weitergegeben.

Nichts mit »Rose« zu tun hat dagegen der Farbbegriff »rot«, der nachweislich echt idg. ist und mit altindisch (ai.) *rudhirás*, griech. εϱυδϱός, lat. *ruber*, gotisch *rau*φs (ca. 300 n. Chr.), ahd. *rôt* eindeutig auf eine uridg. Wurzel **reudh* = rot zurückgeht. Obwohl altpers. **wurdo* nicht textlich belegt ist, dürfen wir es erschließen infolge neupers. *gul* = Rose, denn w- wurde im neupers. zu g-, eine häufige Spracherscheinung, vgl. das etymologisch verwandte engl. *war* = Krieg mit frz. *guerre*. Und r wurde neupers. l, vgl. altindisch *súar* = Sonne mit lat. *sol*, frz. *soleil*. Neupersisch *gul* wurde wieder in manche moderne orientalische Sprachen weiterentlehnt (z. B. > neuindisch *gulâb*).

Begründung des außeridg. Ursprungs des Wortes Rose:

1. Weil, wie oben dargelegt, in den verschiedenen idg. Sprachen gar nicht Urverwandtschaft vorliegt wie bei echt indogermanischen Wörtern, sondern nur Entlehnung aus einer Sprache in die andere.
2. Es fällt auf, daß gerade in der ältesten überlieferten idg. Einzelsprache, im Sanskrit (skr.) des Altindischen (um 1000 v. Chr.), die Rose mit einem ganz andern Wort bezeichnet wird, das nichts mit **ward* zu tun hat: skr. *japâ* = Rose.
3. Wie die neuere Forschung gezeigt hat, gehört »Rose« (ähnlich wie das Wort »Erz«) zu den wenigen Wörtern, die übers Idg. hinaus auch in semitischen und hamitischen Sprachen Entsprechungen aufweisen, wie folgende Belege zeigen:

   Semitisch: zum Beispiel hebräisch *wered*, aramäisch (800 v. Chr., in Palästina) *wardâ*, arabisch *ward(a)*.

   Hamitisch: wahrsch. altägyptisch *ourt* = Rose (um 2000 v. Chr.), nicht gesichert. Die reiche Verbreitung in einer dem Ursprungswort **ward* nahen Form in diesen sehr alten Sprachen, die nur spärlich indogermanischen Einfluß, und schon gar nicht in so früher Zeit, aufweisen, läßt mit Sicherheit den idg. Ursprung des Wortes ausschließen. Vielmehr muß es aus einer unbekannten voridg. Sprache aus der Gegend Kleinasiens stammen und von dort ins Iranische (von wo es in die andern idg. Sprachen weiterwandert) wie ins Semitische und eventuell Hamitische eingedrungen sein.

Es erweckt unser nicht geringes Staunen, zu erfahren, welch weiten und komplizierten Weg unser tagtäglich gebrauchtes und »gut deutsch« klingendes Wort »Rose« zurückgelegt hat: Seine Wurzeln verlieren sich irgendwo im Dunkel grauer Vorzeit orientalischer Länder (Urform: *ward) bis es dann allmählich im Persischen auftaucht und seine große Wanderschaft von Sprache zu Sprache, wie wir es gezeigt haben, antritt.

Von der wildwachsenden Rose zur Kulturrose

Rosa canina

Die *Rosa canina*, die Hecken- oder Hundsrose, die in Hecken und Waldrändern vorkommt, wird gerne als Urtyp unserer Rosen angesehen. Dies mochte weitgehend zutreffen für die europäischen Länder bis zu jenem Zeitpunkt, als sich Rosen aus allen Ländern bei uns anzusiedeln begannen.

Noch immer hat die *Rosa canina* mit ihren Hybriden für die Rosenkultur eine sehr große Bedeutung. Der in freier Natur ungehemmt sich entfaltende Wildrosenstrauch ist zur Blütezeit etwas vom Schönsten, das man sich vorstellen kann, denn jede einzelne Blüte kommt im dichten Blättergewand besonders schön zur Geltung. Die Blüten sind intensiv rosa, zartrosa bis weiß. Die Zweige sind bogenförmig bis überhängend, die Triebe von kräftigen, hakenförmigen Stacheln besetzt. Das Blatt besteht aus fünf bis sieben Blättchen. Die Früchte sind elliptisch (ellipsoid), 2–3 cm lang und scharlachrot. Die Pflanze wächst auf eine Höhe von etwa 3 m. In Verbindung mit einer Stütze, z. B. am Geäst eines Baumes, kann sie bis 10 m hoch werden. Ihre Verbreitung ist sehr weit, man findet die Hundsrose in ganz Europa (ohne Island), Südwestasien, Nordwestafrika und verwildert in Nordamerika.

Es werden heute über 60 Varietäten und Formen unterschieden, annähernd 30 sind allein schon in unseren Wäldern und den Alpen gefunden worden. Standorte: Ebene, Hügelregionen, seltener subalpin. Zu der *Rosa canina*-Artengruppe gehören: *Rosa obtusifolia, R. abietina, R. vosagiaca, R. coriifolia, R. deseglisei, R. nitidula* und viele andere.

Zu den *Rosa canina*-Abkömmlingen gehören als bedeutendste Veredlungsunterlagen: *R. canina* 'Pfänder', *R. canina* 'Inermis', *R. coriifolia* 'Froebelii' (*R. laxa*), *R. coriifolia* 'Pollmeriana', um nur die wichtigsten zu nennen.

Noisetterosen

In der Entwicklungsgeschichte unserer heutigen Gartenrosen spielen die Noisetterosen eine ganz gewichtige Rolle; denn es sind diejenigen Rosen, über welche die Eigenschaft des »Dauerblühens« unseren abendländischen Rosen einverleibt wurde. Die Ehre für diese Leistung gebührt einem Amerikaner.

Nachdem die indischen Rosen im Jahre 1789 nach England gebracht worden waren – eigentlich sollten sie als chinesische Rosen erwähnt werden, doch China gehörte damals im englischen Sprachgebrauch auch zu den »East

'Mme Alfred Carrière' zählt zu den winterhärtesten und gesündesten unter den Noisetterosen. Zudem blüht sie fast die ganze Saison über. Die großen, rahmweißen Blüten schimmern zartrosa.

Indies«, daher kommt der falsche Ausdruck »indische Rose« –, gelangten sie bald auch nach Frankreich. Schon durch ihr prächtig dunkelgrünes, glänzendes Laub, aber mehr noch durch ihr beinahe ununterbrochenes Blühen fielen diese Neuheiten auf. Sie wurden auch Bengalrosen genannt.

John Champney, ein reicher Reispflanzer in Charleston am Mississippi, South Carolina (USA), der sich auch als großer Gärtner betätigte, erhielt nun gegen 1800 (eventuell 1802) durch den ihm befreundeten Blumenzüchter Philippe Noisette eine dieser damals neuen Bengalrosen. Philippe Noisette hatte diese Pflanze – oder Pollen davon – von seinem in Paris lebenden Bruder Louis erhalten, mit dem er gemeinsam ein Gärtnereigeschäft (Gebrüder Noisette) betrieb.

Die aus Paris erhaltene Pflanze (ob es nur deren Pollen gewesen war, ist ungewiß) hieß, wohl weil sie aus England übernommen worden war, 'Parsons Pink China' ('Old Blush') und war eine Kreuzung zwischen *R. chinensis* Jaquin × *R. gigantea* Collet. Im Garten von John Champney vollzog sich nun eine Kreuzung zwischen einer *R. moschata*, welche dieser schon besaß, und der eben beschriebenen Neuerwerbung. Amerikanische Wissenschaftler geben an, daß die von Noisette gelieferte Pflanze, also 'Parsons Pink China', die Mutter der neu entstehenden Hybride wurde, und die *R. moschata* als Vaterrose diente. Schon aus diesem Grunde ist eher anzunehmen, daß die im Garten am Mississippi gewonnene 'Champneys Pink Cluster' (1811) eine Naturhybride darstellte, um so wahrscheinlicher, als zu dieser Zeit die künstliche Befruchtung für den Rosenzüchter Champney vermutlich noch unbekannt war. Er selbst bezeichnete diese neue Rose zuerst als »*R.* × *moschata hybrida*«.

Philippe Noisette, der am Ergebnis dieser neuerlichen Kreuzung natürlich sehr interessiert war, erhielt von Champney Früchte davon und zog aus deren Samen selbst weitere Pflanzen. Von den erhaltenen Pflanzen benannte er die ihm am wertvollsten scheinende zuerst 'Rosier de Phil. Noisette', dann 'Blush Noisette'. Diese ist noch als Bengalhybride klassiert. Als Jahr ihrer Züchtung wird 1818 angegeben. Aber bereits im Jahre zuvor sandte er Samen der Neuzüchtung seinem Bruder Louis nach Paris. Aus den Pflanzen, die dieser nun in Europa damit zog, also Rosen der zweiten Generation von Champneys Rose, entstand die eigentliche französische Noisetterose 'Noisette' (Be) 1819. Zuerst wurde sie ebenfalls als Bengalhybride bezeichnet. Es war die Rose, welche Redouté 1821 gemalt und als »Rosa noisettiana« bezeichnet hat.

Auch hier bestehen in der Literatur gewisse Unterschiede in der Berichterstattung. So soll Philippe Noisette nach einer englischen Version im Jahre 1814 Pflanzen nach Paris gesandt haben, die Louis 1819 in den Handel brachte. Wie bei allen Kreuzungen, welche aus Samen weitergezogen werden, ließen sich bald Aufspaltungen feststellen, wie es nach dem Mendelschen Vererbungsgesetz nicht anders zu erwarten war. Mit solchen Aufspaltungen und der ursprünglichen Noisetterose wurden weitere Kreuzungen mit *R. multiflora* und *R. chinensis* sowie mit *R. sempervirens* versucht und erhalten. Der große französische Rosenzüchter Vibert hat aus der letztgenannten Kreuzung (mit *R. sempervirens*) seine berühmte 'Aimée Vibert' erhalten. Diese glänzend dunkelgrün belaubte Rose war eine seiner dankbarsten und härtesten Züchtungen.

Ab 1830 wurden Versuche angestellt, durch Einkreuzen von 'Parks neuer gelber Indica' mit der *Rosa odorata* 'Ochroleuca'

zu gelben Noisetterosen zu gelangen. Diese Versuche zeitigten weitreichende Resultate. Es kamen nämlich nicht nur gelbe Noisettes heraus, sondern darüber hinaus gelang es, zu wirklich gelben Teerosen zu kommen.

Während 'Lamarque' (Maréchal 1830) eine zitronengelbliche bis weiße Noisette war, wurde durch eine unbekannte Einkreuzung, oder durch Selbstbestäubung (?), die 'Chromatella' ('Cloth of Gold') durch Coquereau 1843 erzielt. Ein Sämling dieser Rose ist die weltberühmte 'Maréchal Niel' (Pradel jr. 1864) (?), welche heute je nach Autor den Noisette- oder Teerosen zugeordnet wird.

Rosa moschata

Die *Rosa moschata* ist eine im Himalaja, Westasien, Südeuropa und Nordafrika stark verbreitete Art. Sie bildet hohe und breite Sträucher mit stark überhängenden Zweigen. Die Rinde der Triebe ist meist braun, mit kräftigen, hakenförmigen Stacheln versehen. Die Blüten sind weiß und duften. Sie werden an lockeren Rispen getragen. Die Hagebutten sind eiförmig, orange. In unseren Breitengraden sind die Pflanzen nicht genügend winterfest. Sie frieren sogar in einem mäßig kalten Winter stark zurück. Für die Züchtung unserer Rosen hat diese Art eine ziemliche Bedeutung gewonnen. So ist zum Beispiel durch die Einkreuzung mit der *R. multiflora* die 'Lambertiana' entstanden.

Rosa odorata 'Ochroleuca' wurde 1824 als erste gelbe dauerblühende Sorte eingeführt. Durch Einkreuzen ließ sich die Farbpalette der Noisetterosen beträchtlich erweitern.

Rosa odorata

Ebenfalls im Jahre 1810 kamen die ersten Vertreter der *Rosa odorata* auf unsern Kontinent; sie sind mit *R. indica fragrans*, wie sie auch genannt werden, identisch. Sie ist unter der verbreiteten, eingewurzelten Bezeichnung »Teerose« bekannt. Woher diese Bezeichnung kommt, darüber gehen die Meinungen auseinander. Eine Annahme geht von einem ausgeprägten Teeduft bei diesen Rosen aus; eine andere besagt, die Schiffe aus China, Indien, Ceylon usw. brachten neben Tee als Frachtgut auch Rosen mit, die somit als Teerosen bezeichnet worden seien.

Bei den ersten im Jahre 1824 durch den Handel eingeführten Teerosen handelte es sich zumeist um Kreuzungen zwischen *Rosa odorata* und einer Noisetterose. Dies ist auch der Grund, weshalb die Sorte 'Maréchal Niel' heute von einigen Systematikern unter die Noisetterosen eingereiht wird. Die erste »richtige« Teerose war erst um die Jahrhundertwende in China entdeckt worden. Die Mehrzahl dieser Rosen wies strohgelbe bis goldgelbe Tönungen auf, aber es gab auch rosafarbene und einzelne kupfrige sowie etwa 25 hellrote und 10 dunkelrote Farbnuancen. In dem Werk »Les Plus Belles Roses« werden 42 Teerosensorten in zwei Klassen, über 200 noch nicht klassierte und 22 kletternde Teerosen angeführt, die innerhalb von achtzig Jahren aus Befruchtungen durch Gärtnerhand entstanden sind. Dies zeigt, wie beliebt die Rosen dieser Rasse geworden sind. Unrichtigerweise werden die gelben Rosen ganz allgemein als Teerosen bezeichnet.

Rosa × alba, Weiße Rose

Sie ist keine Rose der Wildnis, sondern eine Hybride mit unklarer Abstammung. Es wird mehrheitlich eine Kreuzung *R. gallica* × *R. corymbifera* angenommen. Weniger wahrscheinlich ist eine Kreuzung *R. damascena* × *R. canina*, schon aus Gründen der äußerlichen verwandtschaftlichen Beziehungen sowie des Chromosomenverhältnisses. Innerhalb der Gruppe um *Rosa* × *alba* besitzen wir heute vorwiegend Sorten mit einer Höhe bis zu 3 m, mit meist aufrechtem Wuchs. Die Blüten sind halb bis gut gefüllt, weißzartrosa blühend und duftend. Eine

Die rosa angehauchten, runden Knospen der Bourbonrose 'Boule de Neige' öffnen sich zu reinweißen, duftenden Blüten. Der aufrecht wachsende, öfterblühende Strauch mit dunklem Laub wird nur 1 m hoch.

der bekanntesten Formen dürfte *R.* × *alba* 'Suaveolens' sein, weißblühend. Zu erwähnen sind hier noch im besonderen *R.* × *alba* 'Königin von Dänemark', fleischrosa, gut gefüllt, sowie *R.* × *alba* 'Maidens Blush' zartrosa, stark gefüllt und duftend.

Bourbonrosen (R. × borboniana)

Die Bourbonrosen sind vermutlich aus den vielen Kreuzungen zwischen den Chinarosen und anderen Klassen entstanden, zum Beispiel *R. chinensis* × *R. gallica* (?) oder *R. chinensis* × *R. damascena* (?). Es darf angenommen werden, daß es sich hier um neue Einkreuzungen gehandelt hat, denn sie sind ja in einer blühenden Rosenhecke auf der Insel Bourbon (Réunion) durch den französischen Botaniker Bréon gefunden worden. Durch eine weitere Einkreuzung mit *R. gallica* und *R. damascena* entstanden die heutigen Bourbonrosen. Sie entwickeln sich zu 1–1,5 m Höhe, mit sympathisch aufrechtem Wuchs. Ihre Blütezeit erstreckt sich von Juni bis Spätherbst. Die Blüten sind meist dicht gefüllt mit schön geformten Blumen und angenehmem Duft. Eine der beliebtesten und wohl die schönste Bourbonrose ist 'Souvenir de la Malmaison', zartrosa und herrlich duftend, ein »Bijou« einer Rose!

Hybrid-Remontantrosen

Rémontant kommt von remontierend, wiederholt blühend. Über die Abstammung dieser Rosen existieren keine zuverlässigen Angaben. Es wird lediglich vermutet, daß eine im Innern Frankreichs kultivierte winterharte, einmalblühende *Rosa gallica* var. *damascena* oder Provinsrose mit einer Bengal- oder Teerose durch den Gärtner Laffay (1842) gekreuzt wurde. Die erste Sorte dieser neuen Rasse kam im Jahre 1842 unter dem Namen 'La Reine' in den Handel. Innerhalb von wenig mehr als sechzig Jahren sind 164 in zehn Klassen einge-

Mit der Einführung der ersten Teehybride 'La France' im Jahr 1867 endet die Ära der alten Rosen.

teilte Sorten und 60 nichtklassifizierte bekannt geworden; sie wurden zur meistverbreiteten Sortengruppe jener Zeit. Die Nachkommen dieser widerstandsfähigen, öfterblühenden Rasse – in der Folge sind wahrscheinlich die Bengal- wie auch die Teerosen zu Befruchtungen verwendet worden – erwiesen sich als recht widerstandsfähig gegenüber Kälte, auch in klimatisch wenig günstigen Lagen. Sie waren wüchsiger als die Teerosen und manche der inzwischen entstandenen Polyantharosen, und sie brachten größere, meist gefüllte Blumen auf kräftigen Stielen hervor, die herrlich dufteten, zum Teil in bisher wenig bekannten roten Tönungen von Kirschrot bis Schwärzlich oder samtigem Kastanienbraunrot. Trotz der Vorzüge gegenüber ihren Eltern konnten diese Rosen nicht überall befriedigen. In sonnigen Lagen werden die so beliebten dunkelroten Sorten nicht selten von Rosenrost und Mehltau befallen, und der vom Rosenfreund erhoffte Herbstflor bleibt dann meistens aus. Auch das Farbenspiel der Blüten ist mit demjenigen ihrer Vorfahren nicht zu vergleichen, rosafarbene gibt es im Überfluß, gelbe und kupferfarbene fehlen ganz.

Teerosen

Teerosen sind durch Kreuzungen der Bourbon- und Noisetterosen mit den duftenden und immerblühenden asiatischen Rosen entstanden. Sie fallen durch den eleganten Wuchs und die meist herabhängenden Blüten auf. Die Blumen befinden sich einzeln oder zu 2–5 an einem Stiel. Die Rinde der Triebe ist glatt und grün, meist wenig bestachelt. Der Farbenreichtum ist eher bescheiden. Es gibt sie von Weiß bis Rosa, Aprikosenfarben und Gelb in verschiedenen Abstufungen. Ihre Frostwiderstandsfähigkeit ist sehr gering. Nur wenige, zum Beispiel 'Gloire de Dijon' (Jacotot 1853), vertragen einen für Rosen normalen Standort. Zu den frostempfindlichen, aber besonders wertvollen Teerosen gehören: 'Maréchal Niel' (Pradel 1864), zartgelb, und 'Niphetos' (Bougère 1843), weiß.

Teehybriden

'La France', die im Jahre 1867 in den Handel gebracht wurde, hat des Züchters Streben, die Rose der Vollkommenheit näher zu bringen, erstaunlich gut verwirklicht. Die Rasse der Teehybriden ist im Laufe des Jahrhunderts die bedeutendste geworden, und die größten Überraschungen stehen wohl erst bevor.

Der erfolgreiche Züchter Guillot befruchtete die kräftig wachsende, kirschrote Hybridremontantrose 'Madame Victor Verdier' mit der wertvollen hellrosa Teerose 'Madame Bravy'. Wer von den älteren Rosenfreunden kennt nicht die herrliche 'La France'! Sie war die erste dieser neuen Rasse und bereitete eine Menge Überraschungen, da sie das reichhaltigste Farbenspiel bietet. (Sie wird auf Seite 147 beschrieben.) Sie weist Ähnlichkeit mit den Teerosen auf, aber sie ist wüchsiger, bringt also größere und auch besser gefüllte Blumen, erträgt zudem auch volle Sonne und hält einen Winter mit Temperaturen von –18 bis 20 °C aus. Von 185 nicht in Klassen eingeteilten Sorten sind 110 erst nach dem Jahr 1900 in den Handel gebracht worden; seit 1918 sind wohl mehr als doppelt so viele hinzugekommen, und nach 1945 hat sich dieses Neuheitensortiment noch alljährlich stark vergrößert, oft mit vielen, sehr wertvollen Sorten.

Pernetrosen

Wieder waren es zwei Lyoner Rosenzüchter, die mit dem Erreichten noch nicht zufrieden waren. Der eine bemühte sich, jedoch vergeblich, persische Rosen mit einer von ihm gezüchteten französischen Edelrose zu kreuzen, der andere, Pernet-Ducher, tat das Gegenteil mit großartigem Erfolg. Er befruchtete seine Hybridremontantrose 'Antoine Ducher' mit der einmalblühenden 'Persian Yellow', die in ihrer Farbe und Form eher an eine Dotterblume erinnert. Die neue Rasse wurde als Pernet-Klasse bezeichnet, um den erfolgreichen Züchter zu ehren. 'Soleil d'Or' erweckte nur der Farbe wegen Interesse, von den nachfolgenden übertraf eine die andere an Farbenpracht. Es ist jedoch nicht erwiesen, daß 'Persian Yellow' jedesmal Pollenspender war, es könnte sich teilweise eher um die goldgelbe *R. foetida* und kapuzinerrote *R. foetida* 'Bicolor' gehandelt haben. Die Nachkommen dieser Kreuzungen haben in der Mehrzahl dunkelgrünes, stark glänzendes Laub, ein untrügliches Zeichen, daß die Eltern aus klimatisch begünstigten Regionen stammten.

Die Blumen erschienen bei diesen Sorten einzeln oder zu dritt auf einem Stiel, in besonders langgestreckter edler Knospenform, meist gefüllt blühend und entweder wie Teerosen oder nach Früchten duftend. Nun haben sich die Merkmale dieser Rasse mit denjenigen der Teehybriden seit mehreren Jahrzehnten zunehmend so verwischt, daß nicht mehr feststellbar ist, welche von beiden neu auftauchenden Sorten näher steht. Es sind Sorten entstanden in einer Farbenpracht, wie sie kein Züchter wohl je zu erhoffen wagte.

Polyantharosen

Mit ihrer Züchtung wurde vorwiegend in Frankreich um 1840 begonnen. Der Züchter Guillot brachte im Jahre 1875 unter dem Namen 'Pâquerette' wieder die erste Neuheit einer neuen Rasse auf den Markt. Die Namen der Eltern wurden nicht bekanntgegeben. Vermutlich entstammte sie der Kreuzung zwischen einer Multiflora oder doldenblütigen Kletterrose und einer Semperflorens. Wohl um Verwechslungen zu vermeiden, wurde die neue Rasse als Polyantha bezeichnet. Guillot war aber nicht allein, es haben auch andere Züchter das gleiche Ziel im Auge gehabt, teils aber Kletterrosen mit großblumigen Sorten gekreuzt und umgekehrt; so erfährt man auch, daß um 1860 von Thunberg eine Polyantharose nach Holland gebracht wurde. Die so entstandenen Sorten wurden als Polyanthahybriden bezeichnet. Sie blühten gewöhnlich in großen Dolden, die Farbenskala war recht reichhaltig: reinweiß, rosa, gelb, gelbrot und rot; sie zeigten jedoch nur kleine Blüten, und die schönsten gelbroten Sorten waren von kurzem Wuchs. Sie haben sich wohl

***Rosa foetida* 'Bicolor', die Kapuzinerrose, war schon im frühen Mittelalter in Europa bekannt. Sie ist ein Sport der schwefelgelben *Rosa foetida*. Diese ist im Stammbaum vieler Rosensorten mit gelben Blüten enthalten. Die orangerote Oberseite der Blütenblätter von *R. foetida* 'Bicolor' steht in reizvollem Kontrast zu der gelben Unterseite.**

Rosa banksiae 'Lutea' überdauert nur in sehr milden Regionen und benötigt selbst dort Winterschutz. Der immergrüne Strauch entwickelt grüne, stachellose, oft weit herabhängende Zweige. Die gelben, gefüllten Blüten erscheinen zahlreich im Mai-Juni.

deshalb nur langsam ausgebreitet und dürften auch in Zukunft kaum eine größere Bedeutung gewinnen.

Polyanthahybriden

Bis zum Anfang unseres Jahrhunderts waren verschiedene Polyanthahybriden bekannt geworden, die an Größe der Einzelblumen und ihrer Dolden sowie auch an Wachstum und Blütendauer die zuerst erschienenen übertrafen. Sie entstanden durch Rückkreuzung mit den Edelrosen. Über deren genaues Alter ist man nicht orientiert. In den zwanziger Jahren dürfte eine größere Zahl Polyanthahybriden in den Handel gekommen sein, und immer noch erscheinen neue.

Floribundarosen

Floribundarosen unterscheiden sich von den Polyanthahybriden durch ihre stark an Edelrosen erinnernde Blütenform. Die Blüten stehen nie einzeln auf einem Stiel, sondern immer in kleineren und größeren Büscheln. Sie stellen die eigentliche Mitte zwischen Polyantha- und Edelrosen dar, obwohl der Habitus der Pflanze, wie derjenige der Blüten, etwas vollständig Neues darstellt. Es gibt auch Sorten der Polyanthahybriden-Klasse, bei denen die einzelnen Merkmale sich ganz den Floribundarosen genähert haben, so daß kaum Unterschiede festgestellt werden können.

Miniaturrosen (Zwerg-Bengalrosen)

Über die Geschichte der in den letzten 25 Jahren stark im Kommen begriffenen Miniaturrosen ist man nur sehr ungenügend orientiert. Geht man die einschlägige Literatur durch, dann entdeckt man, daß ganz verschiedene Ausgangspunkte zu dieser Rosengruppe angenommen werden, so daß hierüber keine Klarheit zu erlangen ist.

Die Grundformen dürften bei der *Rosa semperflorens minima* und der *R. lawrenceana* zu suchen sein, so haben zum Beispiel verschiedene Autoren die *Rosa rouletii* zur *R. chinensis* (syn. *R. lawrenceana*) eingereiht.

Die Firma Suttons in England bearbeitet zur Zeit *Rosa rouletii* züchterisch, um eine gesunde Rouletii-Rose mit kompaktem Wuchs zu kreieren, und zwar eine aus Samen echt fallende Zwergrose. Ihr wird eine große Zukunft prophezeit.

Die Züchter haben sich seit 1930 sehr intensiv mit den Zwergrosen beschäftigt, so daß wir heute über ein sehr großes Sortiment von Miniaturrosen verfügen. Interessant ist auch, daß seit 1963 viele bewunderswerte Neuheiten auf dem Markt erschienen sind; es stehen uns also noch angenehme Überraschungen bevor.

Floribundahybriden (»Grandiflora«)

Diese Rosenklasse darf unter die jüngsten eingereiht werden. Sie ist ein Kreuzungsprodukt zwischen Floribundarosen und Teehybriden. Das Teehybriden-»Blut« hat denn auch viel zur Großblumigkeit beigetragen. Als ausgesprochener Sortentyp dieser Klasse darf wohl die allgemein bekannte 'The Queen Elizabeth Rose' angesehen werden.

Wichuraiana-Rosen

Die Wichuraiana-Rose gehört zu den ersten Kletterrosen. Sie soll um 1884 in China entdeckt und um 1888 in Europa in Kultur genommen worden sein. Sie gehört wohl zu den Rosen, welche die längsten Triebe bilden. Die oft erhobene Behauptung, sie sei frostempfindlich, ist nur bedingt richtig. *Rosa wichuraiana* wurde nach dem Botaniker Dr. M. E. Wichura (1817–1866) benannt. Er bereiste Ostasien, womit die Annahme, daß er

diese Rose nach Europa gebracht hat, nicht von der Hand zu weisen ist. Das Kletterrosensortiment umfaßt 20 Unterklassen mit kaum geringerer Sortenzahl als die verbreitetste nachher entstandene Edelrosenrasse. Es haben sich so viele Unterarten und Sorten ergeben, daß es zu weit gehen würde, sie aufzuführen oder gar zu beschreiben.

Die erste Vertreterin aus der Klasse der Wichuraianarosen soll bei uns in Europa 1888 im Botanischen Garten Brüssel erstmals zu sehen gewesen sein. Die Blätter dieser Pflanze bildeten eine besondere Zierde. Die Kletterrosen dieser Klasse sind derart wertvoll, daß sie auch heute noch an die erste Stelle gehören.

Kordesii-Rosen

Rosa × kordesii Wulff ist das Ergebnis einer unermüdlichen züchterischen Arbeit von Wilhelm Kordes. Diese neue Rosenrasse gelang ihm durch eine Selbstbefruchtung des Zufallsämlings 'Max Graf', der durch eine Kreuzung *R. wichuraiana × R. rugosa* entstanden war, ausgeführt durch Bowditch (USA).

Das beharrliche Bemühen um diese Rose hat sich für Kordes gelohnt. Es ist ihm mit der *Rosa × kordesii* eine Rose geglückt, welche über eine Reihe guter Eigenschaften, wie Winterhärte, Gesundheit, schönes Blattwerk und Blühwilligkeit, verfügt – Eigenschaften, die einer Rose höchsten Wert verleihen, besonders einer Strauchrose.

Dr. H. D. Wulff, Kiel, bearbeitete das züchterische Ergebnis von Kordes, untersuchte es eingehend und stellte dabei fest, daß sich durch eine spontane Veränderung der Chromosomensatz verdoppelte. Auf Grund jener Untersuchung wurde diese Rosenklasse unter dem Namen *Rosa × kordesii* Wulff in die Rosensystematik eingereiht.

Aus der *Rosa × kordesii* entstand außerdem eine neue Kletterrosenklasse, die Kordesii-Hybriden, welche eine überaus wertvolle Bereicherung der Kletterrosen darstellen und sich vor allem durch ihre Gesundheit, durch ihre Dauerblüte und ihre Winterhärte auszeichnen.

Rosa banksiae (Lindley)

(In Mittel- und Westchina beheimatet, in Kultur seit 1796.) Den Namen erhielt sie nach dem englischen Forscher Sir Joseph Banks (1743–1820.) Ob sie zu den Strauch- oder Kletterrosen gestellt werden soll, läßt sich nicht leicht sagen, denn in ihrer Heimat wächst sie als Strauch bis zu 3 m Höhe. Anderseits haben wir sie im Tessin als Kletterrose angetroffen, welche Fassaden bis über 10 m Höhe überwachsen hat und sich zur Blütezeit zu einem einmalig schönen Blumenmeer entfaltet. Sie darf nicht als winterhart angesehen werden; sie gedeiht unter ähnlichen Bedingungen wie zum Beispiel 'Maréchal Niel'. In geschützter, milder Lage, mit etwas Frostschutz versehen, läßt sie sich im Weinbauklima noch recht gut kultivieren.

Die Blätter bestehen aus 3–7 Blättchen mit spitzer Lanzettenform; sie sind hellgrün, glänzend, fein gesägt, der Rand ist oft wellig. Stämme und Triebe sind stachellos, die Rinde ist grün. Die Blüten in Doldenrispen sind sehr zahlreich, klein, zierlich, weiß oder gelb, einfach oder gefüllt, mit angenehmem Duft. Je nach Lage dauert die Blütezeit von Mai bis Juni. Die Früchte sind erbsengroß, kugelig und leuchten im Reifezustand rot.

Vereinzelt kann es sich in unseren Regionen um *Rosa × fortuniana* handeln. Sie ist etwas frosthärter, und die Blüten sind meist auch etwas größer. In den Gärten, zum Beispiel der Südschweiz, ist hauptsächlich der gelbe, gefüllte Typ anzutreffen.

Einige Gedanken zur Klassifizierung

Wenn schon François Crépin (1830 bis 1903) enorme Mühe auf sich genommen hat, um die Rosen in eine systematische Ordnung (Crépinsches System) zu bringen, zu einer Zeit, da noch längst nicht so viele Züchtungen den Überblick erschwerten, welche Mühe wäre da erst heute vonnöten! Crépin erarbeitete eine gute, übersichtliche Klassifizierung der Rosen, die lange Jahre, ja bis in die jüngste Zeit, als sehr zuverlässige Hilfe bei der Rosenbestimmung gegolten hat.

Wie sieht es aber heute auf dem Gebiet einer zuverlässigen und für alle akzeptablen Klassifizierung der Rosen aus? Mit Ausnahme der immer noch vorhandenen »Alten Rosen« ist es fast unmöglich, Rosenzüchtungen neueren Datums völlig eindeutig zu klassifizieren. Selbst dem Rosenzüchter, dem ja die Züchtungskombinationen bekannt sind, fällt es schwer, die anfallenden Neuheiten richtig einzustufen.

Als Beispiele mögen dienen
'Duftwolke' – Floribunda oder Teehybride?
'Sonia Meilland' – Floribunda oder Teehybride?

Diese Beispiele können beliebig erweitert werden. Wie soll nun in dem Wirrwarr von Klassen Ordnung geschaffen werden? Diese Frage beschäftigt sowohl den Botaniker als auch den Rosenzüchter, die Rosenvermehrer und jeden daran interessierten Rosenfreund.

Verschiedene Anläufe sind schon längst unternommen, aber stets auf halbem Wege wieder aufgegeben worden. Die einen wollen das sogenannte Nummernsystem einführen, um auch den Computer einsetzen zu können. Andere möchten das alte System beibehalten, obwohl sie nicht genau sagen können, wie der gegenwärtigen Situation zweckmäßig begegnet werden kann. Schließlich möchte man das ganze System der Klassifizierung stark vereinfachen und vollständig der Praxis anpassen, so daß jedermann die Zugehörigkeit jeder einzelnen Sorte verstünde. Verschiedene Rosenvermehrer haben schon von einem solchen System Gebrauch gemacht. Wir nennen als Beispiele:

Buschrosen (Beetrosen)
1. Großblumige Beetrosen (Tee- und Teehybridrosen)
2. Vielblumige Beetrosen (Polyantha-, Floribunda- und Floribunda-Hybridrosen)
3. Zwergrosen (Miniaturrosen)

Kletterrosen
1. Einmalblühende, Kleinblumige (Wichuraiana-Rosen und Wichuraiana-Hybriden)
2. Kletterrosen mit sogenanntem Klimmwuchs (Climbing-Sports), auch dauerblühende

Strauchrosen
1. Wild- und »botanische Rosen«
2. Einmalblühende
3. Dauerblühende
4. Kleinstrauchrosen und bodenbedeckende Rosen

Diese Aufteilung oder Art der Rosen-Klassifizierung hätte den großen praktischen Vorteil, zugleich etwas über die Verwendung auszusagen. Auch ginge diese Ordnung mit der Praxis des Rosenschnittes einher und könnte von jedermann verstanden werden. Das schwierigste Problem dürften, trotz aller Vereinfachung, die Strauchrosen aufgeben. Denn hier befinden sich, vor allem bei den älteren Sorten, ausgesprochene »botanische Rosen«, die noch nach ihrer Herkunft geordnet werden müssen. Unter ihnen befinden sich einige Arten und Sorten mit ganz spezifischen Eigenschaften, so daß man in diesen Fällen gezwungen ist, sich an die alte Klassifizierung anzulehnen.

Die Klassifizierung von Rosensorten bereitet sogar Fachleuten Kopfzerbrechen. Verschiedene Kataloge ordnen eine Sorte bisweilen unterschiedlichen Klassen zu.

Alle, die sich näher mit den Rosen und ihrer Nomenklatur beschäftigen, sind aufgerufen, zu einer neuen, einfachen und praktischen Lösung beizutragen. Gerade die Rosen verdienen es, in eine Ordnung gebracht zu werden, über die man sich nicht ständig ärgern muß, sondern an der man Freude haben kann.

Wichtig ist vor allem, daß die Trennungsstriche zwischen den einzelnen Gruppen so klar gezogen werden, daß die Zuordnung leicht fällt. Dabei scheint uns das eine sicher zu sein: Die Angaben der eingekreuzten Eltern reichen als brauchbare Unterlagen für eine eindeutige Klassifizierung noch längst nicht aus. Als Beispiel für Merkmale bei den Buschrosen könnten dienen:

1. Blütenform und Gefülltheit.
2. Wie viele Blüten werden auf einem Stiel getragen? (Als Grenze bei Teehybridrosen zum Beispiel drei Blüten; bei mehr Blüten auf einem Stiel Einreihung in die zweite Gruppe, die vielblumigen Beetrosen.)
3. Die Art des Remontierens; bleibt die Grundform, d. h. die Form der Rosen in der ersten Blüte, erhalten?

Diese drei Punkte könnten hier ganz allgemein Geltung bekommen. Bei den übrigen Rosen, Kletter- und Strauchrosen, könnte die bereits erwähnte Aufteilung erfolgen. Es versteht sich von selbst, daß man für eine züchterisch so stark bearbeitete und in ihren genetischen Möglichkeiten so große und vielfältige Gattung wie die Rose nicht das allereinfachste Klassifizierungssystem finden kann. Aber man muß wenigstens versuchen, endlich von den verwirrenden Systemen früherer Tage loszukommen und nach einer neuen, möglichst unkomplizierten und für jedermann verständlichen, praktisch brauchbaren Ordnung zu suchen.

Mein Vorschlag möge die Rosenzüchter dazu ermuntern, für die in Zukunft neu in den Handel kommenden Rosensorten aller Klassen einen genauen fotografischen Steckbrief zu erstellen. Darin müßten sämtliche Blüten- und Pflanzenteile exakt dargestellt werden, um eine sichere Sortenbestimmung zu ermöglichen. Schöne Blütenbilder allein genügen bei der Vielzahl an Rosenneuheiten nicht, diese zu erkennen.

Vorschlag zur Klassifizierung der Rosen

Buschrosen (Beetrosen)	Teehybridrosen Spezielle Gruppen	Polyantharosen Polyanthahybriden Floribundarosen Floribundahybriden	Zwergrosen (Miniaturrosen) Compactarosen	**Kletterrosen**	**Einmalblühende** am einjährigen Holz blühende Sorten	**sog. Dauerblühende** (Climbing Sports) am zwei- und mehrjährigen Holz blühende Sorten
					Teerosen mit kletterndem Wuchs	

Strauchrosen	**Wildrosen** *Rosa pendulina* *R. villosa* *R. arvensis* *R. gallica* *R. canina* *R. rubiginosa* usw.	**Spezielle Gruppen mit ihren Hybriden** (vorwiegend einmalblühend) *Rosa × alba* *R. centifolia* *R. chinensis* *R. × damascena* *R. rugosa* usw.	**Dauerblühende** 'Bischofsstadt Paderborn' 'Clair Matin' 'Erfurt' 'Oskar Scheerer' 'Sparrieshoop' 'Westerland' usw.	**Kleinstrauchrosen** (bodenbedeckende R.) 'Swany' 'Heideröslein Nozomi' 'Braunwald' 'Heidegg'

Rosenzüchtung

Rosenzüchten ist ein Gebiet, das jedermann interessiert, der sich mit Rosen abgibt. Wenn man die Unmenge der Blütenformen und -farben, der verschiedensten Blattvariationen auf sich wirken läßt, fragt man sich immer wieder, wie diese Mannigfaltigkeit zustande kommen kann. Jedes Jahr erscheinen Dutzende von Rosenneuheiten, und die genetischen Verhältnisse lassen sich oft gar nicht mehr rekonstruieren. Wer Rosen züchten will, muß über einige Grundlagen der Vererbung Bescheid wissen. Doch zunächst soll etwas über die Absichten und Ziele des Züchters gesagt werden.

Zuchtziele

Jeder gezielten Rosenzüchtung liegen Wunschträume zugrunde, die sich aber immer nur zu einem kleinen Teil erfüllen. Die großen Würfe sind selten. Dennoch lassen sich die Züchter nicht entmutigen. Das Rosenzüchten wird heute auf der ganzen Welt betrieben, vorwiegend von Spezialisten, berufsmäßigen Züchtern. Sie verfolgen fast immer bestimmte Zuchtziele. Das Grundziel liegt hauptsächlich in einer **allgemeinen Verbesserung** der Rosen:

- Fördern der Gesundheit und der Widerstandsfähigkeit gegen äußere Einflüsse, gegen Krankheiten und Schädlinge.
- Erhöhen der Winterhärte.
- Verbessern der Unempfindlichkeit der Blütenblätter gegen Nebel und Regen.
- Erzeugen neuer Blütenfarben – vor allem eines sauberen Marineblaus – und neuer Mischfarbtöne.
- Erreichen von Farbbeständigkeit bei intensiver Belichtung, z. B. kein Verblauen roter Rosen.
- Herauszüchten schön gefüllter Blüten und gediegener Formen.
- Fördern der Haltbarkeit offener Blüten und, bei Floribundarosen, eines selbständigen sauberen Abblühens.
- Erhöhen der Haltbarkeit der Rosen in geschnittenem Zustand.
- Anstreben eines ausgeglichenen Wuchses mit angemessener Wuchsstärke.
- Erzielen eines ausgeglichenen Verhältnisses zwischen Blütengröße und Laubblattgröße.

Das Vervollkommnen von Knospen und Blüten und die Erhöhung der Widerstandskraft des Blütenhalses sind ebenfalls besondere Zuchtziele. Dazu gehört auch das Remontieren, d. h. andauerndes Blühen mit nur geringen und kurzen Lücken in der Blütezeit. Auch dem Duft der Blüten wird heute wieder sehr großer Wert beigemessen. Blattformen und Bestachelung können beim Verbessern und Verschönern einer Rosensorte ebenfalls wesentlich mitspielen.

Dies sind die wesentlichsten Zuchtziele. Sie können auf Grund neuer Erkenntnisse und Wünsche laufend erweitert werden. Beim passionierten Rosenzüchter treten immer wieder neue Richtungen, Wünsche und Ziele der Züchtung auf.

Nur eine Neuzüchtung, die tatsächlich eine Verbesserung darstellt, sollte vom Züchter eingeführt und in den Handel gebracht werden.

Vererbung

Um etwas von der Vererbung zu verstehen, ist es nötig, sich einige Kenntnisse über die pflanzliche Zelle, über die Bildung der Geschlechtszellen (Pollenkörner in den Staubbeuteln und Eizellen in den Samenlagen der Fruchtknoten) und über die Befruchtungsvorgänge anzueignen.

Zelle und Zellteilung

Der lebende Teil einer Pflanzenzelle besteht aus dem Zellplasma (Cytoplasma), dem Zellkern (Nucleus), Farbstoffträgern (Chromatophoren) und weiteren Plasmabestandteilen. Für die Vererbung ist der Zellkern von ausschlaggebender Bedeutung. Er enthält die Kernsubstanz, aus der während der Kernteilung die Chromosomen, die Träger der Erbinformationen, entstehen. Wenn sich eine Zelle zur Teilung anschickt, teilt sich zuerst immer der Zellkern. Die dabei ablaufenden Vorgänge lassen sich in vier Phasen gliedern, die uns hier aber nicht im einzelnen zu interessieren brauchen. Wichtig ist, daß sich aus dem Kerngerüst allmählich stäbchenförmige Gebilde, die Chromosomen, formen. Diese ordnen sich nach einem bestimmten Prinzip in der Mitte der Zelle an. In diesem Zustand lassen sie sich am besten erkennen und unterscheiden. Dabei ist festzustellen, daß in jeder Zelle einer bestimmten Pflanze und Sorte die gleiche Zahl von Chromosomen vorhanden ist, und daß immer zwei Chromosomen gleich gestaltet sind. So finden wir in der einen Rosensorte zum Beispiel 14 Chromosomen (7 Paare), in einer anderen 28 Chromosomen (14 Paare).

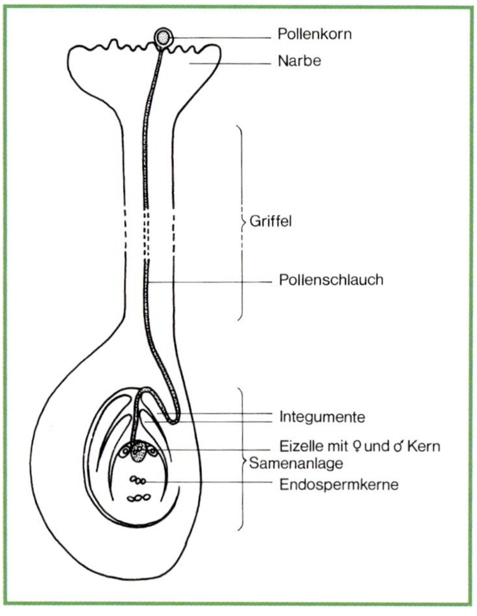

Schematischer Querschnitt durch das Fruchtblatt (vergleiche auch Seite 30). Zur Befruchtung kommt es erst, wenn Spermakerne durch den Pollenschlauch zur Samenanlage vorgedrungen sind.

Jedes Chromosom teilt sich nun der Länge nach. Die Chromosomenhälften (Tochterchromosomen) ziehen sich auseinander und gruppieren sich in entgegengesetzter Richtung zu je einem neuen Zellkern. Die Tochterchromosomen bilden sich wieder zurück zum fädigen Kerngerüst, und der neue Kern umgibt sich mit einer Membran, die ihn vom Cytoplasma abgrenzt. Zwischen den beiden Kernen bildet sich quer durch die alte Zelle eine neue Zellwand: damit ist die Zellteilung abgeschlossen.

Aufgrund dieses Vorgangs enthalten alle Zellen einer Pflanze genau dieselbe Art und Anzahl Chromosomen, da sich jedes Chromosom für jede Zellteilung längs halbiert und danach wieder ergänzt hat.

Bildung der Geschlechtszellen

Eine Ausnahme von dieser Teilungsart finden wir dort, wo die Geschlechtszellen einer Pflanze angelegt werden, also in den jungen Staubbeuteln bei der Ausbildung der Pollenkörner und in den jungen Samenanlagen in den Fruchtknoten, bei der Ausbildung der Eizellen.

Während bei der normalen Zellteilung aus einer Zelle mit 14 Chromosomen zwei neue Zellen mit wiederum je 14 Chromosomen entstehen, bilden sich in den Staubbeuteln und Samenanlagen Zellen aus, bei welchen die 14 Chromosomen (7 Paare) auf je 7 einzelne, nicht mehr paarweise vorkommende Chromosomen reduziert wurden. Diesen Vorgang nennt man deshalb Reduktionsteilung (Meiose).

In der Sprache der Vererbungslehre nennt man die Körperzellen, bei denen die Chromosomen paarig, also in doppelter Anzahl vorkommen, **diploid**, die Eizellen und Pollenkörner mit der einfachen Chromosomenzahl **haploid**.

Befruchtung

Unter Befruchtung versteht man die Verschmelzung eines männlichen Kernes aus dem Pollenkorn (Spermakern) mit dem Kern der weiblichen Eizelle in der Samenanlage. Damit es zu einer Befruchtung kommt, muß der Pollen auf die Narbe einer Blüte gelangen, wo er in einem klebrigen Sekret haften bleibt und auskeimt. Der Keimschlauch (Pollenschlauch) wächst durch das Griffelgewebe bis zur Samenanlage. Unterdessen haben sich im Pollenschlauch zwei befruchtungsfähige (generative) Spermakerne ausgebildet. Diese dringen in die Samenanlage ein. Der eine davon verschmilzt mit dem Kern der Eizelle, aus welcher sich durch Zellteilung der Embryo (Keimling) des zukünftigen Samens entwickelt. Der zweite Spermakern verschmilzt mit dem bereits diploiden Endospermkern der Samenanlage.

Das aus dieser Befruchtung hervorgehende triploide Nährgewebe ist für die Embryoentwicklung nötig, hat aber für die Vererbung keine Bedeutung.

Bedeutung der Chromosomen

Die Chromosomen sind die Träger der Erbanlagen (Gene); jedes enthält mehrere tausend Gene, die für die Ausprägung aller morphologischen Merkmale wie Blattform, Wuchshöhe, Bestachelung, Kelchform, Blütenform und -farbe usw. verantwortlich sind. Aber auch alle physiologischen Eigenschaften wie Winterhärte, Krankheitsresistenz, Frostwiderstandsfähigkeit, Remontieren usw. werden durch Erbanlagen bestimmt.

Meistens wirken zahlreiche Gene am Zustandekommen eines Merkmals mit; zum Teil ergänzen sie sich in ihrer Wirkung, zum Teil wirken sie entgegengesetzt, oder das eine kann das andere überdecken.

Weil in allen Zellen einer Pflanze (Ausnahme Geschlechtszellen) jedes Chromosom doppelt vorhanden ist, ist auch jede Erbanlage doppelt vertreten, denn jedes Chromosom eines Paares enthält denselben Satz Gene. Die eine der für ein bestimmtes Merkmal verantwortlichen Erbanlagen stammt aus der Eizelle, also von der Mutterpflanze, die andere Erbanlage stammt aus dem Spermakern, also von der Vaterpflanze.

Die Mannigfaltigkeit der Nachkommenschaften einer Kreuzung läßt sich aus den Vorgängen bei der **Reduktionsteilung** erklären. Die Chromosomen mütterlicher Herkunft und diejenigen von der väterlichen Seite verteilen sich nach den Gesetzen des Zufalls auf die beiden Tochterzellen, so daß die Pollenkörner und Eizellen unterschiedliche Kombinationen von Chromosomen und damit von Erbanlagen enthalten. Hinzu kommt noch, daß während der Reduktionsteilung, wenn sich die Chromatidfäden paarweise aneinander legen, Überkreuzungen vorkommen, wobei Chromosomenstücke paarweise ausgetauscht werden können. Dieser Vorgang wird als »Crossing over« oder »Faktorenaustausch« bezeichnet; er führt zu einer weiteren Mannigfaltigkeit bei den Genkombinationen.

Die zufällige Verteilung der Chromosomen und der Faktorenaustausch bewirken, daß keine Eizelle und keine männliche Geschlechtszelle die gleiche Genzusammensetzung hat wie eine andere. Damit sind auch die Kombinationen der männlichen und weiblichen Geschlechtszellen, also die Nachkommenschaften einer Kreuzung, alle voneinander genetisch unterschieden und weichen deshalb auch morphologisch und physiologisch voneinander ab. Die Nachkommen einer generativen Vermehrung, also einer Kreuzung, unterscheiden sich, sie spalten auf, wie man sagt.

Bei den Climbing-Rosen handelt es sich meist um Sports von Buschrosen. Die interessantesten dieser Sorten mit Klimmwuchs sind auf Seite 107 zusammengestellt.

Im Vergleich dazu die **vegetative Vermehrung**: Wenn der Baumschuler eine Rosensorte vermehrt, spielen die geschlechtlichen Vorgänge keine Rolle. Er vermehrt ja nicht über Samen, d.h. über eine Neukombination von Erbanlagen, sondern verwendet dafür die Knospen (Okulieren), also Organe, die nur aus diploiden Körperzellen aufgebaut sind. Diese Art von Vermehrung bezeichnet man als vegetative Vermehrung. Dabei ist es nicht von Bedeutung, ob Knospen verwendet werden oder andere Pflanzenteile, wie Stecklinge, Blätter, Ausläufer, Wurzelstücke usw. Alle Körperzellen sind ja unter sich gleichartig, da sie alle durch normale Zellteilung aus einer einzigen befruchteten Eizelle hervorgegangen sind und genau die gleichen Chromosomen und somit denselben Geninhalt besitzen. Die Nachkommen einer vegetativen Vermehrung sind also gleich, sie spalten nicht auf.

Mutationen (Sports)

Von der Regel der Gleichartigkeit der Nachkommen einer vegetativen Vermehrung gibt es jedoch Ausnahmen. Sie können dadurch zustande kommen, daß irgendwann bei der Teilung von Körperzellen plötzlich eine Änderung in der genetischen Zusammensetzung der Tochterzellen auftritt. Solche spontanen Änderungen nennt man Mutationen. Falls aus den abgeänderten (mutierten) Zellen im Verlauf der weiteren Zellteilung und Entwicklung Knospen entstehen, die später zu Seitentrieben auswachsen, werden diese Mutationen sichtbar; man spricht dann von Knospenmutationen oder Sports.

Sie können auf mancherlei Weise zustandekommen. Oft ändern sich nur einzelne Gene, so daß plötzlich neue Eigenschaften auftreten. Recht häufig gehen bei der Zellteilung einzelne Chromosomenstücke »verloren«, so daß die Tochterzellen genetisch nicht mehr vollständig sind. Die meisten Mutationen wirken sich negativ aus, d.h., die daraus entstehenden Nachkommen sind lebensunfähig, schwachwüchsig oder unschön. Nur selten bedeutet eine Mutation einen Gewinn für den Pflanzenzüchter, zum Beispiel dann, wenn eine Veränderung oder Intensivierung der Blütenfarbe auftritt wie bei der aus der Sorte 'The Queen Elizabeth Rose' hervorgegangenen 'Stadt Luzern'. Eine Mutation, die bei Rosen recht häufig als Sport auftritt, ist die Eigenschaft des Klimmwuchses (fälschlicherweise »Kletterwuchs«). Die meisten der sogenannten **Climbing-Sorten** sind aus Buschrosen entstanden. Im ganzen dürften mehr als tausend der heute bekannten Rosensorten aus Knospenmutationen entstanden sein. Die so häufigen Mutationen entstehen durch die komplizierte Hybridisierung, die bei den Rosen unablässig betrieben wird. Dem entspricht, daß bei Rosen, die seltener eingekreuzt werden, wie z.B. *Rosa rugosa*, kaum Mutationen aufgetreten sind!

Künstlich hervorgerufene Mutationen

Die Häufigkeit des Auftretens von Mutationen läßt sich künstlich beeinflussen. So wirken ionisierende Strahlen, wie sie von radioaktiven Substanzen ausgesendet werden, mutationsfördernd (mutagen). Verschiedene Züchter versuchen davon Gebrauch zu machen, indem sie Vermehrungsmaterial solcher Strahlung aussetzen. Aber auch in diesen Fällen wirken sich die meisten Mutationen negativ aus, und nur ganz selten entsteht auf diese Weise eine züchterisch wertvolle neue Eigenschaft.

Nicht nur einzelne Gene oder Chromosomenstücke können abgeändert werden, auch ganze Chromosomensätze sind Veränderungen unterworfen. So bewirkt beispielsweise das Gift der

Herbstzeitlose *(Colchicum autumnale)*, das Colchicin, daß der Mechanismus der Kernteilung gestört wird. Die Tochterchromosomen werden zum Beispiel nicht ordnungsgemäß auseinandergezogen. Sie bleiben in der Zellmitte und bilden sich anschließend zu einem einzigen Zellkern um. Dieser enthält dann die doppelte Anzahl Chromosomen als vorher. Jedes Chromosom, das vorher paarweise vorhanden war (diploid), ist jetzt viermal vertreten. Solche Zellen und die sich daraus entwickelnden Gewebe nennt man tetraploid. Von tetraploiden Pflanzen, die man aus colchicininduzierten Knospenmutationen erhalten kann, verspricht man sich kräftigeren Wuchs und größere Blüten. Bei Rosen sind bisher jedoch noch keine nennenswerten Resultate erzielt worden, was aber nicht heißen will, daß nicht in Zukunft Änderungen eintreten werden.

'Warwick Castle' zählt zur Gruppe der Englischen Rosen und zeichnet sich durch den reichen Flor edel geformter, pinkfarbener Blüten aus.

Wie entstehen neue Rosen?

Die Rose neigt zur Bastardisierung, was uns die wild vorkommenden Rosen (z. B. *Rosa canina*) deutlich beweisen. Diese Eigenschaft hat sich der Mensch zu Nutzen gemacht; anfänglich mehr als Hobby, später mehr aus kommerziellen Überlegungen. Heute gibt es auf der Welt weit über 1500 Rosenzüchter. Da ist es kaum verwunderlich, daß jedes Jahr viele Rosenneuheiten auf dem Markt erscheinen. Man rechnet heute mit einem Sortenbestand (alle Klassen inbegriffen) von weit über 50000. Darunter befinden sich auch Mutationen (Sports). Zwangsläufig entsteht die Frage nach dem Sinn des Weiterzüchtens. Wir werden durch weitere züchterische Arbeit fortwährend »Neues« erhalten, wodurch die immer wieder – notwendigerweise – ausgemerzten Sorten ersetzt werden können. Jeder berufsmäßige Rosenzüchter hofft, einmal die »vollkommenste Rose« zu finden. Das Züchten wird allein schon um dieser Hoffnung willen nie aufhören.

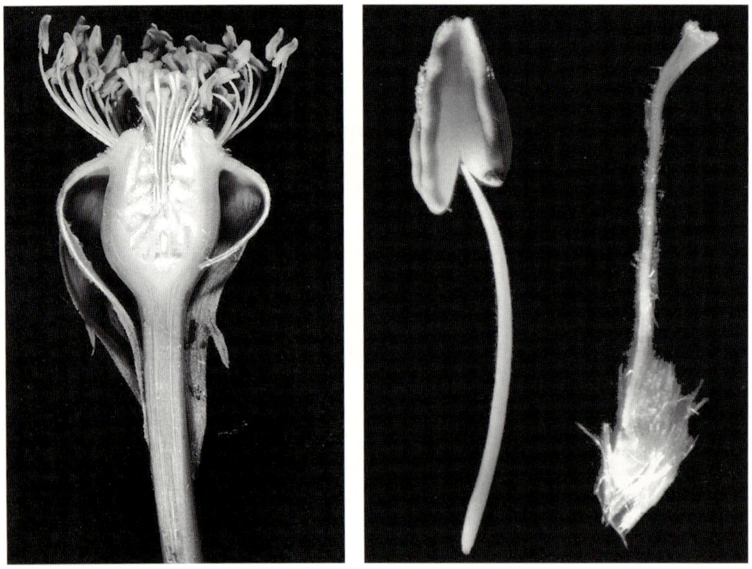

Links: Querschnitt durch den Fruchtknoten einer Rosenblüte. Das rechte Bild zeigt vergrößert Staubbeutel und Staubfaden, am Rand sind die Staubkörner (Pollen) zur Bestäubung frei. Rechts im Bild ist das ebenfalls vergrößerte Fruchtblatt mit Narbe und Griffel zu erkennen.

Am Anfang jeder neuen Sorte steht die Wahl der Eltern. Durch sorgfältig ausgesuchte Elternpaare, in denen ja die Erbeigenschaften sitzen, können Rosen in neuen Formen und Sorten erwartet werden. Jede Sorte besitzt ihre besonderen Merkmale: gefüllte oder einfache Blüte, Blütenfarbe, lockerer, breiter oder aufrechter Wuchs, dünne Blütenstiele, Krankheitsanfälligkeit usw. Die Merkmale können stark oder schwach vorhanden sein. Das starke Merkmal wird als »dominant« und das schwache als »rezessiv« bezeichnet. Diese Merkmale spielen bei der Partnerwahl eine große Rolle. Ihre Berücksichtigung gehört zum großen Wissen und Können eines Rosenzüchters.

Kreuzung

Für den Berufsrosenzüchter gibt es vor der Durchführung einer Kreuzung eine Unmenge zu bedenken. Er muß die bestmöglichen Partner finden, um seinem Ziel näher zu kommen. Er muß über die Chromosomenverhältnisse der Sorten und vieles mehr orientiert sein, weil sonst das Züchten nichts anderes ist als ein vages Experimentieren. Und das kann sich heute kein Rosenzüchter mehr erlauben. Ein Beispiel läßt ahnen, wie kompliziert die **Wahl der Partner** bei einer Kreuzung ist und über welch immenses züchterisches Wissen ein erfolgreicher Züchter verfügen muß.

Die immer wieder zur Einkreuzung verwendeten Wildrosen erbrachten nicht auf der ganzen Linie die erhofften Resultate. Wenn einerseits Gesundheit und Wüchsigkeit meist zufriedenstellend waren, ließ andererseits vorwiegend die Blühwilligkeit zu wünschen übrig. Heute werden die meisten Rosenzüchtungen in Glashäusern vorgenommen, um von der Witterung unabhängig zu sein. Was früher für den Züchter ein Vergnügen war, ist heute zu einem beruflichen Wettbewerb geworden.

Bestäubung. Mit der züchterischen Arbeit beginnt man am frühen Morgen. Sobald sich die ersten Rosen öffnen, holt man den Pollen (Blütenstaub), der sich noch im Staubbeutel befindet, bevor ihn die Bienen wegtragen. Dazu benützt man am besten Papiertüten, Glas- oder Porzellanschalen. Auf einem Papierstreifen vermerkt man die Namen der Sorten und legt diesen dazu. Der Inhalt wird vor Regen und zu großer Sonnenwärme durch Auflegen eines nicht zu dicken Papieres geschützt. Blechbehälter sind für diesen Zweck nicht zu empfehlen, da der Blütenstaub darin zum Schwitzen kommt und unbrauchbar wird. Trocken und kühl aufbewahrt, hält sich der Pollen etwa vier Wochen funktionsfähig.

Hat die Muttersorte ihre Blüten noch nicht geöffnet (stark Farbe zeigende Knospe), entfernen wir ihr die Blütenblätter und sämtliche Staubblätter (Staubbeutel und Staubfäden). Dies geschieht mittels einer Pinzette oder einer speziell dafür geschaffenen Schere. Diese Arbeit muß peinlich exakt ausgeführt werden, um jede unerwünschte Selbstbestäubung zu verhindern.

Die Narben der zu befruchtenden Blume bestäube man gegen Abend, nicht am Vormittag. Der Blütenstaub wird mit einem feinen Pinsel auf die Narben aufgetragen, oder es wird der Stempel, der zum Samentragen bestimmt ist, in den Pollenstaub getaucht. Im Freien gelingen Bestäubungen nur bei Windstille.

Sobald die Bestäubung ausgeführt ist, befestigt man an dem betreffenden Zweig ein Etikett mit dem Namen des weiblichen und des männlichen Partners (oder vermerkt die Kreuzungsnummer), welche zudem im Rosen-Zivilregister eingetragen werden; zum Beispiel 'Madame Victor Verdier' ♀ × 'Madame Bravy' ♂. Wenn für einen Nachkommen bei einer Neuheitenprüfung Anspruch auf Anerkennung erhoben wird – ohne dies hätte es ja keinen Sinn –, müssen die Eltern nachgewiesen werden können.

Nachdem die Bestäubung vollzogen ist, schütze man das Haupt des Zweiges mit einer Papierhaube, damit kein Pollen einer anderen Rose auf die Narben gelangen kann. Nach etwa einer Woche entfernt man die Papierhaube wieder. Einen Monat später beginnt sich die samenschützende Hülle (Frucht) auszudehnen. Die Bildung einer Hagebutte (Sammelnußfrucht) wird deutlich. Die befruchtete Mutterpflanze darf nur mäßig gedüngt werden. Bei Trockenheit ist sie zu wässern. Nur so entstehen gesunde und keimfähige Samen.

Manche Rosenarten bastardieren sehr leicht. Daher kommt es, daß bei vielen Sorten der Pollenspender, die Vaterpflanze, unbekannt geblieben ist.

Gegen Ende September sind aus den grünen Samenhüllen sich rötende Früchte geworden. Sie haben einen mehr oder weniger großen Umfang erreicht (je nach Art und Sorte) und verschiedene Formen angenommen; die **Samen** gehen ihrer Reife entgegen. Es besteht bei der Rose keine absolute Gewißheit darüber, ob Früchte, die sich nicht röten wollen, nicht doch reife Samen bergen. Die größten und dicksten Samen sind meistens die weniger wertvollen. Die Hagebutten sind an der Pflanze zu belassen, solange kein Frost zu erwarten ist. Überreif sollen die Früchte dagegen auch nicht sein, da sie, wenn abgenommen, eine Nachreife durchmachen sollen. Diese begünstigt das Keimen der Samen.

Ernte der Früchte

Man schneidet die Früchte mit etwa 10–20 cm langen Zweigen ab, entfernt sämtliche Blätter und eventuell kranke Früchte. Dann steckt man die Zweige an einem kühlen und hellen Ort in feuchten Sand, wo sie noch nachreifen. Bei den im Gewächshaus stehenden Mutterpflanzen können die Hagebutten bis November an der Pflanze belassen wer-

Ein Rosenzüchter muß einen guten Spürsinn, ein kritisches Auge und nicht zuletzt eine gute Portion Glück haben. Eine neue Spitzensorte findet sich äußerst selten unter Tausenden von Sämlingen.

Die Teehybride 'Golden Medaillon' mit schön gefüllten Blüten in leuchtendem Goldgelb und mit lieblich-leichtem Duft ist eine der besten Neuzüchtungen von Kordes.

den. Die Hagebutten sind sorgfältig zu etikettieren. Die Schalen der Hagebutten werden mit einem Messer oder mit dem Daumennagel aufgeritzt, und die Samen werden herausgenommen. Wir haben keine zuverlässigen Hilfsmittel, um die Tauglichkeit der Samen zu prüfen. Man muß einfach hoffen.

Aussaat und Behandlung der Sämlinge

Nachdem die Samen von der Schutzhülle befreit sind, werden sie in kleine Töpfe, in 10 cm tiefe Samenschalen oder direkt in ein Bankbeet gesät, und zwar in ein steriles Ton-Torf-Substrat (z. B. Einheitserde), und 1,5–2 cm hoch bedeckt; Abstand von Samen zu Samen 3–5 cm. Damit die Samen beim Gießen nicht verschwemmt werden, kann man sie auch mit feinem Kies 2 cm hoch bedecken. Samen von Edelrosen dürfen niemals trocken werden. Es würde ihre Keimung, wenn auch nicht verhindern, so doch um einige Monate verzögern. Das wäre sehr unangenehm, wenn man bedenkt, wie lange sie unter Kontrolle stehen müssen, bis sie endlich blühen. Die ausgesäten Samen sind während einiger (acht) Wochen bei etwa + 6 °C zu halten. Sobald sie zu keimen beginnen, wird die Temperatur auf etwa + 18 °C erhöht.

Die Töpfe und Schalen, in die nach der alten Methode ausgesät wird, überwintert man gleichfalls im Gewächshaus oder im heizbaren Frühbeet. Zu dicht stehende Sämlinge werden im Gewächshaus pikiert oder ab Ende April in das kalte Frühbeet verpflanzt. Im Gewächshaus wird die Kultur der Sämlinge vorwiegend in Hydrokultur durchgeführt. Hier werden die Sämlinge in sterilen Sand oder in ein anderes Substrat pikiert, während man im Frühbeet eine gute, nährstoffreiche Erde verwendet. Die Sämlinge sind während der Kultur vor Krankheiten und Schädlingen zu schützen.

Die **Auslese des Zuchtergebnisses** erfolgt fortlaufend, und zwar sehr kritisch. Besonders streng wird dann das Ausscheiden während des Blühens vorgenommen. Gewissenhafte Selektionsarbeit ist unerläßlich, damit die Neuschöpfungen die erhofften Qualitäten aufweisen.

Das endgültige Resultat einer Kreuzung erfährt man frühestens nach fünf Jahren, nämlich dann, wenn sich die Neuheit auch bei der Veredlung und im Freiland bewährt und verschiedene Rosenprüfungen bestanden hat.

Wenn man bedenkt, daß Jahr für Jahr etwa 12000–20000 Kreuzungen vorzunehmen sind, um daraus etwa 80000–100000 Sämlinge zu gewinnen, die man braucht, um jedes Jahr einige wertvolle Neuheiten in den Handel bringen zu können, so läßt sich erst richtig ermessen, was es heißt, sich berufsmäßig mit der Rosenzüchtung zu beschäftigen. Wie groß die Aussichten auf Neuheiten sind, interessiert stets von neuem. Genaue Angaben hierüber lassen sich nicht machen. Nach sorgfältiger Schätzung darf man annehmen, daß etwa auf 10000–20000 Sämlinge eine Neuheit erscheint. Man muß dazu also auch großes Glück haben, besonders wenn es sich um wertvolle Neuheiten handelt, wie zum Beispiel 'Madame A. Meilland', 'Baccara', 'Duftwolke', 'Super Star', 'Schneewittchen' usw.

Die Vermehrung der Rosen

Wurzelechte Rosen bieten den Vorteil, daß sich keine unerwünschten Wildtriebe bilden können. Wurzelecht vermehrten Rosen wurde bisweilen eine geringere Frosthärte nachgesagt. Sie sollten vor allem in milderen Lagen bevorzugt werden.

Die Vermehrung der Rosen geschah früher durch Wurzelausläufer. Gerade die alten, einmalblühenden Rosen neigen dazu, sich auf diese Weise auszubreiten. Auch das Absenken angeschnittener Reiser in den Erdboden (Markottieren) ist eine Vermehrungsmethode aus früheren Zeiten. Die Vermehrung durch Stecklinge, welche von den Zweigen losgerissen oder weggeschnitten werden, war ein um die Jahrhundertwende noch häufig angewandtes Verfahren, von dem besonders das erstere auf alte Zeiten zurückgeht. In Gegenden mit mildem Klima verspricht die Vermehrung von Rosen durch Steckholz auch gute Erfolge. In neuester Zeit hat diese Methode wieder an Bedeutung gewonnen.

Methoden für besondere Fälle

Vermehrung durch Aussaat

Die ursprünglichste Vermehrungsart ist die durch Samen, sie spielt jedoch heute als Methode für die Vermehrung von Kulturrosen nur noch eine untergeordnete Rolle. Sie kommt nur bei Strauchrosen wie zum Beispiel *Rosa canina, R. rubiginosa, R. pimpinellifolia* (syn. *R. spinosissima*), *R. moyesii, R. rugosa* und anderen in Frage, mit Ausnahme von *R. persica, R. carolina* u. a.

Pflanzen, die mittels Samen vermehrt wurden, bilden keine wilden Bodentriebe, im Gegensatz zu den durch Okulation vermehrten.

Vermehrung über Ausläufer

Die Art der Fortpflanzung durch Ausläufer ist bei einigen Rosenarten anzutreffen, zum Beispiel bei *Rosa canina, R. foetida, R. gallica, R. nitida, R. pimpinellifolia* (syn. *Rosa spinosissima*), *R. rugosa* und anderen. Auch hier treten wieder Ausläufer auf.

Vermehrung durch Steckholz (bei wurzelechten Rosen)

In den letzten Jahren hat diese Vermehrungsart einen beachtlichen Aufschwung erlebt. Es gibt heute Betriebe in verschiedenen Ländern, die sich auf diese Vermehrungsart spezialisiert haben. Damit kann ein volles Jahr an Kulturzeit eingespart werden, um zu verkaufsfertigen Pflanzen zu kommen.

Für die Steckholzvermehrung werden im November von Mutterpflanzen gut ausgereifte einjährige, gesunde Triebe mittlerer Stärke geschnitten. Sie werden auf eine Länge von 20–25 cm zugeschnitten und der Blätter entledigt. Beim Steckholz wird unten, direkt unter dem Auge, gerade geschnitten, während oben etwa 1–2 cm über dem Auge leicht schräg geschnitten wird.

Im Oktober oder November geschnittenes Steckholz wird gebündelt ganz in Sand oder sandige Erde schräg eingeschlagen oder in einem frostfreien, nicht zu trockenen Raum (Rosenkühlkeller) überwintert.

Das Stecken erfolgt im Frühjahr so früh wie möglich, sobald die Erde abgetrocknet ist, in gut vorbereiteten, humusreichen Boden, in dem vorher noch keine Rosen gestanden haben. Die Wahl des Reihenabstandes entscheiden die für den Einsatz bestimmten Maschinen; er beträgt nicht unter 75 cm. In der Reihe werden die Steckhölzer in einer Entfernung von 15–20 cm in die Erde gesteckt, und zwar so tief, daß 1–2 Augen über die Erdoberfläche herausschauen. Dabei ist es notwendig, daß das Steckholz genügend mit der Erde in Kontakt gebracht wird, damit sich Wurzeln bilden können. Diese Kulturfelder müssen sehr gut und regelmäßig gepflegt werden, damit wir bis Ende Oktober wurzelechte, verkaufsfähige Pflanzen erhalten.

Steckholzvermehrung beim Rosenliebhaber

Dazu eignen sich vor allem Kletterrosen der Wichuraiana-Klasse sowie Polyantha-, Floribunda- und vereinzelt auch Teehybrid- und Remontantrosen. Das Steckholz stammt von ausgereiften Trieben.

Diese Art der Vermehrung wird ab August bis Ende September durchgeführt. Man wählt am besten Triebe, die Blüten getragen haben. An den zur Vermehrung bestimmten Trieben dürfen die Augen noch nicht ausgetrieben haben, sie sollen sich noch in ruhendem Zustand befinden. Beim richtigen Reifezustand des Steckholzes lassen sich die Stacheln an den Trieben durch leichten seitlichen Druck von der Epidermis entfernen, ohne diese zu verletzen.

Das Steckholz mittlerer Stärke wird auf 20–30 cm Länge geschnitten, unten wird der Schnitt etwa 3 mm unter dem Auge und gerade, oben aber leicht schräg ausgeführt. Die Blätter werden sorgfältig entfernt. Die so zubereiteten Steckhölzer werden in einem geschützt gelegenen Beet in gut vorbereitete, humusreiche Erde in etwa 15 cm Abstand gesteckt. Sie kommen so tief in den Boden, daß ein oder zwei Augen aus der Erde herausschauen. Es ist wichtig, daß die gesteckten Steckhölzer gut mit der Erde in Verbindung gebracht werden, damit sich Wurzeln bilden können. Die Pflege besteht im Freihalten von Unkraut und im Lockerhalten der Erdoberfläche. Die Erde darf nie austrocknen. Das Verpflanzen der bewurzelten Jungpflanzen erfolgt ab Mitte Oktober des Jahres nach dem Stecken.

Links: Zweig einer Rose der Wichuraiana-Klasse, wie er sich für die Stecklingsvermehrung eignet. Mitte: Der Rosensteckling ist für das Stecken zubereitet. Rechts: So sieht ein bewurzelter Rosensteckling im Sommer nach dem Stecken aus.

Damit die empfindlichen Rosenstecklinge sicher bewurzeln, bedarf es spezieller Vermehrungseinrichtungen, über die im Normalfall nur ein Fachbetrieb verfügt.

Vermehrung der Miniaturrosen durch Stecklinge

In jüngster Zeit hat diese Vermehrungsart in Spezialbetrieben verschiedener Länder, wie z. B. in Dänemark und den Niederlanden, einen großen Aufschwung erlebt. Es werden alljährlich Millionen von diesen durch Stecklinge vermehrten Topfrosen in den Handel gebracht.

Für die Stecklingsvermehrung werden noch weitere Triebenden zu dritt bis zu fünft in kleine Töpfe von 8–10 cm Durchmesser in ein spezielles Nährsubstrat gesteckt. Dann werden sie in speziell eingerichteten Gewächshäusern aufgestellt und unter stets hoher Luftfeuchtigkeit bei 25–28 °C gehalten. So bilden die Stecklinge sehr rasch Wurzeln, und das aktive Wachstum stellt sich in kurzer Zeit ein. Die Weiterkultur erfolgt über verschiedene Temperaturstufen bis zur vollständigen Entfaltung der Stecklingspflanzen. Für diese hier nur angedeutete Vermehrungsmethode braucht es Spezialkenntnisse und spezielle Kultureinrichtungen; sie funktioniert nur mit Hilfe einer ausgeklügelten Kulturführung.

Nach etwa 12–15 Wochen sind die Stecklinge dicht mit Knospen besetzt und können zum Verkauf angeboten werden. Diese Zwergrosen sind vor allem im zeitigen Frühjahr besonders beliebte Topfpflanzen. Nach dem Verblühen sind die Triebe leicht einzukürzen und können so bei sorgfältiger Pflege auch in Balkonkästen zum erneuten Blüten angeregt werden.

Die oft empfohlene Vermehrung dieser »Minijet-Rosen« empfiehlt sich nur für den erfahrenen Rosenfreund.

Kopulation (Handveredlung)

Diese Veredlungsart wird vorwiegend bei der Heranzucht von Rosen für die Kultur unter Glas verwendet. Die Handveredlung wird meistens in der Zeit von Januar bis März durchgeführt. Als Unterlage verwendet man einjähriges, bewurzeltes Steckholz, also Unterlagen, welche aus Stecklingen oder Sämlingen genommen werden. Es sind gleichmäßige Unterlagen von 5–8 mm Durchmesser zu wählen, zu dicke sind unzweckmäßig. Diese aussortierten, bewurzelten Unterlagen werden 4–5 Wochen vor der Veredlung in Töpfe gepflanzt und dann im temperierten Gewächshaus aufgestellt. Werden Sämlinge verwendet, so sind sie bis zum Zeitpunkt der Veredlung frostfrei zu halten, jedoch so, daß sie nicht austreiben können. Sobald sich die obersten Augen zu verfärben beginnen, was ein Zeichen des beginnenden Saftdurchflusses ist, hat sofort die Veredlung stattzufinden, denn stark im Trieb stehende Unterlagen eignen sich nicht mehr.

Als Edelholz werden Edelreiser von gesunden Rosenpflanzen genommen. Das Reis selbst hat einem einjährigen Trieb zu entstammen und muß gut ausgereift sein. Ein Reis mit einem Auge genügt, das Blatt wird bis auf den Stiellappen entfernt.

Als Veredlungsmethode wird die Kopulation angewendet: Die Unterlage und das Edelreis werden je mit einem Schrägschnitt (Kopulationsschnitt) versehen und so aneinandergefügt, daß beide Teile gut aufeinandersitzen, wozu das Edelwie das Unterlageholz möglichst gleich dick sein sollten. Die beiden Teile werden mit Bast gut verbunden und im Gewächshaus in ein Beet mit Bodenheizung bis zum Topfrand eingesenkt (Vermehrungsbeet). Bei gleichmäßiger Temperatur und Feuchtigkeit wird das Edelreis dann auszutreiben beginnen.

Durch sorgfältige Pflege und gleichzeitiges Abhärten werden die veredelten Pflanzen soweit gebracht, daß sie für die Bepflanzung der Gewächshäuser verwendet werden können.

Okulieren auf das treibende Auge

In Gegenden mit mildem Klima ist es möglich, auf das treibende Auge zu okulieren. Sobald reife Augen zur Verfügung stehen, kann diese Arbeit ausgeführt werden. In größeren Betrieben wird das jedoch heute kaum mehr praktiziert, da verkaufbare Pflanzen bis zum Herbst nicht zu erwarten sind. Meistens reifen die Triebe nicht genügend aus, und nur selten überleben sie einen kalten Winter.

Treibende Augen auf Stammrosen zu okulieren, ist nicht empfehlenswert, da außer den durch Winterkälte zu erwartenden Verlusten auch das nicht minder große Risiko besteht, daß beim unerläßlichen Decken, trotz aller Sorgfalt, viele Veredlungen ausbrechen.

Okulieren nach der Forkertschen Methode

Man verwendet bei dieser Methode soeben zu quellen beginnende Augen von überwinterten Pflanzen zum Veredeln von solchen, die bei der Sommerveredlung mißraten sind, oder wenn man Ruten von starken Stämmen veredeln will. So kann eine lückenhafte Stammrosenallee wohl kaum anders als durch diese im April ausgeführte Methode wieder ergänzt werden.

Das Veredeln nach dieser Methode wird folgendermaßen ausgeführt: Am Wildling wird ein Längsschnitt von 2–2,5 cm angebracht (sogenannter Ausschnitt). Die obere Hälfte des dadurch entstehenden Spans (etwa 1–1,5 mm dick) schneidet man weg. Vom Edelholz wird ein »Schildchen« mit entsprechender Form (2,5 cm lang) abgeschnitten, das ein Auge enthalten muß und in den Ausschnitt paßt, dessen stehengelassenes Läppchen nun die untere Hälfte des Schildchens deckt. Sobald das Schildchen eingeschoben ist, muß sein den Ausschnitt überragendes Teil abgeschnitten werden. Die Veredlungsstelle muß über ihre Ränder hinaus mit Garn oder zusammengerolltem Bast gut verbunden und mit Baumwachs verstrichen werden, wobei das Auge frei bleiben soll. Mit Verlusten durch Bruch ist bei der Forkertschen Methode nicht zu rechnen.

Vermehrung durch Okulation

Okulieren bedeutet »Auge einsetzen«, das Wort kommt vom lateinischen oculus = Auge. Die Vermehrung der Rosen durch Okulation ist die verbreitetste Methode und verspricht die besten Resultate. (Edelrosen werden nur selten über Stecklinge vermehrt.) Die meisten Rosen, die aus Kreuzungen stammen, sind zu den Kulturrosen zu zählen und werden durch Okulation (Veredlung) vermehrt.

Es gibt eine ganze Reihe verschiedener Unterlagenarten, spezielle Züchtungen und Selektionen. Leider besteht heute noch kein genaues Bild über die Abstammungen der verwendeten Unterlagen. Jedes Produktionsgebiet und jeder Vermehrungsbetrieb hat seine spezielle Unterlagenwahl aus der Erfahrung heraus getroffen.

Immer wieder erschwert es uns diese Mannigfaltigkeit, die Tauglichkeit einer veredelten Rosensorte korrekt und einheitlich zu beurteilen. Vom Vermehrer aus gesehen, sollte die ideale Unterlage möglichst wenig Stacheln besitzen (weil das Arbeiten wesentlich erleichtert wird), ferner sollte sie über einen genügend lan-

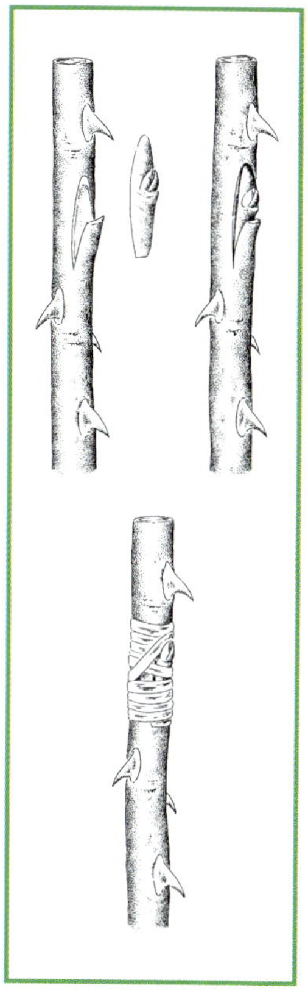

Bei der Forkertschen Methode (Anplatten der Augen) wird die Unterlage wie gezeigt vorbereitet, das Auge wird eingeschoben, anschließend wird die Veredlung verbunden.

gen Wurzelhals verfügen und keine zu dünne Rinde aufweisen, weil sonst die Rindenlappen leicht brechen. Eine zu kräftige und zu dicke Rinde dagegen erschwert die Veredlungsarbeit. Unterlagentypen, die keine oder nur wenige Wurzeltriebe bilden, werden vorgezogen. Zum Heranzüchten von Stammrosen müssen die Stämme eine gewisse Stärke aufweisen. Sie sollten auf viele Jahre hinaus leicht zu biegen sein. Diese wenigen Hinweise zeigen, wie groß die Anforderungen an eine vorzügliche Unterlage sind und heute sein müssen. Diese Ansprüche bzw. Ziele dürften für neue Unterlagenzüchtungen und Selektionen wegweisend sein.

Unterlagentypen

Aus der *Rosa canina* wurde eine ganze Reihe von Typen neu selektiert. Hier einige der wichtigsten:

Bei **Rosa canina 'Inermis'** handelt es sich um eine Unterlage mit lockerem Wuchs, mit grünen bis bräunlichen, nur leicht bestachelten Trieben. Die eher kleinen Blätter sind gräulich grün, die Blüten zartrosa bis weiß. Die Wurzeln entwikkeln sich zu einem idealen Wurzelverhältnis mit guter Verzweigung. Die Pflanze hat einen kräftigen Wuchs und kann von Ende Juni bis September okuliert werden.

Rosa canina 'Pfänder' erweist sich als ziemlich starkwüchsig. Die Triebe sind meist gebogen und reichlich mit scharfen Stacheln besetzt. Die Blätter sind blaugrün, die Blüten weiß. Sie besitzt lange, dünne und mäßig verzweigte Wurzeln. Die Veredlung sollte Ende August abgeschlossen sein.

Rosa coriifolia 'Pollmeriana' wächst kräftig, besitzt lange, elastische, dünne Triebe mit rötlichbrauner Rinde. Bildet ein vorzügliches Wurzelwerk. Sie eignet sich sehr gut für Busch-, aber auch für Stammrosen. Sie schließt ihr Wachstum sehr früh ab und muß deshalb auch früh veredelt werden. In milden Lagen ist sie mehltauanfällig.

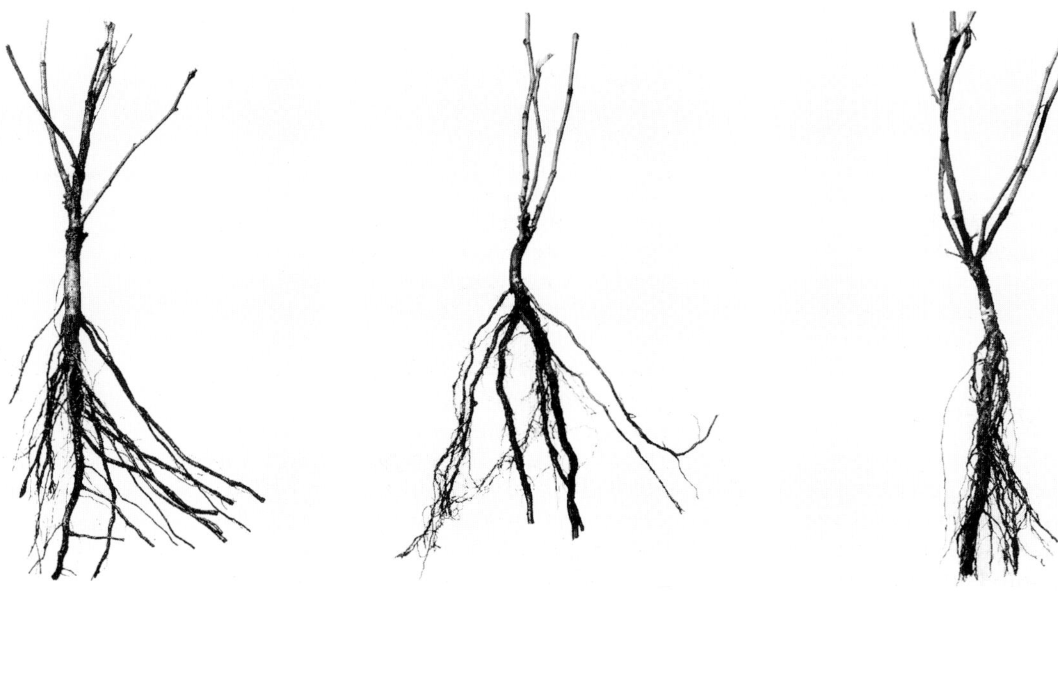

Verschiedene Unterlagentypen. Links: Die starkwüchsige *Rosa canina* 'Pfänder' weist lange, dünne und wenig verzweigte Wurzeln auf. Mitte: *Rosa coriifolia* 'Froebelii' (syn. *R. laxa*) bildet schöne Wurzelhälse, aber nur selten Wurzelsprosse. Rechts: *Rosa multiflora* bietet gute Anwachsbedingungen für Edelaugen.

Rosa coriifolia 'Froebelii' (syn. *R. laxa, R. corymbifera*) wächst aufrecht und ist fast stachellos. Die Blätter sind graugrün, die Blüte ist weiß. Bildet ausgesprochen schöne Wurzelhälse und nur selten Wurzelschosse. Das Wachstum schließt früh ab, weshalb ebenfalls früh mit der Veredlung begonnen werden muß. Sie verlangt einen etwas höheren Kalkgehalt als üblich. Aufgrund langjähriger Versuchspflanzungen darf diese Unterlage als die zuverlässigste empfohlen werden!

Rosa multiflora bildet kräftig wachsende Büsche, mit langer Zeitspanne zur Veredlungsmöglichkeit. Sie verfügt über stark bestachelte, gebogene Triebe und eine starke Wurzelbildung am Wurzelhals. *Rosa multiflora* eignet sich gut als Unterlage für Topfrosen. Weil sie gute Anwachsbedingungen für die Edelaugen gewährleistet, wird sie besonders gerne verwendet.

Leider besitzt sie ziemliche Nachteile: Die Lebensdauer ist kürzer, die Gefahr des Ausbrechens der Edelaugen groß, wenn zu spät pinziert wird. Ebenso ist die Gefahr beim Auswintern größer als bei anderen Unterlagen.

Auf *R. multiflora* veredelte Rosen sind auch für Chlorose anfällig. Ferner wird die Blütenfarbe negativ beeinflußt, d. h., die Farben werden weniger intensiv. Ein weiterer Nachteil besteht darin, daß wir noch keine vollständig reinen Multiflora-Typen im Handel haben.

Es gibt noch eine »**Stachelfreie Multiflora**«, die früher fast mehltaufrei war.

Veredlungsunterlagen

Nicht nur bei den Rosensorten (den Edelreisern) spielt die Krankheitsresistenz die bedeutendste Rolle bei der Bewertung ihrer Qualität – schließlich wollen wir im Hausgarten mit dem geringstmöglichen Einsatz an chemischen Pflanzenschutzmitteln auskommen. Die Resistenz gegenüber Krankheiten ist bei den Veredlungsunterlagen aber ebenso wichtig.

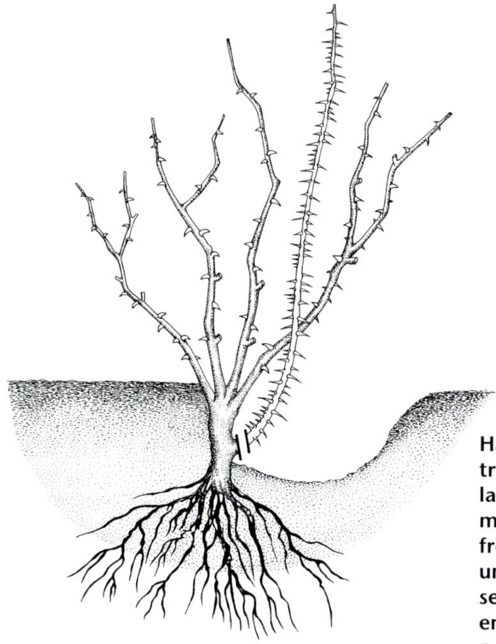

Hat sich ein Wildtrieb aus der Unterlage gebildet, so muß der Wurzelhals freigelegt werden, um den Wildtrieb an seiner Ansatzstelle entfernen zu können.

Bei näherer Kontrolle von Anzuchtfeldern für Rosenunterlagen verschiedener Typen mußten wir feststellen, daß diese schon sehr früh vom Mehltau befallen sind. Die Felder sehen oft aus, als wären sie mit Mehl bepudert worden. Bei einem solchen Anblick stellen wir uns die Frage, ob diese Mehltauanfälligkeit nicht auch von der Unterlage in den Edelteil einer okulierten Pflanze übertragen wird.

Wir haben ein Beispiel bei der Verwendung der Multiflora-Unterlage, daß sich Unterlageneigenschaften auf die okulierten Kulturrosen übertragen können, z. B.: die oben bereits angesprochene Anfälligkeit für Chlorose, das Verblassen der Blütenfarbe, die Winterhärte und die Lebensdauer.

Bei 'Bredon' klingt mit den stark gefüllten, cremegelben Blüten der Charme alter Rosen an, doch die Sorte zählt zu den verhältnismäßig robusten Englischen Rosen, die erst in neuerer Zeit entstanden.

Wir können die Frage nach der Gesundheit von Rosen also auch von unten, von der Unterlage her, anpacken. Es gibt dazu zwei Lösungsansätze:

1. Selektion und Vermehrung über das gewonnene Saatgut.
2. Kreuzungen zweier gesunder Sämlingstypen.

Die **Selektion** hat den Vorteil, daß wir schneller ein brauchbares Resultat erreichen können. Die dafür erforderlichen Pflanzen finden wir in den ausgedehnten Sämlingsfeldern. Während jahrelanger Beobachtungen in Unterlagenfeldern hat es uns immer wieder überrascht, daß wir bei scheinbar ausschließlich kranken Sämlingen immer wieder vollständig gesunde Typen, sogar in großer Zahl, vorgefunden haben. Wir haben in solchen Feldern viel häufiger gesunde Pflanzen angetroffen als bei wildwachsenden Rosen. Von diesen gesunden Pflanzen soll die Auslese verschiedener Typen erfolgen. Sie müssen in streng getrenntem Anbau zur Saatgewinnung kultiviert werden. Deren Nachkommen sind dann auf ihre Gesundheit und Wüchsigkeit hin zu erproben.

Für eine **Kreuzung** sind gesunde Pflanzen aus zwei unterschiedlichen Feldern verschiedener Unterlagentypen zu wählen. Vorher muß auch das Chromosomenverhältnis der beiden zur Kreuzung ausgewählten Pflanzentypen bestimmt werden; sonst bedeutet diese Arbeit nur ein nutzloses Experimentieren. Nur gezielte, sorgfältige Kreuzungsarbeit kann zum erhofften Resultat führen. Die Wahrscheinlichkeit, das gesteckte Ziel zu erreichen, ist deshalb groß, weil unter diesen Rosen noch kaum Kreuzungen vorgenommen wurden.

Diese Arbeit sollte nur von erfahrenen Züchtern, die gute Kenntnisse in der Rosenzüchtung besitzen, vorgenommen werden.

Anzucht

Samengewinnung und Vorbereitung für die Aussaat. Die Anzucht der Veredlungsunterlagen wird vorwiegend durch Spezialbetriebe ausgeführt. Die Grundlage sollte auf einem vollständig reinen Mutterpflanzenbestand beruhen. Nur so werden entsprechend gute Resultate bei der späteren Rosenvermehrung gewährleistet. Die Hagebutten werden geerntet, wenn sie kräftig rot gefärbt sind. Das Fleisch der Früchte soll nicht weich sein. Der ideale Zeitpunkt dürfte zwischen Anfang September und Ende Oktober liegen. Der Reifegrad der verschiedenen Typen ist sehr unterschiedlich. Die geernteten Früchte werden so lange gelagert, bis das Fleisch weich wird, dann wird es von den Samen getrennt. Danach wird das vom Fleisch der Hagebutten vollständig gesäuberte Saatgut in feuchtem Sand und bei niedriger Temperatur ein Jahr lang eingelagert. Während dieser Zeit muß der Sand stets feucht gehalten werden. Dadurch wird die Keimung gefördert. Man bezeichnet diesen Vorgang als »Stratifikation«. Sie macht die Samenschalen wasser- und luftdurchlässiger und ermöglicht so die Keimung. Das Saatgut muß übrigens unbedingt vor Mäusen geschützt werden.

Neuere Methoden in Züchtungs- und Saatgutbetrieben lassen durch Wärme-Kälte-Behandlung das Auskeimen der Samen schon im ersten Jahr nach der Ernte auf Keimergebnisse von 60–80% bringen. Das vom Fruchtfleisch gereinigte, feucht eingelagerte Saatgut wird anfänglich etwa zwei Monate lang bei ca. 20 °C gehalten, worauf dann die Temperatur auf 2 °C abgesenkt wird. Die Temperatur darf in dieser Kühlperiode 5 °C nicht übersteigen. Der prozentuale Anteil an keimenden Samen ist bei allen Keimvorbereitungsprozeduren von Typ zu Typ unterschiedlich. Auch übt hier der Reifezustand der Samen einen Einfluß aus.

Die auf diesen Seiten beschriebenen Arbeiten der Vermehrung, der Okulation und Anzucht sind in der Regel dem Rosenkultivateur im fachmännischen Betrieb vorbehalten. Einiges davon wird aber auch der wißbegierige Rosenliebhaber daraus lernen und in seine Praxis umsetzen können.

Aussaat. Sie erfolgt am besten zu Beginn des Frühjahrs. So entsteht weniger Ausfall durch vorzeitiges Auskeimen. Sie kann, unter den notwendigen Vorsichtsmaßnahmen, auch im Herbst ausgeführt werden. In jedem Fall wird die Aussaat auf unkrautfreiem Land durchgeführt. Notfalls kann man das für die Saat bestimmte Land im Jahr zuvor mit chemischen Unkrautbekämpfungsmitteln behandeln. Während der Anzucht dürfen keine Herbizide verwendet werden. Hierbei ist größte Vorsicht am Platze.

Die Beete für die Aussaat müssen bereits vollständig vorbereitet sein, 120 cm Breite mit 6 Reihen oder 100 cm Breite mit 5 Reihen. Maßgebend ist jeweils die Spurenbreite der eingesetzten Maschinen. Das Saatgut muß vor dem Ausbringen vor Vogel- und Mäusefraß geschützt werden. Hierfür gibt es verschiedene bewährte Präparate.

Die notwendige Saatgutmenge richtet sich nach der Größe der einzelnen Samenkörner, die sehr unterschiedlich sein kann. Pro Ar werden 4–12 kg Saatgut benötigt. Um den Keimprozeß zu begünstigen, ist dafür zu sorgen, daß der Boden in den Reihenzwischenräumen möglichst wenig verkrustet.

Unterschneiden der Pfahlwurzeln und Pikieren. Die Sämlinge bilden von Natur aus Pfahlwurzeln mit nur wenigen Seitenwurzeln. Um das Pfahlwurzelwachstum in die Tiefe zu unterbinden, werden sie mit einem Pflug, der mit einem flachliegenden Messer versehen ist, abgeschnitten (unterschnitten). Auf diese Weise bildet sich bald ein schönes Wurzelwerk. Da das Pikieren sehr zeitraubend und umständlich ist, lohnt es sich heute kaum mehr. Durch das Pikieren gewinnen wir zwar weit mehr Pflanzen bester Qualität, die aber wesentlich teurer sind. Die Pflege der Unterlagenkulturen besteht im Lockerhalten der Erdoberfläche, in der Unkrautbekämpfung, Düngung, eventueller Wässerung und dem Pflanzenschutz.

Roden. Etwa ab Ende Oktober werden die Pflanzen gerodet. Das geschieht mit einem speziell dazu eingerichteten Pflug. Das Auspflügen und das spätere Zurüsten für die Überwinterung muß sorgfältig ausgeführt werden, damit die Pflanzen keinen Schaden erleiden. Um einer eventuellen Fäulnis vorzubeugen, sollten sie vor dem Überwintern von den Blättern und gebrochenen Teilen befreit werden.

Überwintern. Die Pflanzen müssen frostfrei – in entsprechenden Schuppen und Kellern – eingeschlagen oder im Kühlhaus überwintert werden. Dabei ist wichtig, daß die Pflanzen sich nicht erwärmen und austrocknen können. Zu hohe Feuchtigkeit im Einschlag wirkt sich andererseits ebenfalls nachteilig aus, nämlich auf das Verhalten der Wurzeln (Wurzelfäulnis).

Sortieren. Die einjährigen Unterlagen werden nach Stärkeklassen aussortiert. Dabei ist der Durchmesser des Wurzelhalses maßgebend. Die Stärkeklassen werden folgendermaßen eingeteilt:

1. Größe 3–4 mm
2. Größe 4–6 mm
3. Größe 6–8 mm
4. Größe 8–12 mm

Die sortierten Unterlagen werden gebündelt: die erste und zweite Größe zu je 100 Stück, die dritte zu 50 Stück und die vierte zu 25 Stück. Bei Rosenwildstämmen sollte der Durchmesser, auf der Veredlungshöhe gemessen, 4–5 mm betragen. Sie werden zu 10 Stück gebündelt. Sind die Unterlagen sortiert und gebündelt, kommen sie zum Versand.

Ertrag. Hier genaue Zahlen über den Ertrag von Veredlungsunterlagen pro Ar anzugeben, wäre verwegen. Es sind zu viele Faktoren an der Ertragsbildung beteiligt, zum Beispiel die Samengröße, der prozentuale Anteil an keimfähigen Samen, Ausfall durch Krankheiten und Schädlinge sowie ungenügende Qualität. Als Richtlinie darf angenommen werden, daß (im Mittel der verschiedenen Typen) 1 kg Saatgut einen Ertrag von etwa 6000 Pflanzen ergibt.

Auspflanzung und Kultur im Rosenvermehrungsbetrieb

Vorbereiten der Unterlagen. Die Veredlungsunterlagen werden nach ihrem Eintreffen frostfrei gehalten, geputzt und pflanzfertig zugeschnitten. Dabei sind auch eventuelle Ansatzstellen von Wurzelausschlägen zu entfernen. Wurzeln und Triebe werden auf 10–15 cm eingekürzt. Wichtig ist, daß die Unterlagspflanzen nicht austrocknen. Sie werden bis zum Zeitpunkt des Pflanzens wieder feucht eingeschlagen oder im Rosenkühlkeller gehalten.

Bodenwahl und Vorbereitung. Die Aufschulung erfolgt in gut vorbereitetem Boden, der eine Mächtigkeit von 40–60 cm humushaltiger Erde aufweist, nicht zur Verdichtung neigt und dem Wasser einen guten Abzug sichert. Standorte mit konstanter Luftbewegung sind vorzuziehen, da diese Krankheiten eher verhindert. Guter Fruchtwechsel (Landwechsel) ist von größter Wichtigkeit für ein kräftiges und gesundes Wachstum. Wer mit Landwirten einen Felderaustausch vornehmen kann, genießt große Vorteile. Alle Rosengewächse sowie Kartoffeln und Rüben (Runkelrüben) sind ungeeignete Vorkulturen, da bestimmte Wurzelausscheidungen, Pilzkrankheiten (Kartoffeln), Wurzelälchen, Rübennematoden usw. ein ideales Wachstum der Rosen beeinträchtigen können. Der Boden muß schon im Herbst tief und gründlich bearbeitet werden, denn Rosen sind Tiefwurzler. Das Pflügen darf nicht bei schmierigem Boden erfolgen, dadurch würde die Wurzelfäulnis begünstigt. Der Boden muß reichlich mit organischen Substanzen versorgt werden. Am besten eignet sich halb bis ganz verrotteter Kuhmist, gute Komposterde (kein Hausmüllkompost wegen Chlorosegefahr) oder auch andere organische Dünger. Wenn der Boden genügend abgetrocknet ist, wird er kultiviert, geeggt oder gefräst und so pflanzfertig hergerichtet.

Das Pflanzen. Die auf das Feld gebrachten Unterlagen dürfen weder Wind noch Sonne ausgesetzt sein, denn sie sind sehr empfindlich. Im kleinen Betrieb wird mit dem Pflanzgerät, von Hand und nach der Schnur gepflanzt; in großen Kulturen mit der Pflanzmaschine. Die Wurzeln müssen senkrecht in den Boden zu stehen kommen. Gebogene Wurzeln sind immer nachteilig, auch bei den vollentwickelten Pflanzen an ihrem späteren Standort.

Ausschlaggebend für den Reihenabstand ist die eingesetzte Maschine, er soll zwischen 75 und 85 cm liegen. Der Abstand in der Reihe beträgt 15–20 cm. Pro Ar werden demnach etwa 750–850 Pflanzen benötigt.

Beim Pflanzen der Unterlagen muß der Wurzelhals über der Erde stehen. Dadurch wird die Okulation erleichtert. Sehr wichtig ist es, die Wurzeln in vollständigen Kontakt mit der Erde zu bringen. Dies wird durch Andrücken oder, sofern möglich, durch gründliches Bewässern erreicht. Das Anhäufeln der Pflanzen begünstigt das Anwachsen, schützt den Wurzelhals und erleichtert die Veredlungsarbeit wesentlich.

Pflege. Sie besteht im Lockern und Freihalten des Bodens von Unkraut sowie in den üblichen Pflanzenschutzmaßnahmen, vor allem aber gegen Mehltau und Rost.

Okulation. Oben links: Zunächst wird der Wurzelhals gereinigt. Oben rechts: Das Edelauge wird vorsichtig vom Edelreis gelöst. Mitte links: Schnittführung beim T-Schnitt. Mitte rechts: Das Edelauge wird in die gelöste Rinde eingeschoben. Unten links: Eingeschobenes Edelauge. Unten rechts: Ein Kautschukplättchen verschließt die Okulationsstelle.

Veredlung

Veredlungszeit. Sie fällt in die Zeit von Ende Juni bis Ende August. Maßgebend für ihren Beginn oder Abschluß ist der gewählte Unterlagentyp sowie das Vorhandensein von gut ausgereiften Reisern.

Zustand der Unterlagen. Die wichtigste Voraussetzung für erfolgreiches und rasches Okulieren liegt im günstigen Veredlungszustand der Unterlage, d.h. in der Lösbarkeit der Rinde.

Reiser und Schnitt. Um mit der Okulation möglichst früh beginnen zu können, kann man die Reiser vom Vorjahr – sie können noch spät im Herbst gut ausgereift geschnitten werden – im Kühlraum bis zum Gebrauch lagern. So haben wir die Möglichkeit, eine sorgfältige Reiserwahl zu treffen. Diese Methode ist heikel, sie fordert Exaktheit, aber infolge des frühen Veredlungstermins wachsen viel stärkere Rosenpflanzen heran.

Von größter Wichtigkeit ist der richtige Reifezustand. Er hängt vor allem von der Löslichkeit der Stacheln von der Epidermis ab. Lassen sich die Stacheln ohne Rindenverletzung durch seitlichen Druck entfernen, befinden sich die Augen in der Regel im richtigen Reifezustand. Aber auch der Zustand der Blumen ist eine wertvolle Testhilfe. Wenn die Blumen am Verblühen sind, befinden sich die Augen meist im gewünschten Zustand. Bei büschelblütigen Rosen ist das der Fall, wenn etwa ein Drittel der Blütenblätter abgefallen ist.

Unmittelbar nach dem Schneiden der Reiser werden alle Teile mit untauglichen Augen vom Reis weggeschnitten. Dasselbe gilt auch für die Blätter. Die Blattstiele werden etwa 1 cm lang belassen. Dann werden die Reiser feucht und kühl aufbewahrt bis zur Verwendung. Erst kurz vor der Okulation werden sie entstachelt. Bei vielen Sorten ist dies durch Abstreifen möglich, während bei anderen die Stacheln abgeschnitten werden müssen. Dabei darf die Epidermis nicht verletzt werden.

Vorbereitung zur Veredlung. Die Unterlagen werden so abgehäufelt, daß der Wurzelhals vollständig freiliegt. Die Wurzelhälse werden mit einem Tuch von Erde gesäubert, ohne die Rinde zu verletzen, denn ein möglichst sauberer Wurzelhals ist eine wichtige Voraussetzung für ein gutes Anwachsen.

Einsetzen des Edelauges in die Unterlage (Okulation). Dazu verwenden wir spezielle, kleine handliche, sehr gut schneidende Okuliermesser, bei denen sich der Rindenlöser am Griffende befindet. Neuerdings werden auch sogenannte Okulierpistolen empfohlen, mit denen alle wesentlichen Funktionen des Okulierens ausgeführt werden könnten, sie haben sich aber nicht bewährt. Das Schneiden des Auges vom Reis ist eine reine Routinearbeit, aber sie muß peinlich sauber ausgeführt werden. Das Messer wird so dicht unter dem Auge durchgeführt, daß unter ihm eine ganz dünne Holzschicht haften bleibt.

Da nur Kambiumschicht mit Kambiumschicht verwachsen kann, ist es nötig, den zu kräftigen Holzsplint so zu entfernen, daß das Auge nicht ausgerissen wird. Dabei ist es wichtig, die Rückseite des Auges nicht mit den Händen zu berühren. Hierauf wird am Wurzelhals der Unterlage ein T-Schnitt ausgeführt, dann die Rinde mit dem Rindenlöser durch seitliche Bewegung gelöst und das Edelauge sorgfältig unter die Rinde eingeschoben. Nötigenfalls kann für diese Handhabung auch das Okuliermesser zu Hilfe gezogen werden. Das Einschieben des Auges muß unbedingt sauber ausgeführt werden, um ein gutes Anwachsen zu sichern.

Verbinden. Nur Gartenliebhaber verbinden noch mit Bast. In den großen Vermehrungsbetrieben wird heute der sogenannte Schnellverband angewandt. Er besteht aus einem rechteckigen Kautschukblättchen und wird mit einer U-förmigen Hafte zusammengehalten. Den Verschluß legt man so über das Auge, daß die Rindenlappen seitlich angedrückt, dabei aber nicht umgelegt werden. Nach einiger Zeit wird der Verband spröde und löst sich dadurch von selbst sowie durch das Dickenwachstum des Wurzelhalses.

Anhäufeln. Nach Beendigung der Okulationsarbeiten werden die Unterlagen leicht angehäufelt, so daß die Okulationsstelle mit dem sogenannten Schnellverband noch über der Erde steht.

Pflege der veredelten Unterlagenfelder. Die Felder sind unkrautfrei und der Boden zwischen den Reihen locker zu halten. Auch der Pflanzenschutz darf nicht vernachlässigt werden. Ein Anhäufeln vor dem Winter wird nur noch selten ausgeführt, da dadurch und durch das Abhäufeln im Frühjahr ziemliche Schäden entstehen können, die oft größer sind als eventuelle Frostschäden.

Entfernen der Wildkrone. Die Wildkrone wird etwa 1–1,5 cm über dem Edelauge mit einer gut schneidenden Schere abgeschnitten. Vor allem mit Hilfe der Felco-Schere kann viel Anstrengung erspart werden. In Betrieben, in denen Hunderttausende von Kronen abgeworfen werden, verwendet man pneumatische Scheren.

Das Entfernen der Wildkrone muß in *einem* Schnitt erfolgen. Nur so bleibt der Wurzelhals unverletzt. Dies ist sehr wichtig für eine gute Weiterentwicklung des Edelteils. Die abgeschnittenen Wildkronen sind vorsichtig aus den Feldern zu räumen, um Verletzungen der Augen zu verhindern. Das Einarbeiten von Rosenholz (Häcksel) in die Kulturen sollte man vorsichtshalber unterlassen. Durch den Abbau des Holzes entstehen Substanzen, die sich nachteilig auswirken können, so daß es zum Vergilben der Blätter kommt oder die zarten Triebspitzen verkümmern usw.

Pinzieren (Entspitzen). Bald werden die Edelaugen kräftig ausgetrieben haben. Damit wird ihre Belastung zu groß, da sie noch nicht allzu stark verwachsen sind; sie könnten deshalb leicht ausbrechen. Wir entfernen daher die Triebspitzen über dem 3. bis 4. Blatt und erreichen damit eine bedeutend bessere Bestokkung des Edelteils der Rosenpflanze. Sie werden buschiger. Diese Arbeit ist während der Entwicklungszeit einige Male auszuführen. Die zarten Triebspitzen lassen sich leicht mit den Fingern abkneifen oder mit der Schere abschneiden.

Pflege im Sommer nach der Veredlung. Sie besteht im Freihalten von Unkraut und Lockerhalten der Reihenzwischenräume. In der Regel verabreicht man nach dem Säubern der Felder eine Volldüngergabe; man darf damit nicht übertreiben, denn das Holz muß rechtzeitig ausreifen können. Ferner ist ein sorgfältiger Pflanzenschutz vonnöten, der möglichst bis in den Frühherbst durchzuführen ist. Wichtig ist auch, eventuell aufkommende wilde Bodentriebe fortlaufend abzustoßen oder wegzureißen. Desgleichen sind die am Wurzelhals sich bildenden wilden Austriebe regelmäßig zu entfernen, damit der Edelteil nicht geschwächt wird.

Roden der ausgewachsenen Rosenpflanzen. Leider wird damit allgemein zu früh begonnen, wodurch Rosenstöcke in den Handel gelangen, deren Holz noch ungenügend ausgereift ist. Sie sind dadurch zu wenig frostwiderstandsfähig. Von verschiedenen Rosenkäufern wird der Rosenvermehrer gezwungen, zu früh mit der Ernte zu beginnen. Dies ist sehr bedauerlich. Der richtige Zeitpunkt: frühestens ab Mitte Oktober. Das Ausgraben von Hand wird von zwei Personen ausgeführt, die von beiden Seiten der Reihe her mit dem Spaten herunter stechen und dann die Rosenstöcke aus der Erde ziehen, entblättern und zurüsten. Für die Rodungsarbeit sind aber auch spezielle Pflüge entwickelt worden. Eine tiefliegende Pflugschar schneidet die Wurzeln. Gleichzeitig werden die Pflanzen im Boden gelockert, so daß sie leicht von Hand auszuziehen sind. Vor dem Auspflügen können die Triebe mit einem Mähbalken auf gleiche Höhe eingekürzt und zugleich entblättert werden. Die ganze Arbeit, das Unterschneiden der Wurzeln, das Herausnehmen und das Bündeln, kann mit derselben Maschine ausgeführt werden.

Nach dem Roden sind die noch nicht entblätterten Rosen sofort von ihren Blättern zu befreien. Eine Entblättermaschine verrichtet dies. Die Blätter werden mit einem an einer Welle befestigten Riemen durch rasche Drehung abgeschlagen. Versuchen gegenüber, die Entblätterung auf chemischem Wege durchzuführen, ist bisher noch eine gewisse Zurückhaltung angezeigt. Wichtig ist, bei der Ernte keine Sorten zu vermischen. Deshalb muß fortlaufend etikettiert werden.

Überwinterung. Das Überwintern erfolgt heute vorwiegend in Kühlkellern. Nur noch selten wird der Einschlag in Schuppen und Kellern angewandt. Um die Entwicklung von Grauschimmel *(Botrytis cinerea)* zu unterbinden, ist es besonders wichtig, die Luft in den Einschlagräumen dauernd umzuwälzen. Dies kann durch Aufstellen eines Ventilators erreicht werden. Im Kühlhaus werden die Rosen, zu 10 Stück gebündelt, in Metallregale gelegt. Die Lufttemperatur soll zwischen 0 und + 1 °C liegen, die Luftfeuchtigkeit bei 96–98 %. Die Luftfeuchtigkeit muß unbedingt erhalten bleiben. Ein Wasserverlust könnte sonst zu großen Schäden an den Rosenpflanzen führen. Ungenügend ausgereiftes Rosenholz ist im Kühlhaus der Fäulnis unterworfen.

Verkauf. Jeder Rosenvermehrer wird sich bemühen, einen großen Teil seines Rosenbestandes schon im Herbst, direkt ab Feld, in den Handel zu bringen. Dieser Verkauf dürfte bis zum Eintritt kräftiger Fröste anhalten. Im Frühjahr ab Ende März, je nach Witterung, beginnt der Versand, er dauert bis Ende Mai. Rosen aus Kühlkellern lassen sich bis zu dieser Zeit ohne jede Schwierigkeit auspflanzen. Der Versand geschieht am besten in Kunststoffolien, dann trocknen die Pflanzen nicht aus. Rascher Transport durch Bahnexpreß, Eilgut oder direkte Lieferung mittels Auto helfen, die Qualität der Rosenpflanzen zu erhalten. Große Lieferungen werden in Container verpackt.

Lieferungen an Gartencenter, Samenhandlungen, Großverteiler und Kaufhäuser erfolgen meist einzeln verpackt in Kunststoffbeuteln. Die Wurzeln werden mit etwas Moos oder Holzwolle umwikkelt. In der Regel wird jeder Rose das entsprechende farbige Sortenbild beigelegt.

Anzucht der Rosenstämme

Das früher übliche Ausgraben von Rosenwildstämmen in den Wäldern gehört wohl der Vergangenheit an. In Spezialbaumschulen werden heute die Stammunterlagen aus Sämlingen herangezogen. Zu den geeigneten Unterlagen gehört vor allem *Rosa canina* 'Pfänder'. Im Frühjahr werden gesunde einjährige Sämlinge mit guten kräftigen Wurzeln im Abstand von 25 cm in den gut vorbereiteten Boden gepflanzt. Die Reihen selbst liegen 100–125 cm auseinander (siehe Anzucht der Wildlinge Seite 40–43).

Hochstammrosen werden auf Kronenhöhe veredelt. Als Unterlagen verwenden die Baumschulen fast ausschließlich *Rosa canina* 'Pfänder' oder *Rosa canina* 'Pollmeriana'.

Zwei Jahre lang läßt man diese Wildlinge unter guter Pflege auf den Feldern. Im zweiten Jahr bilden sich dann die gewünschten geraden, je nach Unterlagensorte mehr oder weniger bestachelten Wildlingstriebe. Die aus Sämlingspflanzen herangezogenen Stämme haben den großen Vorteil, daß sie meist biegsam und geschmeidig und mit schönem Wurzelwerk versehen sind. Ideal sind Stämmchen mit einem Wurzelhalsdurchmesser von 10–12 mm. Im Herbst des zweiten Standjahres werden die Stammbildner ausgegraben, pflanzfertig zugerüstet (pro Pflanze eine schöne, kräftige Rute), dann frostsicher eingeschlagen (provisorisch eingepflanzt), überwintert und im Frühjahr aufs Feld ausgepflanzt. Die frisch gepflanzten Stämmchen werden an Spanndrähten festgebunden. So bleiben sie gerade und wachsen leichter an.

Im Sommer (Juli-August) wird die **Okulation** vorgenommen (siehe Seite 44 f.). Im Gegensatz zu den Busch- und Kletterrosen werden in der entsprechenden Stammhöhe zwei Augen gegenseitig eingesetzt. Man verbindet sie mit einem geeigneten Bindematerial, zum Beispiel mit Cellux, Zellfix oder auch mit Folienschnellverschlüssen, und zwar derart, daß die Rindenlappen gut an das Auge und beides an den Stamm angepreßt werden. Dadurch wird das Anwachsen der Verbindung günstig beeinflußt. Das Verbinden muß besonders exakt ausgeführt werden, damit die Okuliermade *(Clinodiplosis oculiperda)* sich nicht ausbreiten kann. Danach hält man die veredelten Stämmchen unter steter Kontrolle. Der Boden zwischen den Reihen wird gepflegt. Pflanzenschutz führt man nach Notwendigkeit aus. Im Herbst schneidet man alle wilden Seiten- und Wurzeltriebe sauber vom Stamm. Die Wildkrone wird etwa 15 cm über der oberen Veredlungsstelle weggeschnitten. An dieser Stelle nisten sich gerne Rosentriebbohrer ein.

Winterschutz. Nachdem das Schnittholz aus den Feldern geräumt ist, werden die Stämme am Wurzelhals von der Erde befreit und alle in gleicher Richtung niedergelegt. Damit sie sich nicht mehr aufrichten können, bindet man sie möglichst nahe am Wurzelhals zusammen. Es gibt auch Niederlegegeräte, sie haben sich aber nicht bewährt. Vor Eintritt der Fröste überdeckt man die niederliegenden Stämme mit Hilfe des Pfluges vollständig mit Erde. Bei ungenügend zugedeckten Stämmchen muß von Hand nachgeholfen werden.

Sobald im Frühjahr keine Spätfröste mehr zu erwarten sind, etwa ab Anfang April, befreit man die Stämmchen von der Erde und richtet sie wieder auf. Das muß mit großer Sorgfalt geschehen, damit keine Verletzungen entstehen. Die Stämmchen werden am bereits vorhandenen Spanndraht wieder so angebunden, daß sie nicht gleiten können. Bei dieser Gelegenheit entfernen wir auch noch jene Veredlungsverbände, die sich nicht von selbst gelöst haben. Während des Wachstums müssen die jungen Edeltriebe 1–2mal entspitzt (pinziert) werden, damit das Auge nicht ausbrechen kann. Zudem bilden sich dadurch schönere Kronen. Sobald die Edeltriebe eine gewisse Größe erreicht haben, werden die Kronen an den Zapfen gebunden, um Windschaden vorzubeugen.

Die **Pflege** besteht im Freihalten des Bodens von Unkraut, im Nachhelfen mit Düngemitteln, im laufenden Entfernen aller Wildtriebe und im Pflanzenschutz, der nicht vernachlässigt werden darf.

Ab Ende Oktober werden die Bäumchen gerodet (ausgegraben oder unterschnitten, siehe Seite 46 f.). Jedes Stämmchen wird von den Blättern befreit und etikettiert. Hernach gelangt es zum Verkauf oder in den Rosenüberwinterungsraum.

Rosenstämme werden auf die folgende Höhe ab Boden gezogen:

Halbstämme	60/ 70 cm
Hochstämme	110/120 cm
Hochstamm-Hängerosen	170/180 cm

Sorten, die auf Stämme veredelt werden, sollten folgende Eigenschaften besitzen:

- Sie sollten buschige Kronen bilden
- ein gesundes kräftiges Wachstum aufweisen
- möglichst duften
- schönes, nicht zu großes Blattwerk besitzen.

Vermehrung durch Gewebekultur

(Meristem-Sproßspitzenkultur). Diese Vermehrungsart hat sich in den letzten Jahren auch bei den Rosen eingebürgert. Unter ihr verstehen wir vorwiegend die Sproßspitzen-Vermehrung. Vor allem können durch diese Vermehrungsart die gefürchteten Viren ausgeschaltet werden. Durch Gewebekultur können ebenso qualitativ hochwertige Pflanzen erzeugt werden. Versuche in Berglagen haben bewiesen, daß diese auch über eine gute Winterhärte verfügen.

Selektion bewährter Rosensorten

Durch die aktive züchterische Arbeit erhalten wir alljährlich eine große Zahl von Rosenneuheiten. Über ihre jeweilige Bewährung kann man erst nach einigen Jahren (5!), nachdem sie schon im Anbau stehen, ein Urteil abgeben.

Anderseits gibt es eine große Anzahl von Sorten, die sich schon während vieler Jahre (50) bewährt haben. Nur vermissen wir oft eine ausgeprägte Gesundheitsresistenz und die typischen Merkmale der ursprünglichen Sorten. Dies kann auch auf den Duft zutreffen. Als Beispiel soll hier die Duftrose 'Ulrich Brunner fils' erwähnt werden, die heute nur noch selten als duftende Rose vom Handel angeboten wird! Dies könnte durch eine mehrjährige Selektion (Auslese) wieder erreicht werden. Hierzu ist es nötig, daß bei der Okulation die Edelreiser nur von einwandfreien gesunden und frohwüchsigen Pflanzen geschnitten werden. Auf diese Weise erhalten wir Sortentypen, die für den Roseninteressenten ein äußerst vorteilhaftes Individuum mit den gesuchten Eigenschaften bringen. Nur den auf diese Art erhaltenen Nachkommen würde es möglich, derart widerstandsfähige Rosenlinien zu bekommen, wodurch der Aufwand an Pflanzenschutz wesentlich reduziert werden kann. Bei dieser angedeuteten Selektionsarbeit könnten alle positiven Sorteneigenschaften sich vermehrt zum Vorteil entwikkeln.

Die Floribundarose 'Mona' wurde 1957 von Kordes herausgebracht. Bei der großen Zahl der jährlich erzielten neuen Rosensorten erscheint eine sorgfältige mehrjährige Sortenprüfung vor einer Neueinführung unumgänglich.

Die Rose aus botanischer Sicht

Laubblätter

So schön eine Rosenblüte auch sein mag, ohne die Blätter der Rose würde ihre Schönheit nie so vollkommen auf den Beschauer einwirken, nur durch sie kann sie ganz zur Geltung kommen. Das Aussehen der Blätter ist je nach Art und Sorte verschieden. Selbst wenn sich auf den ersten Blick die Blätter zweier Rosenpflanzen gleichen, wird man bei näherer Betrachtung gewisse Unterschiede feststellen. Jede Sorte besitzt ihren eigenen Blattcharakter. Einmal ist es die Blattoberseite, das andere Mal die Unterseite, dann wieder ist es die Zähnung der Blattränder, die Ausgeprägtheit der Blattnerven und deren Färbung: stets finden sich Varianten.

Aufbau einer Rosenpflanze mit Wildtrieb und Edelreis.

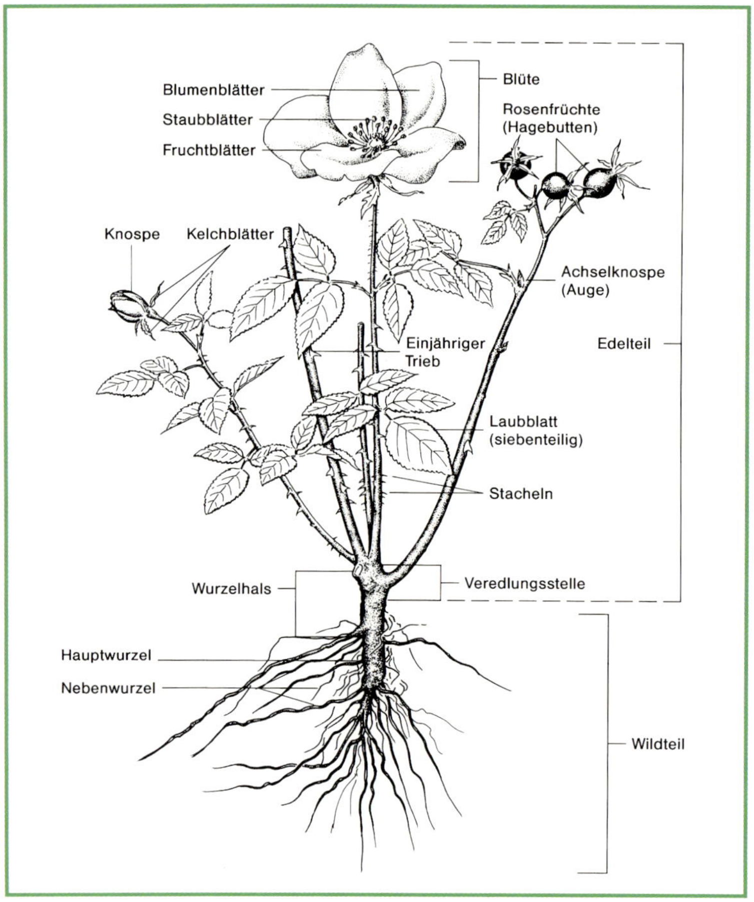

Es gibt einen ausgeprägten Glanz der Blätter, wie zum Beispiel bei der Sorte 'Madame A. Meilland' oder der Kletterrose 'Albéric Barbier'. Bei anderen Rosen wieder ist die Blattoberseite matt, mit einem mattgrauen Reif überzogen, oder die Blattunterseite ist hellgrün oder sattgrün. Dann wieder ist die Blattoberseite stark gekerbt, gewellt oder die Blattunterseite glatt, glänzend oder auch leicht behaart. *Rosa rugosa* besitzt ein ausgeprägtes runzeliges, dunkelgrünes Laub, eine Eigenschaft, die sie auch an ihre Sorten weitervererbt hat.

Beim Aufbrechen aus der Knospe ist das junge Blatt meistens in ein zartes Rotbraun gekleidet. Erst nach etwa einer Woche ist es voll entfaltet, und nach etwa 14 Tagen erhält es seine volle Struktur und Farbe, die es bis in den Herbst beibehält, vorausgesetzt, daß die Pflanze gesund bleibt. Die jetzigen besten Rosensorten haben ja die hervorragende Eigenschaft, ihre Blätter bis in den Spätherbst zu behalten.

Jede Knospe oder offene Rosenblüte, die durch den Herbstnebel nicht mehr ihre sonst so reine Farbe besitzt, erhält, zusammen mit den herbstlich getönten Blättern, ein ganz neues Aussehen, das uns durch seine Schönheit ebensoviel Freude zu bereiten vermag, wie wenn im Frühling die ersten Knospen aufbrechen.

Nach den ersten Frösten zeigen sich dann die Rosenblätter, wiederum nach Sorte verschieden, in prächtiger Verfärbung, die bei den einen das ganze Blatt überzieht, bei andern nur den Blattrand und wieder bei anderen unregelmäßig verteilt ist. Die Färbung fällt verschieden aus, aber immer ist die rostfarbene Tönung mit Grün vermengt, selten geht sie ins Gelbliche über, dies vor allem bei den Strauchrosen.

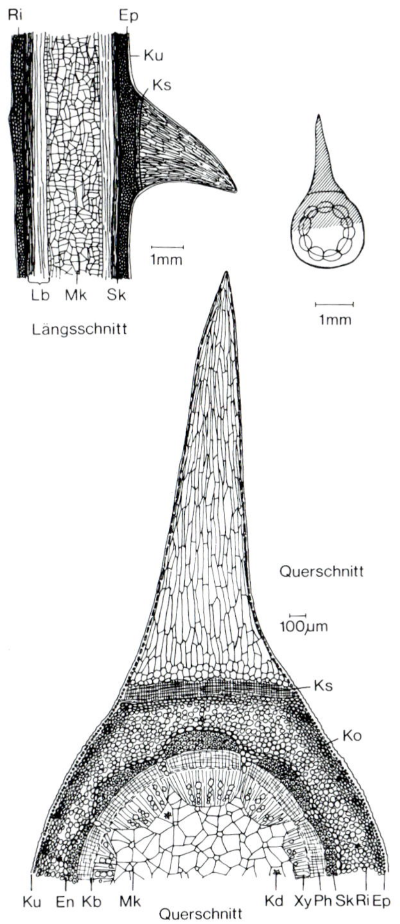

Mikroskopische Schnitte durch einen Rosenzweig mit Stachel.

En = Endodermis (Innenhaut)
Ep = Epidermis (Oberhaut)
Kb = Kambium (Bildungs- oder Zuwachsgewebe)
Kd = Kristalldrusen (feste Zelleinschlüsse)
Ko = Kollenchym (Festigungsgewebe)
Ks = Korkschicht
Ku = Kutikula (dünnes, festes Häutchen, oft mit eingelagertem Wachs)
Lb = Leitbündel
Mk = Mark (von Leitbündeln umschlossenes Gewebe)
Ph = Phloem (Siebteil)
Ri = Rindenparenchym (Stützzellen)
Sk = Sklerenchym (Stützzellen)
Xy = Xylem (Gefäßteil)

Triebe

Jede Rosensorte hat ihren eigenen Wuchscharakter. Welchen Einfluß dabei die Form und Art der Triebe haben, wird häufig übersehen. Gerade die Triebe sind es oft, die – abgesehen von der Blütenfarbe – bei der Zusammenstellung von Sorten für eine glückliche Sortenkombination wegweisend sein können.

Aber nicht nur die **Stärke und Höhe** der Triebe sollen uns interessieren, sondern auch ihre allgemeine **Struktur und Form**. Die einen entfalten sich gleichmäßig kräftig vom Boden bis zur Blüte, andere wachsen am Boden kräftiger, indem sie sich zum Kelch hin stark verjüngen, aber auch ebenso senkrecht dastehen. Dann haben wir wiederum Triebe, welche sich nach oben stark verjüngen, so daß sie nicht einmal mehr imstande sind, die Blume aufrecht zu tragen, wie es uns die 'Maréchal Niel' so deutlich zeigt.

Dann hat auch das Farbenspiel der Triebe seinen Reiz. Vom Blaugrün zum Sattgrün bis Braunrotgrün wechselt die Farbe. Auch hier, fast wie beim Blatt, verändert sie sich vom jungen, zarten Trieb bis zu dem Zeitpunkt, da die Blume abgeblüht ist.

Die auffälligste Bestachelung aller Rosen besitzt *Rosa omeiensis* f. *pteracantha*. Die ungewöhnlich scharfen, harten und flachen Stacheln sind an der Basis bis zu 2 cm und mehr verbreitert, daher rührt die Bezeichnung Stacheldrahtrose.

Der Stachel einer Rose läßt sich verhältnismäßig leicht entfernen. Es bleibt ein deutlich sichtbares verkorktes Oval zurück.

Im Gegensatz zum Stachel hinterläßt ein Dorn (hier von *Crataegus* × *lavallei*) beim Abreißen eine tiefe Wunde im Holz.

Stacheln

Rosen haben Stacheln und nicht Dornen. So ist es jedenfalls botanisch korrekt, wenngleich in Dichtung und Volksmund stets von den Dornen der Rose die Rede ist. Botanisch gesehen sind **Stacheln** Auswüchse der Epidermis, entspringen also der Rinde, während als **Dornen** bestimmte Umbildungen von Trieben oder Blättern bezeichnet werden, die aus dem Holz herauswachsen. Beispiele für solche »Dornenspieße« sehen wir bei Schwarzdorn (Schlehe), wildem Apfel, wilder Birne usw. Wollen wir an einem Trieb den Dorn entfernen, dann reißen wir mit diesem nicht nur die Rinde, sondern zugleich auch ein Stück des Holzes weg. Ein Stachel dagegen läßt sich mehr oder weniger leicht oberflächlich von der Rinde abnehmen. Als ein sicherer anatomischer Hinweis darf gelten, daß bei Dornen Leitbündel vorhanden sind (im Querschnitt sichtbar), bei Stacheln aber fehlen (siehe Zeichnung Seite 51).

Wenn der Stachel auch nur der äußersten Schicht des Rosentriebes aufsitzt, so ist er dennoch zellulär mit ihm verbunden und entfaltet sich mit dessen Wachstum bis zum vollständigen Ausreifen. Der mittlere Teil des Stachels ist ausgefüllt von stark verdickten, feinporigen, chlorophyll-losen Zellen. Das chlorophyllreiche Gewebe des Triebes wird durch eine flachzellige Gewebepartie vom Stachelgewebe getrennt. Daraus entsteht mit dem Wachsen eine Korkschicht, welche die Stachelbasis seitlich abgrenzt. Am Rande dieser Korkschicht bildet sich bei älteren Trieben ein Trennungsgewebe, welches das Ablösen des Stachels ermöglicht, ohne daß die Rinde des Triebes verletzt wird.

Über die **Aufgabe der Stacheln** bestehen verschiedene Annahmen. Am überzeugendsten wirken Erklärungen, die den Schutz der Pflanze gegen alle möglichen

Feinde und Tierfraß im Auge haben. Daß Pflanzen, welche schon seit mehreren Generationen in Kultur stehen, allmählich ihre Stacheln verlieren, kann nicht verallgemeinert werden, obwohl dies bei einzelnen Pflanzen zutrifft. Die Stacheln sind auch ein Merkmal, um Rosensorten voneinander zu unterscheiden. Stacheln finden wir an den Trieben, oft auch an den Blattnerven und sogar an den Kelchblättern sowie an den Früchten der Rosen. Von der leichten Bewimperung bis zur extremen starken Bestachelung ist alles da, je nach Art und Sorte sehr verschieden. Auch die Anordnung an den Trieben wechselt, entweder sitzen sie gegenständig, wechelständig oder ganz unregelmäßig. Formen und Farben der Stacheln sind ebenfalls sehr unterschiedlich, vor allem die Farbe ändert sich stark beim Ausreifen des Holzes.

Uns Menschen stören oft die Stacheln an den Rosen, aber, Hand aufs Herz, was wäre die Rose ohne ihre Stacheln? Sie erhält durch sie einen besonderen Charme, denn sie sind wahrlich ein Schmuck. Welche Pracht bietet sich uns doch dar, wenn in die jungen, noch weichen Stacheln der *Rosa omeiensis* f. *pteracantha* die Abendsonne scheint. Auch bei den Rosenstacheln ist die Mannigfaltigkeit groß. Wiederum werden typische Merkmale von Generation zu Generation übertragen, so daß wir stets auch in den Stacheln einen Anhaltspunkt über die Abstammung einer Rose besitzen.

Wie die Blätter und Triebe, so entwickelt sich auch der junge, zarte Stachel zum ausgewachsenen, zum – wie man sagt – »reifen« Stachel, und mit der Veränderung der Stacheln hat man das beste Merkmal, um sich über den Reifezustand des Rosenholzes zu orientieren. Wenn sich die Stacheln leicht vom Holz lösen lassen, ohne daß dabei die Rinde am Trieb verletzt wird, ist es reif und wird somit auch gut überwintern.

Sehr unterschiedlich kann das Stachelkleid der Rosen ausgeprägt sein. Oben links: 'Fiona'. Oben rechts: *Rosa rugosa* 'Grootendorst superior'. Unten links: *Rosa nitida*. Unten rechts: 'Golden Wings'.

Kelchblätter

Eine Rosenblüte besteht bekanntlich nicht nur aus den herrlichen farbigen Blumenblättern, sondern es gehören auch die Staub-, Frucht- und die Kelchblätter dazu. Gerade die Knospen beschützenden Kelchblätter sind es, welche der Rose zu einer besonderen Note verhelfen. Man sollte sie nie übersehen. Erst wenn man einmal einer Rosenblüte alle Kelchblätter weggenommen hat, sieht man, was ihr fehlt.

Bei den Kelchblättern spricht der Botaniker von Sepalen, dagegen werden die Kronblätter als Petalen bezeichnet.

Normalerweise bilden fünf Kelchblätter einen Kranz. Aber auch hier, wie überall in der Natur, gelten keine festen Regeln, beispielsweise treffen wir bei der Rose 'La France' häufig sechs Kelchblätter an. Die abwechslungsreichen Formen lassen uns wahrhaft staunen. Vom einfachen, kleinen, lanzettförmigen Kelchblatt bis zum großen, kompliziert gefiederten, treffen wir alles. Und zwar ist es nicht so, daß die einfachblühende Heckenrose etwa die einfachsten Kelchblätter besäße, sondern die Unterschiede sind gerade unter den Einfachblühenden oft sehr groß. Wer diese Vielfalt einmal so richtig erfaßt hat, wird Rosen ganz anders betrachten, er wird sie nicht nur schön, sondern auch interessant finden.

Das Kelchblatt ist zur **Bestimmung einer Rosensorte** ein sehr wertvolles Merkmal. Deshalb wäre es bei der Beschreibung einer Rosenneuheit äußerst nützlich, wenn der Züchter immer auch genau auf das Kelchblatt eingehen würde. So haben wir z. B. einen ganz typischen Fall bei der rosaroten 'Eterna Giovinezza' mit ihren vielseitig geformten Kelchblättern. Eine ganze Anzahl von Sorten derselben Farbe und Blütenform kann an Hand der Kelchblätter mit Sicherheit bestimmt werden. Wer sich ein wenig mit den Kelchblättern beschäftigt, wird sich über ihre Vielgestaltigkeit und Schönheit nur freuen.

Blütenformen

Selbst ein flüchtiger Blick auf die große Zahl von Rosensorten macht deutlich, wie unzählig die Formen der Rosenblüten sind. Es kommt darauf an, in welchem Blühstadium wir die Form einer Rose beurteilen, ob im anfänglichen oder im vollerblühten Stadium.

Wir unterscheiden im **Knospenstadium** die sogenannte elegante, schmale, in eine Spitze auslaufende Knospe, wie bei 'Virgo', und die etwas kürzere und breitere Knospe, wofür wir bei 'Grace de Monaco' ein schönes Beispiel finden. Dann haben wir noch die extrem stumpfen bis kugeligen Knospen, wie bei 'Frau Karl Druschki'.

Diese drei Grundformen der Knospen ergeben die entsprechende **Form der geöffneten Rose**: entweder elegant oder etwas breit, oder aber stark kugelig mit dennoch schön geformter, edler Blüte. Jede dieser drei Grundformen der Rosenblüten charakterisiert zugleich die jeweiligen Sortengruppen. Ähnlich ist es bei den Polyantha- und Floribundarosen und sogar bei den Miniaturrosen.

Bei den Strauchrosen begegnen wir ebenfalls einer reichen Knospen- und Blütenvariation, in vorwiegend rundlicher Form, vereinzelt mit leicht abgeflachter Spitze. Dementsprechend sind auch die Formen der erblühten Rosen sehr verschieden. Die Form einer Blüte hängt natürlich auch sehr stark von der Zahl und Form der einzelnen Blütenblätter ab. Die vollerblühten Rosen können vornehm geformt sein, aber sie können auch ein etwas wirres Aussehen haben. Manche weisen gar eine viergeteilte Rosettenform auf. Ebenso ist die **Blumengröße** für das Aussehen mitbestimmend. Was uns an den vollständig geöffneten Rosenblüten besonders beeindruckt, ist die eigentliche Mitte der Blüte, die Narbe (Fruchtblatt), umgeben vom

Reizvoll gefranst sind die Petalen der *Rosa rugosa*-Hybride 'Pink Grootendorst'. Die reinrosa Färbung der gefüllten Blüten unterstreicht die verspielte Ausstrahlung.

Staubblätterkranz, dessen Variationen äußerst vielseitig sind.

So ist z. B. die Anordnung bei einer *Rosa pimpinellifolia* (syn. *R. spinosissima*) von der bei einer *Rosa moyesii* derart verschieden, daß zu Recht von einer Blütenvielfalt gesprochen werden kann, der wir unsere volle Aufmerksamkeit schenken sollten.

Das Wissen um die Vielfalt der Formen bei den verschiedenen Rosensorten ermöglicht es uns, in unserem Rosenbeet oder Rosengarten eine abwechslungsreiche Zusammenstellung vornehmen zu können. Jede Rose besitzt einen besonderen Blütencharakter, dadurch wird eine enge Beziehung zu jeder einzelnen Rosensorte möglich.

Blütenblätter

Sprechen wir von einer Rose, dann verstehen wir darunter oft direkt die Blüte, welche in ihrer Grundform fünf, ausnahmsweise sogar nur vier *(Rosa omeiensis* f. *pteracantha)*, oder aber auch zwanzig bis fünfzig und mehr Blütenblätter aufweisen kann. Das Aneinander- und Ineinanderreihen der Blütenblätter (Kronblätter) ergibt das typische Bild der Rosenblüten. Nur bei einfachblühenden und halbgefüllten Rosen kommt die Form der Blütenblätter voll zur Geltung.

Im großen und ganzen weist der größte Teil aller Rosenblüten dieselbe Grundform der Blütenblätter (Petalen) auf. Man macht sich in der Regel nicht die Mühe, sich mit den Blütenblättern jeder einzelnen Sorte abzugeben; dies mag dazu führen, daß man so wenig weiß, welch reiche Variationen an Formen von Blütenblättern vorhanden sind.

Die große Verschiedenheit der Formen zeigt sich vorwiegend am äußeren Blattrand. Die übliche **Form des Randes** weist eine schöne, gleichmäßige, manchmal flache Rundung auf, die unterbrochen sein kann von einer leichten Einbuchtung ('Premier Bal'), Wellung ('Sparrieshoop', 'Mevr. van Straaten van Nes') oder Zähnung ('Pink Grootendorst' und 'F.J. Grootendorst'). Auch verhalten sich beim **Aufblühen** die Blütenblätter nicht bei allen Sorten gleich, ein Großteil entfaltet sich in seiner Grundform, ohne sich zu verändern. Andere wieder biegen den äußersten Teil des Randes nach

Anzahl der Blütenblätter bei den verschiedenen Rosensorten. Fl = Floribundarosen, FlGr = Floribunda-Grandiflora, Kl = Kletterrosen, Min = Miniaturrosen (Zwerg-Bengalrosen), P = Polyantharosen, PH = Polyantha-Hybridrosen, Rem = Remontantrosen, Str = Strauchrosen, T = Teerosen, TH = Teehybriden

Alaska TH	40	Gloire de Dijon T	50	Picadilly TH	25
Allgold Fl	20	Golden Masterpiece TH	35	Pink Grootendorst Str	10
Baby Maskerade Min	25	Golden Wings Str	5	Pink Peace TH	40
Baccara TH	45	Goldilocks Fl	45	Prélude TH	25
Beauté TH	25	Grace de Monaco TH	50	President Herbert Hoover	
Bettina TH	35	Grand Gala TH	40	TH	25
Caprice TH	25	Grisby TH	35	Quebec TH	25
Carina TH	45	Holstein Fl	6	Queen Elizabeth FlGr	35
Champs Elysées TH	35	Imperial Queen TH	22	Radar TH	45
Charles Mallerin TH	35	Josephine Bruce TH	25	Rendez-Vous TH	40
Charleston Fl	20	Kings Ransom TH	35	Rimosa Fl	20
Charlotte Armstrong TH	35	Kordes Perfekta TH	65	*Rosa canina* Str	5
Chicago Peace TH	50	Lilli Marleen Fl	25	– – 'Blanche Moreau' Str	25
Christian Dior TH	35	Lotte Günthart TH	100	*Rosa centifolia* 'Muscosa'	
Chrysler Imperial TH	40	MacGredys Sunset TH	40	Str	30
Circus Fl	45	Mme A. Meilland TH	40	– – 'Parkjuwel' Str	30
Clair Matin Str	15	Mme Jules Boché TH	35	– *omeiensis* f. *pteracantha*	
Cocktail Str	5	Mme L. Dieudonné TH	30	Str	4
Cocorico Fl	8	Ma Perkins Fl	25	– *rugosa* 'Conrad Ferdi-	
Comtesse Vandal TH	30	Maréchal Niel (T) Kl	45	nand Meyer' Str	53
Concerto Fl	17	Margaret Anne Baxter		Rouge Meilland TH	45
Crimson Glory TH	30	TH	75–100	Sarabande Fl	10
Danse du Feu Kl	30	Maria Callas TH	45	Schneeschirm PH	15
Dr. A.J. Verhage TH	25	Masquerade Fl	15	Schweizer Gruß PH	12
Eden Rose TH	45	Message TH	35	Speks Yellow TH	35
Elégance Kl	45	Miss Ireland TH	35	Sterling Silver TH	30
Ena Harkness T	22	Mitzi TH	35	Sultane TH	40
Etoile de Hollande TH	40	Monique TH	25	Super Star TH	30
Fanal Fl	20	Montezuma TH	35	Suspense TH	40
Fashion Fl	20	Moulin Rouge Fl	20	Sutters Gold TH	30
Fire King Fl	45	Mrs. John Laing Rem TH	45	Texas Centennial TH	25
Frankfurt am Main Fl	25	New Style TH	25	Traviata TH	25
Frau Karl Druschki Rem	35	New Yorker TH	35	Tzigane TH	45
Frensham Fl	15	Ophelia TH	28	Ulrich Brunner Fils Rem	30
Gabrielle Privat P	25	Orange Dot TH	50	Virgo TH	30
Garden Party FlGr	25	Oskar Scheerer Str	20	Wiener Charme TH	25
General MacArthur TH	20	Papa Meilland TH	35	Zambra Fl	15

unten, die einen nur schwach, die anderen sehr stark, wie dies bei 'Hélène de Roumanie' der Fall ist. Bei andern Sorten wieder legt sich der äußere Blattrand zu einer eigentlichen Spitze zusammen, ausgeprägt beispielsweise bei den Sorten 'Marrakech', 'Paulette' und 'Poinsettia'.

Bei der näheren Beschreibung einer Rosenblüte wird als wertvoller Hinweis stets das Verhältnis der **Füllung** angegeben, indem von einfachen, halbgefüllten und gefüllten Rosen gesprochen wird. Diese Angaben aber können nur als relativ betrachtet werden, solange wir die Zahl der Blütenblätter nicht kennen.

Wann haben wir eine einfach-, eine halbgefüllt- und eine gefülltblühende Rose vor uns? Unter einer einfachblühenden Rose verstehen wir eine mit 4 oder 5, unter einer halbgefüllten eine mit mehr als 5 Blütenblättern, bis zu 15. Gefüllt bedeutet 16 bis 35, stark gefüllt über 35, extrem stark gefüllt 70 und mehr Blütenblätter.

Es wäre gut, wenn bei der Beschreibung einer Rosenneuheit vom Züchter auch die **Zahl der Blütenblätter** angegeben würde, damit sich der Interessierte ein Bild von der Struktur der Rosenblüte machen könnte; zugleich wäre damit auch ein wertvoller Hinweis für die Bestimmung einer Sorte gegeben. Die Tabelle mag einen kleinen Überblick über die Verschiedenheit in der Zahl von Blütenblättern (Petalen) bei einzelnen Sorten beziehungsweise Arten geben. An den ganz- und halbgefüllten Rosen wurden auch die nicht vollausgebildeten Blütenblätter mitgezählt. Innerhalb einer Sorte kann die Zahl von Pflanze zu Pflanze um fünf und mehr Blütenblätter variieren; bei den Centifoliarosen sogar um bis zu ein Viertel der angegebenen Durchschnittszahl, was verständlich ist, wenn man bedenkt, daß sich Staubblätter in Blütenblätter verwandeln können.

Rosenfarbstoffe

Für dieses Buch stark gekürzter Beitrag von Prof. Dr. C. H. Eugster, Zürich.

Die wichtigste Ursache von Farberscheinungen im Buntbereich ist die selektive Lichtabsorption durch organische Farbstoffe. Weiße, d.h. unbunte Rosen enthalten keine Stoffe, die aus dem sichtbaren Lichtspektrum Strahlung absorbieren, jedoch solche, die das auffallende weiße Licht nicht durchlassen, sondern möglichst vollständig reflektieren. Eine gelbe Rose enthält also organische Moleküle, welche den blauen Teil des auffallenden weißen Lichtes absorbieren und den Rest als Komplementärfarbe Gelb reflektieren, eine rote Rose hingegen absorbiert im Grünen und reflektiert den Rest des Lichtes, der von unserem Auge als Rot wahrgenommen wird. Für diese sehr unterschiedlichen, selektiven Lichtabsorptionen sind verschiedenartige organische Moleküle notwendig. Die unterschiedlich gebauten Farbstoffmoleküle der Rosen gehören zu allgemein im Pflanzenreich verbreiteten Farbstoffklassen: es sind die in den Blättern dominierenden Chlorophylle, die farblosen und gelben bis orangeroten Carotinoide und die roten Anthocyanine.

Die ersten **gelben Gartenrosen** entstanden in Europa durch Auslese von Varietäten der *P. pimpinellifolia* und durch Kreuzungen mit der aus Asien importierten gelben Kulturform 'Parks Yellow tea-scented China'.

Der eigentliche Durchbruch zu einem satten, stabilen Gelbton erfolgte um 1900 durch den Rosenzüchter Jean Pernet-Ducher mit 'Soleil d'Or'. Mutterrose war die violettrote 'Antoine Ducher', Vaterrose die *R. foetida.* 'Soleil d'Or' war ein gewaltiger Erfolg, nicht nur der neuen Farbkombination (Gelb mit Rosa) wegen, sondern weil diese leicht kreuzbare Sorte den Gelbton ziemlich zuverlässig auf die Nachkommen übertrug. Die Entwicklung zur modernen Rose mit

Rosa gallica **kann als die Urmutter unserer Gartenrosen gelten. Bei der Art und ihren Sorten kommen die Blütenfarben Rosa, Rosarot und Rotviolett vor, aber kein reines Weiß.**

dominantem Gelbton ist also auf das Einkreuzen der mittelasiatischen *R. foetida*-Gruppe zurückzuführen. Damit ist ein satterer, leuchtenderer und stabilerer Gelbton entstanden als in früheren Kreuzungen mit 'Parks Yellow China'.

Anthocyanine gehören zur großen Gruppe der Flavonoide, wie auch ihre Verwandten, die praktisch farblosen Flavonole. Der von Botanikern oft gebrauchte Begriff »Anthocyan« ist chemisch nicht definiert. Insgesamt kennen wir heute 9 verschiedene Anthocyanine und 3 Anthocyanidine aus Rosen.

Cyanin kommt in allen europäischen Wildrosen vor und bestimmt je nach seiner Konzentration und der Anwesenheit von farblosen Begleitstoffen den Farbton, der meist von Rosa bis zu einem kräftigen Rot reicht. In allen roten Hybriden bestimmt wiederum Cyanin den Farbeindruck. Abgesehen von der Tendenz, auch violette Farbtöne auszubilden, ist Cyanin eine sehr konstante Farbgrundlage für alle roten Rosen geblieben.

Päonin ist der Hauptfarbstoff der purpurroten *Rosa rugosa* 'Rubra'. Da es etwas längerwelligeres Licht als Cyanin absorbiert, tendieren die durch Päonin geprägten Rosenblüten zu einem blaustichigen Rot. In Gartenrosen herrscht die Päonin-Klasse natürlich bei Rugosa-Hybriden vor, jedoch bei weitem nicht bei allen.

Pelargonin trat 1929 auffällig in Erscheinung in 'Gloria Mundi'. Das bedeutete eine ähnlich folgenschwere Umwälzung in der Rosenfarbenpalette, wie sie vorher mit 'Soleil d'Or' ausgelöst wurde. Jetzt waren plötzlich die leuchtend ziegelroten bis orangeroten Farbtöne da, die sich mit 'Kordes Sondermeldung' oder 'Superstar' bis in die allerneueste Zeit fortsetzten und verbesserten.

Neueste Untersuchungen haben gezeigt, daß Rosenblüten reich an **Copigmenten** aus der Klasse der Flavonolglykoside sind. Daß der violette Farbton der Sorte 'Veilchenblau' auf besondere Copigmente zurückzuführen ist, steht fest, doch kennen wir deren genaue Natur noch nicht. Copigmente sind ebenso wichtig für die Farbe von Rosenblüten wie die zugrundeliegenden Anthocyanine.

Ein Gegenstand erscheint unserem Auge dann weiß, wenn er das auffallende Tageslicht nicht aufnimmt, sondern es zurückwirft. Dieses **ideale Weiß** ist bei Rosen nicht vorhanden, denn auch bei »weißesten« Rosen läßt sich stets ein geringer Stich ins Gelbliche oder Rötliche feststellen – nie ist der Remissionsgrad 100%. Analysen haben gezeigt, daß weiße Rosen größere Mengen an farblosen Carotinoiden neben anderen Inhaltsstoffen enthalten. Sie alle sind an der Reflexion des weißen Lichtes beteiligt.

Im Orangebereich stoßen wir auf die bemerkenswerte Tatsache, daß Farbstoffmoleküle von ganz verschiedener Struktur gleiche oder ähnliche Farbtöne hervorrufen können. Wir wissen heute, daß die Nuancierung der Pelargonin-bedingten Farbe nicht nur durch Konzentrationseffekte und Beimischung von Copigmenten und mehr oder weniger Cyanin erklärt werden kann, sondern auch durch vorhandene Carotinoide. Viele Sorten haben Petalen, die am Grund leicht gelb gefärbt sind. Auch diese Gelbfärbung ist auf Carotinoide zurückzuführen.

Unter **Mehrfarbigkeit** wird oft nur die Kombination von Gelb und Rot in allen möglichen Farbabstufungen verstanden. Man sollte aber auch die häufigen Weiß-Rot-Gemische dazurechnen. Bei den zahlreichen Rosen mit Weißem Auge gibt es in den Petalen einen Bereich, in dem keine Anthocyanine in Erscheinung treten. Bei gelben Rosen findet man eine analoge Erscheinung kaum. Hier seien auch die berühmten klassischen Rosen mit gestreiften Petalen erwähnt. Bei den gelb-rotscheckigen Rosen liegen immer Gemische von Carotinoiden und Anthocyaninen vor. Urbild ist die Kapuzinerrose mit Anreicherung der Anthocyanine auf der Innen- und der Carotinoide auf der Außenseite der Petalen.

Rosen mit **strahlend blauen Blüten** sind – zur Freude der einen, zum Verdruß der anderen – bis heute unbekannt. Die Schuld gibt man dem Unvermögen der Rose, das blaue Delphin zu bilden. Delphin und seine Derivate gelten als notwendige Farbstoffe zur Erzielung von tiefblauen Blütenfarben. Auf der Basis von Cyanin und Päonin sind nach unserem heutigen Wissen nur violettblaue oder hellblaue Blütenfarben unter ganz besonderen Bedingungen möglich, veranschaulicht durch die blaue Kornblume und die Purpurwinde. Solche Fälle sind bisher bei Rosen nicht festgestellt worden. Da aber sowohl Cyanin als auch Päonin verbreitete Rosenfarbstoffe sind, ist die Bildung einer kornblumen- oder ipomoea-blauen Rose prinzipiell nicht unmöglich. Bei dunkelroten, sehr cyaninreichen Rosen tritt beim Verblühen oft ein wenig geschätzter Blaustich auf, der den reinen Rotton unansehnlich macht. Man spricht vom »Verblauen« der Rose.

Richtig **schwarze Rosenblüten** wird man wohl kaum jemals erwarten können. Bei neueren Züchtungen mit »schwarzen Namen« wie 'Norita', 'Black Night' oder 'Black Lady' handelt es sich um außerordentlich stark pigmentierte Sorten mit samtig-dunkelroten Blüten, die gelegentlich einen schwärzlichen Schimmer aufweisen. Hauptfarbe ist Cyanin. Die Copigmente sind noch nicht bekannt.

Über alle diese Feststellungen hinaus beeinflussen natürlich neben wechselnden biochemischen Prozessen auch **Klimafaktoren** die Farbe einer Rosenblüte, also Temperatur, Licht und Feuchtigkeit. Hierzu kommen die Bodenverhältnisse. Die Farben der Rosen in alpinen Lagen sind in den meisten Fällen intensiver als im Tiefland.

Die gelben bis roten Farbstoffe der **Hagebutten** sind hauptsächlich Carotinoide. Hagebutten sind nicht nur, wie allgemein bekannt, eine sehr gute Quelle für Vitamin C, sondern auch für β-Carotin (= Provitamin A). Allerdings läßt sich β-Carotin dem Körper nicht in Form des Hagebuttentees zuführen, da es in Wasser vollkommen unlöslich ist, sondern nur in Form von Konfitüren, Kompotten und Marmeladen (die rote Farbe des käuflichen Hagebuttentees kommt von Anthocyaninen aus beigemischten Blüten und nicht von den Carotinoiden!). Einige Arten und Sorten enthalten in ihren Hagebutten auch Anthocyanine.

Blütenduft

Wenn wir etwas riechen, einen Duft wahrnehmen, so ist das im Fall von Blütenduft eine Sinnesempfindung, die durch Auftreffen verschiedenster flüchtiger Stoffe aus dem ätherischen Öl der Blüte auf die menschliche Nasenschleimhaut ausgelöst wird. Die ätherischen Öle entstehen in der Blüte in komplizierten Wachstums- und Stoffwechselvorgängen. Der Ort der Entstehung ist das Protoplasma der pflanzlichen Zelle. Für die Ausscheidung dieser Öle dienen im allgemeinen Drüsenhaare.

Im Verlauf ihrer langen Züchtungsreihe haben viele der neueren Sorten die Eigenschaft des Duftens verloren. Im Zuge der Rückbesinnung auf historische Rosen wird diesem Merkmal bei der Züchtungsauslese wieder mehr Aufmerksamkeit geschenkt.

Es wird angenommen, daß zwischen Atmung der Blüte und Bildung des ätherischen Öls Zusammenhänge bestehen. So zeigen Messungen in verschiedenen Stadien der Blüte von *Rosa × damascena* von der Knospe bis zum Abblühen zunächst einen Anstieg der Atmung mit zunehmendem Erblühen. Das Maximum der Atmung liegt bei voller Blüte, danach nimmt die Atmung wieder ab. Das gleiche Bild erhält man, wenn die gebildete Menge an ätherischem Öl in Abhängigkeit vom Blütenstadium ermittelt wird.

Wo die Lebenstätigkeit der Zellen besonders rege ist, dort wird das meiste ätherische Öl gebildet. In optimalen Wachstumsverhältnissen, d.h. bei guter Versorgung der Erde mit genügend Wasser und bei günstigen Temperaturen, nimmt die Bildung von Duftstoffen zu. Dadurch kräftigt sich der Duft der Rosen, ganz besonders auch bei warmem Wetter.

Heute kennt der Wissenschaftler ungefähr 200 Inhaltsstoffe des ätherischen Öls der Bulgarischen Rose (*Rosa × damascena* 'Trigintipetala'). Diese können den verschiedensten organisch-chemischen Stoffgruppen (wie zum Beispiel gesättigten und ungesättigten Kohlenwasserstoffen, Aldehyden, Ketonen, Estern, Alkoholen, Säuren) zugeordnet werden.

Genaugenommen duften alle Rosen, viele jedoch nicht so, wie wir im allgemeinen den »Rosenduft« verstehen, da wir uns darunter einen ganz bestimmten Duft vorstellen, der eben nur der Rose eigen ist. Dieser spezifische Duft fehlt, wie gesagt, bei einer Anzahl von Rosen, so daß wir geneigt sind, sie als duftlos zu bezeichnen. Aber sehr viele Sorten weisen diesen typischen, herrlichen Duft auf, und an ihnen können wir, wie es schon die Römer im Altertum taten, unsere Duftgelüste stillen.

Wenn wir Rosen für unsern Garten aussuchen, geben wir meist den duftenden den Vorzug. Damit unterstützen wir zugleich den Rosenzüchter in seinen Zuchtzielen, denn dieser wird eine wirklich duftende Rose immer für wertvoller halten als eine ohne Duft. Im allgemeinen sind wir zufrieden, wenn unsere Rosen überhaupt duften, und nur wenige von uns werden sich mit der Verschiedenheit des Duftes auseinandersetzen, sei es mit dessen Intensität oder mit der Frage, woran er uns erinnert, etwa an Äpfel bei 'Prélude' oder an Honig, Muskat usw. Ferner kann die Blüte frisch oder eher schwül duftend wirken. Solche Unterschiede wird in der Regel jedoch nur der Liebhaber, für den der Duft eine große Rolle spielt, oder der Duftspezialist und Rosenzüchter beachten.

Rosen, die im Garten nicht oder nur äußerst wenig duften, können im Spätherbst (Oktober–November) geschnitten und ins Zimmer gestellt, plötzlich kräftig duften, wie uns das Beispiel 'Mme A. Meilland' deutlich beweist. Es ist festzustellen, daß der Rosenduft in schweren Böden im allgemeinen deutlicher ausgeprägt wird als in leichten. Auch duften Blumen von mastig kultivierten (überdüngten) Rosen weniger intensiv als andere. Dies alles darf aber nicht durchweg pauschal verstanden und auf sämtliche Sorten übertragen werden. Wir soll-

Einen sehr starken, würzigen Zitronenduft verströmen die hellrosa, gefüllten Blüten der Englischen Rose 'Heritage'. Die öfterblühende Sorte wächst zu einem schönen Rosenbusch heran.

ten uns vornehmen, der duftenden Rose stets den Vorzug zu geben, denn sie wird ihren Wert, ihre Fähigkeit unser Gemüt anzusprechen, immer behalten, während uns eine sozusagen duftlose Rose nie so vollkommen befriedigen wird.

Unter dem Begriff »Duft« verstehen leider nicht alle Rosenspezialisten und -liebhaber dasselbe. Viele sprechen schon von Duft, wenn kaum ein Hauch eines Duftes wahrnehmbar ist, während andere wiederum erst dann von Duft reden, wenn er in auffallender Weise vorhanden ist. Und dies dürfte wohl das Richtige sein, denn der Duft sollte nicht erst gesucht werden müssen, sondern er muß so stark sein, daß er uns förmlich entgegenströmt. Wenn man also von einer duftenden Rose spricht, dann sollte jedermann diesen Duft auch relativ leicht wahrnehmen können, ohne sich anstrengen zu müssen. Es wäre schön, wenn sich die Rosenfachleute in aller Welt auf diese einfache Formel einigen könnten.

Vielfältige Formen – und auch Farben – zeigen die Früchte der Rosen, die Hagebutten. Jeder kennt das unverwechselbar schöne Bild, das ein reich mit Hagebutten geschmückter Rosenstrauch von Herbst bis in den Winter hinein bietet. Oben: *Rosa sweginzowii* 'Macrocarpa'. Rechts: *Rosa rugosa*.

Hagebutte, die Frucht der Rose

Die Frucht der Rose besaß ursprünglich mindestens ein ebenso großes Ansehen wie die Rosenblüte selbst, denn ihre Bedeutung in medizinischer Hinsicht war überaus groß, und sie kommt ja auch heute wieder zu Geltung. Entweder wird sie zu Hagebuttenmark und Marmelade verarbeitet, oder wir genießen sie in Form von Tee. Ihr Wert besteht vor allem in dem für die menschliche Gesundheit wichtigen Vitamin C (Ascorbinsäure).

Die Rosenfrüchte, besonders die der Strauchrosen, besitzen aber auch einen hohen Zierwert. Die meisten von ihnen stellen außerdem eine willkommene Winternahrung für unsere Vögel dar. Die Mannigfaltigkeit der Hagebutten in Größe, Form und Farbe ist annähernd so beeindruckend wie die der Rosen selbst, vor allem bei denjenigen mit mehr Wildrosencharakter, während die hochgezüchteten Rosen im allgemeinen keine so große Verschiedenheit an Formen zeigen.

Die Hagebutte ist eine sogenannte Sammelnußfrucht, das heißt, die Samen sind von einer fleischigen Wand umgeben, die vom Blütenboden und nicht wie gewöhnlich von den Fruchtblättern gebildet wird. Die Dicke dieser Wand variiert von Art zu Art ziemlich stark, ebenso die Farbe im Stadium der vollen Reife. Die dicht aneinandergereihten eckigen Samen (botanisch genau genommen die einsamigen Nüßchen) sind stark behaart, nur selten liegen sie fast nackt in der Samenhülle.

Wer sich mit der Rose beschäftigt, weil sie ihm etwas Besonderes bedeutet, sollte sich immer auch ihre Früchte etwas näher ansehen, denn aus ihnen geht ja der große Reichtum an Rosenarten und -sorten hervor. Sie können also auch die Träger einer Rosenneuheit sein – seien wir uns dessen stets bewußt.

Die Rosenarten und Rosensorten

'Stadt Eltville' Fl (Tantau 1990). Knospe kegelförmig, rot. Blume leuchtend rot, gut gefüllt. Buschige Pflanze, leicht nachblühend.

Erläuterungen zu den Sortenangaben

Die folgenden, nach den Hauptklassen geordneten Sortimente enthalten die für dieses Buch ausgewählten Sorten in alphabetischer Reihenfolge (zu beachten ist dabei: 'Mme Hardy' ist eingeordnet wie 'Madame Hardy'). Die einzelnen Angaben findet der Leser in einem einheitlichen Beschreibungsschema unter Kategorien wie Kreuzung, Farbe, Form und Duft der Blüte usw. Es ist immer von Vorteil, die ungefähre Höhe zu kennen, die eine Sorte normalerweise erreicht. Allerdings üben Bodenbeschaffenheit, Lage und Pflege (vor allem Schnitt und Düngung) großen Einfluß auf die Wuchshöhe der einzelnen Pflanzen aus. Es handelt sich also immer nur um Richtwerte.

Hinter dem Sortennamen ist in Klammern der Züchter und das Jahr angeführt, in welchem die Neuzüchtung dem Handel übergeben wurde. Läßt sich eine Sorte nicht eindeutig nur einer Klasse zuordnen, so ist das durch Zugabe des betreffenden zweiten Symbols gekennzeichnet. So ist zum Beispiel die Sorte 'Dortmund' unter den Strauchrosen (Str) aufgeführt; da sie aber auch als Kletterrose gilt, ist auch das Symbol Kl hinzugefügt. Die für die einzelnen Rosenklassen verwendeten Abkürzungen sind auf Seite 56 erklärt.

Einige Rosensorten sind mit Sternchen gekennzeichnet. Das bedeutet, daß diese Sorten auch für Höhenlagen geeignet sind, und zwar in folgender Qualifizierung: *** sehr gut geeignet, ** gut geeignet (vgl. auch Seite 228).

Es wurde ein recht ausgedehntes Sortiment aufgenommen, damit der Benützer der Sortenzusammenstellung einen möglichst umfassenden Überblick und Einblick gewinnen kann. Über den Wert einer Sorte gehen die Meinungen oft sehr weit auseinander. Das hier gewählte Sortiment aber versucht, möglichst objektiv, ein Wegweiser für die Praxis zu sein. Wenn die eine oder andere Lieblingsrose des Lesers darin fehlt, so soll das nicht heißen, daß sie nicht auch ihre Berechtigung zum Anbau habe. Andererseits werden nicht sämtliche beschriebene Sorten leicht im Handel erhältlich sein, aber das ist für den begeisterten Rosenfreund weniger ein Kriterium, vielmehr daß er die gewünschte Sorte – wenn auch von weit her – überhaupt bekommen kann.

Die Remontant-Hybride 'Dupuy Jamain' wurde 1868 von der Pariser Gärtnerei Dupuy-Jamain in den Handel gebracht. Noch im Jahr 1912 taucht sie in der Liste der allerschönsten Rosen auf. Die großen, gefüllten, kirschroten Blumen stehen auf starken Stielen über gesundem, graugrünem Laub.

Alte oder historische Rosen?

An dieser Stelle ist vorweg ein Wort zu den sogenannten alten oder historischen Rosen angebracht. Die beiden Weltkriege haben zum Verlust vieler ehemals beliebter Sorten geführt. Es würde schwer fallen, die Sortimente wieder durch diese früheren Sorten zu vervollständigen; abgesehen davon haben in der Zwischenzeit viele gute neue Sorten die Gunst der Rosenfreunde erobert. Trotzdem besteht gerade heute wieder ein großes Verlangen, ältere und alte Rosen in den Garten aufzunehmen. Es gibt so herrliche Rosen unter den alten Sorten, daß dieser Wunsch gut zu verstehen ist.

Zur Erhaltung wüchsiger und gesunder »alter Rosen« kann man nur positiv eingestellt sein, und wir wollen uns darüber freuen, daß wir bald auch eine kleine Auslese unserer »Rosenahnen« – mehr kann es ja nicht sein – in unseren Gärten wieder blühen sehen. Was wir aber unter »alten Rosen« zu verstehen haben, wird sogleich eine kleine Verwirrung hervorrufen. Sind es die wilden, die sogenannten botanischen Rosen oder die ersten daraus entstandenen alten Kulturrosen? Verstehen wir darunter nur die alten Strauchrosen, oder gehören auch die sogenannten niedrigen Buschrosen dazu?

Von welchem Jahrhundert an sollen Rosensorten als »alte« bezeichnet werden? Hier wäre eine Klassifizierung nach historischen Regeln beinahe unumgänglich notwendig, wollte man ein richtiges Kriterium für die Bezeichnung »alt« erhalten. Hierfür müßte – falls es sich überhaupt lohnt, soweit zu gehen – der Historiker, zusammen mit dem Systematiker, erst einmal eine geordnete, brauchbare und leichtverständliche Lösung suchen, bevor wir uns darüber streiten, was »alte Rosen« sind und was nicht. Immerhin dürfte die Bezeichnung »alt« oder »historisch« für die Centifolia-, Damaszener-, Moos- und Albarosen zutreffen, vielleicht dürfen wir noch weiter gehen und auch die Bourbon-, Bengal- und Noisetterosen hierzu zählen.

Dieses Buch verzichtet darauf, ein Sortiment »alter Rosen« zusammenzustellen. Unter den verschiedenen Sortengruppen sind alte und ältere Sorten aufgeführt. Über ihr Alter geben die Jahreszahlen Aufschluß (sofern diese in Erfahrung zu bringen waren), somit dürfte jeder Liebhaber »alter Rosen« auf seine Rechnung kommen, zumal am Schluß des Buches (Seite 233 ff.) noch extra eine ausgewählte Reihe von Rosen aus alter Zeit mit vielen interessanten Einzelheiten vorgestellt wird.

Wildrosen

Wildrosen haben bedeutenden Anteil an den heutigen Gartenrosen, die ja aus Kreuzungen und Einkreuzungen von Wildrosen entstanden. Sie werden auch heute immer noch zu **Einkreuzungen** verwendet. Dessenungeachtet dürfen wir sie in ihrer ursprünglichen Form nicht ganz vergessen. Erstens sind sie an ihren natürlichen Standorten, in unseren Gegenden, an Waldrändern, an steinigen Hängen sowie in kargen Trockentälern, ebenso in fremden Ländern, nach wie vor eine ganz besondere Zierde. Zweitens erfüllen sie, in Gärten gepflanzt, eine wertvolle Aufgabe als hübscher Gartenschmuck, wenn wir ihnen genügend Entfaltungsraum geben können. Die wunderschönen, in ihrem Aufbau meist lockeren Büsche bringen eine auserlesene Note in unsere Gärten.

Vergessen wir auch auf unseren Wanderungen die heimischen Wildrosen nicht. Ein vollerblühter Wildrosenstrauch, wie etwa von *Rosa canina*, der Hecken- oder Hundsrose, ist immer ein besonderes Erlebnis!

Rosa acicularis Lindl.
Strauch: 1 m hoch. Stämme dicht mit weichen Borsten garniert. Junge Zweige meist unbewehrt, Stacheln gerade dünn.
Blätter: 3–7zählig, elliptisch bis länglich, 2–5 cm lang, einfach gesägt, stumpf grün, unten weich behaart.
Blüten: Einfach, dunkelrosa, duftend.
Früchte: Birnenförmig, rundlich, kahl, bis 1,5 cm lang.

Rosa agrestis Savi, Ackerrose
Strauch: Je nach Standort 1–3 m hoch.
Triebe: Dünn, mit breiten, hakigen Stacheln besetzt.
Blätter: 5–7zählig, länglich, elliptisch, 2–5 cm lang.
Blüten: Einfach, blaßrosa oder auch weißlich. Kelchblätter bald abfallend.
Früchte: Länglich, eiförmig, orangerot.

Rosa arvensis Hudson
(syn. *R. repens, R. silvestris*)
Feldrose, Kriechrose
Strauch: Niederliegend oder kletternd. Zweige meist mit gleichartigen, schwach gebogenen Stacheln besetzt.
Blätter: 7zählig, selten 5zählig, Teilblätter oval bis rhombisch, Oberseite dunkelgrün, Unterseite hellgrün, beiderseits kahl bis dicht behaart.
Blüten: Einfach, weiß.
Früchte: Kugelig bis ellipsoid, kahl, dunkelrot.

Rosa caesia Sm.
Lederblättrige Rose
Strauch: Bis über 3 m hoch, Zweige überhängend. Stacheln eher klein.
Blätter: 5–7zählig, eiförmig, elliptisch, 2–4 cm lang, oft gerötet.
Blüten: Einfach, rosa bis weiß.
Früchte: Ellipsoid, scharlachrot, 2–3 cm lang.

Rosa canina L., Hundsrose
Strauch: 3 m hoch. Äste überhängend, stark bestachelt, meist hakig.
Blätter: Beiderseits kahl, einfach oder doppelt gezähnt. Blattstiele nicht behaart, oft mit Stieldrüsen und sichelförmigen Stacheln.
Blüten: Einfach, meist rosa, selten weiß, mehrblütige Doldenrispen. Blütenstiele kahl.
Früchte: Ziemlich groß, oval, spätreifend. Kelchblätter nach der Blüte zurückgebogen.

Rosa carolina L., Wiesenrose
Strauch: 1–1,5 m hoch. Zweige schlank, borstig, bildet viele Ausläufer.
Blätter: 5zählig, elliptisch bis lanzettförmig, 1–3 cm lang, scharf gesägt, Oberseite sattgrün, Unterseite graugrün, meist kahl.
Blüten: Einfach, rosa. Kelchblätter drüsig, abfallend.
Früchte: Flach, kugelig, etwa 8 mm dick, borstig.

Manchmal läßt es sich kaum entscheiden, ob eine Sorte der einen oder der anderen Klasse zuzuordnen ist; hier wurde die andere Klasse hinter den Sortennamen vermerkt. Im übrigen ist davon auszugehen, daß es sich um Strauchrosen im oben definierten Sinne handelt.

'Tuscany Superb', eine der Formen von *Rosa gallica*, der Essigrose, entstand bereits in der ersten Hälfte des 19. Jahrhunderts in Frankreich. Die tiefroten Blüten mit ihren dunkleren Schattierungen schimmern samtartig.

Rosa foetida Herm., Fuchsrose
Strauch: 1,5 m hoch. Stämme schlank, braun, mit wenig geraden, ungleichen Stacheln besetzt.
Blätter: 5–9zählig, elliptisch, doppelt gesägt, Oberseite lebhaft grün, Unterseite drüsig und behaart.
Blüten: Einfach, tiefgelb, unangenehm duftend.
Früchte: Kugelig, ziegelrot.

Rosa gallica L., Essigrose
Strauch: Bis 1,5 m hoch, bildet viele borstige und stachelige Ausläufer. Stacheln gedrungen und ungleich.
Blätter: 3–5zählig, breit elliptisch, dunkelgrün, Unterseite etwas heller und behaart, derb, 2–5 cm lang, einfach oder doppelt gesägt.
Blüten: Meist einfach, rosa bis rot, duftend.
Früchte: Kreisförmig, drüsig, borstig, ziegelrot.

Rosa glauca Pourr. (syn. *R. rubrifolia*)
Strauch: 1,5–3 m hoch, mittelstarker Wuchs. Ergibt schöne, gleichmäßig geformte Sträucher, vor allem für lockere Einmischung in Gehölzbestände und für Böschungen. Stacheln dünn mit verbreiterter Basis, gerade oder gebogen.
Blätter: 5–9zählig, 2–4,5 cm lang, eiförmig bis schmal-elliptisch, graugrün, oft bräunlich oder purpurn getönt, unbehaart, gezähnt.
Blüten: Einfach, karminrosa, an der Basis weiß.
Früchte: Oval bis kugelig, braunrot, kahl oder mit feinen, drüsigen Borsten.

Rosa helenae Rehd. & Wils.
Strauch: Bis 5 m hoch, leicht kletternd. Triebe kräftig, bewehrt. Stacheln hakenförmig, junge Triebe gerötet.
Blätter: 7–9zählig, eilanzettlich, kahl, Oberseite mittelgrün, Unterseite graugrün, behaart, einfach und scharf gesägt.

Rosa canina, **die Hekken- oder Hundsrose, ist die am weitesten verbreitete europäische Wildrose. Die einfachen, rosa Blüten stehen zu mehreren in Doldenrispen.**

Blüten: Einfach bis halbgefüllt, weiß, leicht duftend.
Früchte: Eiförmig, bis 12 mm lang, rot.

Rosa hugonis Hemsl.
Strauch: 2–2,5 m hoch. Zweige tiefbraun, meist gebogen. Stacheln und Borsten gemischt vorhanden.
Blätter: 7–13zählig, elliptisch, 1–2 cm lang, oben kahl, Unterseite in der Jugend behaart, gesägt.
Blüten: Einfach, hellgelb.
Früchte: Breit kugelig, tiefrot bis schwarzrot.

Rosa majalis Herrm.
(syn. *R. cinnamomea*)
Zimtrose, Mairose
Strauch: Bis 2 m hoch, an den unterirdischen Achsen neue Triebe bildend. Die Blütenzweige sind mit paarweise angeordneten gekrümmten Stacheln besetzt.
Blätter: 5–7zählig, oval, 2–3 cm lang, einfach gezähnt, dunkel- bis blaugrün, Unterseite flaumig behaart.
Blüten: Einfach, rosa bis dunkelrot.
Früchte: Kugelig, kahl, orange bis rot.

Rosa moyesii Hemsl. & Wils.
Strauch: Bis 3 m hoch. Stämme braunrot. Stacheln gelblich, paarweise angeordnet, gerade.
Blätter: 7–13zählig, eiförmig, elliptisch, fein gesägt, kahl, Mittelrippe behaart.
Blüten: Einfach, dunkel weinrot. Staubblätter goldgelb, zu einem Kranz angeordnet.
Früchte: Flach, 5–6 cm lang, dunkel orangerot. Kelchblätter aufrecht.

Rosa multiflora Thunb. ex Murr.
Strauch: Bis 3 m hoch, breit und stark wüchsig, sehr gut verzweigt und leicht kletternd.
Blätter: 9zählig, oval bis länglich.
Blüten: Einfach, weiß, in kugelförmigen Doldenrispen blühend.
Früchte: Klein (erbsengroß), rot.

Mit zahlreichen einfachen, gelben Blüten an den kurzen Seitentrieben schmückt sich *Rosa hugonis,* das Chinesische Goldröschen. Die im Alter fast stachellosen Triebe hängen über, das feine Laub wirkt farnartig.

Rosa omeiensis f. pteracantha Rolfe
Strauch: 3–4 m hoch, straff aufrecht. Stämme graubraun. Stacheln flach, an der Basis stark verbreitet, daneben viele Borsten.
Blätter: 9–17zählig, länglich, unten kahl.
Blüten: Einfach, weiß, meist nur 4 Blütenblätter.
Früchte: Birnenförmig, 1–1,5 cm lang, hochrot.

Rosa pendulina L., Hängende Rose, Alpen-Hangrose
Strauch: 30 cm–3 m hoch, bildet unterirdische Austriebe. Stamm und Zweige im unteren Teil mit zahlreichen gleichartigen Stacheln besetzt.
Blätter: 7–9zählig, oval, selten rundlich, Oberseite dunkelgrün, Unterseite heller.
Blüten: Einfach, rosa bis dunkelrot.
Früchte: Ellipsoid bis flach, selten kugelig, mit Stachelborsten besetzt, selten kahl, orange bis rot.

Einfache, rosa Blüten bringt *Rosa majalis,* die Zimtrose, hervor. Die andere volkstümliche Bezeichnung »Mairose« deutet die frühe Blütezeit an, die aber selten schon im Mai, sondern in der Regel erst im Juni einsetzt.

Rosa pimpinellifolia L.
(syn. *R. spinosissima*)
Reichstachelige Rose, Bibernellrose, Dünenrose
Strauch: Bis 1 m hoch, an unterirdischen Achsen bilden sich neue Austriebe. Stamm und Zweige verschiedenartig bestachelt, fest und borstig, gerade.
Blätter: 7–9zählig, Oberseite dunkelgrün, Unterseite hellgrün.
Blüten: Einfach, weiß, selten rosa.
Früchte: Kugelig, kahl, schwarz.

Rechte Seite:
***Rosa multiflora* var. *adenochaeta* ist auf den Inselgruppen zwischen Japan und den Philippinen heimisch. Über einen langen Zeitraum hinweg – bis in den Herbst hinein – erscheinen die einfachen Blüten an den großen Doldenrispen. Die Rosafärbung der Blütenblätter hellt sich zur Mitte hin auf.**

Rosa roxburghii Tratt.
Strauch: 2,5 m hoch, sparrig. An alten Stämmen blättert die Rinde ab.
Blätter: 7–15zählig, elliptisch länglich, etwas behaart, fein gesägt.
Blüten: Gefüllt, hellrosa.
Früchte: Flach kugelig, grün, ganz stachelig, der Länge nach leicht gefurcht.

Rosa sericea Lindl.
Strauch: 2–2,5 m hoch, aufrecht. Triebe braun mit flachen Stacheln, unter den Blättern meist paarweise.
Blätter: 7–11zählig, klein, rundlich bis elliptisch, unterseits seidig behaart.
Blüten: Einfach, weiß, 4–5 Blütenblätter.
Früchte: Kreisförmig, orangerot.

Rosa sweginzowii Koehne
Strauch: Bis 5 m hoch. Die Stämme sind mit großen, platten, dreieckigen, unterschiedlich großen Stacheln besetzt.
Blätter: 7–11zählig, Oberseite frischgrün, kahl, Unterseite behaart, Nerven stachelig, elliptisch, doppelt gesägt.
Blüten: Einfach, hellrosa.
Früchte: Flaschenförmig, bis 5 cm lang, hell bis hochrot. Die Hagebutten geben dem Garten im Winter einen ganz besonders schönen Schmuck.

Rosa villosa L.
Apfelrose
Strauch: 1,5–2 m hoch, oft Ausläufer bildend.
Triebe rötlich und etwas bereift. Stacheln dünn, gerade, meist verstreut.
Blätter: 5–9zählig, länglich elliptisch, Oberseite graugrün und behaart, Unterseite filzig.
Blüten: Einfach, rosa.
Früchte: Kugelig bis länglich, bis 2,5 cm dick, borstig, dunkelrot.

Rosa willmottiae Hemsl.
Strauch: Bis 3 m hoch, Zweige überhängend, stark verzweigt. Jahrestriebe braunrot, bereift. Stacheln gerade und gepaart angeordnet.
Blätter: 7–9zählig, elliptisch bis kreisrund, meist doppelt gesägt, kahl.
Blüten: Einfach, karminrosa, im Aufgehen intensiver gefärbt. Wenig Duft.
Früchte: Eiförmig, bis 2 cm lang, orangerot.

Rosa xanthina Lindl.
Strauch: 1,5–3 m hoch. Stämme braun, mit dicken geraden Stacheln besetzt. Langtriebe kahl.
Blätter: 7–13zählig, oben kahl, Unterseite etwas behaart, stumpf gesägt.
Blüten: Halbgefüllt bis gefüllt, goldgelb.
Früchte: Selten.

Strauchrosen

Hier handelt es sich um Rosenformen, die mit unseren einheimischen, wildwachsenden Rosen zu vergleichen sind; nur ist die ganze Gesellschaft der Strauchrosen eine internationale Wildrosengemeinschaft, vermengt mit dem verschiedensten »Blut« von Kulturrosen, daher auch die Verschiedenheit in der Benennung dieser Rosen: **Strauchrosen**, **Parkrosen, Wildrosen** und **botanische Rosen**. Richtigerweise aber sollte man sich auf die einzige Benennung »Strauchrosen« einigen, denn alle diese Rosen haben das eine gemeinsam, nämlich den strauchartigen Charakter. Von den Bezeichnungen Wild-, botanische und Parkrosen kann jede auch die andere bedeuten.

Der verstorbene Dendrologe Fritz Boerner pflichtete dieser Auffassung bei und wäre höchstens so weit gegangen, die Strauchrosen in zwei Gruppen zu teilen: a) Wildrosen (botanische Rosen) und b) Züchtungen (Moosrosen usw.).

In diesem Sinne sind die Strauchrosen in diesem Buch auch beschrieben.

Sie sind in ihrer Zusammensetzung abwechslungsreich, ja zauberhaft im Aussehen, in der Bauart, Bestachelung, Blattform und Blattfarbe, daß man aus dem Staunen nicht herauskommt. Es handelt sich hier beinahe um das »**Blumenmärchenland**«, welches jeder Rosenfreund kennenlernen muß, wenn er die Schönheit der Rosen bis ins letzte erleben will. Der Gartengestalter sollte sich bemühen, sie vermehrt in die Gärten zu bringen.

Eigentlich können alle kräftigwachsenden Buschrosen (Teehybrid-, Floribunda- und Grandiflorarosen) zu Strauchrosen werden, wenn sie an einem geschützten Standort stehen. Sie können durch einen entsprechenden Schnitt zu regelrechten Sträuchern heranwachsen, zum Beispiel 'Frau Karl Druschki', 'The Queen Elizabeth Rose', 'Mme A. Meilland', 'Super Star', 'Lady X' usw. Die Strauchrosen bilden ein langes Band, welches über Jahrhunderte hinweg die verschiedenen Rosenraritäten bis in die heutige Zeit verbindet, angefangen beim Urtyp der Kulturrosen, der *Rosa centifolia*, bis zur zartfeinen *Rosa willmottiae*. Zwischen diesen beiden Strauchrosen befindet sich eine wahre Fundgrube des Pflanzenzaubers. Mit den **Kleinstrauchrosen**, wie zum Beispiel 'Baby Baccara', 'Eyepaint' usw., hat sich für die Verwendung von Strauchrosen wieder ein ganz neues Gebiet aufgetan. Dauerblühende Strauchrosen dürfen nur mit Vorsicht in exponierten Voralpen- und alpinen Lagen verwendet werden. Denn sie frieren dort fast regelmäßig bis an den Boden zurück, und dann wird ein totaler Rückschnitt bis auf die Veredlungsstelle notwendig. Dadurch entstehen wiederum sehr kräftige Austriebe. Sie können bis zum Herbst nicht ausreifen, weshalb sie wieder zurückfrieren.

Bei den vorwiegend einmalblühenden Strauchrosen wurde auch der **Durchmesser der Pflanze** in ihrem ausgewachsenen Zustand angegeben. Dadurch läßt sich gleich beim Pflanzen der nötige Entwicklungsraum vorsehen.

Bei den nachfolgend aufgeführten Rosen sind, soweit es die Kompliziertheit der **Verwandtschaftsverhältnisse** erlaubt, die jeweiligen Zugehörigkeiten in Klammern angegeben.

Warum so viele Rosensorten?

Dem Benützer dieses Buches wird das nachfolgend große Rosensortiment auffallen. Der Grund dafür liegt einmal darin, daß laufend neue Rosenzüchtungen erscheinen. Dann werden immer wieder ältere, bewährte Sorten in die Vermehrung aufgenommen, um sie über Selektion zu verbessern und somit die Wünsche der Rosenfreunde zu erfüllen.

Leider ist es nicht immer möglich, bei den im Handel erscheinenden Neuzüchtungen die jeweilige Kreuzung anzugeben; die Züchter verweigern aus Gründen des Sortenschutzes die Angaben der Abstammung.

Die Strauchrose 'Königin von Dänemark' stammt von *Rosa × alba* ab. Die in Büscheln stehenden, karminrosa Knospen öffnen sich zu helleren Blüten. Die Blütezeit erstreckt sich über einen längeren Zeitraum.

Manchmal läßt es sich kaum entscheiden, ob eine Sorte der einen oder der anderen Klasse zuzuordnen ist; hier wurde die andere Klasse hinter den Sortennamen vermerkt. Im übrigen ist davon auszugehen, daß es sich um Strauchrosen im oben definierten Sinne handelt.

Aloha Str
(Boerner/Jackson & Perkins 1955)
Kreuzung: 'Mercedes Gallart' × 'New Dawn'.
Farbe: Karminrosa mit Lachs.
Form: Stark gefüllt.
Duft: Intensiv.
Pflanze: Wuchs kräftig, aufrecht. Laub sattgrün, glänzend. Öfterblühend.
Höhe: 2 m.
Verwendung: Vor allem in Einzelstellung.

Andenken an Alma de l'Aigle Str
(Kordes/Wohlt 1955)
Kreuzung: Nicht bekannt.
Farbe: Zartrosa mit zartem Lachs.
Form: Gefüllt, becherförmig. Die Blüten hängen oft etwas an den Blütenstielen!
Duft: Wenig.
Pflanze: Wuchs kräftig, meistens aufrecht. Blätter groß und mittelgrün.
Höhe: 1,2 m.
Verwendung: Dankbare Strauchrose zur Einzelstellung.

Baby Baccara Str (Meilland 1965)
Kreuzung: 'Callistro' × 'Perla de Alcanada'.
Farbe: Geranium- bis türkischrot.
Form: Gut gefüllt, kleinblumig, in lockeren Büscheln blühend.
Duft: Ganz wenig.
Pflanze: Wuchs mittelstark, buschig. Laub klein, frischgrün und glänzend. Dauerblüher. Das Reinigen der Blütenstände verursacht ziemlich viel Arbeit.
Höhe: 1,2 m.
Verwendung: Geeignet für Vorpflanzungen sowie in Gehölz- und Staudenbeeren, eventuell sogar in ganzen Beeten. Für Höhenlagen ***geeignet.

Bischofsstadt Paderborn Str (Kordesii)
(Kordes 1964)
Kreuzung: 'Korona' × 'Spartan'.
Farbe: Zinnober-scharlach bis orangerot, in der Mitte weiß.
Form: Einfach, schalenförmig. Wetterfest.
Duft: Nicht vorhanden.
Pflanze: Wuchs kräftig, bildet imponierende Sträucher. Blätter eher klein, tiefgrün, glänzend, gesund. Dauerblüher.
Höhe: 1,8 m.
Verwendung: Für Einzelplazierung besonders empfehlenswert.

Blanc Pur Str, Kl (Noisette)
(Mauget 1827)
Kreuzung: Nicht bekannt.
Farbe: Weiß, außen leicht grünlich.
Form: Gut gefüllt, vollkommene Edelrosenform.
Duft: Nicht vorhanden.
Pflanze: Wuchs sehr kräftig, bei genügendem Entwicklungsraum eine Zierde jeden Gartens. Laub mittelgrün, groß.
Höhe: 3 m.
Verwendung: Nur als Solitärpflanze verwenden.

Bonica 82 Str (Meilland 1982)
Kreuzung: (*R. sempervirens* × 'Mlle Marthe Carron') × 'Picasso'.
Farbe: Reines Nylonrosa.
Form: Kleine ovale Knospen. Voll erblüht mittelgroße, schön geformte Blüten, gut gefüllt.
Duft: Nicht vorhanden.
Pflanze: Lockerer Wuchs, breite Büsche bildend. Mittelgroßes Blattwerk, mittelgrün, glänzend. Dauerblüher.
Höhe: 80 cm–1 m.
Verwendung: Hervorragend zur Bepflanzung kleiner Böschungen. Wirkt vorzüglich auch als Einzelpflanze, eventuell auch drei Stück zusammengepflanzt. Für Höhenlagen **geeignet.

Braunwald Str (Meilland 1985)
Kreuzung: 'Katharina Zeimet' × 'Sea Foam'.
Farbe: Im Aufblühen zartrosa, vollerblüht weiß.
Form: Spitze, zartrosa Knospe. 5–10 Blütenblätter.
Duft: Nicht vorhanden.
Pflanze: Kräftiger aufrechter Wuchs. Schönes, glänzendes Blattwerk.

Höchstens 1 m hoch werden die breiten Büsche von 'Bonica 82'. Als Wegbegleiter kommt diese Sorte besonders gut zur Geltung.

Höhe: 80 cm–1 m.
Verwendung: Als Einzelstrauch oder zur Bepflanzung von Böschungen. Für Höhenlagen *** geeignet.

Buismanns Triumph Str
(Buismann 1953)
Kreuzung: 'Käthe Duvigneau' × 'Tantaus Triumph'.
Farbe: Hellrot.
Form: Halbgefüllt.
Duft: Nicht vorhanden.
Pflanze: Wuchs mittelstark, gut verzweigt. Laub grünrot, groß. Dauerblühend.
Höhe: 1,5 m.
Verwendung: Für den kleineren Garten gut geeignet.

Charles de Mills Str (*R. gallica*)
Kreuzung: Nicht bekannt.
Farbe: Dunkelrot bis kräftig violett.
Form: Dicht gefüllt, flach.
Duft: Leicht.
Pflanze: Wuchs kräftig. Triebe mit kleinen feinen Stacheln. Laub mittel- bis dunkelgrün, rauh.
Höhe: 1,5 m.
Verwendung: Kann vielseitig verwendet werden, anspruchslos und gesund.

Clair Matin Str (Meilland 1960)
Kreuzung: 'Fashion' × (['Kordes Sondermeldung' × 'Orange Triumph'] × 'Phyllis Bide').
Farbe: Zartrosa, leuchtend.
Form: Halbgefüllt, becherförmig.
Duft: Wenig.
Pflanze: Wuchs mittelstark, aufrecht, schöne Büsche bildend. Laub gesund, glänzend dunkelgrün. Unermüdlicher Dauerblüher.
Höhe: 1,5 m.
Verwendung: Läßt sich in allen freistehenden Lagen ohne jegliche Probleme verwenden.

Cocktail Str (Meilland 1957)
Kreuzung: ('Kordes Sondermeldung' × 'Orange Triumph') × 'Phyllis Bide'.
Farbe: Geraniumrot, Mitte hellgelb.
Form: Einfach, schalenförmig.
Duft: Nicht vorhanden.

Als anspruchslos und vielseitig beweist sich die Gallica-Rose 'Charles de Mills'. Die dunkelroten, dicht gefüllten Blüten duften leicht.

Pflanze: Wuchs kräftig. Laub dunkelgrün, lederartig. Dauerblüher.
Höhe: 2 m, Durchmesser 1,8 m.
Verwendung: Am besten für Einzelstellung, erträgt auch heiße Lagen gut.

Conrad Ferdinand Meyer Str (Dr. Müller 1899)
Kreuzung: ('Gloire de Dijon' × 'Duc de Rohan') × *R. rugosa* 'Germanica'.
Farbe: Silbrigrosa, bis zum Verblühen unverändert.
Form: Gut gefüllt, sehr große, flache, schön geformte Blüten.
Duft: Sehr gut!
Pflanze: Wuchs kräftig. Triebe sehr stachelig. Laub bläulichgrün, ziemlich rostanfällig. Öfterblühend.
Höhe: 3 m.
Verwendung: Vorteilhaft als Einzelpflanze, möglichst an freiem Standort, damit ein guter Pflanzenschutz möglich ist.

Decor Arlequin Str (Meilland 1977)
Kreuzung: ('Zambra' × 'Suspense') × 'Arthur Bell'.
Farbe: Mittelgelb mit Granatrot-Hellrosa überzogen.
Form: Halbgefüllt, tiefe offene Schale.
Duft: Nicht vorhanden.
Pflanze: Wuchs sehr stark, aufrecht. Laub mittelgrün, halbmatt, gesund. Guter Dauerblüher.
Höhe: Bis 2 m.
Verwendung: Vor allem als Solitärpflanze geeignet.

Decor Rose Str (Meilland 1977)
Kreuzung: ('Danse de Sylphes' × 'Zambra') × 'Centenaire de Lourdes'.
Farbe: Dunkelrosa, am Rand leicht kardinalrot.
Form: Halbgefüllt, im Aufblühen kugelig, später schalenförmig.
Duft: Nicht vorhanden.
Pflanze: Wuchs kräftig, halb aufrecht. Blattwerk reichlich, grün-bronze, halbmatt, gesund. Dauerblüher.
Höhe: 1,3 m.
Verwendung: Für den kleinen Garten als Einzelpflanze gut geeignet.

Deuil de Paul Fontaine Str (Moos) (Fontaine 1873)
Kreuzung: Nicht bekannt.
Farbe: Purpurrot, Rückseite der Kronblätter bläulichrot.
Form: Dicht gefüllt, groß.
Duft: Leicht.
Pflanze: Wuchs mittel. Triebe dicht bestachelt. Blattwerk dunkelgrün, etwas rauh. Öfterblühend.
Höhe: 1,5 m.
Verwendung: Ideale Gartenrose für den Rosenliebhaber.

Dornröschen Str (Kordes 1960)
Kreuzung: 'Pikes Peak' × 'Ballet'.
Farbe: Lachsrosa bis hellrot, Rückseite gelblich.
Form: Gut gefüllt.
Duft: Nicht vorhanden.

Pflanze: Wuchs kräftig, aufrecht, gut verzweigt. Dauerblüher.
Höhe: 1,8 m, Durchmesser 2 m.
Verwendung: In kleinen Gruppen bis zu drei Pflanzen mit genügend großem Abstand.

Dortmund Str/Kl (Kordes 1955)
Kreuzung: Sämling × Kordesii-Rose.
Farbe: Blutrot, mit weißem Auge.
Form: Einfach, Petalen meist gewellt.
Duft: Nicht vorhanden.
Pflanze: Wuchs kräftig. Laub tiefgrün, glänzend, klein. Öfterblühend.
Höhe: 1,8 m, Durchmesser 2 m.
Verwendung: Eignet sich sehr gut für die Bepflanzung vor nicht zu steilen Böschungen.

Dr. Eckener Str (Berger 1928)
Kreuzung: Rugosa-Sämling × 'Golden Emblem'.
Farbe: Kupfrig rosa, an der Basis gelb.
Form: Halbgefüllt, groß.
Duft: Wenig.
Pflanze: Wuchs sehr kräftig. Remontierend.
Höhe: 2 m, Durchmesser 2,5 m.
Verwendung: Einzelpflanzung in den Rasen.

Elmshorn Str (Kordes 1950)
Kreuzung: 'Homburg' × 'Verdun'.
Farbe: Hellrot.
Form: Gefüllt, kleinblumig.
Duft: Nicht vorhanden.
Pflanze: Wuchs kräftig. Laub hellgrün, runzelig, klein. Öfterblühend.
Höhe: 2 m, Durchmesser 2,3 m.
Verwendung: Vorteilhaft für Einzelstellung im Garten.

Erfurt Str (Kordes 1939)
Kreuzung: 'Eva' × 'Reveil Dijonnais'.
Farbe: Zitronengelb, Saum karminrot, Mitte heller, oft weiß.
Form: Halbgefüllt, groß.
Duft: Nicht vorhanden.
Pflanze: Wuchs kräftig, breit ausladend. Laub dunkelgrün, in der Jugend rot. Öfterblühend.
Höhe: 1,8 m, Durchmesser 2,5 m.
Verwendung: Soll nur als Einzelpflanze verwendet werden.

Leicht überhängend wächst 'Erfurt'. Aus der hellen Blütenmitte leuchten die goldgelben Staubgefäße. Der Strauch remontiert gut.

Eyepaint Str (Sam. McGredy 1976)
Kreuzung: Sämling × 'Picasso'.
Farbe: Scharlach mit weißem Auge.
Form: Einfach, Petalenrand leicht gefranst.
Duft: Nicht vorhanden.
Pflanze: Wuchs mittelstark, aufrecht, buschig. Laub frischgrün, glänzend. Dauerblüher.
Höhe: 1,5 m.
Verwendung: Ideale Strauchrose für den kleineren Garten.

Fair Play Str (Interplant 1978)
Kreuzung: 'Yesterday' × Sämling.
Farbe: Hellrot mit leicht violettem Anflug und mit heller Mitte.

Einfache große, zart hellrosa Blüten zieren den Strauch von 'Frau Dagmar Hastrup'. Im Spätsommer schmücken ein zweites Mal die hellroten Hagebutten.

Form: Halbgefüllt.
Duft: Nicht vorhanden.
Pflanze: Wuchs breit buschig, Triebe flach wachsend. Dunkelgrüne matte Belaubung. Öfterblühend.
Höhe: 1,5 m.
Verwendung: Für Böschungen und zur Flächenbepflanzung.

Fenja Str (Petersen) (?)
Kreuzung: *R. davidii* × *R. pimpinellifolia.*
Farbe: Rosa bis schwach lila.
Form: Einfach.
Duft: Nicht vorhanden.
Pflanze: Mittelstarker, leicht überhängender Wuchs. Gesundes Laub. Einmalblühend. Reicher Fruchtschmuck.
Höhe: 2,5 m.
Verwendung: Für alle Lagen, auch für Einzelstellung geeignet!

Feuerwerk Str (Tantau 1962)
Kreuzung: Nicht bekannt.
Farbe: Hellorange.
Form: Halbgefüllt, mittelgroß, schalenförmig.
Duft: Nicht vorhanden.
Pflanze: Wuchs kräftig, aufrecht. Laub mittelgroß, glänzend. Dauerblüher.
Höhe: 1,8 m, Durchmesser 2 m.
Verwendung: Einzeln oder in genügendem Abstand drei Pflanzen zusammen.

Fiona Str (Meilland 1980)
Kreuzung: 'Sea Foam' × 'Picasso'.
Farbe: Tief blutrot.
Form: Gut gefüllt.
Duft: Nicht vorhanden.
Pflanze: Bildet breite Büsche. Dunkelgrünes, glänzendes Blattwerk, im Austrieb rötlich. Anhaltender Blüher.
Höhe: 50 cm.
Verwendung: Zur Bodenbedeckung. Für alle Lagen, auch für Höhenlagen *sehr gut geeignet.

F.J. Grootendorst Str (*R. rugosa*-Hybride) (de Goey 1915)
Kreuzung: *R. rugosa* 'Rubra' × 'Mme Norbert Levasseur'.
Farbe: Dunkelrot.
Form: Gut gefüllt, kleinblumige »Nelkenrose«. Petalen am Rand gefranst.
Duft: Nicht vorhanden.
Pflanze: Wuchs mittelstark, aufrecht. Blätter mittelgrün, runzelig, klein. Dauerblüher.
Höhe: 1,5 m.
Verwendung: Als Einzelpflanze in den kleinen Garten, eignet sich auch für die Bildung von Hecken.

Frau Dagmar Hastrup Str (J. Hastrup 1914)
Kreuzung: Sämling von *R. rugosa.*
Farbe: Zart hellrosa.
Form: Einfach. Staubfäden goldgelb, groß.
Duft: Nicht vorhanden.
Pflanze: Wuchs mittelstark, breit buschig. Triebe stark bestachelt. Blattwerk dunkelgrün, runzelig. Einmalblühend. Außerordentlich schöne Früchte.
Höhe: 1 m.
Verwendung: Vielseitig. Auch für Höhenlagen *** geeignet.

Fritz Nobis Str (*R. rubiginosa*-Hybride) (Kordes 1940)
Kreuzung: 'Johanna Hill' × 'Magnifica'.
Farbe: Lachsrosa, innen heller.
Form: Gefüllt, groß.
Duft: Vorzüglich.
Pflanze: Wuchs kräftig, überhängend. Blattwerk hellgrün, mittelgroß. Einmalblühend.
Höhe: 2 m, Fläche bis 12 m^2.
Verwendung: Als Solitärpflanze vorzüglich geeignet.

Frühlingsanfang Str (Kordes 1950)
Kreuzung: *R. pimpinellifolia* var. *altaica* × 'Johanna Hill'.
Farbe: Milchweiß.
Form: Einfach.

Zu den neueren Züchtungen zählt die schneeweiß blühende 'Gletscherfee'. Der strahlende Blütenflor steht in Kontrast zum dunkelgrünen, glänzenden Laub.

Duft: Reich.
Pflanze: Wuchskräftig. Gesundes, derbes Laub. Einmalblühend.
Höhe: 3 m.
Verwendung: Möglichst als Solitär. Besonders geeignet für Pflanzung vor Nadelgehölzen.

Frühlingsduft Str (Kordes 1949)
Kreuzung: *R. pimpinellifolia* var. *altaica* × 'Johanna Hill'.
Farbe: Rosa mit gelber Mitte.
Form: Gut gefüllt.
Duft: Gut.
Pflanze: Wuchs kräftig. Laub mittelgrün, derb, groß. Einmalblühend.
Höhe: 2 m, Durchmesser 2 m.
Verwendung: Vorwiegend als Einzelpflanze, in großen Anlagen in Gemeinschaft mit anderen Strauchrosen zusammen.

Frühlingsgold Str (Kordes 1937)
Kreuzung: *R. pimpinellifolia* var. *hispida* × 'Johanna Hill'.
Farbe: Goldgelb.
Form: Einfach bis halbgefüllt, groß.
Duft: Nicht vorhanden.

Pflanze: Wuchs sehr kräftig, breit ausladend. Laub mittelgrün, derb. Einmalblühend.
Höhe: 2,3 m, Durchmesser 2,5 m.
Verwendung: Möglichst nur als Solitär. Nur in großräumigen Gärten, mehrere zusammen.

Frühlingsschnee Str (Kordes 1954)
Kreuzung: *R. pimpinellifolia* var. *altaica* × 'Golden Glow'.
Farbe: Schneeweiß.
Form: Gut gefüllt.
Duft: Wenig.
Pflanze: Wuchs kräftig. Laub mittelgrün, mittelgroß, derb. Einmalblühend.
Höhe: 1,5 m, Durchmesser 3 m.
Verwendung: Zur Einzelpflanzung besonders geeignet.

Frühlingszauber Str (Kordes 1942)
Kreuzung: ('E.G. Hill' × 'Cathrine Kordes') × *R. pimpinellifolia* var. *altaica*.
Farbe: Hellrot, Mitte zartgelb.
Form: Einfach bis wenig gefüllt, groß.
Duft: Gut.
Pflanze: Wuchs kräftig. Einmalblühend.
Höhe: 2 m, Durchmesser 3,5 m.
Verwendung: Vorwiegend zur Einzelstellung.

Gay Vista Str (Riethmüller 1957)
Kreuzung: Nicht bekannt.
Farbe: Hellrosa, Mitte weiß.
Form: Leicht gefüllt, groß.
Duft: Nicht vorhanden.
Pflanze: Wuchs mittel, öfterblühend. Laub mittelgrün.
Höhe: 1 m.
Verwendung: Für den Hausgarten geeignet.

Gletscherfee Str (Kordes 1991)
Kreuzung: Nicht bekannt.
Farbe: Schneeweiß, mit leuchtend gelben Staubgefäßen.
Form: Kaum gefüllt, flach.
Duft: Leicht.
Pflanze: Breitbuschig, aufrecht, willig nachtreibend. Dauerblüher.
Höhe: 1,5 cm.
Verwendung: Drei Pflanzen zusammen zur Einzelstellung, eignet sich auch als Heckenrose.

Goethe Str (Moos) (Lambert 1911)
Kreuzung: Nicht bekannt.
Farbe: Magentarosa, Mitte hell.
Form: Leicht gefüllt, klein. Kelch leicht bemoost.
Duft: Nicht vorhanden.
Pflanze: Mittelstarker Wuchs, Triebe oft leicht hängend.
Höhe: 1,8 m.
Verwendung: In Gemeinschaft mit Blütensträuchern.

Goldbusch Str (*R. rubiginosa*-Hybride) (Kordes 1954)
Kreuzung: 'Golden Glow' × *R. rubiginosa*-Hybride.
Farbe: Goldgelb, später etwas heller.
Form: Locker gefüllt, groß.
Duft: Wenig.
Pflanze: Wuchs sehr kräftig. Blattwerk hellgrün, glänzend. Einmalblühend.
Höhe: 1,2 m, Durchmesser 1,8 m.
Verwendung: Ideal für den kleineren Garten und flache Böschungen.

Golden Showers Str (Lammerts 1956)
Kreuzung: 'Charlotte Armstrong' × 'Capt. Thomas'.
Farbe: Zitronengelb.
Form: Locker gefüllt, groß.
Duft: Leicht.
Pflanze: Wuchs sehr stark, aufrecht. Öfterblühend. Blätter dunkelgrün, glänzend.
Höhe: 1,8 m, Durchmesser 1,9 m.
Verwendung: Nicht in zu extrem heißen Lagen.

Golden Wings Str (Shepherd/Bosley 1956)
Kreuzung: 'Sœur Thérèse' × (*R. pimpinellifolia* var. *altaica* × 'Ormiston Roy').

'Heideröslein Nozomi' eignet sich hervorragend als Bodendeckerrose. Die zunächst perlmuttrosa Blüten wirken voll erblüht nahezu weiß.

Farbe: Schwefelgelb, später rahmgelb.
Form: Einfach, groß. Staubfäden orangerot. Auch noch interessant, wenn Blütenblätter abgefallen.
Duft: Nicht vorhanden.
Pflanze: Wuchs kräftig. Triebe ziemlich bestachelt. Dauerblüher. Laub hellgrün, matt.
Höhe: 1,8 m, Durchmesser 2 m.
Verwendung: Überall in wasserdurchlässigen Böden, sonst chloroseanfällig.

Gruß an Heidelberg (Heidelberg) Str (Kordes 1959)
Kreuzung: 'Mina Kordes' × 'Floradora'.
Farbe: Leuchtend karminrot, Rückseite heller.
Form: Gut gefüllt, edelrosenähnlich.
Duft: Wenig.
Pflanze: Wuchs kräftig, aufrecht. Mit dunkelgrüner, derber Belaubung. Dauerblühend.
Höhe: 2–3 m.
Verwendung: Für Einzelpflanzung oder auch in Gruppen mit anderen kleinen Ziersträuchern. Wird leider auch als Kletterrose empfohlen, wozu sie sich nicht eignet.

Händel Str/Kl (McGredy 1965)
Kreuzung: 'Columbine' × 'Gruß an Heidelberg'.
Farbe: Rahmweiß, karminrosa gerandet.
Form: Locker gefüllt, groß.
Duft: Nicht vorhanden.
Pflanze: Wuchs kräftig. Laub dunkelgrün, etwas bronze. Dauerblüher.
Höhe: 1,5 m.
Verwendung: Vorzüglich für Hausgärten.

Hansa Str (*R. rugosa*-Hybride) (Schauns & van Tol 1905)
Kreuzung: Nicht bekannt.
Farbe: Rötlich violett.
Form: Gut gefüllt, groß.
Duft: Gut.
Pflanze: Wuchs kräftig. Triebe stark bestachelt. Blätter bläulich grün, runzelig. Öfterblühend.
Höhe: 2,5 m, Durchmesser 2,8 m.
Verwendung: Nur bei genügend Raum möglich.

Hanseat Str (Tantau 1961)
Kreuzung: Sämling × Sämling.
Farbe: Rosarot, Mitte etwas heller.
Form: Einfach, schalenförmig.
Duft: Wenig.
Pflanze: Wuchs kräftig, überhängend. Öfterblühend.
Höhe: 1,8 m, Durchmesser 2 m.
Verwendung: Zur Kombination mit anderen Blütensträuchern geeignet.

Heideröslein Nozomi Str (Onodera 1968)
Kreuzung: 'Fairy Princess' × 'Sweet Fairy'.
Farbe: Perlmuttrosa.
Form: Halbgefüllt.
Duft: Leicht.
Pflanze: Wuchs kriechend, viele kleine Zweige bildend, robust, winterhart. Laub mittelgrün, spitz-oval.
Höhe: 1,5–1,8 m lange Triebe bildend.
Verwendung: Vorzüglich für Bodenbedeckung.

Ilse Haberland Str (Kordes 1956)
Kreuzung: 'Obergärtner Wierbicke' × 'Mme A. Meilland'.
Farbe: Karminrosa.
Form: Gut gefüllt, groß.
Duft: Hervorragend.
Pflanze: Wuchs mittelstark. Laub hellgrün, glänzend. Öfterblühend.
Höhe: 1,8 m.
Verwendung: Kann überall hin plaziert und auch gut im Schnitt gehalten werden.

Ilse Krohn Superior Str (Kordes 1964)
Kreuzung: Sport von 'Ilse Krohn'.
Farbe: Cremeweiß, gegen die Mitte etwas intensiver.
Form: Gut gefüllt, großblumig.
Duft: Leicht.
Pflanze: Wuchs kräftig, aufrecht. Laub lederartig. Öfterblühend.
Höhe: 2–3 m.

Verwendung: Kann als Strauch- oder Kletterrose verwendet werden. Zu heiße Lage ist zu meiden.

Jacques Cartier Str *(R. damascena)* (Aoreau-Robert 1868)
Kreuzung: Nicht bekannt.
Farbe: Beim Aufblühen zuerst kräftig rosa, dann im Verblühen heller, Mitte dunkler.
Form: Gut gefüllt.
Duft: Gut.
Pflanze: Wuchs mittelstark. Blätter hellgrün. Remontierend.
Höhe: 1,5 m.
Verwendung: Für den Hausgarten.

Königin von Dänemark Str (seit 1826 bekannt)
Kreuzung: Nicht bekannt.
Farbe: Im Aufgehen karminrosa, später fleischfarben.
Form: Dicht gefüllt.
Duft: Angenehm und reichlich.
Pflanze: Wuchs kräftig mit lockerem Aufbau.
Höhe: 1,5 m.
Verwendung: Vor allem für Einzelstellung.

Lichtkönigin Lucia Str (Kordes 1966)
Kreuzung: 'Zitronenfalter' × Climbing 'Claire Grammersdorf'.
Farbe: Leuchtend zitronengelb. Rote Staubfäden.
Form: Gefüllt, groß.
Duft: Leicht.
Pflanze: Wuchs kräftig, aufrecht wachsend. Laub sattgrün, glänzend, lederartig. Dauerblühend.
Höhe: 1,5 m.
Verwendung: Für kleine Gärten.

Lyric Str (de Ruiter 1951)
Kreuzung: 'Sangerhausen' × Sämling.
Farbe: Reinrosa.
Form: Locker gefüllt, becherförmig, mittelgroß.
Duft: Leicht.
Pflanze: Wuchs kräftig, aufrecht. Blattwerk hellgrün, groß, eher spärlich.
Höhe: 1,5 m.
Verwendung: In allen Lagen, zu extrem heiße, trockene Standorte meiden.

Mme Ernest Calvat ('Pink Bourbon') Str (Bourbon) (Schwarz 1888)
Kreuzung: Sport von 'Mme Isaac Pereire'.
Farbe: Dunkelrosa.
Form: Stark gefüllt.
Duft: Gut.
Pflanze: Wuchs mittelstark, buschig. Triebe mit hakenförmigen Stacheln. Laub mittelgrün. Öfterblühend.
Höhe: 1,5 m.
Verwendung: Für den Hausgarten, dankbar.

Mme Hardy Str (Damascena-Hybride) (Hardy 1832)
Kreuzung: Nicht bekannt.
Farbe: Reinweiß, oft auch zartrosa.
Form: Stark gefüllt, flache Blüten.
Duft: Zart.
Pflanze: Wuchs mittel. Laub hellgrün, matt. Einmalblühend.
Höhe: 1,5 m, Durchmesser 1,8 m.
Verwendung: Auch für den kleineren Garten mit genügend Entfaltungsraum.

Mme Louis Lévêque Str (Moos) (Lévêque 1898)
Kreuzung: Nicht bekannt.
Farbe: Lachsrosa, gegen die Mitte etwas intensiver.
Form: Stark gefüllt, 10 cm Durchmesser. Kelch stark bemoost.
Duft: Gut.
Pflanze: Wuchs mittelstark. Laub mittelgrün, Blattnerven leicht vertieft. Gelegentlich wiederholtblühend.
Höhe: 1,5 m.
Verwendung: An freiem, nicht zu exponiertem Standort.

Mme Pierre Oger Str (Bourbon) (Oger/Verdier 1878)
Kreuzung: Sport von 'Reine Victoria'.

Farbe: Zart silberrosa.
Form: Gut gefüllt, ballenförmig, mittelgroß.
Duft: Gut.
Pflanze: Wuchs mittel, schlank. Stacheln dunkel. Laub mittelgrün. Öfterblühend.
Höhe: 1,5 m.
Verwendung: Als Einzelpflanze in den Hausgarten an gut sichtbarer Stelle. Liebt extrem heiße Lagen nicht.

Mme Plantier Str (*R.* × *alba*)
(Plantier 1835)
Kreuzung: *R.* × *alba* × *R. moschata*-Sämling.
Farbe: Rahmweiß, voll erblüht reinweiß, Mitte grün.
Form: Stark gefüllt, mittelgroß.
Duft: Kräftig.
Pflanze: Wuchs kräftig, überhängend. Laub olivgrün, klein. Einmalblühend.
Höhe: 2,5 m, Durchmesser 3 m.
Verwendung: Nur dort wo genügend Entfaltungsraum zur Verfügung steht.

Magnifica Str (*R. rubiginosa*)
(Herm. A. Hesse 1918)
Kreuzung: Sämling von 'Lucy Ashton'.
Farbe: Hellrot.
Form: Halbgefüllt, groß.
Duft: Nicht vorhanden.
Pflanze: Wuchs kräftig. Einmalblühend.
Höhe: 2 m, Durchmesser 2,3 m.
Verwendung: Für nicht zu steile Böschungen und in Kombination mit anderen kräftigen Sträuchern.

Zu einem mächtigen Strauch wächst die einmalblühende 'Magnifica' heran. Die großen, hellroten Blüten sind nur halbgefüllt.

Viel Raum beansprucht die starkwachsende 'Marguerite Hilling'. Die reich- und öfterblühende Rose bringt halbgefüllte, karminrosa Blüten hervor.

Maidens Blush Str (*R.* × *alba*) (Kew Garden 1797)
Kreuzung: *R.* × *alba* × *R. centifolia*.
Farbe: Leicht rötlich bis zartrosa.
Form: Stark gefüllt.
Duft: Gut.
Pflanze: Wuchs kräftig, etwas weidige Triebe. Laub mittelgrün, leicht bronze überzogen. Einmalblühend. Winterhart.
Höhe: 2 m, Durchmesser 2,3 m.
Verwendung: Nur dort wo genügend Entwicklungsraum zur Verfügung steht. Man meide zu extrem heiße Lagen.

Maigold Str (Kordes 1953)
Kreuzung: 'Poulsens Pink' × 'Frühlingstag'.
Farbe: Goldgelb, mit orangefarbenem Anflug.
Form: Locker gefüllt, becherförmig, groß.
Duft: Gut.
Pflanze: Wuchs kräftig. Laub mittelgrün, glänzend, gesund. Einmalblühend.
Höhe: 2,5 m, Durchmesser bis 3 m.
Verwendung: Nur für großräumige Gärten und öffentliche Anlagen.

Malvina Str (Moos) (Verdier 1841)
Kreuzung: Nicht bekannt.
Farbe: Reines Hellrosa.
Form: Gut gefüllt, mittelgroß. Kelch gut bemoost.
Duft: Leicht.
Pflanze: Wuchs mittelstark. Einmalblühend.
Höhe: 1,5 m, Durchmesser 1,8 m.
Verwendung: Für nicht zu extrem heiße Lagen, sonst überall.

Marguerite Hilling Str (Hilling 1959)
Kreuzung: Sport von 'Nevada'.
Farbe: Karminrosa, Mitte etwas heller.
Form: Einfach bis halbgefüllt, schalenförmig.
Duft: Nicht vorhanden.
Pflanze: Wuchs ziemlich stark. Laub mittelgrün, Oberfläche etwas bronzig. Öfterblühend.
Höhe: 2 m.
Verwendung: Nur dort wo genügend Entfaltungsraum vorhanden ist. Extrem sonnige Lagen möglichst meiden.

Max Graf Str (*R. rugosa*-Hybride) (Bowditsch 1919)
Kreuzung: *R. rugosa* × *R. wichuraiana* (?).
Farbe: Zart bis leuchtend rosa, gelbe Mitte.
Form: Einfach, mittelgroß, schalenförmig.
Duft: Nicht vorhanden.
Pflanze: Wuchs langtriebig, bildet viele Triebe aus der Basis. Laub leicht bronzegrün, Oberfläche etwas runzelig. Vollständig winterhart.
Höhe: Bildet bis 2 m lange Triebe.
Verwendung: Eignet sich vorzüglich als Bodenbedecker.

Meilland Decor Rose Str (Meilland 1977)
Kreuzung: ('Danse des Sylphes' × 'Zambra') × 'Centenaire de Lourdes'.
Farbe: Karmesinrosa.
Form: Halbgefüllt.
Duft: Nicht vorhanden.
Pflanze: Wuchs kräftig und aufrecht. Laub ziemlich groß, schwach glänzend. Dauerblüher.
Höhe: 1,2 m.
Verwendung: Eignet sich zur Bepflanzung von Böschungen und für kleine Hecken.

Mozart Str (*R. moschata*) (Lambert 1937)
Kreuzung: 'Robin Hood' × 'Rote Pharisäer'.
Farbe: Hellrot mit weißem Auge.
Form: Einfach, kleinblumig, schöne große Blütenbüschel.
Duft: Wenig.
Pflanze: Wuchs mittel, buschig. Kleine gesunde Blätter. Dauerblüher.
Höhe: 1,5 m.
Verwendung: Vorzügliche Strauchrose für jede beliebige Verwendung. Pro Pflanze mindestens 1 m^2 zur Verfügung stellen. Für Höhenlagen*** geeignet.

Rosa centifolia 'Cristata' hat an den Kelchblättern dicht gefiederte Blattauswüchse. Die großen, dicht gefüllten Blüten duften intensiv.

Nevada Str (*R. moyesii*-Hybride) (Dot 1927)
Kreuzung: 'La Giralda' × *R. moyesii*.
Farbe: Reinweiß, leicht übergrünt.
Form: Halbgefüllt, locker, flach.
Duft: Nicht vorhanden.
Pflanze: Wuchs ziemlich kräfig, leicht überhängend. Laub hellgrün. Öfterblühend.
Höhe: 2,5 m, Durchmesser 2,8 m.
Verwendung: Nur bei genügendem Entfaltungsraum erfolgreich.

Pink Grootendorst Str (*R. rugosa*-Hybride) (Grootendorst 1923)
Kreuzung: Sport von 'F. J. Grootendorst'.
Farbe: Reinrosa.
Form: Gut gefüllte »Nelkenrose«. Petalen am Rand gefranst.
Duft: Nicht vorhanden.
Pflanze: Wuchs mittelstark, aufrecht. Triebe ziemlich bestachelt. Blätter mittelgrün, matt, klein. Dauerblüher.
Höhe: 1,5 m.
Verwendung: Als Einzelpflanze oder für die Bildung von Hecken.

Pompon de Bourgogne Str (*R. centifolia* 'Parvifolia') (C. Small 1664)
Kreuzung: Nicht bekannt.
Farbe: Blaßrosa.
Form: Gut gefüllt, klein.
Duft: Angenehm.
Pflanze: Wuchs eher schwach. Laub hellgrün, runzelig; verliert es häufig schon ab Mitte Sommer. Einmalblühend.
Höhe: 1,2 m, Durchmesser 1,5 m.
Verwendung: Im kleinen Garten.

Prosperity Str (*R. moschata*) (Pemberton 1919)
Kreuzung: 'Marie-Jeanne' × 'Perle des Jardins'.
Farbe: Elfenbeinweiß, gegen die Mitte etwas mehr gelblich.
Form: Halbgefüllt, klein.
Duft: Kräftig.
Pflanze: Wuchs mittel. Laub mittelgrün, leichter Glanz. Öfterblühend.
Höhe: 1,5 m.
Verwendung: Im Hausgarten.

Red Bells Str (M. & P. Olsen/Poulsen 1980)
Kreuzung: Sämling × 'Temple Bells'.
Farbe: Dunkelrot.
Form: Gefüllt, klein.
Duft: Nicht vorhanden.
Pflanze: Flachwachsend, überhängend, kompakte Pflanzen. Triebe stark bestachelt. Laubwerk hellgrün, klein, glänzend. Einmal, aber anhaltend blühend.
Höhe: 50 cm.
Verwendung: Als gute bodenbedeckende Rose.

Repandia Str (Kordes 1982)
Kreuzung: 'The Fairy' × *R. wichuraiana*-Sämling.
Farbe: Leuchtend rosa.
Form: Einfach, schalenförmig.
Duft: Wenig.

Eine Besonderheit stellen die grünen Blüten von *Rosa chinensis* 'Viridiflora' dar. Die einzelnen Blütenblätter sind blattartig verbildet.

Pflanze: Mittelstarker, niederliegender Wuchs. Mit kleinem dunkelgrünem, glänzendem Blattwerk. Blüht erst am zweijährigen Holz, nur einmal.
Höhe: 50 cm, 2–3 m breit.
Verwendung: Zur Flächenbepflanzung geeignet, gut bodendeckende Rose. Eine Pflanze benötigt mindestens 1,5 m^2 Fläche.

Rosa centifolia 'Cristata' Str
(Châpeau de Napoléon) (Vibert 1827)
Kreuzung: Nicht bekannt.
Farbe: Rein rosa, gegen die Mitte etwas dunkler.
Form: Stark gefüllt. Blüte ziemlich groß. Die Kelchblätter sind moosartig verwachsen, daher kommt auch die Bezeichnung »Kohlrose«.
Duft: Kräftig und würzig.
Pflanze: Wuchs mittelstark. Triebe stark mit feinen Stacheln borstig besetzt. Laub frischgrün, gesund.
Höhe: 1,5 m.
Verwendung: Als Einzelpflanzen, auch für Böschungen geeignet. Nie zu nahe an Bäumen, erträgt keinen Trauf.

Rosa centifolia 'Muscosa' Str
(Holland 1796)
Kreuzung: Nicht bekannt.
Farbe: Sauberes, frisches Rosa.
Form: Vollgefüllt und schön geformte Blüten.
Duft: Kräftig würzig.
Pflanze: Wuchs mittelstark, anfänglich aufrecht wachsend, später leicht überhängend. Triebe dicht, fein bestachelt, oft auch nur borstig. Das Laub hat ein frisches Grün, die Blattstiele sind borstig bestachelt.
Höhe: 1,5 m.
Verwendung: Für Einzelplazierung in Böschungen usw. geeignet. Sie braucht genügend Entwicklungsraum, um sich entfalten zu können.

Rosa chinensis 'Viridiflora' Str, Grüne Rose
Kreuzung: Seit 1743 in Kultur, nach 1855 hat sie sich über die ganze Welt verbreitet.
Farbe: Grün.
Form: Gefüllt, klein bis mittelgroß. Die Petalen sind blattartig verbildet.
Duft: Leicht harzig.
Pflanze: Wuchs mäßig stark, schöne Büsche bildend. Laub hellgrün, klein.
Höhe: 1 m.
Verwendung: Nur für den eigentlichen Rosenliebhaber geeignet. Liebt nicht zu heißen Standort.

Rosa foetida 'Bicolor' Str, Kapuzinerrose (Willmott 1590)
Kreuzung: Sport von *R. foetida.*
Farbe: Goldorange, gegen die Mitte hin in Gelb übergehend.
Form: Einfach. Gut ausgeprägte Staubblätter.
Duft: Nicht vorhanden.
Pflanze: Wuchs mittelstark, Ausläufer bildend. Triebe bestachelt. Blätter eher klein, mittelgrün. Einmalblühend.
Höhe: 1,8 m.
Verwendung: Auf nicht zu steilen Böschungen, oder in Strauchergruppen. Sie bildet Wurzelausläufer. Für Höhenlagen*** geeignet.

Rosa gallica 'Versicolor' Str (1583?)
Kreuzung: Sport von *R. gallica* 'Officinalis'.
Farbe: Weiß-rot-rosa, gestreift und gescheckt. Gelbe Staubbeutel.
Form: Leicht gefüllt.
Duft: Leicht.
Pflanze: Wuchs mäßig stark. Triebe mit kleinen, eher schwachen, geraden Stacheln besetzt. Blätter blau-grün, Unterseite heller, Nerven stark ausgeprägt, 5–7teilig. Blüht im Sommer.
Höhe: 1 m.
Verwendung: Ausgesprochene Liebhabersorte, nicht zu extrem heißen Standort wählen. Ist stark mehltauanfällig.

Rosa × paulii (*R. rugosa repens 'Alba'*) (vor 1903)
Kreuzung: *R. arvensis* × *R. rugosa.*
Farbe: Weiß.
Form: Einfach, ziemlich groß.
Duft: Nicht vorhanden.
Pflanze: Wuchs kräftig. Die Triebe sind reich bestachelt. Laub mittelgrün, leicht glänzend, winterhart. Einmalblühend.
Höhe: Bis 4 m lange Triebe bildend.
Verwendung: Vorzüglich zur Bepflanzung von Böschungen und zur Flächenbedeckung.

Rosa robusta Str (Kordes 1979)
Farbe: Leuchtendes Blutrot.
Form: Einfach, schalenförmig.
Duft: Nicht vorhanden.
Pflanze: Straff aufrecht, dichte Büsche bildend. Stark bestachelt. Frosthart!
Höhe: 2 m.
Verwendung: Eignet sich zur Einzelstellung sowie zur Heckenbildung (Sichtschutz).

Rosa rugosa, verschiedene Hybriden Str
Farbe: Rot, rosa, weiß.
Form: Einfach und gefüllt.
Duft: Leicht.
Pflanze: Wuchs mittelstark, schöne breite Büsche bildend. Erzeugen Ausläufer. Laub dunkelgrün, runzelig. Einmalblühend, vereinzeltes Nachblühen. Die großen Hagebutten lassen sich gut verwerten.
Höhe: 1,2–1,8 m.
Verwendung: Wird gerne zur Flächen- und Böschungsbepflanzung verwendet (pro Pflanze mindestens 1 m^2 Entwicklungsfläche bereitstellen). Für Höhenlagen*** geeignet.

Rosa wichuraiana Str
Kreuzung: Nicht bekannt.
Farbe: Weiß.
Form: Einfach, klein, in Doldenrispen.
Duft: Leicht.
Pflanze: Wuchs kräftig, kriechend, niederliegend. Blattoberseite dunkel-,

Unterseite hellgrün, oft das ganze Jahr grün bleibend. Früchte mit hakenförmigen Stacheln besetzt.
Höhe: Bis 4 m lange Triebe bildend.
Verwendung: Vorzüglich für die Bodenbedeckung.

Salet Str (Moos) (Lacharme 1854)
Kreuzung: Nicht bekannt.
Farbe: Rein rosa.
Form: Gut gefüllt, groß. Petalen schmal, elegant.
Duft: Kräftig.
Pflanze: Wuchs kräftig. Triebe leicht bemoost, wenig bestachelt. Laub hellgrün, zart. Blüht im Herbst etwas nach.
Höhe: 1 m.
Verwendung: Solitär für den Liebhabergarten.

Schloß Heidegg Str (Meilland 1985)
Kreuzung: 'Nirvana' × 'Anne de Bretagne'.
Farbe: Im Aufblühen intensiv dunkelrosa, voll erblüht hellrosa mit weißgelbem Auge. Große goldgelbe Staubblätter.
Form: Einfach, 5 Blütenblätter.
Duft: Nicht vorhanden.
Pflanze: Mittelstarker Wuchs, jedoch breite Büsche bildend. Schönes mittelgroßes, glänzendes Blattwerk. Dauerblüher.
Höhe: 1–1,2 m.
Verwendung: Geeignet für die Bepflanzung schwach geneigter Böschungen, aber auch einzeln oder zu dritt zusammengepflanzt.

Schneeschirm Str (Tantau 1956)
Kreuzung: 'Johanna Tantau' × ('Karen Poulsen' × 'Stämmler').
Farbe: Weiß, zartlachs angehaucht.
Form: Einfach. Staubfäden auffallend ausgeprägt.
Duft: Nicht vorhanden.
Pflanze: Wuchs mittel, flach, leicht aufstehend. Laub dunkelgrün glänzend. Dauerblühend.
Höhe: 80 cm.
Verwendung: Geeignet für die Bepflanzung von Böschungen und zur Abdekkung größerer Bodenflächen.

'Roseraie de l'Hay' (Simon-Cochet 1901) hat gefüllte, stark duftende, purpurrote Blüten. Der Strauch wird 1,5 m hoch.

'Vogelpark Walsrode' (Kordes 1988) bringt große, gefüllte, zartrosa Blüten hervor, die im Aufblühen verblassen. Das zierliche Laub glänzt. Der Strauch wächst breit buschig, verzweigt sich locker und treibt unermüdlich nach. Er wird bis 1,5 m hoch.

Schneewittchen Str (Kordes 1958)
Kreuzung: 'Robin Hood' × 'Virgo'.
Farbe: Reinweiß, gelbe Mitte.
Form: Gut gefüllt, schalenförmig, groß.
Duft: Leicht.
Pflanze: Wuchs mittel, buschig. Laub dunkelgrün, glänzend. Dauerblüher.
Höhe: 1,5 m.
Verwendung: In allen Gartensituationen und Lagen. Läßt sich auch recht gut als Beetrose verwenden.

Schneezwerg Str (Lambert 1912)
Kreuzung: *R. rugosa* × weiße Polyantha.
Farbe: Reinweiß, gelbe Mitte.
Form: Locker gefüllt, flach.
Duft: Nicht vorhanden.
Pflanze: Wuchs mittel. Laub mittel- bis dunkelgrün, runzelig. Dauerblüher.
Höhe: 1,2 m.
Verwendung: In kleinen Gärten einzeln oder in kleinen Gruppen von 3–5 Pflanzen zusammen.

Snow Ballet Str (Clayworth 1978)
Kreuzung: 'Sea Foam' × 'Schneewittchen'.
Farbe: Reinweiß.
Form: Dicht gefüllt.
Duft: Nicht vorhanden.
Pflanze: Dichter buschiger Wuchs. Mit dunkelgrünem, glänzendem Blattwerk. Dauerblühend.
Höhe: 50 cm.
Verwendung: Vorteilhaft für Flächenbepflanzung, als gute bodenbedeckende Rose (max. 3 Pflanzen pro m^2).

Sparrieshoop Str (Kordes 1952)
Kreuzung: ('Baby Château' × 'Else Poulsen') × 'Magnifica'.
Farbe: Lachsrosa.
Form: Einfach, groß, schalenförmig. Die Blütenblätter sind leicht gewellt.
Duft: Nicht vorhanden.
Pflanze: Wuchs kräfig und aufrecht. Mit großem, glänzendem und gesundem Laub. Dauerblüher.
Höhe: 2 m.
Verwendung: Vor allem als Solitär, oder in große Sträucherrabatten eingepflanzt. Für Höhenlagen*** geeignet.

Swany Klein-Str. (Meilland 1978)
Kreuzung: *R. sempervirens* × 'Mlle Marthe Canon'.
Farbe: Reinweiß.
Form: Knospe kugelig. Stark gefüllte, offene, schalenförmige Blüte.
Duft: Nicht vorhanden.
Pflanze: Wuchs sehr kräfig, kriechend. Kleine hellgrüne, glänzende Blätter, gesund.
Höhe: 1,5 m lange Triebe bildend.
Verwendung: Vorzüglicher, einmalig schöner Bodendecker. Man beachte, daß genügend Entwicklungsraum gegeben wird. Die Sorte dürfte sich auch als Hängerose gut eignen.

Variegata di Bologna Str (Bourbon) (Lodi-Bonfiglioli 1909)
Kreuzung: Nicht bekannt.
Farbe: Weiß, karminrot gestreift und gefleckt.
Form: Dicht gefüllt, ziemlich kugelig, mittelgroß.
Duft: Gut.
Pflanze: Wuchs kräftig, aufrecht, buschig. Das Laub ist eher klein, matt, mittelgrün, mit würzigem Duft, die Fiederblätter sind lanzettförmig. Selten etwas nachblühend.
Höhe: 1,8 m, Durchmesser 3 m.
Verwendung: Verlangt große Fläche, liebt keine heißen Lagen, sonst Blattfall.

Weiße Nelkenrose Str
(*R. rugosa*-Hybride) (P. Münster 1966)
Kreuzung: Sport von 'F. J. Grootendorst'.
Farbe: Weiß bis zartrosa.
Form: Gefüllt, kleinblumige »Nelkenrose«. Petalen am Rand gefranst.
Duft: Nicht vorhanden.
Pflanze: Wuchs mittelstark, aufrecht. Laub mittelgrün, runzelig. Dauerblüher.
Höhe: 1,5 m.
Verwendung: Als Solitär besonders geeignet.

Westerland Str (Kordes 1969)
Kreuzung: 'Friedrich Wöhrlein' × 'Circus'.
Farbe: Goldgelb mit Orangerot.
Form: Halbgefüllt, groß.
Duft: Gut.
Pflanze: Wuchs kräftig. Laub sattgrün, groß. Dauerblüher.
Höhe: 2 m, Durchmesser 2 m.
Verwendung: Am besten als Einzelpflanze.

Yesterday Str (Harkness 1974)
Kreuzung: ('Phyllis Bide' × 'Shepherds Delight') × 'Ballerina'.
Farbe: Malvenrosa, am Rand leicht in Purpur übergehend.
Form: Leicht gefüllt, kleinblumig, mit goldgelben Staubfäden.

Von Juni bis zum Frost erscheinen in reicher Fülle die kupferorangefarbenen Blüten von 'Westerland'. Die robuste Strauchrose kommt im Einzelstand am besten zur Geltung.

Duft: Wenig.
Pflanze: Wuchs mittelstark, kompakte Büsche bildend. Kleines mittelgrünes, glänzendes Blattwerk. Guter Dauerblüher.
Höhe: 60 cm.
Verwendung: Zur Einzelpflanzung bis für ganze Beete geeignet.

Zéphirine Drouhin Str/Kl (Bourbon) (Bizot 1868)
Kreuzung: Nicht bekannt.
Farbe: Hellrot bis karminrosa.
Form: Leicht gefüllte Schalenblüten.
Duft: Vorzüglich.
Pflanze: Wuchs mittelstark. Stachellos. Schönes Blattwerk. Wiederholtblühend. Etwas mehltauanfällig.
Höhe: 1,8–2 m.
Verwendung: Als Strauch- sowie als Kletterrose geeignet. Zu heiße, trockene Lagen meiden. Mehltaubefall. Für Höhenlagen geeignet.

Bodenbedeckende Rosen

Es hat sich die unschöne Benennung »Bodendecker-Rosen« eingebürgert. Die große Zahl von Sorten dieser Klasse hat den Rosenfreund dazu verleitet, sie in seine Gärten aufzunehmen – und sie haben ihm durch den oft unbändigen Wuchs die **Pflegearbeit** sehr erschwert. Glaubt man den Empfehlungen der Züchter, könnte man annehmen, daß sich diese Sorten für das Überwachsen von Beeten und Böschungen uneingeschränkt verwenden lassen.

In Wirklichkeit gibt es aber nur wenige Sorten, welche sich tatsächlich dazu eignen, Beete und Böschungen geordnet und flach zu überwachsen. Ein großer Teil bildet zu lange Triebe (bis zu 2 m lang) und besitzt die schlechte Eigenschaft, sich auch bis in eine Höhe von 1,5 m zu entfalten. Oft biegen sich diese Triebe zum Boden. Solche Sorten lassen sich nur in weiträumigen Gärten verwenden, wo auch eine entsprechende Pflege möglich ist.

Die Sorten mit geordnetem, flachem Wuchs werden jedes Frühjahr einem **Säuberungsschnitt** unterzogen. Das kranke und dürre Holz muß sauber aus den Pflanzen herausgeschnitten werden, auch eine Frühjahrsdüngung ist empfehlenswert. Nur gut gepflegte bodenüberwachsende Rosen stellen eine Zierde des Gartens dar.

Bei den Sorten mit extrem kräftigem Wuchs werden am besten in jedem dritten Frühjahr sämtliche Triebe möglichst nahe über dem Boden zurückgeschnitten. Der Boden wird von allen kranken, dürren Triebteilen und vom Laub gesäubert. Dann wird er zwischen den Pflanzen mit der Rosengabel gründlich gelokkert.

Die im folgenden genannten bodenüberwachsenden Rosen besitzen einen eher schwachen, geordneten Wuchs und dürfen für den kleinen Garten mit gutem Gewissen verwendet werden.

Auf die besonders kräftig wachsenden Sorten dieser Klasse wird bei der Darstellung der einzelnen Strauchrosen unter dem Stichwort »Verwendung« hingewiesen.

Candy Rose (Meilland 1990)
Kreuzung: Nicht bekannt.
Farbe: Lachsrosa.
Form: Halbgefüllt.
Duft: Nicht vorhanden.
Pflanze: Buschig. Öfter blühend.
Höhe: 25 cm.
Verwendung: 3 Pflanzen pro m^2.

Fairy Dance (Harkness 1979)
Kreuzung: 'The Fairy' × 'Yesterday'.
Farbe: Blutrot.
Form: Kleine Blüten, gut gefüllt.
Duft: Nicht vorhanden.
Pflanze: Bildet breite Polster. Dauerblüher.
Höhe: 30 cm, Triebe 70 cm Länge.
Verwendung: 3 Pflanzen pro m^2.

Heideröslein Nozomi (Onodera 1968)
Kreuzung: 'Fairy Princess' × 'Sweet Fairy'.
Farbe: Perlmuttrosa.
Form: Einfach, klein, zierlich.
Duft: Leicht.
Pflanze: Kriechend, gut bodendeckend. Einmalblühend. Robust.
Höhe: 30 cm.
Verwendung: Max. 2 Pflanzen pro m^2.

Kent (Poulsen 1989)
Kreuzung: Nicht bekannt.
Farbe: Reinweiß.
Form: Kleine Blüten, gut gefüllt.
Duft: Nicht vorhanden.
Pflanze: Gedrungener, breiter Wuchs. Gesundes, sattgrünes Laub. Dauerblüher.
Höhe: 30 cm, 50 cm lange Triebe.
Verwendung: 3 Pflanzen pro m^2.

Narondo (Kordes 1991)
Kreuzung: Nicht bekannt.
Farbe: Leuchtendes Rosa, innen heller.
Form: Halbgefüllt, schalenförmig.
Duft: Nicht vorhanden.
Pflanze: Breitbuschig, Triebe flach auf dem Boden liegend. Einmalblühend.
Höhe: 30 cm bis 1,5 m lange Triebe bildend.
Verwendung: Max. 3 Pflanzen pro m^2.

»Ökorosen«

Eine neue Gruppe von Rosen ist unter der Bezeichnung »Ökorosen« im Handel erschienen. Es sind vorwiegend bodenüberwachsende Rosen (Bodendecker).

Die Benennung »Ökorosen« ist irreführend. Sie weckt die Erwartung, daß es sich um krankheitsresistente Sorten handelt. Leider trifft dies nicht durchweg zu. Sogar wenn die besten Wachstumsbedingungen erfüllt sind, wie geeigneter Standort, guter Boden und richtige Bodenvorbereitung, werden sie trotzdem von Krankheiten befallen, wie wir in der Praxis erfahren mußten. Schon nach wenigen Jahren am gleichen Standort haben sie die anfänglich vermutete Resistenz verloren. Wir müssen uns damit abfinden, daß Rosen von Krankheiten befallen werden – so wie wir dies ja auch bei den Wildrosen feststellen.

Ausgesprochen niedrig bleibt die öfterblühende 'Candy Rose'. Die lachsrosa Blüten sind halbgefüllt.

Kletterrosen

An der Entstehung der Kletterrose ist eine ganze Reihe von Arten beteiligt gewesen, so zum Beispiel *Rosa arvensis, R. multiflora, R. wichuraiana* und andere. Seit dem Jahre 1950 haben sich durch die damals entstandene Kordesii-Gruppe ganz neue Eigenschaften bei der Kletterrose ergeben in bezug auf Winterhärte, Widerstandskraft und Dauerblütigkeit. Es darf auch hier mit immer noch mehr neuen Sorten mit neuen Eigenschaften gerechnet werden, worüber sich sowohl der Fachmann als auch der Gartenliebhaber nur freuen kann.

Auch hier gelten die bei den Strauchrosen gegebenen grundsätzlichen Erläuterungen (siehe Seite 73).

Alberic Barbier Kl (Barbier 1900)
Kreuzung: *R. wichuraiana* × 'Shirley Hibert'.
Farbe: Zart gelb bis weiß.
Form: Gut gefüllt, schöne edle Blütenform.
Duft: Leicht.
Pflanze: Kräftiger Wuchs. Die Triebe sind mit hakenförmigen, spitzen Stacheln garniert. Mit schönem, glänzendem Blattwerk. Einmalblühend.
Höhe: Bis 6 m lange Triebe bildend.
Verwendung: Kann überall angepflanzt werden, auch an Hauswände in östlicher Lage, Süd- und Westlagen möglichst meiden. Für Höhenlagen * geeignet.

Albertine Kl/Str (Barbier 1921)
Kreuzung: *R. wichuraiana* × 'Mrs. Arthur A. Wadell'.
Farbe: Kupferrosa bis lachs.
Form: Locker gefüllt, voll erblüht besonders schöne Blüten mit großartiger Wirkung.
Duft: Kräftig und angenehm.
Pflanze: Wuchs kräftig, fast strauchartig. Überaus kräftig bestachelt. Blätter matt, dunkelgrün und gesund. Einmalblühend.
Höhe: Bis 4 m lange Triebe bildend.
Verwendung: Vorzügliche Kletterrose an freiem Standort. Bei genügend großem Gartenraum kann sie auch als freitragender Strauch, ohne Stütze, gezogen werden.

Alchymist Kl (*R. rubiginosa*) (Kordes 1956)
Kreuzung: 'Golden Flow' × *R. rubiginosa*-Hybride.
Farbe: Orangegelb bis leicht bräunlich.
Form: Gut gefüllt, die Blüte ist geviertteilt, sie sieht einer alten Zentifolie gleich.
Duft: Schwach.
Pflanze: Wuchs kräftig. Mit eher hellgrünem, glänzendem und gesundem Laub. Einmalblühend.
Höhe: 4 m.
Verwendung: Vorzügliche Kletterrose für freien Standort, weniger für Wände geeignet. Pflanzenschutz ist kaum notwendig.

Gut gefüllte, orangegelbe Blüten bringt die aufrecht wachsende 'Alchymist' hervor. Die Sorte blüht einmal im Sommer.

Aschermittwoch Kl (*R. rubiginosa*-Hybride) (Kordes 1955)
Kreuzung: *R. rubiginosa*-Sämling × 'Ballet'.
Farbe: Silbergrau, später weiß (apart!).
Form: Gut gefüllt, edel.
Duft: Nicht vorhanden.
Pflanze: Wuchs kräftig. Laub mittelgrün, gesund. Sommerblüher.
Höhe: Bildet bis 4 m lange Triebe.
Verwendung: Vorzügliche Kletterrose für freien Standort.

Bantry Bay Kl (McGredy 1967)
Kreuzung: 'New Dawn' × 'Korona'.
Farbe: Hellrosa mit leichtem Lachs.
Form: Halbgefüllt.
Duft: Leicht.
Pflanze: Gesundes Laub. Öfterblühend.
Höhe: 2,5–3 m.
Verwendung: In allen Lagen.

Blaze Kl (Kally/Jackson & Perkins 1932)
Kreuzung: 'Pauls Scarlet Climber' × 'Gruß an Teplitz'.
Farbe: Scharlachrot.

'Albertine', eine der schönsten Kletterrosen überhaupt! Einmalblühend, mit großen, kupferrosa bis lachsfarbenen Blüten, kräftiger Duft, gesund.

Form: Halbgefüllt, mittelgroß, schalenförmig.
Duft: Wenig.
Pflanze: Wuchs kräftig. Laub tiefgrün, lederartig. Remontiert leicht.
Höhe: Bis 4 m lange Triebe bildend.
Verwendung: Kletterrose, auch an nicht zu heißen Wänden geeignet.

Coral Dawn Kl (Boerner/Jackson und Perkins 1952)
Kreuzung: ('New Dawn' × Sämling × gelbe TH) × orangerote Polyantha
Farbe: Korallenrosa.
Form: Gut gefüllt, lockere große Blumen.
Duft: Bemerkenswert.
Pflanze: Wuchs kräftig. Gesundes, glänzendes Laub. Ein guter Dauerblüher.
Höhe: 3 m lange Triebe bildend.
Verwendung: Kann mit Ausnahme von zu extrem heißen Lagen überall mit Erfolg als Kletterrose gepflanzt werden.

Danse des Sylphes Kl (Mallerin 1959)
Kreuzung: ('Mme A. Meilland' × 'Kordes Sondermeldung') × 'Danse du Feu'.
Farbe: Scharlach-karminrot.
Form: Halbgefüllt, flach, mittelgroß.

Duft: Nicht vorhanden.
Pflanze: Im Wuchs recht kräftig. Laub gesund, mittelgrün. Öfter- und reichblühend.
Höhe: 3 m lange Triebe bildend.
Verwendung: Erträgt zu heißen Standort nicht. Vorsicht ist geboten bei der Verwendung von Pflanzenschutzpräparaten (Blattfall!).

Danse du Feu Kl (Mallerin 1953)
Kreuzung: 'Pauls Scarlet Climber' × Multiflora-Sämling.
Farbe: Orange-scharlach.
Form: Leicht gefüllt, mittelgroß.
Duft: Nicht vorhanden.
Pflanze: Wuchs kräftig. Laub grünbronze, glänzend, gesund. Öfterblühend.
Höhe: Bis 3 m lange Triebe bildend.
Verwendung: Mit Ausnahme von extrem heißen Wänden überall geeignet.

Direktor Benschop Kl (Tantau 1945)
Kreuzung: 'Prof. Gnau' × 'Dorothy Perkins'.
Farbe: Rahmweiß. Goldgelbe Staubblätter.
Form: Halbgefüllt.
Duft: Gut.
Pflanze: Wuchs mittelstark. Mit gesundem, glänzendem Laub. Einmalblühend.
Höhe: 3 m lange Triebe bildend.
Verwendung: Eignet sich für nicht zu heiße Lagen, läßt sich leicht in Nadelbaumnähe pflanzen.

Dorothy Perkins Kl (Jackson & Perkins 1901)
Kreuzung: *R. wichuraiana* × 'Mme Gabriel Luizet'.
Farbe: Reinrosa.
Form: Gefüllt, kleinblumig.
Duft: Nicht vorhanden.
Pflanze: Wuchs kräftig. Kleines, hellgrünes Laub, glänzend. Einmalblühend. Mehltauanfällig.
Höhe: Bis 4 m lange Triebe bildend.
Verwendung: Nur in vollständig freier Lage verwenden.

Dukat Kl (Tantau 1955)
Kreuzung:'Mrs. Pierre S. Du Pont' × 'Golden Glow'.
Farbe: Goldgelb.
Form: Gut gefüllt.
Duft: Schwach.
Pflanze: Kräftiger Wuchs. Glänzendes, lederiges Blattwerk. Einmalblühend.
Höhe: 4 m lange Triebe bildend.
Verwendung: In großräumigen Flächen kann man sie auch als Strauchrose wachsen lassen.

Elegance Kl (Brownell 1937)
Kreuzung: 'Glenn Dale' × ('Mary Walace' × 'Miss Lolita Armour').
Farbe: Reingelb, im Verblühen gegen den Rand weiß werdend.
Form: Gut gefüllt, groß.
Duft: Leicht.
Pflanze: Wuchs sehr kräftig. Laub dunkelgrün, glänzend. Blüht den ganzen Sommer über.
Höhe: 4 m lange Triebe bildend.
Verwendung: Verlangt eher geschützte Lage, sonst leicht zurückfrierend.

Excelsa Kl (Walsh 1909)
Kreuzung: Nicht bekannt.
Farbe: Hellkarmin.
Form: Gefüllt, becherförmig.
Duft: Nicht vorhanden.
Pflanze: Wuchs mittelstark. Laub mittelgrün, glänzend. Einmalblühend.
Höhe: 3 m lange Triebe bildend.
Verwendung: Nur für vollständig freien Standort geeignet, sonst mehltauanfällig.

Flammentanz Kl (Kordes 1955)
Kreuzung: *R. rubiginosa*-Hybride × Kordesii-Rose.
Farbe: Blutrot.
Form: Gut gefüllt, großblumig.
Duft: Nicht vorhanden.
Pflanze: Wuchs kräftig. Laub groß, mattgrün, gesund. Einmalblühend.
Höhe: Bis 4 m lange Triebe bildend.
Verwendung: Vorzügliche Kletterrose an freiem Standort.

Edel muten die gefüllten, zartrosa Blüten von 'New Dawn' an. Der kräftig wachsende Strauch blüht im Anschluß an die Hauptblüte leicht nach.

Fräulein Octavia Hesse Kl
(H. A. Hesse 1909)
Kreuzung: *R. wichuraiana* × 'Kaiserin Augusta Viktoria'.
Farbe: Zart gelblich weiß, in der Mitte etwas dunkler, voll erblüht fast weiß.
Form: Gefüllt, kleinblumig. Petalen leicht zurückgeschlagen.
Duft: Leicht, angenehm.
Pflanze: Wuchs kräftig. Laub mittelgrün, glänzend, gesund. Remontierend.
Höhe: Bis 6 m lange Triebe bildend.
Verwendung: Für freistehende Pergolen besonders geeignet.

Fugue Kl (Meilland 1958)
Kreuzung: 'Allain' × 'Guinée'.
Farbe: Dunkelscharlach.
Form: Gefüllt, mittelgroß, wetterfest.
Duft: Nicht vorhanden.
Pflanze: Wuchs kräftig. Laub dunkelgrün, derb, gesund. Dauerblühend.
Höhe: 2,5 m lange Triebe bildend.
Verwendung: Eine für den freien Stand vorzügliche Kletterrose.

Gerbe Rose Kl (Fauque 1904)
Kreuzung: *R. wichuraiana* × 'Baroness Rothschild'.
Farbe: Dunkelrosa mit leichtem lila Anflug.
Form: Locker gefüllt, groß.
Duft: Leicht, süß.
Pflanze: Wuchs kräftig. Fast stachellos. Laub mittelgrün, leicht glänzend. Leicht remontierend.
Höhe: Bis 6 m lange Triebe bildend.
Verwendung: Verlangt eher geschützte Lagen.

Gloire de Dijon Kl/T (Jacotot 1853)
Kreuzung: 'Deprez' × 'Souvenir de la Malmaison'.
Farbe: Hell orangegelb, gegen den Rand rahmweiß, orange überlaufen.
Form: Gut gefüllt, groß
Duft: Gut.
Pflanze: Wuchs mittel bis stark. Laub mittelgrün. Öfterblühend.
Höhe: 3 m lange Triebe bildend.
Verwendung: An geschütztem Standort für den Liebhaber empfehlenswert.

Guinée Kl (Mallerin 1938)
Kreuzung: 'Souvenir de Claudius Denoyel' × 'Ami Quinard'.
Farbe: Samtig schwärzlich rot.
Form: Gut gefüllt, groß. Staubfäden goldgelb.
Duft: Vorzüglich.
Pflanze: Wuchs kräftig, leider in den unteren Partien gerne kahl werdend. Laub dunkelgrün, derb, gesund. Blüht den ganzen Sommer über.
Höhe: Bis 4 m lange Triebe bildend.
Verwendung: Vorzügliche Kletterrose, auch an Wänden geeignet.

Hiawatha Kl (Walsh 1904)
Kreuzung: 'Crimson Rambler' × 'Pauls Carmine Pillar'.
Farbe: Karmin mit weißer Mitte. Staubfäden auffallend gelb.
Form: Einfach schalenförmig.
Duft: Nicht vorhanden.
Pflanze: Wuchs kräftig. Laub frischgrün, glänzend, lederartig. Einmalblühend.
Höhe: Bildet 4 m lange Triebe.
Verwendung: Nur für freien Standort, sonst mehltauanfällig.

Iskra Kl (Meilland 1970)
Kreuzung: 'Danse des Sylphes' × 'Zambra'.
Farbe: Scharlach-leuchtendrot.
Form: Leicht gefüllt, mittelgroß, in Büscheln blühend.
Duft: Nicht vorhanden.
Pflanze: Wuchs mittelstark. Blätter mittelgroß, schön, lederig, gesund. Öfterblühend.
Höhe: Bis 2,5 m lange Triebe bildend.
Verwendung: Für freistehende Zäune und Pergolen.

Lady Gay Kl (Walsh 1905)
Kreuzung: *R. wichuraiana* × 'Bardon Job'.
Farbe: Zart rosa.
Form: Gefüllt. Petalen am Rand leicht gewellt.
Duft: Nicht vorhanden.
Pflanze: Wuchs kräftig. Laub mittelgrün. Einmalblühend. Praktisch mehltaufrei.
Höhe: Bis 4 m lange Triebe bildend.
Verwendung: Kletterrose für praktisch alle Lagen. Heiße Hauswände meiden.

Mme Hermann Haefliger Kl (Hauser 1943)
Kreuzung: 'Shot Silk' × Sämling.
Farbe: Intensiv dunkelrot.
Form: Gut gefüllt, Blüte ziemlich groß.
Duft: Nicht vorhanden.
Pflanze: Wuchs kräftig. Schönes gesundes Blattwerk. Reichblühend.
Höhe: Bildet bis 4 m lange Triebe.
Verwendung: Vorzügliche Kletterrose an möglichst freiem Standort, an Hauswänden möglichst Ostseiten wählen.

Maréchal Niel Kl/T (Noisette) (Pradel 1864)
Kreuzung: Vermutlich Sämling von 'Chromatella' oder 'Isabella Gray', auch wird ein Sport angenommen (?).
Farbe: Zart gelb.
Form: Gut gefüllt, groß und edel. Die Blumen hängen herunter.
Duft: Teerosenduft.
Pflanze: Wuchs kräftig. Mit schönen hellgrünen, glänzenden Blättern. In geschützten Lagen leicht nachblühend.
Höhe: Bildet 3 m lange Triebe.
Verwendung: Gilt für ganz geschützte Lagen als eine schöne edle Kletterrose, an geschützten Hauswänden mit entsprechendem Winterschutz plazieren.

Mermaid Kl (W. Paul 1918)
Kreuzung: *R. bracteata* × gelbe gefüllte Teerose?
Farbe: Zart gelb.
Form: Einfache große Blume, etwa 12 cm Durchmesser. Staubblätter gelb.
Duft: Nicht vorhanden.
Pflanze: Wuchs sehr kräftig. Blattwerk tiefgrün, groß, glänzend und gesund. Die Blätter haften oft über den ganzen Winter an den Pflanzen. In geschützten Lagen dauerblühend.
Höhe: Sie bildet in einem Jahr bis zu 5 m lange Triebe.
Verwendung: Da sie frostempfindlich ist, kann sie nur an sehr geschützten Lagen angepflanzt werden. Winterschutz ist empfehlenswert.

Morgensonne 88 Kl (Kordes 1988)
Kreuzung: Nicht bekannt.
Farbe: Hellgelb.
Form: Stark gefüllt, mittelgroß.
Duft: Nicht vorhanden.
Pflanze: Starkwüchsig, mit glänzendem, dunkelgrünem Laub, öfterblühend.
Höhe: 3 m.
Verwendung: In allen Lagen.

Morning Dawn Kl (Boerner) (Jackson & Perkins 1955)
Kreuzung: 'New Dawn'-Sämling × 'R. M. S. Queen Mary'.
Farbe: Rosa mit Lachsanflug.
Form: Großblumig, reich gefüllt, ballenförmig.
Duft: Zart und angenehm.
Pflanze: Wuchs kräftig. Laub tiefgrün, glänzend und gesund. Leicht nachblühend.
Höhe: Sie bildet bis 3 m lange Triebe.
Verwendung: Vorzügliche Kletterrose für nicht zu extrem heiße Lage.

New Dawn Kl (Somerset Nursery 1930)
Kreuzung: Sport von 'Dr. W. van Fleet'.
Farbe: Zart rosa.
Form: Gut gefüllt, edle Blütenform.
Duft: Zart und angenehm.
Pflanze: Wuchs kräftig. Kleine, gesunde, glänzende Blätter. Leicht nachblühend.
Höhe: Bildet bis zu 5 m lange Triebe.
Verwendung: Gute Kletterrose. An heißen Wänden mehltauanfällig, an freiem Standort vollständig gesund.

Als besonders wetterbeständig erweisen sich die karminscharlachroten Blüten von 'Pauls Scarlet Climber'. Die altbewährte Kletterrose blüht sehr reich und remontiert gelegentlich.

Paul Noël Kl (R. Tanne 1913)
Kreuzung: *R. wichuraiana* × 'Mons. Tillier'.
Farbe: Altrosa bis hellgelb.
Form: Gefüllt.
Duft: Leicht.
Pflanze: Kräftig wachsend. Im Herbst nachblühend.
Höhe: Bis 6 m lange Triebe bildend.
Verwendung: Für eher geschützte Lagen, läßt sich auch vorteilhaft auf 1,8 m Hochstämme veredeln.

Pauls Scarlet Climber Kl (W. Paul 1916)
Kreuzung: 'Pauls Carmine Pillar' × Sämling.
Farbe: Leuchtend karminscharlach.
Form: Halbgefüllt, mittelgroß. Blume wetterbeständig.
Duft: Nicht vorhanden.
Pflanze: Wuchs kräftig. Mittelgrünes, eher kleines Blattwerk, gesund. Einmalblühend.
Höhe: Bis 3 m lange Triebe bildend.
Verwendung: Empfehlenswerte Kletterrose, gedeiht überall gut, nur Süd- und Westlagen sollten gemieden werden (Mehltaubefall).

Rosarium Uetersen Kl (Kordes 1977)
Kreuzung: 'Karlsruhe' × Sämling.
Farbe: Intensiv leuchtend rosa.
Form: Stark gefüllt, offene Blüten, sehr groß.
Duft: Leicht (Wildrosenduft).
Pflanze: Wuchs kräftig, robust. Blattwerk glänzend grün, groß. Öfterblühend. Winterhart.
Höhe: 2–3 m lange Triebe bildend.
Verwendung: Auch für exponierte Lagen.

Leicht duften die großen, samtig dunkelroten Blüten von 'Sympathie'.

Royal Gold Kl
(Morey, Mackson & Perkins 1957)
Kreuzung: 'Climbing Goldilocks' × 'Lydia'.
Farbe: Goldgelb.
Form: Gut gefüllt, sehr große Blumen. Wetterbeständig.
Duft: Leicht.
Pflanze: Wuchs ziemlich kräftig. Blätter mittelgrün und glänzend. Leicht nachblühend.
Höhe: Bis zu 3 m lange Triebe bildend.

Auf Hochstamm veredelt ergibt 'Rosarium Uetersen' eine lange blühende Kaskadenrose. Die Petalen der tiefrosa, wetterfesten Blüten überlappen dachziegelartig.

Verwendung: Für nicht zu extrem sonnigen Standort geeignet.

Solo Kl (Tantau 1956)
Kreuzung: 'Crimson Glory' × Sämling.
Farbe: Samtig dunkelrot.
Form: Locker gefüllt, groß.
Duft: Leicht.
Pflanze: Wuchs kräftig. Laub rötlich, matt, groß, gesund. Dauerblühend.
Höhe: Bildet bis 3 m lange Triebe.
Verwendung: Außer an Südwänden überall geeignet.

Sympathie Kl (Kordes 1964)
Kreuzung: 'Wilhelm Hausmann' × 'Don Juan'.
Farbe: Samtig dunkelrot.
Form: Gefüllt, edelgeformte, ziemlich große Blüten.
Duft: Leicht.
Pflanze: Kräftiger Wuchs. Sattgrünes, glänzendes Blattwerk. Öfter und reichblühend. Spritzmittelempfindlich!
Höhe: Bis 4 m lange Triebe bildend.
Verwendung: An freiem Standort in allen Lagen.

Tausendschön Kl
(Kiese/J. G. Schmidt 1906)
Kreuzung: 'Daniel Lacombe' × 'Weißer Herumstreicher'.
Farbe: Dunkelrosa mit heller Mitte.
Form: Dicht gefüllt, schalenförmig.
Duft: Nicht vorhanden.
Pflanze: Wuchs mittelstark. Triebe stachellos. Blattwerk hellgrün, matt, Blattrippen auf Unterseite leicht bestachelt. Einmalblühend.
Höhe: Bis 3 m lange Triebe bildend.
Verwendung: Nur an vollständig freien Standorten, sonst mehltauanfällig.

Die einmalblühende 'Venusta Pendula' trägt in großer Fülle ihre kleinen, rosaweißen, duftlosen Blüten. Die sehr stark wachsende Strauchrose erreicht eine Höhe von 6 m. Rechts im Bild: Ebenfalls einmal und reich blüht 'Veilchenblau'.

Veilchenblau Kl (J. C. Schmidt 1909)
Kreuzung: 'Crimson Rambler' × 'Erinnerung an Brod'.
Farbe: Purpurviolett, mit weißem Auge, im Verblühen blauviolett.
Form: Locker gefüllt, klein.
Duft: Leicht.
Pflanze: Wuchs kräftig, vieltriebig. Fast stachellos. Laub hellgrün. Einmalblühend.
Höhe: Bis 4 m lange Triebe bildend.
Verwendung: Kann vielseitig verwendet werden, da fast mehltaufrei.

Wedding Day Kl (F. C. Stern 1950)
Kreuzung: *R. sinowilsonii*-Sämling × ?.
Farbe: Rahmgelb bis weiß, später zart rosa überlaufend.
Form: Einfach. Petalen leicht gefranst.
Duft: Gut.
Pflanze: Wuchs kräftig. Triebe kräftig, stachelbewehrt. Blattwerk mittelgrün, glänzend, groß. Einmalblühend.
Höhe: Bis 6 m lange Triebe bildend.
Verwendung: Nur für geschützte Lagen, Gegenden mit mildem Klima. Wächst leicht an Bäumen hoch.

Climbing-Sports (Rosen mit Klimmwuchs)

Die großblumigen, wiederholt blühenden Kletterrosen (Climbing-Rosen) sind größtenteils Sports (= Knospenmutationen) von Polyantha-, Floribunda- und Edelrosen. Eigentlich stellen sie eine Zwischengruppe dar zwischen Kletter- und Strauchrosen, worauf wir bei ihrer Plazierung und späteren Behandlung, vor allem beim Schnitt, Rücksicht zu nehmen haben.

Sie ertragen allgemein ein zu strenges Formieren an Hauswänden, Zäunen und Pergolen nicht so gut wie die eigentlichen Kletterrosen. Sie sollten nur bis zu einer Höhe von etwa 2 m angebunden werden, darüberhinausragende Triebe werden dann vorteilhaft ihrer freien Entfaltung überlassen. Sobald diese Triebe leicht überhängen, also nach unten wachsen, beginnt ein intensiveres Blühen. Auch beim Schnitt ist zu beachten, daß diese Rosen erst am zwei- und mehrjährigen Holz blühen und daß man nur mäßig auslichtet, um nicht eine zu starke Neutriebbildung auszulösen.

Die sehr guten Strauchrosensorten wie z. B. 'Heidelberg', 'Cocktail', 'Clair Matin' und andere werden oft zugleich auch als Kletterrosen empfohlen. Die Erfahrung hat jedoch gezeigt, daß sie sich als solche nicht eignen, da ihre Triebenden stets mit einer Blütendolde abschließen, so daß sie den Zweck einer Kletterrose nie erfüllen werden. Kletterrosen hingegen schließen ihre Triebe nie mit einer Blütendolde, sondern nur mit Blättern ab.

Bei den Climbing-Rosen kann dies variieren, sehen wir hier doch keine Gesetzmäßigkeiten, die sich von vornherein erkennen und auf den gewünschten Zweck exakt abstimmen lassen. Es können beide Eigenschaften vertreten sein. Oft sogar entwickeln sie sich derart wuchernd, daß man direkt Mühe hat, sie in einem ordentlichen Spalier zu halten. Deshalb muß ihnen immer genügend Entwicklungsraum zur Verfügung gestellt werden.

Climbing-Sports wiederholt blühender Kletterrosen

Climbing Alain Fl (1957)	scharlachrot	4 m lange Triebe
Climbing Allgold Fl (1961)	goldgelb	4–5 m lange Triebe
Climbing Baronne E. de Rothschild TH (1975)	purpurrot mit weißer Tönung	2–2,5 m lange Triebe
Climbing Champs-Elysées TH (1969)	tief karminrot, Unterseite dunkler	2,5–3 m lange Triebe
Climbing Crimson Glory TH (1946)	dunkelrot (Duft)	3 m lange Triebe
Climbing Eden Rose TH (1954)	dunkelrot (Duft)	2,5 m lange Triebe
Climbing Ena Harkness TH (1954)	scharlachrot	2,5–3 m lange Triebe
Climbing Etoile de Hollande TH (1931)	blutrot (Duft)	3 m lange Triebe
Climbing Florian Fl (1976)	johannisbeerrot	2,5–3 m lange Triebe
Climbing Fritz Thiedemann TH (1961)	mennigrot	3 m lange Triebe
Climbing Mme A. Meilland TH (1950)	kanariengelb	5–6 m lange Triebe
Climbing Mme Edouard Herriot TH (1921)	orangegelb mit rosa (Duft)	3 m lange Triebe
Climbing Maria Callas TH (1969)	rosa bis hellrot	3–3,5 m lange Triebe
Climbing Michèle Meilland TH (1951)	zartrosa	2,5–3 m lange Triebe
Climbing Orange Triumph P (1945)	lachsrot mit orange	3 m lange Triebe
Climbing Queen Elizabeth Fl (1960)	rosa	2 m lange Triebe
Climbing Superstar TH (1965)	salmorange	2,5–3 m lange Triebe
Climbing Sutters Gold TH (1950)	hellorange mit rot (Duft)	3–4 m lange Triebe
Lady Hillingdon T (1950)	bronzegelb (Duft)	2,5 m lange Triebe
Mme Henri Guillot TH (1942)	orangerot (Duft)	2 –3 m lange Triebe
Schneewittchen Fl (1958)	reinweiß	2,5–3 m lange Triebe

Miniaturrosen (Zwerg-Bengalrosen)

In der Gruppe der Miniaturrosen sind die kleinsten Rosen vereint. Sie gehören zu den dankbaren, bescheidenen Gartenrosen. Ihre Verwendung ist vielseitig. So lassen sie sich im Steingarten, als Einfassung und zu kleinen Gruppen vereint in jedem Garten verwenden. In Töpfen, Schalen und Balkonkästen gedeihen sie ebenfalls sehr gut. Auch abgeschnitten lassen sie sich vielseitig verwenden und ergeben, wo man sie auch hinstellt, ein reizendes Bild.

Die Miniaturrosen sind im allgemeinen sehr gesund und verfügen über eine besonders gute Winterhärte. Sie gelten als willige Dauerblüher. Siehe auch Seite 229 f.

Baby Gold Star Min (P. Dot 1940)
Kreuzung: 'Eduardo Toda' × 'Rouletii'.
Farbe: Goldgelb.
Form: Halbgefüllt, klein.
Duft: Wenig.
Pflanze: Wuchs zwergig, buschig. Laub tiefgrün, glänzend.
Höhe: 30 cm.
Verwendung: Für Balkon, Dachgarten, Topfkultur.

Golden Arches (Poulsen 1992)
Kreuzung: Nicht bekannt.
Farbe: Leuchtend goldgelb.
Form: Mittelgroß, gefüllt.
Duft: Nicht vorhanden.
Pflanze: Aufrechter Wuchs. Gesundes Laub, im Austrieb olivgrün.
Höhe: 40 cm.
Verwendung: Für kleine Gartenbeete besonders geeignet, ebenso für den Balkon.

Josephine Wheatcroft Min (Dot 1951)
Kreuzung: 'Eduardo Toda' × 'Rouletii'.
Farbe: Pastellgelb.
Form: Leicht gefüllt, edelrosenartig.
Duft: Nicht vorhanden.
Pflanze: Wuchs mittel, locker. Dunkelgrünes, glänzendes Blattwerk.
Höhe: 25 cm.
Verwendung: Eignet sich für kleine Beete sowie für die Bepflanzung von Blumenkisten und Wannen.

Maidy (Kordes 1984)
Kreuzung: Nicht bekannt.
Farbe: Dunkelrot, unterseits silbrig.
Form: Ziemlich groß, gut gefüllt.
Duft: Nicht vorhanden.
Pflanze: Kompakter Wuchs.
Höhe: 35 cm.
Verwendung: Eine vorzügliche Balkonrose, eignet sich auch für einheitliche Gartenbeete.

Meillandina Min (Meilland 1977)
Kreuzung: 'Rumba' × ('Dany Robin' × 'Fire King').
Farbe: Johannisbeerrot.
Form: Leicht gefüllt, klein.
Duft: Nicht vorhanden.
Pflanze: Wuchs zwergig, buschig.
Höhe: 25 cm.
Verwendung: Für kleine Beete, Balkon- und Topfkultur.

Minijet Min (Meilland 1977)
Kreuzung: ('Mon Petit' × 'Perla de Monserrat') × 'Seventeen'.
Farbe: Matt karminrosa.
Form: Knospe schlank. Blüte halbgefüllt, klein, offene Blüte ist eine Schale.
Duft: Nicht vorhanden.
Pflanze: Wuchs kräftig. Blattwerk klein, grünbronze, halbmatt.
Höhe: 60 cm.
Verwendung: Gute Beetrose, eignet sich auch für die Bepflanzung von Pflanzentrögen im Dachgarten.

Némésis Min (*R. chinensis*) (Bizard 1836)
Kreuzung: Nicht bekannt.
Farbe: Rot gefleckt.
Form: Gefüllt, runde Blüten.
Duft: Nicht vorhanden.

Zu den besten, weil relativ robusten Miniaturrosen zählt 'Starina' mit lachs- und scharlachroten Blüten. Zierend wirkt auch das schmale, kleinblättrige Laub. Man darf sich durch diese Großaufnahme nicht täuschen lassen. In Wirklichkeit sind die Blüten nur etwa 1,3 cm hoch!

Pflanze: Wuchs zwergig. Laub grün, mittelgrün.
Höhe: 20 cm.
Verwendung: Ausgesprochene Liebhabersorte.

Perla de Alcanada Min (Dot 1944)
Kreuzung: 'Perle des Rouges' × 'Rouletii'.
Farbe: Karminrot, am Grunde etwas weiß.
Form: Halbgefüllt, klein.
Duft: Nicht vorhanden.
Pflanze: Wuchs zwergig. Laub dunkelgrün, klein.
Höhe: 20 cm.
Verwendung: Für Balkon-, Topfkultur und kleine Beete.

Perla de Monserrat Min (Dot 1945)
Kreuzung: 'Cecile Brunner' × 'Rouletii'.
Farbe: Rosarot, die Petalenränder sind etwas heller.
Form: Halbgefüllt, klein, rosettenförmig.
Duft: Nicht vorhanden.
Pflanze: Wuchs zwergig. Laub tiefgrün.
Höhe: 30 cm.
Verwendung: Ideale Rose für Balkongärtnerei und kleine Beete.

Rosmarin 89 (Kordes 1989)
Kreuzung: Nicht bekannt.
Farbe: Kräftiges Rosa.
Form: Mittelgroß, gut gefüllt.
Duft: Nicht vorhanden.
Pflanze: Kompakter, gut verzweigter Wuchs.
Höhe: 20 cm.
Verwendung: Für Steingärten und Balkon.

Scarlet Gem Min (Meilland 1961)
Kreuzung: ('Moulin Rouge' × 'Fashion') × ('Perla de Monserrat' × 'Perla de Alcanada').
Farbe: Leuchtend blutrot.
Form: Feste Knospe. Blüte gut gefüllt.
Duft: Nicht vorhanden.
Pflanze: Wuchs kompakt, buschig. Kleines, gesundes Laub.
Höhe: 25 cm.
Verwendung: In kleinen Beeten, Trögen und sonstigen mobilen Behältern, Balkonkästen usw.

Schneeküßchen (Kordes 1993)
Kreuzung: Nicht bekannt.
Farbe: Weiß, zartrosa überhaucht.
Form: Klein, gefüllt. Kräftig gelbe Staubbeutel.
Duft: Nicht vorhanden.
Pflanze: Guter Wuchs. Frischgrünes, zierliches Laub.
Höhe: 30 cm.
Verwendung: In kleinen Gruppen zusammengepflanzt und für den Balkon.

Starina Min (Meilland 1968)
Kreuzung: ('Dany Robin' × 'Fire King') × 'Perla de Monserrat'.
Farbe: Kirschrot.
Form: Gefüllt, mittelgroß, edelrosenförmig. Wetterfest.
Duft: Nicht vorhanden.
Pflanze: Mäßig starker, buschiger Wuchs. Laub klein, glänzend und gesund.
Höhe: 35 cm.
Verwendung: Für kleine Beete, Balkon und Dachgarten, eine der besten Miniaturrosen.

White Gem Min (Meilland 1978)
Kreuzung: 'Darling Flamme' × 'Jack Frost'.
Farbe: Reinweiß.
Form: Stark gefüllt, klein.
Duft: Nicht vorhanden.
Pflanze: Wuchs kräftig, halb aufrecht. Kleines mittelgrünes, halbmattes Blattwerk.
Höhe: 30 cm.
Verwendung: Besonders geeignet für die Kultur in Schalen, Wannen und Töpfen.

Zwergkönig Min (Kordes 1954)
Kreuzung: 'Minna Kordes' × 'Peon'.
Farbe: Dunkelrot.
Form: Dicht gefüllt, klein.
Duft: Wenig.

Pflanze: Wuchs zwergig. Laub mittelgrün, glänzend, klein.
Höhe: 25 cm.
Verwendung: Für Balkon und kleine Beete.

Zwergkönig 78 Min (Kordes 1978)
Kreuzung: 'Lilli Marleen' × Zwergrosensämling.
Farbe: Blutrot, die Farbe hält unverändert bis zum Verblühen.
Form: Edelrosenform, schalenförmig.
Duft: Nicht vorhanden.
Pflanze: Sehr kompakt, dicktriebig. Schönes, glänzendes, gesundes Laub. Willig nachtreibend. Winterhart.
Höhe: 35 cm.
Verwendung: Vorzügliche Beetrose, aber auch geeignet für die Bepflanzung von Trögen, Balkonkästen und großen Töpfen (frosthart). Zwergrose einer neuen Generation.

Compacta-Rosen

Die von de Ruiter entwickelten »Compacta-Rosen« stehen zwischen den Miniatur- und den Floribundarosen. Es handelt sich hier um niedrig bleibende (20–35 cm hoch, bis zu 40 cm breit), kompakt wachsende Pflanzen mit ziemlich starren Trieben. Die Sorten besitzen die Eigenschaft der Blühwilligkeit und verfügen über gute Gesundheit. Vor allem sind sie gegen Sternrußtau widerstandsfähig, während sie gegen Mehltau nicht ganz gefeit sind; jedoch sind sie winterhart.

Diese Rosenrasse ermöglicht sowohl dem Fachmann als auch dem Rosenliebhaber eine neuartige Verwendung von Rosen im Park, im Hausgarten und auch auf Gräbern.

Alberich (Happy) 1954
Kreuzung: 'Robin Hood' × 'Katharine Zeimet'.
Blüte: Johannisbeerrot, halbgefüllt, kleinblumig.
Pflanze: Wuchs kompakt. Laub dunkelgrün, leicht bronze angehaucht, Oberfläche genarbt.
Höhe: 20–30 cm.

Baldwin (Sleepy) 1955
Kreuzung: ('Orange Triumph' × 'Geheimrat Duisburg') × Polyantha-Sämling.
Blüte: Rosa, einfach, klein.
Pflanze: Wuchs kräftig, kompakt. Laub dunkelgrün, glänzend.
Höhe: 35 cm.

Bertram (Sneezy) 1955
Kreuzung: Nicht bekannt.
Blüte: Rosa, einfach, klein.
Pflanze: Wuchs kompakt. Laub dunkelgrün.
Höhe: 30 cm.

Degenhard (Doc) 1954
Kreuzung: 'Robin Hood' × Polyantha-Sämling.
Blüte: Rosa, halbgefüllt, klein.
Pflanze: Wuchs kompakt. Laub dunkelgrün, glänzend.
Höhe: 20–30 cm.

Eberwein (Dopey) 1956
Kreuzung: 'Robin Hood' × Polyantha-Sämling.
Blüte: Karmin, halbgefüllt, klein.
Pflanze: Wuchs kompakt. Laub dunkelgrün-gräulich.
Höhe: 20–25 cm.

Giesebrecht (Bashfull) 1955
Kreuzung: Nicht bekannt.
Blüte: Rosarot mit weißer Mitte, einfach.
Pflanze: Wuchs kompakt. Laub dunkelgrün, glänzend.
Höhe: 25 cm.

In Deutschland wie in Großbritannien erhielten die Compacta-Rosen Namen der »sieben Zwerge«. Die entsprechenden englischen Namen stehen in Klammern.

Englische Rosen

Seit etwa zwanzig Jahren haben die Englischen Rosen sehr an Beliebtheit gewonnen. Viele Rosenfreunde haben gewetteifert, um auch diese Rosen in ihren Gärten zu besitzen. Der Blütencharakter alter Rosen kam durch die Englischen Rosen erneut in unsere Gärten. Sie erfüllten das Verlangen nach alten Rosen auch in Kleingärten. Die Englischen Rosen bieten zum Teil einen wertvollen Ersatz für die früheren alten Rosen. Sie sind zudem noch blühwilliger und bringen eine größere Abwechslung im Pflanzenhabitus und im Reichtum der Blüten und Formen.

Englische Rosen sind durch Einkreuzungen zwischen alten und modernen Rosen entstanden. Dabei wurde das große Sortiment alter Rosen mit modernen Floribunda-, Teehybrid- und sogar auch Kletterrosen für die Kreuzung verwendet.

Die vor dreißig Jahren begonnene mutige züchterische Arbeit durch **David Austin** hat zu einem großen Erfolg geführt, so daß wir heute ein umfangreiches Sortiment an gefüllten und auch einfachblühenden Englischen Rosen besitzen.

Die neue Rosenklasse der Englischen Rosen zeichnet sich vorwiegend durch ihre Blütenformen (gefüllt und einfach), ihre Farbvielfalt und den meist ausgeprägten Duft aus. Die Blüten sind gegenüber den alten Rosen auch regenfester. Der Wuchshabitus variiert vom Beetrosentyp mit 60 cm Höhe bis zur Strauchrose von 2 m Höhe.

Einzelne Sorten besitzen einen ausladenden, überhängenden Wuchs, bei denen sich die stark gefüllten Blüten zur Erde neigen. Die Wuchskraft ist unterschiedlich, sie reicht von mäßigem bis starkem Triebwachstum. Die Widerstandskraft gegenüber Krankheiten ist mit jener der heutigen Floribundarosen vergleichbar. Im Anspruch an den **Standort** unterscheiden sich die Englischen Rosen kaum gegenüber allen anderen Rosen; der Platz darf nie zu eng sein. Jede einzelne Pflanze soll genügend Entwicklungsraum zur Verfügung haben, was viel zur Gesunderhaltung beiträgt.

Der **Schnitt** ähnelt jenem der einmalblühenden Strauchrosen. Wer jedes Jahr etwas altes und das kranke Holz herausschneidet, wird stets neue, blühwillige Triebe erhalten. Sollten die Sträucher zu groß und zu dicht werden, können auch zweijährige Triebe entfernt werden. Die weitere Pflege unterscheidet sich nicht von derjenigen der übrigen Rosen.

Nachfolgend sind einige empfehlenswerte Sorten Englischer Rosen aufgeführt.

Abraham Darby
Farbe: Aprikosengelb.
Form: Gut gefüllt.
Duft: Kräftiger Fruchtduft.
Pflanze: Kräftiger Strauch mit überhängendem Wuchs. Öfterblühend.
Höhe: 1,5–2 m.
Verwendung: Benötigt 3 m^2 Entwicklungsraum.

Charles Austin
Farbe: Aprikosengelb.
Form: Gefüllt, schalenförmige, große Blüten.
Duft: Kräftiger Duft.
Pflanze: Strauch mit aufrechtem Wuchs. Im Herbst nachblühend.
Höhe: 1,8 m.
Verwendung: Zur Einzelhaltung oder in Kombination mit Stauden und Kleingehölzen.

Claire Rose
Farbe: Zartrosa.
Form: Dicht gefüllt.
Duft: Vorhanden.
Pflanze: Kräftiger, aufrechter Wuchs. Öfterblühend.
Höhe: 1,2 m.
Verwendung: 3 Stück pro m^2.

Zu den Dauerblühern gehört 'Mary Rose', eine der vielen Züchtungen von David Austin. Die gut gefüllten Blüten bestechen durch ihre kräftig rosa Färbung.

Gertrude Jekyll
Farbe: Leuchtendes Rosa.
Form: Dicht gefüllt.
Duft: Kräftig.
Pflanze: Kräftiger, aufrechter Wuchs. Öfterblühend.
Höhe: 1,5–1,8 m.
Verwendung: Zur Einzelstellung oder in Begleitung mit Kleingehölzen.

Graham Thomas
Farbe: Dunkelgelb.
Form: Mittelgroß, gut gefüllt.
Duft: Kräftiger Teerosenduft.
Pflanze: Kräftiger, buschiger, aufrechter Wuchs. Sehr blühwillig.
Höhe: 1,2–1,5 m.
Verwendung: Zur Einzelstellung oder in Gruppen von 3 Pflanzen im Abstand von 70 cm.

Heritage
Farbe: Zartrosa.
Form: Gefüllt, Schalenform.
Duft: Kräftig, nach Zitrone.
Pflanze: Schön buschiger Strauch. Öfterblühend.
Höhe: 1,2–1,5 m.
Verwendung: Zur Einzelstellung oder in Gruppen von 3 Pflanzen mit 1 m Abstand.

Hero
Farbe: Reines Rosa.
Form: Große, offene Schalenblüten, gefüllt.
Duft: Starker, angenehmer Duft.
Pflanze: Kräftiger, breiter Strauch. Öfterblühend.
Höhe: 1 m.
Verwendung: In kleinen Gruppen von 3–5 Pflanzen, dicht zusammengepflanzt.

Mary Rose
Farbe: Kräftiges Rosa.
Form: Gut gefüllt.
Duft: Kräftiger, angenehmer Duft.
Pflanze: Buschiger Wuchs. Durchblühend.

Höhe: 1,5 m.
Verwendung: Zur Einzelstellung oder in Gruppen von 3 Pflanzen.

Prospero
Farbe: Sattes Karminrot.
Form: Gut gefüllt, mit vielen kleinen Blütenblättern.
Duft: Vorzüglich.
Pflanze: Mit aufrechtem, eher schwachem Wuchs. Öfterblühend.
Höhe: 60 cm.
Verwendung: Eignet sich gut als Beetrose, 7 Pflanzen pro m^2.

The Squire
Farbe: Tief Karmesinrot.
Form: Groß, gut gefüllt.
Duft: Kräftig.
Pflanze: Kräftiger, sparriger Wuchs. Öfterblühend.
Höhe: 1 m.
Verwendung: In Gruppen, 7 Stück pro m^2.

Viele kleine Blütenblätter stehen in den stark gefüllten Blumen von 'Prospero' zusammen. Der hervorragende Duft sowie die karminrote Färbung unterstreichen den nostalgischen Charakter.

Linke Seite: Die Blütenfarbe von 'Abraham Darby' geht von Aprikosengelb in Zartrosa.

Polyantharosen, Polyanthahybriden, Floribundarosen, Floribunda-Grandiflora-Rosen und andere

Diese Rosenklassen haben in den letzten Jahren einen überaus starken Zuwachs erfahren. Durch die Einkreuzung von Polyantharosen und Teehybriden ist ein derartiger Formen- und Farbenreichtum erreicht worden, daß wir heute sogar einige, wie zum Beispiel 'Apricot Nectar', 'Bobby Lucs', 'Elizabeth of Glamis' usw., mit dem herrlichsten Duft der Teehybriden besitzen, weshalb sie ganz allgemein zu den beliebtesten Beetrosen geworden sind. Bei ihrer Verwendung im Garten sollte man aber die Rosen dieser Klasse nicht mit den Teehybriden vermengen, sondern beide getrennt im Beet anpflanzen. Daß die den Teerosen ähnlichen Floribunda-Grandiflora-Rosen sich besser zu den Teehybriden gesellen lassen als die Polyantharosen, dürfte leicht verständlich sein.

Die hinter dem Sortennamen angeführten Buchstabensymbole geben jeweils die Klassenzugehörigkeit an (P = Polyantharosen, PH = Polyanthahybriden, Fl = Floribundarosen, FlGr = Floribunda-Grandiflora-Rosen).

Alain Fl (Meilland 1946)
Kreuzung: ('Guinee' × 'Wilhelm') × 'Orange Triumph'.
Farbe: Glühend scharlachrot.
Form: Gefüllt.
Duft: Nicht bekannt.
Pflanze: Wuchs kräftig, gut verzweigt. Laub mattgrün, klein.
Höhe: 50 cm.
Verwendung: Vorzügliche Beetrose.

Allgold Fl (Le Grice 1956)
Kreuzung: 'Goldilocks' × 'Ellinor Le Grice'.
Farbe: Goldgelb.
Form: Halbgefüllt, schöne Blütenform.
Duft: Nur unbedeutend.
Pflanze: Wuchs mittelkräftig. Dunkelgrünes, glänzendes, gesundes, eher kleines Laub. Dauerblüher.
Höhe: 60 cm.
Verwendung: Vorzügliche Beetrose, eignet sich nicht für zu extrem heiße Lagen. Für Höhenlagen ** geeignet.

Ama Fl (Kordes 1955)
Kreuzung: 'Obergärtner Wiebicke' × 'Kordes Sondermeldung'.
Farbe: Scharlachrot.
Form: Halbgefüllt, vollkommene, auffallende Blüte.
Duft: Nicht vorhanden.
Pflanze: Wuchs kräftig, schöne, gut verzweigte Büsche bildend. Große, hellgrüne, leicht glänzende Blätter.
Höhe: 70 cm.
Verwendung: Vorzügliche Beetrose, eignet sich gut zur Einpflanzung in Gehölz- und Staudenbeete.

Anabell Fl (Kordes 1972)
Kreuzung: 'Zorina' × 'Königin der Rosen'.
Farbe: Lachsorange.
Form: Elegante Knospe, gut gefüllt, edle Blütenform.
Duft: Nicht vorhanden.
Pflanze: Wuchs kräftig, stark verzweigt. Mit schönem, glänzendem, hellgrünem Laub.
Höhe: 50 cm.
Verwendung: Gute Beetrose.

Andalusien PH (Kordes 1977)
Kreuzung: Sämling × 'Zorina'.
Farbe: Leuchtend blutrot.
Form: Halbgefüllt.
Duft: Nicht vorhanden.
Pflanze: Wuchs kräftig, buschig, robust. Laub dunkelgrün, glänzend. Winterhart.
Höhe: 60 cm.
Verwendung: Ideale Beetrose.

Die ausgesprochen frostharte 'Rosamunde' eignet sich sogar zur Bepflanzung von Schalen und Kübeln. Die mittelgroßen, gefüllten, kräftig rosa Blüten sind regenfest.

Die edel geformten, hell aprikosenfarbenen Blüten von 'Apricot Nectar' erweisen sich als besonders dauerhaft. Sie stehen in reizvollem Kontrast zum dunkelgrünen, glänzenden Laub.

Anna de Diesbach PH (Lacharme 1858)
Kreuzung: 'La Reine' × Sämling.
Farbe: Karminrosa.
Form: Gefüllt.
Duft: Gut.
Pflanze: Wuchs mittel, gute Büsche bildend. Laub mittelgrün.
Höhe: 60 cm.
Verwendung: Wertvolle Liebhabersorte, verträgt zu heißen Standort nicht.

Anna Wheatcroft Fl (Tantau 1958)
Kreuzung: 'Tantaus Triumph' × Sämling.
Farbe: Hell zinnoberrot.
Form: Halbgefüllt. Staubfäden goldgelb, zierend.
Duft: Wenig.
Pflanze: Wuchs kräftig, breite Büsche bildend. Blätter matt, mittelgrün.
Höhe: 80 cm.
Verwendung: Gute Beetrose, auch für das Einpflanzen in Gehölz- und Staudenrabatten.

Anthony Meilland Fl (Meilland 1990)
Kreuzung: Nicht bekannt.
Farbe: Goldgelb.
Form: Edel, gut gefüllt.
Duft: Nicht vorhanden.
Pflanze: Gut verzweigter, dichter Busch. Glänzendes Laub.
Höhe: 60 cm.
Verwendung: Gute Beetrose.

Apricot Nectar Fl (Boerner/Jackson und Perkins 1965)
Kreuzung: Sämling × 'Spartan'.
Farbe: Aprikosenfarben.
Form: Gut gefüllt, edle Blütenform. Blüte sehr haltbar.
Duft: Bemerkenswert.
Pflanze: Wuchs mittelstark und breit. Schönes mittelgrünes, glänzendes Blattwerk.
Höhe: 60 cm.
Verwendung: Gute Beetrose, für nicht zu heiße Lagen.

Bella Rosa Fl (Kordes 1982)
Kreuzung: Sämling × 'Träumerei'.
Farbe: Reines, kräftiges Rosa.
Form: Mittelgroß, dicht gefüllt.
Duft: Leicht nach Wildrosen.
Pflanze: Breitbuschig, dichte Büsche. Kleines, glänzendes Laub.
Höhe: 60 cm.
Verwendung: Vorzügliche Beetrose.

Bengali Fl (Kordes 1966)
Kreuzung:'Dacapo' × Sämling 'bud ovoid'.
Farbe: Orangegelb.
Form: Mittelgroß, gut gefüllt.
Duft: Leicht.
Pflanze: Breitbuschig, gut verzweigt. Hellgrünes, glänzendes Laub.
Höhe: 50 cm.
Verwendung: Vorzügliche Beetrose.

Betty Prior (Fl (Prior & Sons 1935)
Kreuzung: 'Kirsten Poulsen' × Sämling.
Farbe: Karmin lachsrosa, Innenseite heller.
Form: Einfach, große, schön geformte schalenförmige Blüte.
Duft: Nicht vorhanden.
Pflanze: Wuchs kräftig und buschig. Laub groß, mattgrün, sehr gut deckend.
Höhe: 80 cm.
Verwendung: Für alle Lagen geeignet, besonders wertvoll für die Einpflanzung in Gehölz- und Staudenbeete. Für Höhenlagen *** geeignet.

Carol Fl (Amling 1953)
Kreuzung: 'Garnette'-Sport.
Farbe: Rosa, im Verblühen leicht verwaschen.
Form: Knospe edelrosenartig. Blüte gut gefüllt.
Duft: Nicht vorhanden.
Pflanze: Wuchs mittelstark, gut verzweigt. Laub mittelgrün.
Höhe: 50 cm.
Verwendung: Vorzügliche Beetrose, auch als Topfrose geeignet. Für Höhenlagen *** geeignet.

'Berliner Luft' Fl (Cocker 1985). Zart duften die (gelb-) orangefarbenen Blüten mit guter Füllung. Die breitbuschige Pflanze wächst kräftig und wird 70 cm hoch.

Cécile Brunner *(R. chinensis?)*
Kreuzung: Gefüllte weiße Polyantha × 'Mme de Tartas'.
Farbe: Zart rosa.
Form: Gefüllt, edel.
Duft: Zart.
Pflanze: Wuchs zierlich. Laub klein, mittelgrün.
Höhe: 50 cm.
Verwendung: Für den Rosenfreund ein Kleinod, nicht zu heißer Standort.

Centenaire de Lourdes Fl (Delbard 1958)
Kreuzung: ('Frau Karl Druschki' × Sämling) × Sämling.
Farbe: Zart intensivrosa, in der Mitte etwas heller.
Form: Leicht gefüllt, die Blütenblätter leicht gewellt.
Duft: Kaum wahrnehmbar.
Pflanze: Wuchs kräftig. Glänzendes, grünes Blattwerk, das locker angeordnet ist.
Höhe: 80 cm.
Verwendung: Vorzüglich zum Einpflanzen in Gehölz- und Staudenbeete, gibt auch schöne Schmuckbeete, auch als Strauchrose verwendbar. Der Standort sollte nicht zu schattig sein. Für Höhenlagen *** geeignet.

Cognac Fl (Tantau 1956)
Kreuzung: 'Alpenglühn' × 'Mrs. Pierre S. du Pont'.
Farbe: Bernsteinfarben, nach außen etwas kräftiger.
Form: Leicht gefüllt, mit vornehmer Schalenform.
Duft: Nicht vorhanden.
Pflanze: Guter aufrechter Wuchs. Gesundes tiefgrünes Blattwerk. Reichblühend.
Höhe: 60 cm.
Verwendung: Gute Beetrose, an nicht zu extrem sonniger Lage.

Else Poulsen Fl (Poulsen 1924)
Kreuzung: 'Orléans-Rose' × 'Red Star'.
Farbe: Zartes Rosa.
Form: Leicht gefüllt, mittelgroß. Petalensaum leicht gewellt.
Duft: Gering.
Pflanze: Wuchs buschig. Laub mittelgrün, groß.
Höhe: 80 cm.
Verwendung: Gute Beetrose in nicht zu extrem heißer Lage. Für Höhenlagen * geeignet.

Elysium Fl (Kordes 1961)
Kreuzung: 'The Queen Elizabeth Rose' × 'Spartan'.
Farbe: Lachsrosa.
Form: Gut gefüllt, becherförmig, groß.
Duft: Leicht.
Pflanze: Wuchs mittelstark, buschig. Laub mittelgrün, glänzend.
Höhe: 60 cm.
Verwendung: Gute Beetrose, für nicht zu heiße Lage. Für Höhenlagen ** geeignet.

Escapade Fl (Harkness 1967)
Kreuzung: 'Pink Parfait' × 'Baby Faurax'.
Farbe: Lilarosa, gegen die Mitte heller.
Form: Halbgefüllt, großblumig, locker. Staubblätter goldgelb.
Duft: Fein, gut wahrnehmbar.
Pflanze: Wuchs kräftig. Laub hellgrün, glänzend und gesund.
Höhe: 80 cm.
Verwendung: Gute Beetrose, eignet sich auch für Einpflanzungen in Staudenbeete sowie als kleine Hecken. Für Höhenlagen ** geeignet.

Europeana Fl (de Ruiter 1964)
Kreuzung: 'Ruth Leuwerik' × 'Rosemary Rose'.
Farbe: Dunkel karminrot.
Form: Gut gefüllt, großblumig, vielblumige Dolden. Blütenstiele etwas schwach, läßt bei nassem Wetter die Blumen hängen.
Duft: Nicht vorhanden.
Pflanze: Wuchs mittelstark, aufrecht und locker. Laub ziemlich rot gefärbt. Im Tiefland etwas mehltauanfällig, in Höhenlagen gesund.
Höhe: 70 cm.
Verwendung: Eine hervorragende Beetrose, die auch für Höhenlagen *** geeignet ist.

Fantasia Fl (Kordes 1977)
Kreuzung: 'Zorina' × Sämling.
Farbe: Leuchtend hellrot, Unterseite weiß.
Form: Knospe langgestreckt. Edel, gefüllt.
Duft: Nicht vorhanden.
Pflanze: Wuchs mittelstark, kompakt, gut verzweigt. Laub mittelgrün, glänzend.
Höhe: 60 cm.
Verwendung: Gute Beetrose, zum Treiben geeignet.

Florian Fl (Meilland 1971)
Kreuzung: 'Tamango' × ('Fire King' × 'Bangai').
Farbe: Kirschrot.
Form: Locker gefüllt, schöne Blütenform, wetterbeständig.
Duft: Nicht vorhanden.
Pflanze: Wuchs kräftig, aufrecht und gut verzweigt. Laub mittelgrün, lederartig, gesund.
Höhe: 60 cm.
Verwendung: Vorzügliche Beetrose. Für Höhenlagen *** geeignet.

Frau Anni Beaufays Fl
(de Ruiter/Beaufays 1962)
Kreuzung: 'Signal Red' × 'Fashion'.
Farbe: Lachsrot.
Form: Halbgefüllt, mittelgroß.
Duft: Nicht vorhanden.
Pflanze: Wuchs niedrig. Laub mittelgrün, klein.
Höhe: 50 cm.
Verwendung: Für kleine Beete geeignet.

'Fidelio' Fl (Meilland 1964). Die mittelgroßen, gefüllten Blüten sind innen orangerot, außen karminrot gefärbt. Sie duften leicht. Der buschige Strauch blüht reich und trägt lederartiges Laub.

Friesia Fl (Kordes 1973)
Kreuzung: 'Friedrich Wörlein' × 'Spanish Sun'.
Farbe: Leuchtend goldgelb.
Form: Halbgefüllt, wetterfest, blüht in Büscheln.
Duft: Gut und wahrnehmbar.
Pflanze: Wuchs kräftig und aufrecht. Laub frischgrün, glänzend, ledrig und gesund.
Höhe: 60 cm.
Verwendung: Vorzügliche Beetrose in Lagen, die nicht zu nahe an Asphalt- und Plattenplätzen stehen.

Geisha Fl (Tantau 1964)
Kreuzung: Nicht bekannt.
Farbe: Rein rosa.
Form: Halbgefüllt, mittelgroß, schöne Form, wetterfest.
Duft: Nicht vorhanden.
Pflanze: Wuchs mittelstark. Schönes, gesundes, dunkelgrünes Blattwerk.
Höhe: 50 cm.
Verwendung: Gute Beetrose für nicht zu extrem heiße Lagen. Für Höhenlagen ** geeignet.

Gelbe Holstein Fl (Kordes 1949)
Kreuzung: ('Eva' × 'Viscountess Charlemont') × 'Sunmist'.
Farbe: Hellgelb, im Verblühen fast weiß.
Form: Halbgefüllt, groß.
Duft: Nicht vorhanden.
Pflanze: Wuchs kräftig, schöne Büsche bildend. Laub hellgrün, lederartig.
Höhe: 90 cm.
Verwendung: Vorzüglich zum Einpflanzen in Gehölz- und Staudenbeete sowie für Vorpflanzungen.

Golden Slippers Fl (Abrams 1961)
Kreuzung: 'Goldilocks' × Sämling.
Farbe: Orange mit gelber Mitte.
Form: Gefüllt, mittelgroß, flache Blütenform.
Duft: Leicht.
Pflanze: Wuchs mittel, buschig. Laub bronzegrün, gesund.
Höhe: 40 cm.
Verwendung: Vorzüglich für kleinere Beete, nicht in zu extrem heiße Lagen pflanzen.

Goldschatz Fl (Tantau 1964)
Kreuzung: 'Goldjuwel' × 'Arlene Francis'.
Farbe: Intensiv goldgelb.
Form: Gut gefüllt, großblumig.
Duft: Nicht vorhanden.
Pflanze: Wuchs kräftig, aufrecht. Blattwerk dunkelgrün, glänzend.
Höhe: 80 cm.
Verwendung: Vorzügliche Beetrose für nicht zu extrem heiße Lagen.

Greensleeves Fl (Harkness 1980)
Kreuzung: ('Rudolf Timm' × 'Arthur Bell') × ('Pascali' × 'Elizabeth of Glamis') × ('Sabine' × 'Violette Dot').
Farbe: Im Aufgehen der Blüte violettrosa, vollerblüht apfelgrün. Die geöffneten Blüten halten sehr lange.
Form: Mittelgroß, halbgefüllt.
Duft: Nicht vorhanden.
Pflanze: Wuchs kräftig, aufrecht, wenig verzweigt. Laub dunkelgrün, glänzend, gesund.
Höhe: 70 cm.
Verwendung: Liebt sonnigen Standort.

Gruß an Aachen (Geduldig 1909)
Kreuzung: 'Frau Karl Druschki' × 'Franz Deegen'.
Farbe: Fleischrosa, im Verblühen bis rahmweiß.
Form: Dicht gefüllt, mittelgroß.
Duft: Wenig.
Pflanze: Wuchs mittelstark, buschig. Reichblühend.
Höhe: 60 cm.
Verwendung: Gute Beetrose für nicht zu extrem sonnigen Standort.

Heidekind (*R. rubiginosa*-Hybride) (Berger 1931)
Kreuzung: 'Mevr. Nathalie Nypels' × Rugosa-Hybride.
Farbe: Rein rosa, kupferig überzogen.

'Goldstein' Fl
(Cocker 1983).

Form: Gefüllt, groß.
Duft: Wenig.
Pflanze: Wuchs kräftig, etwas breit. Laub runzelig, derb. An windgeschützten Lagen etwas mehltauanfällig.
Höhe: 60 cm.
Verwendung: Eine vorzügliche Beetrose, die auch für Höhenlagen ** geeignet ist.

Hermosa (*R. chinensis*)
(Marcheseau 1840)
Kreuzung: Nicht genau bekannt.
Farbe: Zart lilarosa.
Form: Halbgefüllt, kleinblumig, kugelig.
Duft: Leicht.
Pflanze: Wuchs mittelstark, lockere Büsche bildend. Laub bläulichgrün, klein.
Höhe: 80 cm.
Verwendung: Für kleine geschlossene Gruppen, allein gestellt, nicht zu extrem heiße Lage.

Holstein Fl (Kordes 1939)
Kreuzung: 'Else Poulsen' × 'Dance of Joy'-Sämling.
Farbe: Dunkel karminrot.
Form: Einfach, schalenförmig.
Duft: Nicht vorhanden.
Pflanze: Wuchs mittelstark, buschig. Laub bronzegrün, groß.
Höhe: 50 cm.
Verwendung: Vorzügliche Beetrose, auch zum Einpflanzen in Staudenbeete geeignet.

Hostesse Gisela Fl (Hetzel 1966)
Kreuzung: 'Sympathie' × 'Dr. A.J. Verhage'.
Farbe: Dunkelrot.
Form: Stark gefüllt.
Duft: Hervorragend.
Pflanze: Wuchs mittelstark, buschig. Blattwerk dunkelgrün und glänzend.
Höhe: 60 cm.
Verwendung: Gute Beetrose für nicht zu extrem heiße Lagen.

Irish Beauty ('Elizabeth of Glamis') Fl
(McGredy 1964)
Kreuzung: 'Spartan' × 'Highlight'.
Farbe: Lachsfarben.
Form: Groß, locker gefüllt.
Duft: Intensiv.
Pflanze: Mäßig starker, buschiger Wuchs. Laub hellgrün und gesund. Blühwillig.
Höhe: 50 cm.
Verwendung: Vorzügliche Beetrose für nicht zu extrem heißen Standort.

Vollständig geöffnet präsentieren die halbgefüllten Blüten von 'La Sevillana' ihr goldgelbes Büschel aus Staubblättern. Die Sorte blüht anhaltend.

Joseph Guy Fl (Nonin 1921)
Kreuzung: 'Rodhätte' × 'Richmond'.
Farbe: Hell karminrosa.
Form: Halbgefüllt, schalenförmig.
Duft: Nicht bekannt.
Pflanze: Wuchs mittelstark, buschig, gesund. Blattwerk mittelgrün, glänzend.
Höhe: 40 cm.
Verwendung: Vorzügliche Beetrose. Für Höhenlagen *** geeignet.

Kalinka Fl (Meilland 1970)
Kreuzung: 'Zambra' × ('Sarabande' × ['Goldilocks' × 'Fashion']).
Farbe: Silberrosa-lachs.
Form: Elegante Blütenknospe. Blüte gut gefüllt.
Duft: Leicht.
Pflanze: Wuchs mittelstark, gut verzweigt. Dunkelgrünes, gesundes Blattwerk. Früher Blühbeginn.
Höhe: 70 cm.
Verwendung: Vorzügliche Beetrose, zu extrem sonnige Lage erträgt sie schlecht. Für Höhenlagen ** geeignet.

Karl Höchst Fl (Hetzel 1983)
Kreuzung: 'Gruß an Stuttgart' × 'Feuerzauber'.
Farbe: Cyclamenrosa.
Form: Mittelgroß, leicht gefüllt.
Duft: Leicht.
Pflanze: Wuchs mittelstark, buschig. Blühwillig. Triebe vollständig stachellos. Blattwerk reichlich, ledrig.
Höhe: 60 cm.
Verwendung: Beetrose, für alle nicht zu extrem heiße Lagen.

Käthe Duvigneau Fl (Tantau 1968)
Kreuzung: 'Baby Château' × *R. roxburghii*.
Farbe: Leuchtend rot.
Form: Halbgefüllt, groß.
Duft: Nicht vorhanden.
Pflanze: Wuchs kräftig, gut verzweigt. Blattwerk sattgrün, glänzend, ziemlich groß.
Höhe: 80 cm.
Verwendung: Gute Beetrose, vorsichtig mit anderen Sorten zusammen, zum Einpflanzen in Gehölzrabatten gut geeignet.

Kerry Gold Fl (A. Dickson 1967)
Kreuzung: 'Circus' × 'Allgold'.
Farbe: Dunkelgelb, äußere Blütenblätter rötlich angelaufen.
Form: Gut gefüllt, mittelgroß, edle Blütenform.
Duft: Nicht vorhanden.
Pflanze: Wuchs kräftig. Blattwerk glänzend, olivgrün, gesund.
Höhe: 60 cm.
Verwendung: Gute Beetrose an nicht zu heißen Standorten. Für Höhenlagen ** geeignet.

Lagerfeuer Fl (Tantau 1958)
Kreuzung: 'Schweizer Gruß' × 'Käthe Duvigneau'.
Farbe: Samtig rot.
Form: Gut gefüllt, mittelgroß, flach.
Duft: Nicht vorhanden.
Pflanze: Wuchs kräftig, aufrecht, schöne Büsche bildend. Laub groß, glänzend, gesund.

Höhe: 80 cm.
Verwendung: Als vorzügliche Beetrose, besonders geeignet für Einpflanzungen in Staudenbeete. Für Höhenlagen *** geeignet.

La Sevillana Fl (Meilland 1978)
Kreuzung: ('Jolie Madame' × 'Zambra') × ('Super Star' × 'Rusticana').
Farbe: Zinnoberrot, leuchtend.
Form: Halbgefüllt. Bei der vollständig geöffneten Blüte präsentieren sich die Staubblätter von besonderer Schönheit.
Duft: Nicht vorhanden.
Pflanze: Wuchs sehr kräftig, breit, buschig. Bronzegrünes, halbmattes Blattwerk, gesund. Anhaltend blühend.
Höhe: 80 cm.
Verwendung: Vorzügliche Beetrose, geeignet zur Verwendung mit Blütenstauden.

Lichterloh Fl/Str (Tantau 1955)
Kreuzung: 'Schweizer Gruß' × 'New Dawn'.
Farbe: Samtig blutrot.
Form: Halbgefüllt, mittelgroß.
Duft: Nicht vorhanden.
Pflanze: Wuchs kräftig.
Höhe: 1,2 m.
Verwendung: Als Strauch für kleine Gärten besonders geeignet.

Lilli Marleen Fl (Kordes 1959)
Kreuzung: ('Our Princess' × 'Rudolf Timm') × 'Ama'.
Farbe: Samtig dunkelrot mit scharlachrotem Anflug.
Form: Locker gefüllt, groß.
Duft: Nicht vorhanden.
Pflanze: Wuchs kräftig, buschig. Blätter rötlich, matt, reichlich.
Höhe: 40 cm.
Verwendung: Gute Beetrose für alle Lagen.

Little Wonder Fl (Huber 1975)
Kreuzung: 'Duftwolke' × 'Ena Harkness'.
Farbe: Leuchtend lachs.
Form: Leicht gefüllt, kleine spitze Knospe.
Duft: Reichlich und würzig.
Pflanze: Wuchs gedrungen, breit. Mattgrünes Blattwerk.
Höhe: 60 cm.
Verwendung: Ideale Beetrose.

Liverpool Echo Fl/Str (McGredy 1971)
Kreuzung: ('Little Darling' × 'Goldilocks') × 'München'.
Farbe: Lachsrosa.
Form: Locker gefüllt, groß.
Duft: Wenig.
Pflanze: Wuchs mittel. Laub hellgrün. Dauerblühend.
Höhe: 1,5 m.
Verwendung: Als Strauch für kleine räumliche Gärten geeignet.

Märchenland Fl (Tantau 1951)
Kreuzung: 'Swantje' × 'Hamburg'.
Farbe: Rosa mit Lachstönung.
Form: Halbgefüllt, mittelgroß, schalenförmig.

'Ludwigshafen am Rhein' (Kordes 1975). Die sehr großen, gefüllten, karminrosa Blüten stehen einzeln oder in lockeren Dolden. Die stark duftenden Rosen verblühen sauber. Das dichte Laub ist im Austrieb rötlich gefärbt. Die aufrecht wachsenden, buschigen Pflanzen werden 60 cm hoch. Sie blühen nach bis zum Frost.

'Mireille Mathieu' Fl (Kordes 1988). Bei den mittelgroßen, gefüllten, orangeroten Blüten wirken die inneren Blütenblätter unregelmäßig. Die Blumen duften leicht. Die kompakten Pflanzen tragen ledriges, dunkelgrünes Laub und werden 90 cm hoch.

Duft: Wenig.
Pflanze: Wuchs kräftig, breit. Blattwerk mittelgrün, mittelgroß.
Höhe: 80 cm.
Verwendung: Vorzüglich für Vorpflanzungen sowie für die Verwendung mit Gehölzen und Stauden.

Margaret Merril Fl (Harkness 1987)
Kreuzung: ('Rudolf Timm' × 'Dedication') × 'Pascali'.
Farbe: Perlweiß mit leichtem Lachsschimmer.
Form: Vornehm, 20 Petalen; in geöffnetem Zustand besonders zierend.
Duft: Stark und sehr angenehm.
Pflanze: Wuchs mittelstark, buschig. Mit besonders schönem, grünem, glänzendem, strukturiertem Blattwerk. Etwas anfällig für Sternrußtau.
Höhe: 50–60 cm.
Verwendung: Überall an freiem Standort.

Margo Koster P (D. A. Koster 1931)
Kreuzung: Sport von 'Dick Koster'.
Farbe: Lachsrosa.
Form: Halbgefüllt, kleinblumig, kugelig.
Duft: Nicht vorhanden.
Pflanze: Wuchs mäßig, aufrecht, schöne Büsche bildend. Laub hellgrün, klein.
Höhe: 40 cm.
Verwendung: Gute Sorte für die Bepflanzung der verschiedensten Gefäße, geeignet für Bordüren und Gräber.

Miss France Fl (Gaujard 1955)
Kreuzung: 'Mme A. Meilland' × 'Kordes Sondermeldung'.
Farbe: Zinnoberrot.
Form: Gut gefüllt, ballenförmig, groß.
Duft: Leicht.
Pflanze: Wuchs kräftig, buschig. Blattwerk rotgrün, gesund.
Höhe: 60 cm.
Verwendung: Gute Beetrose mit verschiedenen Verwendungsmöglichkeiten.

Moulin Rouge Fl (Meilland 1952)
Kreuzung: 'Alain' × 'Orange Triumph'.
Farbe: Hochrot, Johannisbeerrot.
Form: Locker gefüllt, vornehm. Blüten wetterbeständig.
Duft: Nicht vorhanden.
Pflanze: Wuchs mittelstark, buschig. Laub dunkelgrün, leichter Glanz.
Höhe: 60 cm.
Verwendung: Vorzügliche Beetrose. Für Höhenlagen *** geeignet.

Muchacha Fl (Meilland 1977)
Kreuzung: 'Frenzy' × 'Sangria'.
Farbe: Purpurrot-zinnoberrot.
Form: Mittelgroß. Blütenblätter sind gewellt.
Duft: Nicht vorhanden.
Pflanze: Wuchs besonders kräftig, strauchartig. Blattwerk grün-bronze, halbmatt, gesund.
Höhe: 90 cm.
Verwendung: Für große Beetbepflanzungen besonders geeignet, ebenso zum Einpflanzen in Gehölz- und Staudenbeete.

Muttertag P (F. J. Grootendorst 1950)
Kreuzung: Sport von 'Dick Koster'.
Farbe: Leuchtend rot.
Form: Locker gefüllt, kleinblumig, kugelig.
Duft: Nicht vorhanden.
Pflanze: Wuchs mittel, buschig. Laub hellgrün, klein.
Höhe: 40 cm.
Verwendung: Vorzügliche Rose für den Balkon und Dachgarten sowie die Grabbepflanzung, erträgt sonnige Lage.

Nina Weibull Fl (Poulsen 1962)
Kreuzung: 'Fanal' × 'Masquerade'.
Farbe: Dunkelrot.
Form: Dicht gefüllt, mittelgroß.
Duft: Nicht vorhanden.
Pflanze: Wuchs mittelstark, buschig. Kleine ledrige, gesunde Blätter. Blühbeginn etwas spät.
Höhe: 50 cm.
Verwendung: Als Beetrose vorzüglich geeignet. Für Höhenlagen *** geeignet.

Nirvana Fl (Meilland 1977)
Kreuzung: 'Pink Wonder' × 'Centenaire de Lourdes'.
Farbe: Azaleenrosa, in der Mitte korallenrosa, Unterseite karminrosa.
Form: Leicht gefüllt, ziemlich groß.
Duft: Nicht vorhanden.
Pflanze: Wuchs sehr kräftig, buschig. Blattwerk dunkelgrün, glänzend, gesund.
Höhe: 1,4 m.
Verwendung: Einzeln oder in kleinen Gruppen, gut geeignet auch für Gehölz- und Staudenrabatten.

Olala Fl (Tantau 1956)
Kreuzung: 'Fanal' × 'Crimson Glory'.
Farbe: Blutrot.
Form: Halbgefüllt, groß.
Duft: Nicht vorhanden.
Pflanze: Wuchs kräftig. Blattwerk tiefgrün.
Höhe: 60 cm.
Verwendung: Gute Beetrose, erträgt sonnige Lagen recht gut.

Orange Sensation Fl (de Ruiter 1961)
Kreuzung: 'Amor' × 'Fashion'.
Farbe: Zinnober-orange.
Form: Locker gefüllt, großblumig.
Duft: Leicht.
Pflanze: Wuchs mittel. Gesundes, glänzendes Laub.
Höhe: 50 cm.
Verwendung: Gute Beetrose, extrem heißen Standort liebt sie nicht. Für Höhenlagen ** geeignet.

Orange Triumph P (Kordes 1937)
Kreuzung: 'Eva' × 'Solarium'.
Farbe: Lachsrosa, orange angehaucht.
Form: Halbgefüllt, klein.
Duft: Wenig.
Pflanze: Wuchs mittel, buschig. Laub tiefgrün, glänzend.
Höhe: 60 cm.
Verwendung: Vorzüglich geeignet für das Einpflanzen in Gehölz- und Staudenbeete.

Paprika Fl (Tantau 1958)
Kreuzung: 'Märchenland' × 'Schweizergruß'.
Farbe: Paprika- bis geranienrot.
Form: Leicht gefüllt, ziemlich große, schöne Blütenform.
Duft: Nicht vorhanden.
Pflanze: Wuchs kräftig. Großes, dunkelgrünes, glänzendes Blattwerk.
Höhe: 50 cm.
Verwendung: Gut geeignet für Beetbepflanzung. Für Höhenlagen ** geeignet.

Poulsens Gruppenrose Fl (Poulsen 1948)
Kreuzung: 'Orléans Rose' × 'Talisman'.
Farbe: Reinrosa.
Form: Halbgefüllt, groß.
Duft: Wenig.
Pflanze: Wuchs kräftig, aufrecht. Blattwerk bronze-grün.
Höhe: 70 cm.
Verwendung: Gute Gruppenrose, für nicht zu extrem heiße Lagen sowie zur Mitverwendung in Stauden- und Gehölzgruppen.

Pink Parfait Fl (Swim/Armstrong 1960)
Kreuzung: 'First Love' × 'Rosenmärchen'.
Farbe: Reinrosa, dunkel geadert, im Verblühen heller werdend.
Form: Locker gefüllt, großblumig, becherförmig.
Duft: Nicht bekannt.
Pflanze: Wuchs mittelstark, buschig. Laub dunkelgrün, mittelgroß, glänzend.
Höhe: 70 cm.
Verwendung: Gute Beetrose für nicht zu extrem heiße Lage.

Rosamunde Fl (Kordes 1975)
Kreuzung: Floribunda-Sämling × 'Zorina'.
Farbe: Leuchtend rosa.
Form: Schalenförmig, halbgefüllt.
Duft: Nicht vorhanden.
Pflanze: Breitbuschig, niedrig. Überreich blühend.
Höhe: 40 cm.
Verwendung: Gute Beetrose, zur Bepflanzung von Wannen und Schalen geeignet.

Rosenelfe Fl (Kordes 1939)
Kreuzung: 'Else Poulsen' × 'Sir Basil McFarland'.
Farbe: Zart rosa.
Form: Gut gefüllt, mittelgroß.
Duft: Nicht vorhanden.
Pflanze: Wuchs mittel, gedrungen. Laub hellgrün, matt.
Höhe: 40 cm.
Verwendung: Für kleine Beete geeignet.

Rosi Mittermaier Fl (Kordes 1977)
Kreuzung: 'Hurra' × 'Peer Gynt'.
Farbe: Hellorange-rot.
Form: Gefüllt, offen, groß.
Duft: Nicht vorhanden.
Pflanze: Wuchs mittelstark, stark verzweigt. Laub dunkelgrün, glänzend, mittelgroß.
Höhe: 65 cm.
Verwendung: Gute Beetrose.

Rumba Fl (Poulsen 1958)
Kreuzung: 'Masquerade' × ('Poulsens Gruppenrose' × 'Floradora').
Farbe: Goldgelb mit Orange, Rückseite der Blütenblätter gerötet.
Form: Gut gefüllt, klein, anfänglich kugelig.
Duft: Nicht vorhanden.
Pflanze: Wuchs mittelstark, buschig. Laub intensiv grün.
Höhe: 40 cm.
Verwendung: Vorzügliche Beetrose für kleine Pflanzflächen sowie zur Bepflanzung von Gefäßen sehr gut geeignet.

Samba Fl (Kordes 1964)
Kreuzung: 'Rumba' × Sämling.
Farbe: Goldgelb, außen gerötet, später innen scharlach.
Form: Gefüllt, mittelgroß.
Duft: Nicht vorhanden.
Pflanze: Wuchs mittelstark, gut verzweigt. Laub sattgrün, glänzend.
Höhe: 40 cm.
Verwendung: Gute Beetrose für verschiedene Standorte. Für Höhenlagen ** geeignet.

Sangria Fl (Meilland 1966)
Kreuzung: 'Firekings' × ('Rouge Meilland' × 'Kordes Sondermeldung').
Farbe: Geraniumrot.
Form: Halbgefüllt. Wetterfest.
Duft: Nicht vorhanden.
Pflanze: Wuchs kräftig, gut verzweigt. Laub frischgrün, leichter Glanz.
Höhe: 90 cm.
Verwendung: Vorzügliche Beetrose, geeignet auch für Staudenbeete.

Sarabande P (Meilland 1957)
Kreuzung: 'Cocorico' × 'Moulin Rouge'.
Farbe: Leuchtend geranienrot.
Form: Einfach bis leicht gefüllt. Wetterfest.
Duft: Nicht vorhanden.
Pflanze: Wuchs mittelkräftig, gedrungen und gut verzweigt. Laub schön und gesund.
Höhe: 50 cm.
Verwendung: Vorzügliche Beetrose, stagnierende Wärme erträgt sie schlecht.

'Orange Triumph', eine starkwachsende, sehr frostharte Polyantharose von Kordes (1937) mit lachsrosa bis scharlachroten Blüten und dunkelgrünem Laub ist besonders gut geeignet für eine kombinierte Pflanzung zusammen mit Stauden und Gehölzen.

Die dauerblühende 'Sarabande' trägt Büschel leuchtend geranienroter, locker gefüllter Blüten. Das großblättrige Laub bleibt gesund.

Scherzo Fl (Meilland 1974)
Kreuzung: 'Prince Igor' × 'Tamango'.
Farbe: Scharlachrot-silbrigweiß.
Form: Gut gefüllt, mittelgroß.
Duft: Nicht vorhanden.
Pflanze: Wuchs mittelstark, kompakt. Blattwerk dunkelgrün, glänzend.
Höhe: 50 cm.
Verwendung: Vorzügliche Beetrose, erträgt auch stark sonnige Lage.

Shocking Blue Fl (Kordes 1975)
Kreuzung: Sämling × 'Silver Star'.
Farbe: Lila, »magentalila«.
Form: Ziemlich große, schön geformte, hochgebaute Blüte, gut gefüllt.
Duft: Intensiv!
Pflanze: Wuchs kräftig, mäßig verzweigt. Laub dunkelgrün, glänzend.
Höhe: 60 cm.
Verwendung: Dank ihrer gesunden Wuchseigenschaften läßt sie sich in allen Lagen verwenden. Bei der Wahl von Farbkombinationen ist Vorsicht geboten.

Sonia Meilland Fl (TH?) (Meilland 1970)
Kreuzung: 'Zambra' × ('Baccara' × 'Message').
Farbe: Porzellanrosa.
Form: Gut gefüllt, edel.
Duft: Nicht vorhanden.
Pflanze: Wuchs mittelstark, gut verzweigt. Laub mittelgrün, derb.
Höhe: 70 cm.
Verwendung: Vorzügliche Beetrose für nicht zu heißen Standort, eignet sich gut als Freilandschnittrose.

Sonnenröschen Fl (Kordes 1978)
Kreuzung: 'Arthur Bells' × gelber Rubiginosa-Floribunda-Sämling.
Farbe: Goldgelb, nicht verblassend.
Form: Langgestreckte Knospe. Blüte gut gefüllt.
Duft: Leicht.
Pflanze: Buschig, dicktriebig. Schönes gesundes, intensiv grünes Laub.
Höhe: 60 cm.
Verwendung: Gute Beetrose für alle Lagen im Mittelland.

Stadt Basel FlGr (Meilland 1980)
Kreuzung: 'Sonia Meilland' × 'The Queen Elizabeth Rose'.
Farbe: Cremeweiß.
Form: Gut gefüllt, groß und schöne Blütenform.
Duft: Nicht vorhanden.
Pflanze: Guter, gleichmäßiger Wuchs, schöne Büsche bildend. Widerstandsfähiges, gesundes Blattwerk. Außerordentlich blühwillig.
Höhe: 80 cm.
Verwendung: Für alle Lagen. Für Höhenlagen *** geeignet.

Stadt Luzern Fl (Huber 1967)
Kreuzung: Sport von 'The Queen Elizabeth Rose'.
Farbe: Zart lachsrosa mit leicht orangefarbenem Grund.
Form: Gefüllt, mittelgroß, becherförmig.
Duft: Nicht vorhanden.
Pflanze: Wuchs kräftig. Laub gesund.
Höhe: 1 m.
Verwendung: Eignet sich gut für Einpflanzung in Sträucher- und Staudenbeete.

Sweetheart (Rambler) (Walsh 1901)
Kreuzung: *R. wichuraiana* × 'Bridesmaid'
Farbe: Rosa bis zart rosa.
Form: Gefüllt, edle Blütenform.
Duft: Nicht vorhanden.
Pflanze: Wuchs mittelstark. Mittelgrünes, eher kleines Laub. An schlecht durchlüftetem Standort etwas mehltauanfällig.
Höhe: 50 cm.
Verwendung: Vorzügliche Beetrose. Für Höhenlagen *** geeignet.

Sylvia Fl (Kordes 1978)
Kreuzung: 'Carina' × 'Prominent'.
Farbe: Kräftig rosa.
Form: Spitz, becherförmig, gefüllt.
Duft: Leicht.
Pflanze: Sehr robust, straff aufrechtwachsend, stark treibend. Reichblühend.
Höhe: 1 m und höher.
Verwendung: Einzeln oder zu Gruppen von je drei Stück pflanzen. Für Vorpflanzungen geeignet. Gute Schnittrose.

Tchin Tchin Fl (Meilland 1978)
Kreuzung: ('Sarabande' × 'Dany Robin') × ('Alain' × 'Orange Triumph').
Farbe: Paprikarot.
Form: Gefüllt, breit.
Duft: Wenig.
Pflanze: Wuchs kräftig, buschig. Reichliches, dunkelgrünes, mattes, gesundes Blattwerk. Blüht anhaltend und reich.
Höhe: 70 cm.
Verwendung: Vorzügliche Beetrose. Sie eignet sich auch zur Mitverwendung von Blütenstauden und Kleingehölzen.

The Fairy P (Bendall 1932)
Kreuzung: Sport von 'Lady Godiva'.
Farbe: Hellrosa.
Form: Dicht gefüllt, in kleinen Rosetten.
Duft: Nicht vorhanden.
Pflanze: Wuchs eher schwach. Laub mittelgrün, stark glänzend, klein. Dauerblühend.
Höhe: 80 cm. Durchmesser 1 m.
Verwendung: Für den Liebhabergarten.

The Queen Elizabeth Rose FlGr (Lammerts 1954)
Kreuzung: 'Charlotte Armstrong' × 'Floradora'.
Farbe: Rein hellrosa.
Form: Locker gefüllt, ziemlich großblumig.
Duft: Nicht vorhanden.
Pflanze: Wuchs kräftig, straff aufrecht. Laub dunkelgrün, leicht rötlich, gesund, wenig Stacheln. Reichblühend. Blütentriebe verzweigen sich stark.
Höhe: 1,1 m.
Verwendung: Vorzügliche Sorte für verschiedene Verwendungszwecke. Für Höhenlagen ** geeignet.

Ticino Fl (Huber 1978)
Kreuzung: 'Duftwolke' × 'Allegro'.
Farbe: Geraniumrot.
Form: Gut gefüllt.
Duft: Wenig.
Pflanze: Wuchs kräftig, aufrecht. Ledriges, dunkelgrünes Blattwerk. Wenig Stacheln, widerstandsfähig.
Höhe: 1,2 m.
Verwendung: Vor allem für große Beete sowie besonders gut für Vorpflanzungen geeignet. Mehltauanfällig!

Tip Top Fl (Tantau 1963)
Kreuzung: Sämling × Sämling.
Farbe: Lachsrosa.
Form: Halbgefüllt, groß, becherförmig.
Duft: Leicht.
Pflanze: Wuchs mittelstark, buschig. Blattwerk dunkelgrün, glänzend.
Höhe: 40 cm.
Verwendung: Vorzügliche und vielseitige Beetrose, erträgt auch kräftig besonnte Lagen.

Uwe Seeler ('Rainer Maria Rilke') Fl (Kordes 1970)
Kreuzung: 'The Queen Elizabeth Rose' × 'Königin der Rosen'.
Farbe: Lachsorange.
Form: Gut gefüllt, großblumig.
Duft: Leicht.

Pflanze: Wuchs buschig, aufrecht. Blätter mittelgrün, lederartig, aufrecht, gesund. Frostwiderstandsfähig.
Höhe: 70 cm.
Verwendung: Gute Beetrose, auch für größere Flächen. Erträgt gut sonnige Lagen.

Vatertag P (Tantau 1959)
Kreuzung: Sport aus 'Muttertag'.
Farbe: Orangerot.
Form: Halbgefüllt, klein, kugelig.
Duft: Nicht vorhanden.
Pflanze: Wuchs mittel, buschig. Laub hellgrün.
Höhe: 40 cm.
Verwendung: Für Beet-, Gräber-, Bordürenbepflanzung. Auch als Topfrose.

Ville de Zurich Fl (Gaujard 1967)
Kreuzung: 'Miss France' × 'Nouvelle Europe'.
Farbe: Orangerot.
Form: Locker gefüllt, mittelgroß.
Duft: Wenig.
Pflanze: Wuchs kräftig, buschig. Laub dunkelgrün, glänzend.
Höhe: 70 cm.
Verwendung: Gute Beetrose für nicht zu heiße Lagen, sonst spinnmilbenanfällig.

Wilhelm Tell Fl (Meilland 1989)
Kreuzung: Nicht bekannt.
Farbe: Kirschrot.
Form: Breite Schalenform, leicht gefüllt.
Duft: Leichter Duft.
Pflanze: Kräftiger, aufrechter Wuchs. Glänzendes Laub. Dauerblühend.
Höhe: 1 m.
Verwendung: Geeignet für die Einpflanzung im Staudenbeet, kann auch als Kleinstrauchrose verwendet werden.

Yesterday Fl (Harkness 1974)
Kreuzung: ('Phyllis Bide' × 'Shepherds Delight') × 'Ballerina'.
Farbe: Silbrig mit purpurnem Rand.
Form: Halbgefüllt, kleinblumig. Goldgelbe Staubfäden.
Duft: Wenig.
Pflanze: Mittelstarker Wuchs, kleine Büsche bildend. Mit kleinem, hellgrünem, glänzendem Laub.
Höhe: 80 cm.
Verwendung: Als Einzelpflanze; eignet sich auch sehr gut zur Mitverwendung mit Stauden.

Zorina Fl
(Boerner/Jackson & Perkins 1965)
Kreuzung: 'Rosenmärchen'-Sämling × 'Spartan'.
Farbe: Lachsorange, leuchtend.
Form: Gut gefüllt, groß, becherförmig.
Duft: Nicht bekannt.
Pflanze: Wuchs kräftig, buschig. Laub dunkelgrün, am Jungtrieb rötlich.
Höhe: 50 cm.
Verwendung: Gute Beet- und Schnittrose, geeignet für Balkon und Dachgarten.

Große, locker gefüllte Blüten in Reinrosa trägt 'The Queen Elizabeth Rose' an sehr langen, kräftigen Stielen. Gesundheit ist eine der herausragenden Merkmale dieser Rose.

Linke Seite: Sicher ist 'The Fairy' eine der populärsten kleinblumigen Beetrosen. In großer Fülle erscheinen die hellrosa, dicht gefüllten, kleinen Blüten. Die Sorte läßt sich hervorragend sowohl mit Strauchrosen als auch mit Stauden kombinieren.

Remontantrosen, Teerosen, Teehybridrosen

Die Buchstabensymbole hinter den Sortennamen geben die Klassenzugehörigkeit an (Rem = Remontantrosen, T = Teerosen, TH = Teehybridrosen).

Ambassador TH (Meilland 1977)
Kreuzung: ('Zambra' × 'Suspense') × ('Kings Ransom' × 'Whisky Mac').
Farbe: Hellorange mit gelbem Blattansatz.
Form: Gut gefüllt, groß, schalenförmig.
Duft: Leicht.
Pflanze: Wuchs sehr kräftig, fast strauchartig. Laub dunkelgrün, halbmatt, dicht.
Höhe: 1,3–1,4 m.
Verwendung: In geschützten Lagen auch als Strauchrose geeignet.

Americana TH
(Boerner/Jackson & Perkins 1961)
Kreuzung: 'Poinsettia'-Sämling × 'New Yorker'.
Farbe: Hochrot, leuchtend, verfärbt sich nicht.
Form: Gefüllt, großblumig, einmalig schöne Blume.
Duft: Wenig.
Pflanze: Wuchs kräftig. Gesundes, lederartiges Blattwerk.
Höhe: 80 cm.
Verwendung: Gute Beetrose, auch für sonnige Lagen geeignet.

American Home TH
(Morey/Jackson & Perkins 1960)
Kreuzung: 'Chrysler Imperial' × 'New Yorker'.
Farbe: Dunkel samtig rot.
Form: Locker gefüllt, edle Blüten, becherförmig.
Duft: Vorzüglich.
Pflanze: Wuchs kräftig, schöne Pflanzen bildend. Laub dunkelgrün, gesund.
Höhe: 80 cm.
Verwendung: Gute Beetrose.

Anne Marie Trechslin TH
(Meilland 1968)
Kreuzung: 'Sutters Gold' × ('Demain' × 'Mme A. Meilland').
Farbe: Kupferorange, Unterseite lachsfarben.
Form: Gefüllt, großblumig, edel. Blume etwas regenempfindlich.
Duft: Vorzüglich.
Pflanze: Wuchs kräftig, schöne buschige Pflanzen bildend. Blätter ziemlich groß, tiefgrün, lederartig.
Höhe: 60 cm.
Verwendung: Gute Beetrose, eignet sich auch als Freilandschnittrose.

Antonia Ridge TH (Meilland 1976)
Kreuzung: ('Chrysler Imperial' × 'Karl Herbst') × 'Pharaon'.
Farbe: Johannisbeerrot.
Form: Große, gut gefüllte, schön aufgebaute Blüte.
Duft: Wenig.
Pflanze: Kräftiger Wuchs, gut verzweigte Büsche bildend. Mit widerstandsfähigem Blattwerk. Williger Blüher.
Höhe: 80 cm.
Verwendung: In wenig exponierten Lagen. Für Höhenlagen ** geeignet.

Arturo Toscanini TH (Meilland 1971)
Kreuzung: (['Rouge Meilland' × 'Kordes Sondermeldung'] × 'Sutters Gold') × (['Rouge Meilland' × 'Kordes Sondermeldung'] × 'Suspense').
Farbe: Leuchtend geraniumrot.
Form: Gefüllt, große Knospe und Blüte. Gegenüber Niederschlägen widerstandsfähig.
Duft: Nicht vorhanden.
Pflanze: Wuchs mittelstark, buschig. Mittelgrünes Blattwerk.
Höhe: 50 cm.
Verwendung: Gute Beetsorte, für nicht zu extrem heißen Standort.

'Just Joey' TH (Cants 1972). Elegante, knospenartige Blüten in einem kupfrig-bräunlichen Rosa, reizvoll gewellte Blütenblätter, dunkelgrünes, mattes Laub, mittelstarker Wuchs.

Atoll TH (Meilland 1972)
Kreuzung: 'Super Star' × 'Zambra' × 'Romantica'.
Farbe: Lachsorange.
Form: Elegante Knospe, gut gefüllt und wetterfest.
Duft: Nicht vorhanden.
Pflanze: Kräftiger, aufrechter Wuchs. Mittelgroßes Blattwerk. Etwas mehltauanfällig.
Höhe: 80 cm.
Verwendung: Gute Beetrose. Für Höhenlagen ** geeignet.

Baden-Baden TH (Kordes 1952)
Kreuzung: 'Poinsettia' × 'Crimson Glory'.
Farbe: Blutrot.
Form: Gut gefüllt, mittelgroße Blumen.
Duft: Vorzüglich.
Pflanze: Wuchs eher schwach, unregelmäßig. Laub tiefgrün, derb.
Höhe: 50 cm.
Verwendung: Sehr dankbare Rose für kleinere Gartenbeete, besonders für den Rosenliebhaber eine recht interessante Rose.

Bajazzo TH (Kordes 1961)
Kreuzung: 'Prima Ballerina' × 'Freiheitsglocke'.
Farbe: Innen blutrot, außen annähernd weiß.
Form: Gut gefüllt, großblumig.
Duft: Gut.
Pflanze: Wuchs stark, aufrecht, etwas steif. Blätter tiefgrün und derb, gesund.
Höhe: 60 cm.
Verwendung: Beetrose, Vorsicht bei der Verwendung mit anderen Rosen (unruhig!).

Barbara Hauenstein TH (Poulsen 1957)
Kreuzung: Nicht bekannt.
Farbe: Dunkel silberrosa.
Form: Gut gefüllt, elegante Knospe, später zu einer herrlichen Blume entfaltend.
Duft: Gut.
Pflanze: Wuchs kräftig, straff aufrecht. Schönes, gesundes Blattwerk.
Höhe: 80 cm.
Verwendung: Gut geeignet für die Einpflanzung in Gehölz- und Staudenbeete. Die Sorte gilt auch als gute Freilandschnittrose und ist für Höhenlagen *** geeignet.

Baronne E. de Rothschild TH (Meilland 1968)
Kreuzung: ('Baccara' × 'Liebesglut') × 'Mme A. Meilland'.
Farbe: Purpurrot.
Form: Leicht kugelig, gut gefüllt.
Duft: Leicht.
Pflanze: Mittelstarker, gleichmäßiger Wuchs. Lederartiges, gesundes, glänzendes Blattwerk.
Höhe: 70 cm.
Verwendung: Gute Beetrose für nicht zu extrem heißen Standort.

Baroness Rothschild Rem (Pernet 1868)
Kreuzung: Sport von 'Souvenir de la Reine d'Angleterre'.
Farbe: Mitte dunkelrot, gegen den Rand hin hell auslaufend.
Form: Dicht gefüllt, großblumig. Petalen in eine Spitze zurückrollend.
Duft: Leicht.
Pflanze: Wuchs kräftig. Mit großem Laub. Blüht im Herbst nochmals etwas nach.
Höhe: 1,5 m.
Verwendung: In kleinen Gruppen zu 3 Stück oder zur Einpflanzung in Gehölz- und Staudenbeete.

Beauté TH (Mallerin 1953)
Kreuzung: 'Mme Joseph Perraud' × Sämling.
Farbe: Goldorange.
Form: Auffallend schöne, edelgeformte Blüten, gut gefüllt.
Duft: Nicht vorhanden.
Pflanze: Kräftiger, gesunder Wuchs. Mit üppigem Blattwerk.
Höhe: 60 cm.
Verwendung: Vorzügliche Beetrose an allen Standorten.

Stark duften die großen, dicht gefüllten, roten Blüten von 'Baden-Baden'. Die Sorte kommt mit relativ wenig Platz aus.

Bern TH (Huber 1975)
Kreuzung: 'Crimson Glory' × 'Lilac Charme'.
Farbe: Hell kirschrot bis schwach lila.
Form: Knospe urnenförmig. Gut gefüllt.
Duft: Bemerkenswert.
Pflanze: Wuchs mittelstark, breitwachsend. Blattwerk mittelgrün, ledrig, im jungen Stadium rötlich.
Höhe: 50 cm.
Verwendung: Gute Beetrose für nicht zu extrem heiße Lagen.

Black Night TH (Huber 1975)
Kreuzung: 'Duftwolke' × 'Pharaon'.
Farbe: Samtig dunkelrot, gut gefüllt.
Form: Ausgeprägte rosenförmige Blüte.
Duft: Nicht vorhanden.
Pflanze: Wuchs mittelstark. Lederartiges, dunkelgrünes Blattwerk, beim Austrieb rötlich.
Höhe: 70 cm.
Verwendung: Gute Beetrose für nicht zu heiße Lagen.

Blue River TH (Kordes 1984)
Kreuzung: 'Mainzer Fastnacht' × 'Zorina'.
Farbe: Lila mit dunkellila Rand.
Form: Mittelgroße, edle Form und gut gefüllt.
Duft: Intensiv.
Pflanze: Wuchs mittelstark, aufrecht und gut verzweigt. Dunkelgrüne, glänzende Belaubung.
Höhe: 80 cm.
Verwendung: In nicht zu extrem heißen Lagen. Vorsicht bei Farbkombinationen.

Bonne Nuit TH (Combe/Wyant 1966)
Kreuzung: Nicht bekannt.
Farbe: Schwärzlich, samtrot.
Form: Gut gefüllt, mittelgroß, auffallende Staubblätter.
Duft: Leicht.
Pflanze: Wuchs mittelstark, buschig. Eher spärliches, glänzendes Blattwerk.
Höhe: 60 cm.
Verwendung: Beetrose für nicht zu heißen und nicht zu schattigen Standort.

Burgund TH (Kordes 1977)
Kreuzung: 'Henkell Royal' × Sämling aus Teehybride (rot).
Farbe: Samtig dunkelrot.
Form: Knospen langgestreckt, edel. Blüte gut gefüllt.
Duft: Vorzüglich.
Pflanze: Wuchs mittelstark, vielverzweigt. Blattwerk dunkelgrün, glänzend, mittelgroß.
Höhe: 65 cm.
Verwendung: Gute Beetrose.

Caprice TH (Meilland 1948)
Kreuzung: 'Mme A. Meilland' × 'Fantastique'.
Farbe: Innen rot, außen hellgelb.
Form: Gut gefüllt, mittelgroß.
Duft: Wenig.
Pflanze: Wuchs aufrecht und buschig. Laub dunkelgrün, gesund. Nicht mehltauanfällig.
Höhe: 70 cm.
Verwendung: Beetrose, auch für exponierte Lagen geeignet.

Champs-Elysées TH (Meilland 1957)
Kreuzung: 'Monique' × 'Rouge Meilland'.
Farbe: Tief karminrot, Unterseite matt dunkelrot.
Form: Gut gefüllte, edelgeformte Knospe. Vornehme Blütenform.
Duft: Nicht vorhanden.
Pflanze: Mittelstarker Wuchs, gute Verzweigung. Laub mittelgrün, gesund.
Höhe: 70 cm.
Verwendung: Gute Beetrose.

Charles Mallerin TH (Meilland 1951)
Kreuzung: ('Gloria di Roma' × 'Congo') × 'Tassin'.
Farbe: Schwärzlich karmin.
Form: Gut gefüllt, groß.
Duft: Stark, angenehm.
Pflanze: Wuchs mittelstark, etwas unregelmäßig.
Höhe: 80 cm.
Verwendung: Als Beetrose, nicht in Gemeinschaft mit anderen Sorten.

Charlotte Armstrong TH (Lammerts/Armstrong 1946)
Kreuzung: 'Sœur Thérèse' × 'Crimson Glory'.
Farbe: Kräftig kirschrot.
Form: Lange Knospen. Große Blumen, gut gefüllt.
Duft: Leicht.
Pflanze: Wuchs kräftig, lange Triebe bildend, etwas unregelmäßig. Laub dunkelgrün, ledrig.
Höhe: 80 cm.
Verwendung: Gute Beetrose in allen Lagen.

Chicago Peace TH (Johnston 1962)
Kreuzung: Sport von 'Mme A. Meilland'.
Farbe: Kräftig rosa, fein geadert, auf der Rückseite hellgelb.
Form: Dicht gefüllt, groß.
Duft: Wenig.
Pflanze: Wuchs kräftig, gut verzweigt. Blattwerk glänzend grün, lederartig, gesund.
Höhe: 80 cm.
Verwendung: Vorzügliche Beetrose, vor allem in größeren Flächen.

Crêpe de Chine TH (Delbard 1970)
Kreuzung: 'Joyeux Noël' × ('Gloria di Roma' × 'Impeccable').
Farbe: Karminrot mit leichtem orangefarbenem Anflug.
Form: Leicht gefüllt. Ränder der Blütenblätter etwas gewellt.
Duft: Wenig.
Pflanze: Wuchs kräftig. Laub mittelgrün, ledrig, gesund. Sie gehört zu den gesündesten Rosen überhaupt!
Höhe: 60 cm.
Verwendung: Vorzügliche Beetrose, läßt sich auch gut mit Floribundarosen zusammen verwenden.

Crimson Glory TH (Kordes 1935)
Kreuzung: 'Cathrine Kordes'-Sämling × 'W. E. Chaplin'.
Farbe: Tief samtig karminrot.
Form: Gut gefüllt, mittelgroß, edle Form.
Duft: Vorzüglich.
Pflanze: Wuchs mittelstark, buschig. Schönes, gesundes Blattwerk.
Höhe: 60 cm.
Verwendung: Vorzügliche Beetrose für nicht zu extrem heiße Lagen.

Devoniensis T (Forster 1838) (Im Jahre 1858 ist 'Devoniensis' auch als Climbing-Rose erschienen!)
Kreuzung: 'Smiths Yellow' × 'Parks Yellow China'.
Farbe: Rahmweiß, Mitte zartrosa.
Form: Gut gefüllt, groß.
Duft: Kräftig.
Pflanze: Wuchs kräftig. Laub mittelgrün bis hellgrün.
Höhe: 70 cm.
Verwendung: Eignet sich nur für sehr geschützte Lagen und erfordert Winterschutz.

Dr. A. J. Verhage TH (Verbeek 1963)
Kreuzung: 'Tawny Gold' × ('Baccara' × Sämling).
Farbe: Goldgelb, dunkler überlaufen.
Form: Mäßig gefüllt, groß. Blütenrand gewellt.
Duft: Gut.
Pflanze: Wuchs gedrungen, kräftige Triebe, buschig. Laub dunkelgrün, gesund.
Höhe: 50 cm.
Verwendung: Gute Beetrose für nicht zu extrem sonnige Lage. Ebenso gute Schnittrose.

Dr. Albert Schweitzer TH (Delbard/Chabert 1961)
Kreuzung: 'Chic Parisien' × 'Michèle Meilland'.
Farbe: Rosa, innen etwas heller.
Form: Locker gefüllt, großblumig.
Duft: Leicht.
Pflanze: Wuchs kräftig. Bronzegrünes Blattwerk.
Höhe: 60 cm.
Verwendung: Beetrose, extrem heiße Lagen sollten gemieden werden.

Duftparadies TH (Hetzel 1966)
Kreuzung: 'Monique' × 'Mardi Gras'.
Farbe: Karminrot.
Form: Gefüllt, groß, hoch gebaut.
Duft: Gut.
Pflanze: Wuchs mittelstark, buschig. Laub grün, glänzend.
Höhe: 60 cm.
Verwendung: Beetrose, nicht zu heiße Lagen.

Duftwolke TH (Tantau 1963)
Kreuzung: Sämling × 'Prima Ballerina'.
Farbe: Orange bis purpurrot.
Form: Gut gefüllt, großblumig. Die offene Blume hält sich sehr lange.
Duft: Kräftig.
Pflanze: Wuchs kräftig und sehr ausgeglichen. Laub gesund, tiefgrün, groß und ledrig.
Höhe: 70 cm.
Verwendung: Vorzügliche Beetrose für alle Lagen. Auch für Höhenlagen *** geeignet.

Duftzauber 84 TH (Kordes 1984)
Kreuzung: 'Feuerzauber' × Sämling.
Farbe: Blutrot.
Form: Edel geformt, großblumig, gut gefüllt.
Duft: Gut.
Pflanze: Wuchs aufrecht, bildet schöne Büsche. Dunkelgrünes, leicht glänzendes Blattwerk.
Höhe: 90 cm.
Verwendung: Alle Lagen. Freiland-Schnittrose.

Eden Rose TH (Meilland 1950)
Kreuzung: 'Mme A. Meilland' × 'Signora'.
Farbe: Cyclamenrot, Rückseite heller.
Form: Gut gefüllt. Die offene Blüte bildet einen vollkommenen Becher.
Duft: Gut und angenehm.
Pflanze: Wuchs kräftig, wenig verzweigt. Laub groß, glänzend und tiefgrün.
Höhe: 80 cm.
Verwendung: Vorzügliche Beetrose. Für Höhenlagen *** geeignet.

'Esmeralda' TH (1981). Die großen, gefüllten Blüten in kräftigem Altrosa duften intensiv und halten sich lange. Stark und aufrecht wächst der breite, verzweigte Busch, der eine Höhe von 80 cm erreicht.

Eiffel Tower TH (Armstrong/Swim 1963)
Kreuzung: 'First Love' × Sämling.
Farbe: Reinrosa, dunkel geadert.
Form: Knospe auffallend lang, elegant. Blüte gut gefüllt.
Duft: Gut.
Pflanze: Wuchs kräftig. Laub hellgrün, groß, matt.
Höhe: 90 cm.
Verwendung: Besonders geeignet zum Einpflanzen in Staudenbeete. Gute Freilandschnittrose.

Eminance TH (Gaujard 1962)
Kreuzung: 'Mme A. Meilland' × ('Viola' × Sämling).
Farbe: Lavendelfarben.
Form: Gut gefüllt, großblumig.
Duft: Gut.

Linke Seite: Die zunächst orangeroten, gefüllten Blüten von 'Duftwolke' verfärben sich mit dem Abblühen nach Purpurrot. Mit ihrem intensiven Duft macht die Sorte ihrem Namen alle Ehre.

Die großen, gefüllten Blüten von 'Ena Harkness' sind leicht überhängend. Sie bestechen durch ihre Form und ihre karmin-scharlachrote Färbung.

Pflanze: Wuchs kräftig, lange Stiele treibend. Laub hellgrün, derb.
Höhe: 80 cm.
Verwendung: Vorzüglich für Einzelstellung, auch in Gruppen, gute Freilandschnittrose. Für Höhenlagen ** geeignet.

Ena Harkness TH
(Norman/Harkness 1946)
Kreuzung: 'Crimson Glory' × 'Southport'.
Farbe: Karmin-scharlach.
Form: Dicht gefüllt, groß, schöne Blütenform.
Duft: Gut.
Pflanze: Wuchs kräftig, gleichmäßige Pflanzen bildend. Etwas mehltauanfällig.
Höhe: 80 cm.
Verwendung: Gute Beetrose. Für Höhenlagen * geeignet.

Etoile de Hollande TH
(Verschuren 1919)
Kreuzung: 'General MacArthur' × 'Hadley'.
Farbe: Dunkelrot.
Form: Gut gefüllt, becherförmig. Blüten hängen oft.
Duft: Kräftiger, angenehmer Rosenduft.
Pflanze: Wuchs mittelstark, locker. Blattwerk mittelgrün, matt. An schlecht durchlüftetem Standort etwas mehltauanfällig.
Höhe: 50 cm.
Verwendung: Eine Beetrose für den Liebhabergarten, auch noch für Höhenlagen * geeignet.

Eugène Fürst Rem
(Soupert & Notting 1875)
Kreuzung: 'Baron de Bousttus' × (?).
Farbe: Intensiv karminrot.
Form: Dicht gefüllt, groß, kugelig.
Duft: Gut.
Pflanze: Wuchs kräftig. Laub dunkelgrün, matt, groß.
Höhe: 1,2 m.
Verwendung: Als Einzelpflanze oder in kleinen Gruppen mit Remontantrosen zusammen.

Feria TH (Meilland 1968)
Kreuzung: ('Grand Gala' × 'Premier Bal') × 'Love Song'.
Farbe: Innen korallenrosa, dunkler geadert, außen gelborange.
Form: Dicht gefüllt.
Duft: Vorzüglich, zart.
Pflanze: Wuchs kräftig. Laub mittelgrün, lederartig, glänzend, groß, gesund.
Höhe: 60 cm.
Verwendung: Vorzügliche Beetrose.

Fisher und Holms Rem (Verdier 1865)
Kreuzung: Sämling von 'Maurice Bernardin' × (?).
Farbe: Scharlachrot, karmin.
Form: Dicht gefüllt, groß.
Duft: Gut.
Pflanze: Wuchs kräftig, etwas steif aufrecht. Laub mittelgrün.
Höhe: 90 cm.
Verwendung: Liebhabersorte, mit anderen Remontantrosen zusammen verwenden.

Folklore TH (Kordes 1977)
Kreuzung: 'Duftwolke' × Sämling.
Farbe: Leuchtend lachsrosa mit gelblichen Tönen und hellen Nuancen.
Form: Knospe spitz, langgestreckt. Blüte gefüllt.
Duft: Leicht.
Pflanze: Wuchs kräftig, viel verzweigt. Belaubung dunkelgrün, groß.
Höhe: 80 cm.
Verwendung: Gute Beetrose, ebenso gute Freilandschnittrose.

Fortuna TH (Kordes 1977)
Kreuzung: 'Sonia' × Sämling.
Farbe: Leuchtend lachsrot, Außenseiten von einem zarten Lachston überzogen.
Form: Gefüllt, groß, edel.
Duft: Nicht vorhanden.
Pflanze: Wuchs kräftig. Laub tiefgrün, groß.
Höhe: 80 cm.
Verwendung: Gute Garten- und Freilandschnittrose. Auch zum Treiben geeignet.

Frau Karl Druschki Rem (Lambert 1901)
Kreuzung: 'Merveille de Lyon' × 'Mme Caroline Testout'.
Farbe: Schneeweiß. Knospe karminüberlaufen.
Form: Gut gefüllt, großblumig; schöne, edle, sternförmige Rose. Die Blüten stehen meist auf kurzen Stielen.
Duft: Unbedeutend.
Pflanze: Wuchs kräftig. Triebe stark bestachelt. Laub ziemlich groß und mattgrün.
Höhe: 1 m.
Verwendung: In Beeten (5 Pflanzen pro m^2), eignet sich auch sehr gut als Strauchrose mit entsprechendem Schnitt. Für Höhenlagen ** geeignet.

Fritz Thiedemann TH (Tantau 1959)
Kreuzung: 'Horstmanns Jubiläumsrose'-Sämling × 'Alpenglühn'.
Farbe: Mennigrot.
Form: Gut gefüllt, groß, schöne Form.
Duft: Leicht.
Pflanze: Wuchs mittelstark, unregelmäßig. Laub rötlich-grün, etwas spärlich.
Höhe: 70 cm.
Verwendung: Als Beetrose für nicht exponierte Lagen geeignet.

Gail Borden TH (Kordes 1957)
Kreuzung: 'R. M. S. Queen Mary' × 'Victoria Adelheid'.
Farbe: Intensiv rosarot, die Ränder orangegelb angehaucht.
Form: Dicht gefüllt.
Duft: Angenehm.
Pflanze: Wuchs kräftig, stark verzweigt und buschig. Laub groß, tiefgrün. Williger Blüher.
Höhe: 60 cm.
Verwendung: Wertvolle Beetrose, nur nicht in zu heißer Lage.

Galia TH (Meilland 1978)
Kreuzung: 'Interflora' × 'Arturo Toscanini'.
Farbe: In der Knospe johannisbeerrot, voll erblüht zinnoberrot.
Form: Gut gefüllt, schalenförmig.
Duft: Nicht vorhanden.
Pflanze: Wuchs kräftig, aufrecht. Mit dunkelgrünem, mattem Blattwerk. Auf einem Stiel eine Blüte tragend. Reichblühend.
Höhe: 1,2 m.
Verwendung: Geeignet für Vorpflanzungen und große Beete, gute Freilandschnittrose.

General MacArthur TH (E. G. Hill 1905)
Kreuzung: Nicht bekannt.
Farbe: Intensiv rot.
Form: Leicht gefüllt, becherförmig.
Duft: Vorzüglich.
Pflanze: Wuchs mittelstark. Laub mittelgrün, lederartig. Etwas mehltauanfällig.
Höhe: 50 cm.
Verwendung: Besonders dankbare Rose für den Rosenliebhaber.

Golden Fantasie TH (Byrum/J. H. Hill 1971)
Kreuzung: 'Golden Wave' × 'Anniversary'.
Farbe: Mittelgelb.
Form: Halb gefüllt.
Duft: Kräftig.
Pflanze: Wuchs mittelstark, aufrecht, buschig. Blattwerk tiefgrün, gesund.
Höhe: 60 cm.
Verwendung: Gute Beetrose, zu sonnige Lagen meiden.

Golden Medaillon TH (Kordes 1991)
Kreuzung: Nicht bekannt.
Farbe: Leuchtendes Goldgelb.
Form: Stark gefüllt.
Duft: Leicht.
Pflanze: Buschig, aufrecht. Mit leicht glänzendem Laub.
Höhe: 90 cm.
Verwendung: Gute Beetrose, geeignet als Freilandschnittrose.

Hadley TH (Montgomery 1914)
Kreuzung: ('Liberty' × 'Richmond') × 'General MacArthur'.
Farbe: Karminrot, beim Verblühen ins Bläuliche übergehend.
Form: Sehr edel gefüllt, eher kleine Blumen auf elegantem Blütenstiel.
Duft: Hervorragend.
Pflanze: Wuchs mittel. Blatt matt, klein. Etwas mehltauanfällig.
Höhe: 60 cm.
Verwendung: Für geschützten Standort, gut durchlüftete Lage. Für den Rosenfreund etwas ganz Besonderes.

Hidalgo TH (Meilland 1980)
Kreuzung: ('The Queen Elizabeth' × 'Karl Herbst') × ('Pharaon' × 'Papa Meilland').
Farbe: Samtrot.
Form: Groß, edel geformt, gut gefüllt.
Duft: Gut.
Pflanze: Starker, aufrechter Wuchs. Gesundes, mattgrünes Blattwerk.
Höhe: 90 cm.
Verwendung: In allen Lagen. Für Höhenlagen * geeignet.

Hilda Heinemann TH (Meilland 1971)
Kreuzung: 'Ma Fille' × 'Love Song'.
Farbe: Kirschrot.
Form: Gut gefüllt, groß.
Duft: Nicht vorhanden.
Pflanze: Wuchs kräftig, aufrecht. Laub mittelgrün, schmal, glänzend.
Höhe: 60 cm.
Verwendung: Gute Beetrose an einem freien Standort.

Hugh Dickson Rem (H. Dickson 1905)
Kreuzung: 'Lord Bacon' × 'Gruß an Teplitz'.
Farbe: Karminrot mit Scharlach.
Form: Gut gefüllt, groß.
Duft: Vorzüglich.
Pflanze: Wuchs kräftig. Laub mittelgrün, matt.
Höhe: 1,8 m.
Verwendung: Beste Verwendung als Strauchrose.

Interflora (Interview) TH (Meilland 1970)
Kreuzung: ('Baccara' × 'Message') × ('Baccara' × 'Jolie Madame') × ('Baccara' × 'Paris Match').
Farbe: Lachsorange-zinnoberrot.
Form: Gut gefüllt, großblumig, schöne Blumenform.
Duft: Ganz schwach.
Pflanze: Wuchs kräftig, aufrecht, lange Blütenstiele treibend. Laub tiefgrün, matt.
Höhe: 80 cm–1 m.
Verwendung: Gewächshausrose, ebenso gute Freilandschnittrose. Für Höhenlagen *** geeignet.

Jardins de Bagatelle TH (Meilland 1936)
Kreuzung: ('The Queen Elizabeth Rose' × 'Elegy') × 'Laura'.
Farbe: Cremeweiß, im Aufblühen leicht rosa.
Form: Große, edelgeformte Blüte, stark gefüllt.
Duft: Intensiv.
Pflanze: Guter, mittelstarker Wuchs; gut verzweigte Büsche bildend. Dunkelgrünes, mattes Blattwerk. Verfügt über gute Widerstandskraft gegenüber Krankheiten.
Höhe: 70 cm.
Verwendung: Überall in nicht zu extrem sonnigen Lagen. Vorzügliche Freilandschnittrose.

John F. Kennedy TH (Boerner/Jackson & Perkins 1965)
Kreuzung: Sämling × 'White Queen'.
Farbe: Reinweiß.
Form: Knospe grünlich weiß. Blüte gut gefüllt, gegenüber Regen und Nebel empfindlich.
Duft: Nicht vorhanden.
Pflanze: Wuchs kräftig. Laub tiefgrün, lederartig, schmal und lang.
Höhe: 80 cm.
Verwendung: Gute Beetrose, für Gegenden mit extremen Niederschlägen nicht geeignet.

Josephine Baker TH (Meilland 1973)
Kreuzung: 'Super Star' × 'Papa Meilland'.
Farbe: Dunkelrot.
Form: Dicht gefüllt, besonders schöne Form. Die offene Blüte präsentiert die gelben Staubgefäße besonders auffallend.
Duft: Nicht vorhanden.
Pflanze: Wuchs kräftig, aufrecht, schöne Pflanzen bildend. Laub dunkelgrün, glänzend.
Höhe: 80 cm.
Verwendung: Vorzügliche Beetrose, auch als Stammrose geeignet. Auch für Höhenlagen *** geeignet.

Josephine Bruce TH (Bees 1949)
Kreuzung: 'Crimson Glory' × 'Madge Whipp'.
Farbe: Schwärzlich karmin, samtig.
Form: Gut gefüllt, groß.
Duft: Wenig.
Pflanze: Wuchs mittelstark, buschig. Blattwerk mittelgrün, groß.
Höhe: 60 cm.
Verwendung: Gute Beetrose, vorzüglich auch als Stammrose.

Jules Margottin Rem (Margottin 1853)
Kreuzung: Sämling von 'La Reine' (?).
Farbe: Karminrosa.
Form: Dicht gefüllt, ballenförmig, groß.
Duft: Wenig.
Pflanze: Wuchs kräftig, buschig. Laub dunkel, matt.
Höhe: 1 m.
Verwendung: Als Einzelpflanze oder in kleinen Gruppen mit Remontantrosen zusammen.

Julias Rose TH (Wisbech Plant Co. 1976)
Kreuzung: 'Mainzer Fastnacht' × 'Dr. A.J. Verhage'.
Farbe: Bräunlich mit Kupferschein, sehr apart.
Form: Knospe lang und spitz. Eher kleinblumig, mit edler Form; gefüllt.
Duft: Leicht und angenehm.
Pflanze: Wuchs aufrecht und mittelschlank. Laub dunkel, rötlichgrün.
Höhe: 80 cm.
Verwendung: In nicht zu extrem heißen Lagen und am besten mit helleren Farbtönen zusammen verwenden.

Kaiserin Auguste Viktoria TH (Lambert 1891)
Kreuzung: 'Coquette de Lyon' × 'Lady Mary Fitzwilliam'.
Farbe: Weiß, innen grünlich weiß.
Form: Gut gefüllt, besonders edel.
Duft: Gut.
Pflanze: Wuchs mittel, gut verzweigt. Laub hellgrün, leicht rötlich, matt, etwas spärlich.
Höhe: 50 cm.
Verwendung: Reine Liebhabersorte.

Kings Ransom TH (Jackson und Perkins 1961)
Kreuzung: 'Golden Masterpiece' × 'Lydia'.
Farbe: Leuchtend rein goldgelb.
Form: Gut gefüllt, schön geformt. Die Blütenblätter sind fein geadert. Die Enden der Blütenblätter formen sich zu einer Spitze.
Duft: Nicht vorhanden.
Pflanze: Wuchs kräftig. Mit schönem, glänzendem Blattwerk. Guter Dauerblüher.
Höhe: 80 cm.
Verwendung: Vorzügliche Beetrose. Für Höhenlagen *** geeignet.

Kleopatra TH (Kordes 1955)
Kreuzung: ('Walter Bentley' × 'Codes de Sastago') × 'Specks Yellow'.
Farbe: Scharlachrot mit dunklem Anflug, außen altgold.
Form: Gut gefüllt, mittelgroß.
Duft: Leicht.
Pflanze: Mäßig starker, buschiger Wuchs. Laub dunkelgrün, glänzend. Guter Dauerblüher.
Höhe: 60 cm.
Verwendung: Gute, widerstandsfähige Beetrose. Für Höhenlagen ** geeignet.

Königliche Hoheit TH
(Swim & Weeks 1962)
Kreuzung: 'Virgo' × 'Mme A. Meilland'.
Farbe: Fleischrosa.
Form: Gut gefüllt, groß, edel.
Duft: Gut.
Pflanze: Wuchs kräftig, aufrecht. Laub dunkelgrün, glänzend, derb.
Höhe: 80 cm.
Verwendung: Vorzügliche Beetrose, ebenso gute Freilandschnittrose.

Konrad-Adenauer-Rose TH
(Tantau 1955)
Kreuzung: 'Crimson Glory' × 'Hens Verschuren'.
Farbe: Dunkel blutrot, samtig.
Form: Dicht gefüllt, großblumig.
Duft: Kräftig und vorzüglich.
Pflanze: Wuchs mittelstark. Laub hellgrün, glänzend.
Höhe: 60 cm.
Verwendung: Gute Beetrose für nicht zu heiße Lagen, eignet sich auch als Stammrose.

Lady Di TH (Huber 1982)
Kreuzung: 'Duftwolke' × 'The Queen Elizabeth Rose'.
Farbe: Feines, zartes Rosa.
Form: Knospe spitz. Blüte hochgebaut, ziemlich groß, gut gefüllt.
Duft: Wenig.
Pflanze: Kräftiger, aufrechter Wuchs. Ledriges Blattwerk.
Höhe: 80 cm.
Verwendung: Gute Beetrose für nicht zu exponierte, heiße Lagen. Eignet sich auch als Schnittrose.

Lady Hillingdon T
(Lowe & Shawyer 1910)
Kreuzung: 'Papa Gontier' × 'Mme Hoste'.
Farbe: Dunkel orangegelb.
Form: Locker gefüllt.
Duft: Kräftig.
Pflanze: Wuchs kräftig. Blätter bronzegrün.
Höhe: 1,5 m.

'La France', 1867 als Zufallssämling entstanden, hat als erste Teehybride Rosengeschichte geschrieben. Mit ihren großen, gefüllten, silbrigrosa Blüten erscheint sie heute durchaus noch gartenwürdig.

Verwendung: Für Einzelpflanzung, kann auch zur Bekleidung von Zäunen verwendet werden. Benötigt dann einen entsprechenden Schnitt.

Lady X TH (Meilland 1966)
Kreuzung: Sämling × 'Simone'.
Farbe: Fliederlila.
Form: Lange, elegante Knospe. Blüte gut gefüllt.
Duft: Nicht vorhanden.
Pflanze: Wuchs kräftig. Blattwerk tiefgrün, glänzend, groß.
Höhe: 90 cm.
Verwendung: Soll, wo möglich, in geschlossenen Gruppen verwendet werden, gute Freilandschnittrose. Für Höhenlagen ** geeignet.

La France TH (Guillot Fils 1867)
Kreuzung: Zufallssämling.
Farbe: Silbrigrosa.
Form: Dicht gefüllt, apart.
Duft: Kräftig.

Oben links: 'Las Vegas' TH (Kordes 1981). Aus einer langen, spitzen Knospe entfalten sich dicht an dicht die orangefarbenen Blütenblätter mit gelber Unterseite. Die haltbaren, edlen Rosen duften zart. Der bis 80 cm hohe, wüchsige und robuste Busch verzweigt sich stark. Er trägt dunkles Laub, das fein glänzt.

Oben rechts: 'Love' Fl Grandiflora. Eine gesunde, kräftigwachsende Grandiflorarose mit edler Blütenform. Die Blüte ist wetterbeständig.

Rechts: 'Liselle' TH (de Ruiter 1980). Eine vorzügliche Beetrose. Die Pflanze bildet sich zu kräftigen Büschen aus. Blühwillig; kein regelmäßiges Entfernen der verblühten Blumen erforderlich. Sie erfreut uns den ganzen Sommer über mit einem reichen Flor.

Pflanze: Wuchs eher schwach. Laub hellgrün.
Höhe: 50 cm.
Verwendung: Reine Liebhabersorte. Läßt sich erfolgreich durch Steckholz vermehren.

Landora TH (Tantau 1970)
Kreuzung: Sämling × 'Kings Ransom'.
Farbe: Reines Goldgelb.
Form: Großblumig, gut gefüllte, edle Blütenform.
Duft: Leicht.
Pflanze: Wuchs kräftig, gut verzweigt. Hellgrünes Blattwerk.
Höhe: 70 cm.
Verwendung: In allen Lagen; zu extrem sonnigen Standort meiden. Für Höhenlagen * geeignet.

La Tosca TH (Vve. Schwarz 1901)
Kreuzung: 'Josephine Marot' × 'Luciole'.
Farbe: Zartrosa, Rückseite etwas dunkler.
Form: Gefüllt, groß, becherförmig.
Duft: Leicht.
Pflanze: Wuchs kräftig, buschig. Laub sattgrün, lederartig, gesund.
Höhe: 70 cm.
Verwendung: Für Verwendung in einzelnen kleinen Gruppen, am besten allein.

Lolita TH (Kordes 1972)
Kreuzung: 'Dr. A.J. Verhage' × 'Königin der Rosen'.
Farbe: Intensiv orangegelb mit Anflug von Kupferlachs.
Form: Stark gefüllt, edel geformte Blüten.
Duft: Kräftig.
Pflanze: Wuchs kräftig, gesund. Laub reichlich, frischgrün. Treibt reichlich neue Blüten nach.
Höhe: 80 cm.
Verwendung: Für große Beete und kleine Gruppen geeignet.

Lusambo TH (Meilland 1973)
Kreuzung: ('Royal Velvet' × 'Chrysler Imperial') × 'Pharaon'.
Farbe: Leuchtend kirschrot.

Mit Bestnoten international ausgezeichnet, gilt 'Mme A. Meilland' ('Gloria Dei') zugleich als Bestseller unter den Rosen. Ihr markantestes Merkmal bilden die hellgelben Blütenblätter mit pfirsichrotem Saum. Die Sorte erlebte eine interessante Einführungsphase. Näheres dazu Seite 236.

Form: Gut gefüllt, ziemlich großblumig. Mit etwas schwachem Blütenstiel.
Duft: Nicht vorhanden.
Pflanze: Wuchs mittelstark. Gesundes Laub.
Höhe: 50 cm.
Verwendung: Gute Rose für kleine Beete.

Mme A. Meilland (Gloria Dei) TH (Meilland 1945)
Kreuzung: ('George Dickson' × 'Souvenir de Claudius Pernet') × (['Johanna Hill' × 'Charles P. Kilham'] × 'Margaret McGredy').
Farbe: Kanariengelb mit pfirsichrotem Rand.
Form: Gut gefüllte, große Blüten. Wetterfest.
Duft: Nicht vorhanden.
Pflanze: Wuchs kräftig. Blattwerk sattgrün und ledrig, sehr gesund.
Höhe: 80 cm.
Verwendung: Für alle Lagen, als Beetrose. Für Höhenlagen *** geeignet.

Bei den Blüten von 'Lolita' wirkt die intensive Orangefärbung kupfrig überhaucht. Auch das Laub ist im Austrieb rötlich gefärbt.

Mme Caroline Testout TH (Pernet-Ducher 1890)
Kreuzung: 'Mme de Tartas' × 'Lady Mary Fitzwilliam'.
Farbe: Lachsrosa. Mitte dunkler, gegen den Rand karmesinrosa.
Form: Gut gefüllt, locker, öffnet sich rasch.
Duft: Gut.
Pflanze: Wuchs kräftig. Blätter sattgrün, matt.
Höhe: 60 cm.
Verwendung: Gute Beetrose, sollte nicht in zu heißer Lage plaziert werden wegen zu raschem Verblühen. Eignet sich auch als Stammrose.

Mme Edouard Herriot TH (Pernet-Ducher 1914)
Kreuzung: 'Mme Caroline Testout' × Teehybride.
Farbe: Orangegelb, rosa und scharlach überlaufen.
Form: Halbgefüllt, groß.
Duft: Schwach.
Pflanze: Wuchs mittelstark, breit. Triebe auffallend stark bestachelt. Blattwerk bronzegrün, glänzend.
Höhe: 60 cm.
Verwendung: Gute Beetrose.

Mme Jules Bouché TH (Croibier 1911)
Kreuzung: 'Pharisäer' × Sämling.
Farbe: Weiß, zartlachs.
Form: Gut gefüllt, groß, edel.
Duft: Angenehm und fein.
Pflanze: Wuchs mittel, schöne Pflanzen bildend. Laub hellgrün-rötlich.
Höhe: 60 cm.
Verwendung: Liebhabersorte, eher für geschützte Lagen. Ergibt besonders schöne Stammrosen.

Maria Callas TH (Meilland 1965)
Kreuzung: 'Chrysler Imperial' × 'Karl Herbst'.
Farbe: Dunkel karminrosa.
Form: Dicht gefüllt, groß, edel.
Duft: Gut.
Pflanze: Wuchs kräftig, buschig. Blattwerk mittelgrün, glänzend, lederartig.
Höhe: 70 cm.
Verwendung: Gute Beetrose und geeignet als Freilandschnittrose.

Mascotte 77 TH (Meilland 1977)
Kreuzung: (['Rouge Meilland' × 'Mme A. Meilland'] × 'New Style') × 'Mme A. Meilland'.
Farbe: Chinagelb, am Rand kardinalrot.
Form: Gut gefüllt, ziemlich groß, bildet eine volle Schale.
Duft: Sehr leicht.
Pflanze: Wuchs üppig, aufrecht. Blattwerk dunkel glänzendgrün, sehr gesund.
Höhe: 80 cm.
Verwendung: Gute Beetrose für nicht zu extrem heiße Lagen.

Message TH (Meilland 1956)
Kreuzung: ('Virgo' × 'Mme A. Meilland') × 'Virgo'.
Farbe: Reinweiß, Mitte etwas grünlich.
Form: Gut gefüllt, mittelgroß.
Duft: Nicht vorhanden.
Pflanze: Wuchs kräftig, aufrecht. Blattwerk hellgrün, matt, eher klein.
Höhe: 80 cm.
Verwendung: Gute Beetrose, für nicht zu extrem heiße Lagen. Eignet sich auch als Stammrose.

Mevr. G. A. van Rossem TH (van Rossem 1929)
Kreuzung: 'Souvenir de C. Pernet' × 'Gorgeous'.
Farbe: Orange mit Orangegelb, rot geadert.
Form: Gut gefüllt, groß.
Duft: Leicht.
Pflanze: Wuchs kräftig. Laub dunkelgrün, lederartig, groß.
Höhe: 60 cm.
Verwendung: Gute Beetrose.

Michèle Meilland TH (Meilland 1945)
Kreuzung: 'Johanna Hill' × 'Mme A. Meilland'.
Farbe: Zartrosa mit Lachs.
Form: Elegante Knospe. Blüte gut gefüllt, mittelgroß.
Duft: Nicht vorhanden.
Pflanze: Wuchs mittelstark, buschig. Laub hellgrün, matt, gesund.
Höhe: 60 cm.
Verwendung: Sehr gute Beetrose in nicht zu heißer, sonniger Lage. Eignet sich weniger als Schnittrose.

Miss Universe TH (Gaujard 1956)
Kreuzung: ('Mme A. Meilland' × Sämling) × Sämling.
Farbe: Innen orangerot, außen kupfrig überlaufen.
Form: Lange Knospe, gut gefüllt.
Duft: Gut.
Pflanze: Wuchs kräftig. Laub dunkelgrün, gesund.
Höhe: 70 cm.
Verwendung: Gute Beetrose, auch für sonnige Lagen. Für Höhenlagen ** geeignet.

Mister Lincoln TH
(Swim & Weeks 1964)
Kreuzung: 'Chrysler Imperial' × 'Charles Mallerin'.
Farbe: Dunkel blutrot.
Form: Elegante Knospe. Blüte gut gefüllt, groß.
Duft: Gut.
Pflanze: Wuchs kräftig, straff aufrecht, bildet trotzdem schöne Büsche. Laub dunkelgrün, groß, üppig.
Höhe: 70 cm.
Verwendung: Vorzügliche Beetrose, geeignet auch für Stammrosen.

Mrs. John Laing Rem (Bennet 1887)
Kreuzung: Sämling von 'François Michelin'.
Farbe: Zart rosa, leichter lila Anflug.
Form: Gut gefüllt, großblumig, kugelig.
Duft: Stark und angenehm.
Pflanze: Wuchs kräftig, Triebe oft schwach. Blätter hell, bläulichgrün, gesund.
Höhe: 1 m.
Verwendung: Kann als Beet-, Strauch- und Kletterrose gezogen werden. Für Höhenlagen *** geeignet.

Overture TH (Huber 1975)
Kreuzung: 'Duftwolke' × 'Ena Harkness'.
Farbe: Leuchtend kirschrot.
Form: Spitze Knospe. Blüte gut gefüllt.
Duft: Nicht vorhanden.
Pflanze: Wuchs kräftig, aufrecht und gut verzweigt. Gesundes, tiefgrünes Blattwerk.
Höhe: 70 cm.
Verwendung: Gute Beetrose, eignet sich auch als Freilandschnittrose.

Papa Meilland TH (Meilland 1963)
Kreuzung: 'Chrysler Imperial' × 'Charles Mallerin'.
Farbe: Samtig dunkelrot.
Form: Gut gefüllt, vornehme Blütenform.
Duft: Vorzüglicher, kräftiger Rosenduft.
Pflanze: Wuchs kräftig, gleichmäßig, aufrecht. Die etwas spärliche Triebbildung ist die Eigenschaft des Elternteils 'Charles Mallerin'. Laub dicht, derb, mittelgrün, glänzend. Etwas mehltauanfällig.
Höhe: 80 cm.
Verwendung: Vorzügliche Beetrose. Ebenfalls gute Freilandschnittrose. Für Höhenlagen *** geeignet.

Parador TH (Meilland 1978)
Kreuzung: ('Zambra' × 'Suspense') × 'Kings Ransom' × ('Kabuki' × 'Dr. A.J. Verhage').
Farbe: Zitronengelb.
Form: Gut gefüllt, schalenförmig.
Duft: Wenig.
Pflanze: Wuchs kräftig, buschig. Dunkelgrünes, mattes Blattwerk, gesund. Ununterbrochenes Blühen.
Höhe: 80 cm.
Verwendung: Gute Beetrose, eignet sich auch für den Schnitt.

Pascali TH (Lens 1963)
Kreuzung: 'The Queen Elizabeth Rose' × 'White Butterfly'.
Farbe: Rahmweiß, beim Aufblühen leicht rosa angehaucht.
Form: Gut gefüllt, edel, wenn aufgeblüht flach.
Duft: Nicht vorhanden.
Pflanze: Wuchs kräftig, starke Triebe, schöne buschige Pflanzen bildend. Tiefgrüne, gesunde Blätter.
Höhe: 80 cm.
Verwendung: Gute Beetrose, ebenso Freilandschnittrose. Für Höhenlagen *** geeignet.

Paul Ricard TH (Meilland 1991)
Kreuzung: Nicht bekannt.
Farbe: Bernsteingelb.
Form: Edel, gut gefüllt.
Duft: Guter Duft.
Pflanze: Aufrechter, kräftiger Wuchs. Robustes Laub.
Höhe: 90 cm.
Verwendung: Gute Beetrose.

Peer Gynt TH (Kordes 1968)
Kreuzung: 'Königin der Rosen' × 'Goldrausch'.
Farbe: Goldgelb.
Form: Knospe kugelig. Dicht gefüllt, großblumig, sehr haltbar.
Duft: Leicht.
Pflanze: Wuchs kräftig. Laub ledrig, sattgrün, gesund.
Höhe: 90 cm.
Verwendung: Gute Freilandschnittrose, zur Verwendung in kleinen Gruppen.

Peter Frankenfeld TH (Kordes 1966)
Kreuzung: 'Ballet' × 'Florex'.
Farbe: Dunkel karminrosa.
Form: Gut gefüllt, sternförmig, groß.
Duft: Wenig.
Pflanze: Wuchs kräftig. Laub tiefgrün, mit leichtem Glanz, gesund.
Höhe: 80 cm.
Verwendung: Vorzügliche Beetrose für alle Lagen, auch als Stammrose geeignet.

Pink Peace TH (Meilland 1959)
Kreuzung: ('Mme A. Meilland' × 'Monique') × ('Mme A. Meilland' × 'Mrs. John Laing').
Farbe: Karminrosa.
Form: Dicht gefüllt, hochgebaut, groß.
Duft: Kräftig.
Pflanze: Wuchs kräftig, bildet schöne Büsche. Laub grün, matt, vielleicht etwas zu groß.
Höhe: 90 cm.
Verwendung: Vorzügliche Beetrose und gute Freilandschnittrose.

Princesse TH (Laperrière 1964)
Kreuzung: ('Mme A. Meilland' × 'Magicienne') × ('Kordes Sondermeldung' × 'Radar').
Farbe: Zinnoberrot.
Form: Gut gefüllt, große Blumen.
Duft: Leicht, angenehm.
Pflanze: Wuchs mittelstark. Laub matt, mittelgrün.
Höhe: 60 cm.
Verwendung: Gute Beetrose, liebt nicht zu heißen Standort.

Princesse Margaret d'Angleterre TH (Meilland 1969)
Kreuzung: 'The Queen Elizabeth Rose' × ('Mme A. Meilland' × 'Michèle Meilland').
Farbe: Intensiv rosa.
Form: Längliche Knospe. Wetterbeständig.
Duft: Leicht.
Pflanze: Wuchs kräftig, aufrecht. Gesundes, frischgrünes Laub.
Höhe: 80 cm.
Verwendung: Gute Beetrose, man meide extrem sonnige Lagen.

Pristine TH (Jackson und Perkins 1978)
Kreuzung: 'White Masterpiece' × 'First Prize'.
Farbe: Leuchtendes Weiß mit rosa Umrandung.
Form: Edel geformte Blüte, gut gefüllt.
Duft: Intensiv.

Pflanze: Wuchs aufrecht, gut verzweigt. Dunkelgrünes, glänzendes Blattwerk.
Höhe: 70 cm.
Verwendung: Man meide zu extrem heiße Lagen.

Promise TH (Jackson & Perkins 1977)
Kreuzung: Nicht bekannt.
Farbe: Tief rosa, offene Blumen zart leuchtend rosa.
Form: Gefüllt, groß.
Duft: Leicht.
Pflanze: Wuchs kräftig, bildet dicke Triebe, buschig, robust. Laub dunkelgrün, glänzend.
Höhe: 70 cm.
Verwendung: Gute Beetrose.

Rebecca TH (Tantau 1970)
Kreuzung: 'Konfetti' × 'Piccadilly'.
Farbe: Goldgelb, innen hellrot.
Form: Gut gefüllt, groß.
Duft: Nicht vorhanden.
Pflanze: Wuchs mittel, buschig. Blattwerk dunkelgrün, glänzend, groß.
Höhe: 70 cm.
Verwendung: Gute Beetrose, liebt extrem heißen Standort nicht.

Rose Gaujard TH (Gaujard 1957)
Kreuzung: 'Mme A. Meilland' × Sämling von 'Opéra'.
Farbe: Außen silbrigweiß, innen karmesinrosa.
Form: Dicht gefüllt, hochgebaute Blüte.
Duft: Mäßig.
Pflanze: Wuchs kräftig. Großes, gesundes, glänzendes Laub.
Höhe: 60 cm.
Verwendung: Beetrose, eher für Liebhaber. Für Höhenlagen * geeignet.

Roter Stern (Exciting) TH (Meilland 1958)
Kreuzung: 'Rouge-Meilland' × 'Kordes Sondermeldung'.
Farbe: Mennig-türkischrot.
Form: Elegante Knospe. Blüte gut gefüllt.
Duft: Nicht vorhanden.
Pflanze: Wuchs kräftig, aufrecht. Blattwerk dunkelgrün, leichter Glanz.
Höhe: 80 cm.
Verwendung: Gute Beet- und Freilandschnittrose. Für Höhenlagen *** geeignet.

Schwarze Madonna TH (Kordes 1992)
Kreuzung: Nicht bekannt.
Farbe: Samtiges Schwarzrot.
Form: Dicht gefüllt.
Duft: Nicht vorhanden.
Pflanze: Aufrecht, starktriebig, gut verzweigt. Mit glänzendem Laub.
Höhe: 80 cm.
Verwendung: Gute Beetrose, kontrastbildend, geeignet als Freilandschnittrose.

Schweizer Gold TH (Kordes 1975)
Kreuzung: 'Peer Gynt' × 'Kings Ransom'.
Farbe: Schönes, sauberes Gelb.
Form: Schöne elegante Knospe. Blüte gut gefüllt, groß.
Duft: Leicht.
Pflanze: Wuchs kräftig, schöne Pflanzen bildend. Mittelgrünes, glänzendes Blattwerk.
Höhe: 90 cm.
Verwendung: Vorzügliche Beet- und Freilandschnittrose.

Seashell TH (Kordes 1977)
Kreuzung: 'Königin der Rosen' × 'Kings Ransom'.
Farbe: Kräftiges Lachs.
Form: Knospe langgestreckt. Blüte gut gefüllt.
Duft: Wenig.
Pflanze: Wuchs mittelstark, stark verzweigt. Laub dunkelgrün.
Höhe: 70 cm.
Verwendung: Gute Beetrose.

Senator Burda TH (Meilland 1986)
Kreuzung: 'Karl Herbst' × ('Royal Velvet' × 'Maja Fanu') × 'Erotica'.
Farbe: Dunkel johannisbeerrot.
Form: Große, stark gefüllte und edel geformte Blüte.
Duft: Gut.

Pflanze: Kräftiger, aufrechter Wuchs; bildet gut verzweigte Büsche. Widerstandsfähiges Blattwerk. Gute Schnittrose!
Höhe: 90 cm.
Verwendung: In allen Lagen.

Sensation TH (J.H. Hill & Co. 1922)
Kreuzung: 'Hoosier Beauty' × 'Premier'.
Farbe: Karminscharlach.
Form: Gut gefüllt.
Duft: Leicht.
Pflanze: Wuchs kräftig, buschig. Laub tiefgrün, gesund.
Höhe: 70 cm.
Verwendung: Gute Beetrose, liebt weder zu schattige noch zu heiße Lagen.

Silva TH (Meilland 1964)
Kreuzung: 'Mme A. Meilland' × 'Confidence'.
Farbe: Rosa mit Orange(Aprikosen)gelb.
Form: Langgestreckte Knospe. Gut gefüllt, große Blumen.
Duft: Wenig.
Pflanze: Wuchs mittelstark, langstielig. Blätter tiefgrün, glänzend, lederartig.
Höhe: 70 cm.
Verwendung: Gute Beetrose in allen Lagen. Für Höhenlagen *** geeignet.

Silver Star TH (Kordes 1966)
Kreuzung: 'Sterling Silver' × 'Magenta'-Sämling.
Farbe: Silbrig fliederlila.
Form: Schöne Knospe. Blüte gut gefüllt.
Duft: Vorzüglich.
Pflanze: Wuchs kräftig. Blattwerk dunkelgrün, glänzend, groß.
Höhe: 80 cm.
Verwendung: In vorsichtig zusammengestellten Farben eine vornehme Bereicherung des Rosengartens. Auch als Freilandschnittrose geeignet.

Souvenir de la Malmaison (Bourbon) (Béluze 1843)
Kreuzung: 'Mme Desprez' × Teerose.
Farbe: Zartrosa, beim Aufblühen fast in Weiß übergehend.
Form: Stark gefüllt, Blüte viergeteilt.
Duft: Gut.
Pflanze: Wuchs mittelstark. Laub gräulich grün.
Höhe: 60 cm.
Verwendung: Als besondere Beetrose sollte sie an gut sichtbarer Stelle im Garten stehen.

Stéphanie de Monaco TH (All American Award Winner-Rose 1972)
Kreuzung: Nicht bekannt.
Farbe: Mittel rosarot, mit leicht helleren, etwas lila angehauchten Petalen.
Form: Gut gefüllt, große, schön geformte Blüte. Sehr regenbeständige Sorte.
Duft: Angenehm und kräftig.
Pflanze: Wuchs kräftig, aufrecht. Mittelgrünes und gesundes Laub.
Höhe: 80 cm.
Verwendung: Vorzügliche Beetrose, gute Freilandschnittrose.

Die großen Blüten von 'Super Star' erstaunen durch ihren klaren Lachsorangeton. Auch als Schnittblumen beeindrucken die schön geformten, gut gefüllten Rosen.

Sultane TH (Meilland 1946)
Kreuzung: 'J. B. Meilland' × 'Orange Nassau'.
Farbe: Goldgelb, innen zinnoberrot.
Form: Gut gefüllt, ziemlich groß.
Duft: Leicht.
Pflanze: Wuchs mittelstark. Blattwerk mittelgrün, glänzend, groß, gesund.
Höhe: 60 cm.
Verwendung: Vorzügliche Beetrose, auch für Stammrosen geeignet. Für Höhenlagen * geeignet.

Sun King TH (Meilland 1974)
Kreuzung: ('Soraya' × 'Signora') × 'Kings Ransom'.
Farbe: Leuchtend ockergelb.
Form: Mäßig gefüllt, spitze Blütenform.
Duft: Nicht vorhanden.
Pflanze: Wuchs kräftig und locker. Laub mattgrün, fest und gesund.
Höhe: 70 cm.
Verwendung: Gute Beetrose, erträgt extrem sonnige Lage nicht.

Super Star TH (Tantau 1960)
Kreuzung: (Sämling × 'Mme A. Meilland') × (Sämling × 'Alpenglühn').
Farbe: Tief orangelachs.
Form: Gut gefüllt, großblumig, schöne Blütenform.
Duft: Gelegentlich, je nach Selektion.
Pflanze: Wuchs kräftig, aufrecht; bildet im zweiten Blühen in den obersten Triebteilen starke Verzweigungen. Laub ist mittelgrün, groß und derb. Wenn man Glück hat, sogar herrlicher Duft vorhanden. Mehltauanfällig.
Höhe: 70 cm.
Verwendung: Verlangt freien, gut durchlüfteten Standort. Als Beetrose sowie Freilandschnittrose geeignet. Für Höhenlagen *** geeignet.

Sutters Gold TH (Swim/Armstrong 1950)
Kreuzung: 'Charlotte Armstrong' × 'Signora'.
Farbe: Hell orangegelb, im Aufgehen stark geadert.
Form: Gefüllt, Blume mittelgroß.
Duft: Vorzüglich und kräftig.
Pflanze: Wuchs kräftig, aufrecht, etwas locker. Schönes, gesundes, glänzendes Laub.
Höhe: 80 cm.
Verwendung: Vorzügliche Beetrose. Eignet sich mit Ausnahme extrem heißer Lagen überall. Für Höhenlagen *** geeignet.

Swiss Fire TH (Huber 1975)
Kreuzung: 'Duftwolke' × 'Ena Harkness'.
Farbe: Feurig- bis geranienrot.
Form: Knospe eiförmig. Blüte stark gefüllt, regenfest.
Duft: Leicht.
Pflanze: Wuchs mittelstark, buschig. Laub matt, mittelgrün, auffällig gezähnt.
Höhe: 60 cm.
Verwendung: Als Beetrose in nicht zu heißer Lage.

Tino Rossi TH (Meilland 1991)
Kreuzung: Nicht bekannt.
Farbe: Silbriges Rosa.
Form: Edel geformte Knospe. Blüte gut gefüllt.
Duft: Guter Duft.
Pflanze: Kräftiger Wuchs, gut verzweigt. Mit gesundem Laub.
Höhe: 70 cm.
Verwendung: Gute Beetrose.

Toscade TH (Meilland 1977)
Kreuzung: ('Fred Howard' × 'Golden Scepter' × 'Golden Rapture') × ('Fred Howard' × 'Golden Scepter' × 'Golden Rapture').
Farbe: Lachsorange mit kräftiger Aderung.
Form: Gut gefüllt, mittelgroß.
Duft: Teerosenduft.
Pflanze: Wuchs kräftig, aufrecht. Laub dunkelgrün, Oberfläche halbmatt, groß, gesund.
Höhe: 90 cm.
Verwendung: Gute Beetrose, Freilandschnittrose.

Die rote Aderung der hell orangegelben Petalen bildet das Kennzeichen von 'Sutters Gold'. Das glänzende Laub der ausgezeichneten Sorte bleibt sehr gesund.

Tradition TH (Kordes 1965)
Kreuzung: 'Schlössers Brillant' × 'Don Juan'.
Farbe: Karminscharlach.
Form: Gefüllt, großblumig, mit schöner Blumenform. Wetterbeständig.
Duft: Nicht vorhanden.
Pflanze: Wuchs kräftig. Laub ledrig, intensiv grün, gesund.
Höhe: 80 cm.
Verwendung: Gute Beetrose. Für Höhenlagen ** geeignet.

Ulrich Brunner Fils Rem (A. Levet 1881)
Kreuzung: Abstammung unsicher.
Farbe: Kirschrot, im Verblühen heller.
Form: Gut gefüllt, mittelgroß.
Duft: Kräftig.
Pflanze: Wuchs kräftig, wenig bestachelt. Laub mittelgrün, glänzend, groß.
Höhe: 1,5 m.
Verwendung: Als alleinstehende kleine Gruppen von 3–5 Stück oder auch als Strauchrose heranwachsen lassen.

Neben der warmen kupfergelben Färbung zeichnet ein starker Duft die großen, gut gefüllten Blumen von 'Valencia' aus. Die Pflanze mit ihren dicken Trieben wächst kompakt.

Uncle Walter TH (McGredy 1964)
Kreuzung: 'Schlössers Brillant' × 'Gruß an Heidelberg'.
Farbe: Karminscharlach.
Form: Gut gefüllt, groß, edle Blütenform.
Duft: Nicht vorhanden.
Pflanze: Wuchs sehr kräftig, dauerblühend. Blattwerk mittelgrün, gesund.
Höhe: 1,8 m.
Verwendung: Zur Bepflanzung von Sträucherrabatten, oder als Strauch wachsen lassen, dann mäßiger Schnitt.

Valencia TH (Kordes 1967)
Kreuzung: 'Goldene Sonne' × 'Chantré'.
Farbe: Bronzebraun.
Form: Gut gefüllt, edle Blütenform.
Duft: Leicht.
Pflanze: Wuchs kräftig und buschig. Belaubung groß, dunkelgrün.
Höhe: 70 cm.
Verwendung: Gute Beetrose, liebt zu schattige und zu sonnige Lage nicht.

Via Mala TH (Kordes 1977)
Kreuzung: 'Peer Gynt' × weißer Teehybriden-Sämling.
Farbe: Cremeweiß, die geöffneten Blumen sind reinweiß.
Form: Gut gefüllt, schalenförmig, groß.
Duft: Leicht.
Pflanze: Starkwachsend, dicktriebig, buschig. Großes, intensiv grünes Laub.
Höhe: 80 cm.
Verwendung: Gute Gartenrose für vielseitige Verwendung.

Western Sun TH (Poulsen 1965)
Kreuzung: 'Specks Yellow'-Sämling × 'Goldene Sonne'.
Farbe: Goldgelb.
Form: Rundliche Knospe. Blüte gut gefüllt, großblumig.
Duft: Leicht.
Pflanze: Wuchs kräftig, ergibt buschige Pflanzen. Laub groß, sattgrün.
Höhe: 70 cm.
Verwendung: Gute Beetrose, auch als Freilandschnittrose.

Whisky TH (Tantau 1967)
Kreuzung: Sämling × 'Dr. A.J. Verhage'.
Farbe: Bernsteingelb mit Orange.
Form: Gut gefüllt, edel.
Duft: Reich und gut.
Pflanze: Wuchs mittelstark, willig treibend, buschig. Blattwerk dunkelgrün, groß.
Höhe: 60 cm.
Verwendung: Nur für geschützte Lagen geeignet.

Wiener Charme TH (Kordes 1963)
Kreuzung: 'Chantré' × 'Goldene Sonne'.
Farbe: Gelborange mit leicht rotem Anflug.
Form: Locker gefüllt, groß.
Duft: Wenig.
Pflanze: Wuchs stark, kräftige Büsche bildend. Laub dunkelgrün und groß.
Höhe: 90 cm.
Verwendung: Für nicht zu heiße Lagen, gute Beetrose.

Yankee Doodle TH (Kordes 1978)
Kreuzung: 'Königin der Rosen' × 'Dr. A.J. Verhage'.
Farbe: Creme-gelblich mit rosa Ton.
Form: Eiförmig, sehr groß, stark gefüllt.
Duft: Leicht.
Pflanze: Sehr robust und frosthart, stark aufrechtwachsend. Dicktriebig und stark bestachelt.
Höhe: 1 m.
Verwendung: Gute Gartenrose, vor allem für größere Beete geeignet.

Youki San TH (Meilland 1965)
Kreuzung: 'Lady Silvia' × 'Message'.
Farbe: Reinweiß.
Form: Knospe elegant und regenfest. Blüte gefüllt.
Duft: Leicht.
Pflanze: Wuchs mittelkräftig, gediegene, gut verzweigte Büsche bildend. Schönes mittelgrünes, gesundes Blattwerk.
Höhe: 60 cm.
Verwendung: Gute Beetrose für nicht extrem sonnige Lage.

Die Verwendung der Rosen im Garten

Kletterrosen und Clematis verweben sich in Hestercombe Garden (England) zu einem blühenden Vorhang.

Wir Gärtner sind merkwürdige Menschen. Staunend stehen wir vor der Pracht eines Rosenstockes, bewundern die edle Gestalt seiner Blüten, atmen den köstlichen Duft ein und ergehen uns in überschwenglichen Lobpreisungen solcher Vollkommenheit. Im nächsten »Augenblick« ist uns diese Vollkommenheit aber schon wieder nicht vollkommen genug, und wir versuchen mit allerlei Künsten und Listen und mit viel Geduld, der Natur neue Farben, Formen und Eigenschaften abzugewinnen, welche uns weit wichtiger erscheinen als das bisher Erreichte. Ist es dann dem Fleiß des Züchters gelungen, eine Sorte herauszubringen mit noch mehr Blumen, in einer neuen Farbe und einer noch längeren Blütezeit, sind wir immer noch nicht zufrieden. Wir müssen dankbar sein, daß die Natur immer wieder geduldig unserem Drängen nachgibt und unsere Träume aus ihrem unerschöpflichen Reichtum heraus Wirklichkeit werden läßt.

Bereits ist die Zahl der Rosensorten ins Unübersichtliche angewachsen. Dem Rosenfreund steht, allein mit der in diesem Buch zusammengetragenen Auswahl, ein Reichtum an Rosen in den verschiedensten Farben und Formen zur Verfügung, der ihn im praktischen Fall in allerlei Verlegenheit bringen muß. Der praktische Fall heißt: Welche Rosensorte pflanzt man an welchen Ort im Garten?

Die Wuchs- und Erziehungsformen der Rosen

Lassen wir vor unserem geistigen Auge noch einmal die verschiedenen Rosenformen erscheinen, nicht – wie es in den vorangegangenen Abschnitten geschehen ist – nach der exakten Art des Botanikers, sondern nach Laienart. Für ihn, den einfachen Gartenfreund, gibt es nicht Polyantha-, Floribunda-, Remontant- oder Teehybridrosen. Er sieht eben, zum Beispiel, rote Rosen, welche an einem niedrigen Busch einzeln an Stielen von 30–40 cm Länge stehen, oder er sieht kleinere Blumen von derselben Farbe in ganzen Büscheln an langen Trieben wachsen. Nach den leicht erkennbaren Wuchsformen kann man die Rosen in fünf Gruppen einteilen:

1. An einem Strauch (Busch) von 50–100 cm Höhe trugen früher die Blütenstiele nur eine einzelne edelgeformte Blume, heute vorwiegend zwei oder drei, aber nie eine ganze Dolde. Die Blumen sind mehr oder weniger stark gefüllt und oft auch duftend. Das sind die Rosen, die der Rosenkultivateur im Katalog unter dem Gruppennamen **Teehybridrosen** oder dem Sammelbegriff »**Edelrosen**« aufführt. Auf den Wurzelhals veredelt, werden sie als niedere oder Buschrosen bezeichnet, auf Stämmchen veredelt, je nach der Höhe, als Halb- und Hochstammrosen.
2. Es kann vorkommen, daß einzelne von den unter Position 1 genannten Sorten bei irgendeiner Gelegenheit eine Pflanze mit stärkerem Wuchs hervorbrachten, die nicht mehr den Charakter eines Busches, sondern eher den einer Kletterrose hatte, sonst aber dieselben edelgeformten Einzelblüten behielt. Diese stärkere Wuchsform einer bestimmten Rosensorte wird durch Beifügen des Wortes »**Climbing Sport**« zur Sortenbezeichnung gemacht, zum Beispiel 'Climbing Lady Hillingdon'. Die Teerosensorte 'Lady Hillingdon' ist also als niedriger Busch von etwa 60 cm Höhe, aber auch als schwachwüchsige Kletterrose mit Trieben von höchstens 2 m Länge in den Gärten anzutreffen.
3. Von den vorgenannnten unterscheiden sich die vielblumigen Rosen so stark, daß dies für jedermann leicht ersichtlich ist. Die je nach der Sorte einfachen, halb oder ganz gefüllten Blüten bilden ganze Dolden an einem Stiel. Die 40 cm bis höchstens 1 m hoch wachsenden Büsche sind geradezu überschüttet mit Blüten. Darum heißen sie **Polyantharosen** (poly = viel, anthos = Blume). Die Meinung ist weit verbreitet, daß die Schönheit einer Einzelblüte dieser Polyantha- oder **Floribundarosen** geringer ist als diejenige der Edelrosen. Das kommt wohl daher, daß die Blüte der Polyantharose als einzelne in der Masse der Blüten verschwindet und man sie auch meist nur als Massenrosen auf Beeten sieht. Wer der Rosenschönheit aber auch nur ein wenig nachgeht, wird schnell zu einem andern Urteil gelangen.
4. Wenn eine den Polyantha- oder Floribundarosen ähnliche Blütenfülle sich an Trieben von manchmal 6 m Länge entwickelt, so stehen wir vor den allbekannten **Kletterrosen**, anders könnte man ihren Wuchs nicht treffender bezeichnen.
5. Was nach dieser Unterscheidung nicht in den vier vorgenannten Gruppen unterzubringen ist, das muß nun in der fünften Gruppe Platz finden. Da versammeln sich also die **Strauchrosen**, deren Reichtum an verschiedenen Wuchsformen, deren Charakter der Zweige, Blätter, Blüten und Früchte sich nicht mehr mit ein paar kurzen Sätzen zusammenfassen läßt. Man

Gruppeneinteilung der Rosen

1. **Rosen mit 1–3 Blumen, an niedrigen Büschen, oder**
2. **an Trieben bis zu etwa 2 m Länge**
3. **einfache, schwach oder stark gefüllte Blüten zu ganzen Dolden vereint an niedrigen Büschen, oder**
4. **an 3–6 m langen Trieben, Kletterrosen,**
5. **schließlich die Arten und Sorten mit Strauch- und Wildrosencharakter**

Oben: Nach dem Pflanzen wird eine Stammrose nur locker angebunden, damit sie sich ungehindert in die Erde absetzen kann.
Darunter: Nach etwa drei Monaten wird sie an zwei Stellen endgültig festgebunden.

könnte ganz grob sagen, daß es sich um jene Rosensträucher handelt, die einen irgendwie an die wildwachsende Heckenrose erinnern. Aber das ist wirklich nur summarisch ausgedrückt, denn es ist doch ein recht großer Unterschied etwa zwischen *Rosa foetida* 'Bicolor' (Kapuzinerrose) mit ihrem feinen Laub und den einfachen, außen gelben und innen roten Blumen und *Rosa rugosa* 'Conrad Ferdinand Meyer' mit ihrem kräftigen, über 2 m hohen Wuchs und den gefüllten, großen rosa Blumen, die einen köstlichen Zentifolienduft verströmen.

Der richtige Standplatz

Diese äußeren Merkmale der Rosenpflanzen sind maßgebend für die Wahl ihres Standortes im Garten oder Park, oder, umgekehrt, der Standort ist bestimmend für die Auswahl der zu ihm passenden Rosenarten und -sorten. Damit wären wir beim Thema »Standort« angelangt, das uns in diesem Zusammenhang nur als ästhetische und formale Frage, nicht aber als Problem der Wachstumsbedingungen beschäftigen soll. Das letztere ist in den Abschnitten über Lage, Boden, Düngung, Pflege usw. dargestellt.

Seit jeher gilt die Rose als die vollkommenste unter den Blumen. Diesem Rang gemäß soll auch ihre Umgebung aussehen, die Wahl ihrer Begleit- und Nachbarpflanzen getroffen werden. Wo wären z. B. Kunstwerke wie formschöne Vasen, Statuen, Plastiken, schmiedeeiserne Tore und Gitter, aus Stein gehauene Brunnen oder Sonnenuhren passender aufgehoben als in einem Rosengarten oder in irgendeiner Verbindung mit Rosen. Aber das ist nur ein Beispiel. Es gibt kaum einen Garten, und sei er noch so klein, in dem sich nicht Gelegenheit böte, Rosen in irgendeiner Form zu halten. Im **kleinen Garten** vermag auch eine einzeln stehende, starkwachsende Buschrose einer Edel- oder Floribundasorte, liebevoll gepflegt und an geeignetem Ort stehend, eine festliche Stimmung hervorzurufen. Am Haus mit Vorplatz, ohne eigentlichen Garten, kommen ebenfalls Kletterrosen zu schönster Wirkung, wenn möglich aber nicht an Hauswänden gepflanzt. Wer einen Vorgarten von kleinerem Ausmaß besitzt, ziehe zu dessen dauerndem Schmuck ein oder mehrere Dutzend der gleichen oder verschiedener Sorten von Edelrosen heran, statt sich jede Woche mit dem oft mühsamen Schneiden des zu kleinen Rasens zu plagen. Auch schafft man sich am ehesten einen wirkungsvollen Garten- oder Parkeingang mit einer der glühendroten Sorten ununterbrochen blühender Polyantha- oder Floribundarosen.

Im **großen Hausgarten** ist ein Rasen angebracht, aber um das Haus, an die Terrasse angelehnt beim Sitzplatz oder in gewisser Distanz vor den Fenstern des Wohn- oder Arbeitszimmers sind Rosen am schönsten. Im großen **Park** und in öffentlichen Anlagen schließlich mit den vielen Baum- und Strauchkulissen sollen wir die Strauchrosen nicht vergessen.

Erziehungsformen

Stammrose

Die früher sehr stark verbreiteten Rosenbäumchen kommen heute wieder zu Ehren. Man pflanzt sie gerne in alte Gärten und Bauerngärten, denen sie eine ganz besondere Note verleihen. Der Normalstamm mißt ab Boden gerechnet bis zu Beginn der Krone 1,20 m, der sogenannte Halbstamm nicht mehr als 1 m Höhe. Auf Hochstamm werden gerne jene Sorten veredelt, die ihre Blumen am Busch ungenügend zur Schau tragen können, also vorwiegend Sorten mit schwachen Blütenstielen. Kletterrosen, auf 1,50–1,80 m hohe Stämme veredelt, ergeben die sogenannten *Hängerosen (Trauerrosen)*.

Rosa × macrantha 'Raubritter' bringt hier, als Hochstämmchen gezogen, seine prächtigen Büschel aus gefüllten, rosa Blütenschalen besonders gut zur Geltung.

Buschrose
Sie ist heute die beliebteste Rosenform, da sie sich in jedem Garten nach Wunsch verwenden läßt. Schon dadurch, daß man bei den neuen Rosensorten längere und straffere Stiele erreichen konnte, hat die Verwendung der Buschrose stark zugenommen. Mit ihr lassen sich die schönsten Schmuckbeete schaffen, die jedem Vergleich mit anderen Pflanzenzusammenstellungen standhalten. Die buschige Rosenform wird aber auch für die Treiberei in Töpfen oder im Block verwendet.

Als Buschrosen werden verwendet: Polyantha-, Polyanthahybrid-, Floribunda-, Floribunda-Grandiflora- und Edelrosen sowie Miniaturrosen (Zwergbengalrosen).

Erziehungsformen für Kletterrosen werden auf den Seiten 166 und 171 im Detail vorgestellt.

Kletterrose
Sie wird als sogenannte Säulenrose verwendet zur Bekleidung von Säulen, Pfosten, hohen Hauswänden und Laubengängen. Ebenso läßt sie sich zu eigentlichen Rosenhecken gebrauchen an besonders dafür erstellten Gerüsten oder an bereits stehenden Gartenzäunen.

Freistehende Rosenhecke
Sie wird aus Strauchrosen und starkwachsenden Floribundarosen gebildet, die Pflanzweise ist gleich wie bei der Erstellung einer gewöhnlichen Grünhecke (pro lfd. m 1–2 Pflanzen). Eine Rosenhecke hat den großen Vorteil, daß sie auch durch die starke Bestachelung eine der immer weniger werdenden Nistgelegenheiten für die Vögel bietet. Zudem erfreut sich jedermann durch ihren Blütenreichtum. Man beachte allerdings beim Schneiden dieser Hecke, daß die Rosen am letztjährigen Holz zum Blühen kommen. Dabei sollte der Schnitt nicht mit der Heckenschere vorgenommen werden, sondern mit der Handschere, um den Hecken ihr freies, ungezwungenes Aussehen zu erhalten.

Rosenstrauch
So wie irgendein Strauch zur Bepflanzung von Sträucherrabatten, einer Böschung oder als Solitärpflanze verwendet werden kann, lassen sich die Strauchrosen verwenden, die dem Garten eine sehr schöne Note verleihen.

Besonders dekorativ wirken alleinstehende Strauchrosen, die sich ungehindert nach allen Seiten entfalten können.

Eine freistehende Rosenhecke, wie sie hier die Strauchrose 'Westerland' bildet, zieht zur Blütezeit alle Blicke auf sich. Um die freie Wuchsform zu bewahren und um reichen Blütenansatz zu gewährleisten, muß man aber mit der Handschere zurückschneiden.

Rosen im Bauerngarten

Die Rose gehörte von Anfang an zu den Leitpflanzen des Bauerngartens. Der Bauerngarten war früher – und ist zum Teil auch heute noch – der Ort, wo sich seltene Rosen sicher fühlen konnten, denn die Bäuerinnen trugen Sorge dafür, daß sie erhalten blieben und sich sogar weiterverbreiten konnten.

Leider hat die Rose in den Bauerngärten der Neuzeit an Bedeutung verloren, und vor allem die schönen, alten Bauerngartenrosen sind nicht mehr da. Nur an wenigen Orten finden wir noch Bäuerinnen, welche die alten, geliebten Bauerngartenrosen pflegen; an die Stelle dieser alten sind vorwiegend moderne Rosen getreten. Dies will nicht heißen, daß nicht auch neue Rosensorten den Bau-

Moosrosen passen ausgezeichnet in einen Bauerngarten. Die mäßig gefüllten Blüten von 'William Lobb' verändern im Abblühen ihre Färbung von Karminrot nach Violett. Der mächtige Strauch braucht viel Platz.

Rosenbögen stellen ein klassisches Element der Gartengestaltung dar. Links: Ein Rosenbogen, wie er sich für Kletterrosen mit mäßigem Wuchs und nicht zu kräftigen Trieben eignet, etwa für Wichuraiana-Rosen wie 'Tausendschön'. Rechts: Rosenbogen für Kletterrosen mit wenig biegsamen Trieben, wie z. B. 'Bantry Bay'.

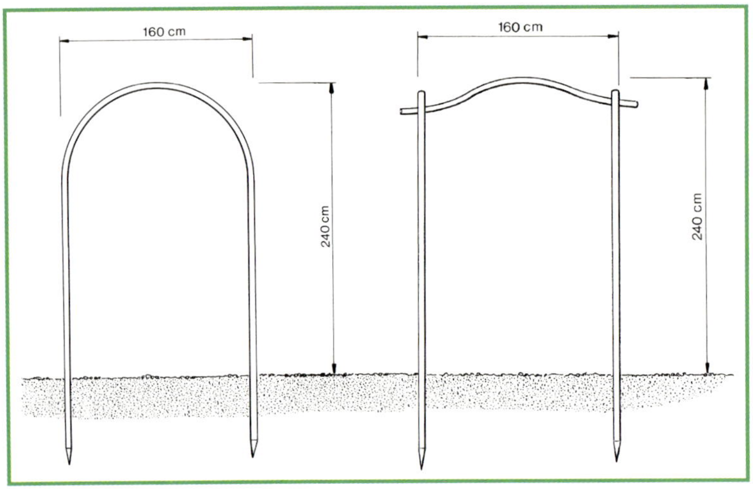

erngarten zieren dürfen, doch sollte bei der Wahl von Rosen unbedingt auch etwas auf Tradition geachtet werden. Als Beispiele nennen wir die alten Strauchrosen, jene, die zur Moosrosengruppe *(Rosa centifolia* 'Muscosa') zählen, und viele andere herrliche alte Strauchrosen. Dann die prächtige, bis 3 m hoch werdende 'Conrad Ferdinand Meyer', die alten Buschrosensorten, wie 'Frau Karl Druschki', 'Ulrich Brunner Fils', 'Mrs. John Laing' und viele weitere, die in den Bauerngarten passen.

Solche Strauchrosen werden einzeln gepflanzt und im Garten so plaziert, daß sie als wahre Schmuckstücke zur Geltung kommen. Die alten, kräftig werdenden Buschrosen pflanzt man am besten zu kleinen Gruppen von 3 bis maximal 5 Pflanzen zusammen. Im Bauerngarten sind es entweder eine oder mehrere an die Einfriedung gepflanzte Kletterrosen, Strauchrosen in einer Ecke oder mit Kletterrosen überwachsene Torbogen, mit denen die Rosenstimmung in den Garten gebracht wird.

Wird zu modernen Rosensorten gegriffen, dann muß man unbedingt kräftig wachsende und vor allem widerstandsfähige und gesunde Rosen wählen – eben Sorten, die bei wenig Mühe optimal wachsen und blühen. Außerdem sind extrem wirkende Farben möglichst zu vermeiden. Die Rosen sollen in den schlichten, natürlichen Bauerngarten hineinpassen und das ausgesprochen Bäuerliche betonen.

Rosen im Garten und Park

Da wir von den Rosen in Garten und Park reden, müßten wir uns zunächst verständigen, was wir unter einem Garten und was unter einem Park verstehen wollen. Kurz gesagt, es gibt darüber zweierlei Ansichten. Nach der einen ist die

Größe entscheidend. Wie groß muß aber ein Garten sein, damit er zum Park wird? Diese Grenzlinie hat noch niemand gezogen. Gefühlsmäßig spricht man von einem Park, wenn man von der Größe einer bestimmten Anlage beeindruckt ist. Die andere Ansicht geht dahin, jede Anlage, unabhängig von ihrer Ausdehnung, als Garten anzusprechen, wenn sie nach den Regeln der Architektur gestaltet wurde. Das bringt uns auf ein wesentliches Merkmal aller Gartengestaltung. Jegliche Gartenanlage, ob klein oder groß, ist entweder nach den geometrischen Regeln der Fläche und des Raumes oder nach den Formen der Natur gestaltet. Man könnte auch sagen, sie sei entweder mit Winkel und Zirkel auf dem Reißbrett entworfen und konstruiert oder nach den Formen der Pflanzen, des ruhigen oder bewegten Wassers, der Steine und der Erde modelliert.

Die Teehybrid- und Kletterrosen passen eher in den straff geformten, geometrischen Garten. Dagegen eignen sich die Strauchrosen mit ihrem großen Formenreichtum und ihrer Wüchsigkeit, praktisch mit den Mitteln der Natur, viel besser zum Gestalten und zum Modellieren des Gartens. Die vielblumigen Kletter- und Floribundarosen halten zwischen den beiden die Mitte.

Fragen wir nach dem Grund solcher Harmonien oder Zugehörigkeiten, so finden wir eine Antwort vielleicht darin: Die heutigen Teehybridrosen, das heißt Edelrosen, sind das Ergebnis einer jahrzehntelangen Arbeit der Rosenzüchter. Im Verlauf ihrer Anstrengungen ist nach und nach ein Rosentypus entstanden, der ganz und gar einem menschlichen Schönheitsideal entspricht und sich nur durch andauernde menschliche Bemühungen erhalten läßt. Wir haben diese Pflanzen aus ihrem einstigen Naturzusammenhang herausgenommen und aus den ursprünglichen Naturformen allmählich Gartenformen entwickelt, die eben nur noch mit unserer ständigen Unterstützung am Leben erhalten werden können. Würden wir sie wieder irgendwo auf Jahrzehnte hinaus sich selbst überlassen, so würden sich wahrscheinlich nur wenige unter ihnen als lebenstüchtig genug erweisen, um den Daseinskampf mit Erfolg durchzustehen. Wir müssen deshalb diesen Geschöpfen unserer Phantasie auch eine angemessene Umgebung bieten, in der ihre von uns gewollten Schönheiten der Form und Farbe auch am besten zur Geltung kommen.

Strauchrosen

Die Strauchrosen sind teilweise noch ursprüngliche Wildrosen, teils Rosen, bei denen die Züchtungsarbeit noch nicht so weit weg von den ehemaligen Naturformen geführt hat. Ihre Naturhaftigkeit kommt besonders stark in der Samenbildung zum Ausdruck. Geht manchen von ihnen die lange Blütezeit ab, so schmükken sie sich dafür im Spätsommer und Herbst mit ihren Früchten in vielerlei Formen und Farben, von der großen Kugel der Rugosa-Sorten bis zu den allbekannten Hagebutten der Hundsrose und den ziemlich kleinen Keulen der *Rosa omeiensis* f. *pteracantha*, vom hellen Orangerot der *Rosa multiflora* zum fast schwarzen Farbton der *Rosa pimpinellifolia*. Als kräftig wachsende Sträucher von 1–3 m Höhe setzen sie sich sowohl einzeln als auch als Gebüsch oder in der wilden Hecke im Lebenskampf mit Erfolg durch. Die kleineren unter ihnen, etwa die *Rosa hugonis* oder die *Rosa foetida* 'Bicolor' oder die alte Zentifolie (*Rosa centifolia* 'Major'), sind recht gut auch im räumlich beschränkten Garten zu verwenden. Die starkwüchsigen Sorten bilden jedoch ein prachtvolles Gestaltungsmittel für große Gärten und öffentliche Anlagen. In den letzteren kann man häufig beobachten, wie die Unarten der Park-

Vor allem die Arten und ihnen nahestehende Sorten können beachtliche Ausmaße erreichen. Deshalb stellen Wuchshöhe und -breite entscheidende Kriterien bei der Sortenwahl dar.

besucher zur Anpflanzung von stark stacheligen Sträuchern nötigen. Da gibt es kaum etwas Besseres und Geeigneteres als die Strauchrose, von denen heute über 70 Sorten in spezialisierten Baumschulen erhältlich sind.

Unvergleichlich schön sind in Holland die dortigen kaum meterhohen, ungeschnittenen Hecken der einfachblühenden *Rosa rugosa*, die gelegentlich die Fahrbahnen der Autostraßen von denjenigen der Radfahrer und den Gehwegen trennen.

Teehybridrosen

Der geometrische (architektonische) Garten darf für die Edelrosen als die am besten entsprechende Umgebung gelten. Damit soll nicht die alte Rabättchenherrlichkeit wieder heraufbeschworen werden mit ihren oft doch recht phantasielos rechtwinkligen Formen. Wenn die Inspiration zum Gartenentwurf von Reißschiene und Zirkel abhängig ist, wird sie sicher auf einen falschen Weg geführt. Man muß mit der Rose selbst beginnen und sich fragen: Wie muß der Ort beschaffen sein, damit er alle Rosenschönheit voll zur Geltung kommen läßt, damit das Auge ihr nicht zu ferne steht, der Teerosen- und Zentifolienduft nicht vom Winde verweht wird, das Licht recht in den wundervollen Farben spielen kann? Da könnte man sich etwa eine Hecke von dunkelgrünem Buchs oder noch dunkleren Eiben vorstellen, vor welcher die Rosen ein glanzvolles Farbenfeuerwerk entfalten. Da müßte es schön sein, in einem leicht vertieften Weg durch die Rosenbeete zu gehen, so daß man die Blüten nicht wie gewöhnlich von oben, sondern im Profil betrachten kann. Rosen grüßen einen nicht von oben herab wie die nickenden Sonnenblumen, und auch nicht von unten herauf wie die flachen Blütenscheiden der Zinnien. Mit den Rosen spricht man von Angesicht zu Angesicht, d. h., so sollten wir mit ihnen sprechen und tun es doch selten. Daß man den Rosenblüten näher sei, war ja sicher unter anderem ein Grund, warum man früher häufiger Rosenbäumchen pflanzte. Ehrgeiz machte dann das nach und nach immer höher gezogene Stämmchen zum Selbstzweck und verdarb damit erst recht seine Verwendung im neuzeitlichen Garten, der solchen Kunstformen ohnehin nicht hold ist. Es ist aber doch immer noch richtig, daß die Edelrosen sich am schönsten zeigen, wenn man sie von der Seite und nur gerade so überhöht betrachtet, daß man noch ein wenig ins Blüteninnere sehen kann. Also müßte man den Weg tiefer legen oder die Buschrosen auf eine niedrige Terrasse am Wege pflanzen. So könnte man nicht nur die volle Schönheit der ganzen Pflanze, sondern auch den Duft der Blüte erst richtig genießen. Hecken und kleine Terrassen, sie geben zusammen fast zwangsläufig einen streng geformten Garten, in welchem menschlicher Gestaltungswille immer noch den klarsten Ausdruck findet.

Teehybriden verlangen nach einer formalen Gartengestaltung, in einen naturnahen Garten lassen sie sich nicht einpassen.

Teehybridrosen sind Individualisten. Sie werden nicht schöner und nicht wertvoller, wenn man ihrer 50 oder 100 oder 500 der gleichen Sorte zusammenpflanzt. Es liegt nicht in ihrem Wesen, sich in größeren Massen darzustellen. Ihr Reichtum an Sorten ist beinahe unbegrenzt. Die Schönheit ihrer Blumen und der feine Duft machen sie auch als Schnittblume beliebt. Wo nicht viel Platz zur Verfügung steht, beschränke man sich auf wenige Sorten von je 5–7 Exemplaren, die man, in Farbe und Wachstumsstärke aufeinander abgestimmt, getrennt, zum Beispiel durch Begleitpflanzen (Bodenbedeckungsstauden und Gehölze), anpflanzt. Mit Hochstammrosen läßt sich hier die Sortenzahl vergrößern, aber sie sind mit Vorsicht zu verwenden, sei es als Randpflanzung, als Kleingruppe, wo sie das Blickfeld nicht beeinträchtigen, oder im Schnittblumenabteil in Reihen, oder auch als Trennwand kleinerer Gartenteile. Hochstammrosen bringen die Blumen dem Beschauer am nächsten und offenbaren ihren Duft am besten. Nicht alle Sorten eignen sich auf Hochstamm. Wer die Rosen von unten her, sozusagen von der Rückseite, betrachten will, der mag sich an die langtriebigen Sorten halten. Schöner, genußreicher und zweckmäßiger sind jedoch die mehr kurztriebigen Sorten, die heute immer seltener werden.

Polyantha- und Floribundarosen

Wer aber Massenwirkungen sucht, der greife zu den Polyantha- und Floribundarosen. Sie haben zwar als Einzelpflanzen auch ihre besondere Schönheit, und man würde ihnen Unrecht tun, wollte man sie nur um der knalligen Effekte willen schätzen, die sich mit ihnen erzielen lassen. Wo es aber auf die große bzw. großflächige Wirkung ankommt, wie das oft in öffentlichen Grünflächen der Fall ist, wo die Rosenfarben einem weiten Raum oder anderen kräftigen Akzenten standhalten müssen, da sind die Polyantha- und Floribundarosen unübertrefflich. Sie sind allgemein von robustem Charakter und fügen sich leichter als Teehybriden in irgendeine Umgebung ein. Von den Wildrosen unterscheiden sie sich andererseits wieder durch ihre lange Blütezeit, die vom Vorsommer bis in den Spätherbst andauert. Diese Eigenschaften haben ihnen auch im Hausgarten vermehrten Eingang verschafft, wo sie ihrer individuellen Eigenschaften wegen geschätzt werden; man denke zum Beispiel an die leicht gewellten, einfachen Blumen der rosaroten 'Else Poulsen' oder der gleichartigen hellroten Blüte der 'Van Straaten van Nes'. Ihre Blütenfülle sollte zwar ebenfalls sorgfältig in eine passende Umgebung eingegliedert werden, aber sie treten leichter in Harmonie mit anderen Gehölzen und Stauden und behaupten sich ihnen gegenüber auch besser als die Teehybriden.

Am schönsten wirken einzelne Rosenblumen, wenn man sie leicht von oben betrachten kann. Hier neigt sich das wunderbare Blütengebilde der kletternden 'Maréchal Niel' unserem Blick geradezu entgegen.

Floribunda- und Polyantharosen sind praktisch ohne Duft, dafür aber in ihrer Farbenleuchtkraft unübertroffen. Mit den neuen gelben und intensiv lachsfarbenen Sorten erreichen sie beinahe das Farbenspiel der Edelrosen. Sie sind nicht immer widerstandsfähiger gegen Krankheiten und Kälte als die Edelrosen. Auch lassen sie sich mit Erfolg in Höhenlagen bis 1600 m ü. d. M. anpflanzen. Im Tiefland vermögen sie mit weniger Sonne auszukommen, doch blühen sie um so reicher und länger, je sonniger und freier sie stehen. Rechnet man die neueren, aus Kreuzungen von Edelrosen mit Polyantharosen entstandenen Floribundarosen auch dazu, so sind sie den Eigenschaften der Edelrose sehr nahe gekommen.

Kletterrosen

Die kräftige Farbwirkung der Polyantha- und Floribundarosen wird von den Kletterrosen noch übertroffen. Doch ist bei den meisten von ihnen die Farbfülle zeit-

Die einmalblühende 'Flammentanz' beweist sich vor der Pergola als hervorragende Kletterrose. Das Blau von *Delphinium* 'Tropennacht' erhöht die Wirkung der blutroten Blüten.

lich begrenzt. Sie blühen vorwiegend nur einmal im Jahr, sind aber gerade deshalb besonders wertvoll. Wir würden ohne die einmalblühenden Rosen das Besondere und Erregende der Rosenzeit im Gartenjahr nicht mehr verspüren, wie wir den Frühling nicht mehr erleben könnten, wenn ihm nicht der Winter vorausgehen und der Sommer nachfolgen würde. Zartes Rosa und Weiß sind die Hauptfarben des Frühlings, wenn die Obstbäume blühen. Nach ihnen empfindet man eigentlich eine Pause des Blühens, welche nur von den niedrigen Polsterstauden mit kräftigen Farben unterbrochen wird. Dann kommt der Flieder, darauf nochmals eine Pause. Jetzt aber bricht der Sommer herein mit einer Farbensymphonie in Weiß, Rosa und Rot, Kupferrot und Gelb der blühenden Kletterrosen.

Die Rosenzeit ist eine hohe Zeit im Jahreslauf des Blühens. Es wäre schade, wenn sie vor lauter Dauerblühern aus unserem Bewußtsein verschwinden würde; die einmalblühenden Kletterrosen sorgen dafür, daß dies nicht so bald der Fall sein wird.

Es ist fast überflüssig zu sagen, wohin man überall Kletterrosen pflanzen kann. Sie stellen im Vergleich zu den anderen Rosenarten die Bedingung, daß sie an nicht zu heiße Süd- und Westwände gepflanzt werden. Sie fügen sich in jeden Garten ohne Schwierigkeit ein, wenn nur ein Gerüst ihren langen Trieben den notwendigen Halt gewährt und jede Pflanze genügend Entfaltungsraum hat. Ob diese Stütze freitragend im Gartenraum steht, ob sie als Latten- oder Drahtspalier an einer Mauer befestigt ist, ob es sich um ein feines Lattenwerk wie die Treillages in den alten französischen Gärten handelt oder um eine Pergola aus bearbeitetem oder rohem Material, immer werden die Kletterrosen damit fertig und decken auch Fehlerhaftes mit der Überfülle ihres Blühens zu.

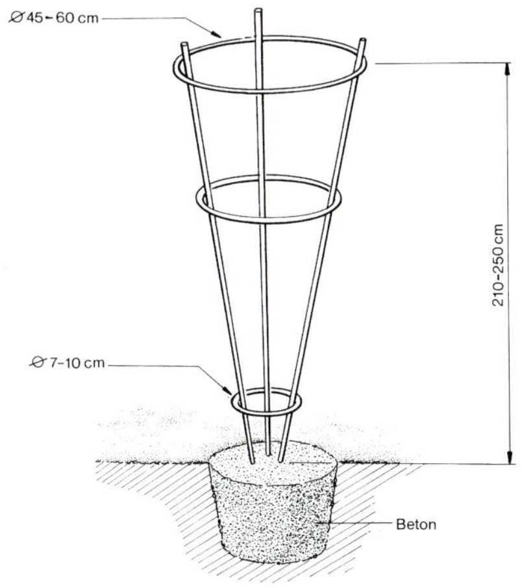

Für freistehende Kletterrosen aller Klassen eignet sich das klassische, feuerverzinkte Klettergerüst. Es besteht aus drei 15 mm starken Rundeisen, nach unten verjüngt und durch drei Ringe miteinander verbunden. Die Höhe über dem Boden beträgt 210–250 cm, und es wird im Boden einbetoniert. Die Durchmesser der Ringe können beliebig variieren, der oberste von 45–60 cm, der unterste von 7–10 cm.

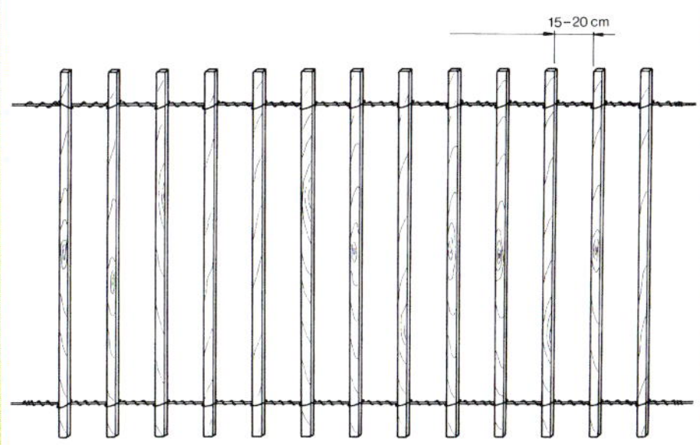

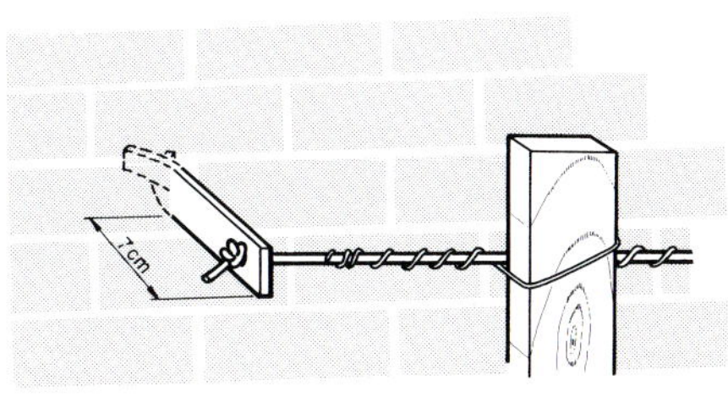

An einer Wand läßt sich für Kletterrosen ein Spaliergerüst aus Holzlatten erstellen. Die Latten sind 1 cm dick und 2 cm breit. Am besten werden die Latten in 15–20 cm Abstand mit einem dünnen Draht am Spanndraht umwickelt und wie gezeigt befestigt.

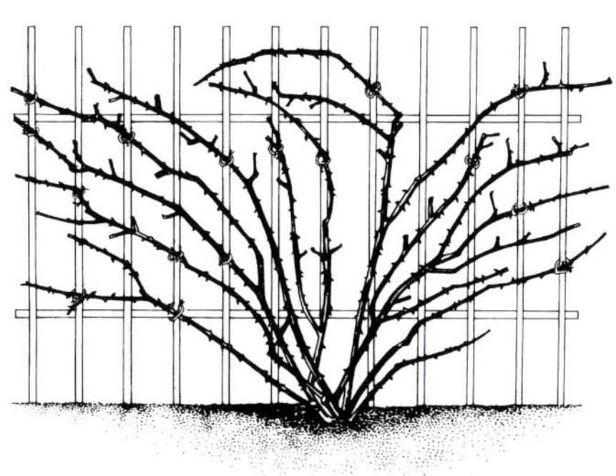

Einmalblühende Kletterrosen lassen sich in beliebige Richtungen und Lagen ziehen. Sie bilden keine lästigen Seitentriebe und belauben auch in den unteren Partien gut. Die Triebe werden gut verteilt an dünne Haltevorrichtungen gebunden.

Jedoch auch an Stellen in Garten und Park, wo kein Traggerüst möglich ist, können Kletterrosen noch besondere Aufgaben erfüllen, wenn man sie in genügend weiträumiger Umgebung einfach frei wachsen läßt. Da senden zum Beispiel die kürzer wachsenden 'Pauls Scarlet Climber' ihre Blütentriebe in kühnen Bögen zum Himmel, während die langtriebigen ihren Farbenreichtum wie einen Teppich am Boden ausbreiten. Auf diese Weise lassen sich an Böschungen, die nicht gerade voll nach Süden oder Norden geneigt sind, prachtvolle und dankbare Gartenbilder erzielen.

Begleitpflanzen

Eine wichtige Frage ist immer, welche Pflanzen mit Rosen harmonieren und sich mit ihnen zusammenpflanzen lassen. Dabei stellen sich technische und ästhetische Probleme, die heute jedoch lösbar sind. Mit Pflanzen, die zu den Rosen und ihrer Umgebung passen, füllt man die Zeit aus, während der die zurückgeschnittenen Rosenbüsche gewissermaßen im Rohzustand dastehen und erst nach und nach ihre Pracht entfalten. Am besten pflanzt man die Buschrosen in kleineren oder größeren Gruppen so dicht zusammen, daß ihr eigenes Laubwerk im Sommer den Boden vollständig zu decken vermag. Da sie aber erst ab Ende Mai-Anfang Juni blühen, wird man sich immer wieder wünschen, auch im **Vorfrühling und Frühling** etwas Blühendes in ihrer Nähe zu haben. So kann man in ihrer Umgebung mit allerlei frühblühenden Polsterpflanzen und Kleinstauden, durchsetzt mit *Crocus, Scilla, Chionodoxa,* einfachen Narzissen und Tulpen, die Herrlichkeiten des Frühlings von der Schneeschmelze bis in die Maientage erleben. Bis das Fest der Rosen beginnt, haben sie sich alle wieder still zurückgezogen, und es bleibt nur noch der mattgrüne Polsterteppich. *Nebeneinander,* nicht miteinander, vertragen sich Frühlingsblüher und Rosen recht gut. Als gegenseitig sich durchdringende Pflanzengemeinschaft ertragen sie sich nicht. Auch für den **Sommer** lassen sich auf diese Weise Rosennachbarschaften finden. Es sind dies vor allem die Lilien, besonders die Unterarten von *Lilium regale* (Königslilie), Rittersporn, von Hell- bis Dunkelblau und Weiß, *Rudbeckia fulgida* var. *sullivantii* und *R. f.* var. *speciosa*, gelb, *Verbascum olympicum*, gelb (dekorative Blattpflanze), *Aster amellus*, niedere Arten, *Liatris spicata, Salvia nemorosa*, blau, *Achillea ptarmica*, weiß, usw. Gegen den Herbst hin bilden die 20–40 cm hohen Zwergblumen der *Aster dumosus*, hellblau, lila usw., eine sehr schöne Rosennachbarschaft. Die Lücke vor dem Rosenflor füllen die mit dem aufstrebenden, schwertförmigen Blattwerk gut in die Polsterpflanzen passenden *Iris germanica*-Sorten, aber auch *Geum*, Lupinen, *Tanacetum coccineum (Pyrethrum roseum)* und andere Stauden sehen gut aus.

Es wurde schon gelegentlich auf die Dreifaltigkeit Rose – Lilie – Rittersporn hingewiesen. Ein derartiges Gartenbild muß auch Hebbel zu seinem Gedicht »Rose und Lilie« veranlaßt haben:

Die Rose liebt die Lilie,
Sie steht zu ihren Füßen,
Bald löst die Glut ihr schönstes Blatt,
Es fällt, um sie zu grüßen.

Die Lilie bemerkt es wohl,
Sie hätt das Blättlein gerne.
Der Wind verweht's, und Blatt nach Blatt
Jagt er in alle Ferne.

Die Rose doch läßt nimmer ab,
Läßt immer neue fallen.
Sie grüßt und grüßt sich fast zu Tod;
Doch keines trifft von allen.

Das letzte fängt die Lilie
Und tut sich dicht zusammen.
Nun glüht das Blatt in ihrem Kelch
Als wär's ein Herz voll Flammen.

Wahrscheinlich war es eine rotblühende Kletterrose, die neben dieser Madonnenlilie wuchs, oder ein Rosenbäumchen, denn die Edelrosen allein vermochten damals nicht über die Lilien hinauszuwachsen. Das reine Weiß der Madonnenlilien *(Lilium candidum)* oder das Weiß und helle Gelb der Königslilien *(Lilium regale)* und das reine Blau der Rittersporne harmonieren wirklich in seltener Pracht mit den Rosenfarben, so daß dieser Dreiklang wohl da und dort versucht werden sollte, auch auf die Gefahr eines Mißerfolges hin, denn die Lebensansprüche dieser drei Pflanzenarten stimmen nicht absolut überein.

Im allgemeinen gilt wohl die Regel, in den Beeten von **Teehybridrosen** oder in ihrer unmittelbaren Umgebung keinerlei üppige Einjahrsblüher oder kräftig wirkende Stauden zu pflanzen. Die Rosen vertragen solche Nachbarschaft nicht. Sie sollen während ihrer Blütezeit, das ist praktisch den ganzen Sommer über, am besten unter sich bleiben. Diese Erfahrung hat zum Prinzip geführt, besondere Gärten für die Rosen, sprich Rosengärten, anzulegen, sofern der Platz und die finanziellen Mittel dafür vorhanden sind.

Für die **Polyantha-, Floribunda- und Kletterrosen** lassen sich passende Nachbarpflanzen leichter finden. In Pflanzungen von Kleingehölzen, welche meistens nur eine verhältnismäßig kurze Blütezeit im Frühling haben, können wohlabgestimmte Gruppen von Polyantharosen eine prächtige Wirkung ergeben. Nötigenfalls hält ihre farbenkräftige Blütenfülle auch einer Staudenrabatte noch stand, obwohl die Nachbarschaft von Flammenblumen *(Phlox), Aster amellus* und ähnlichen Spätsommerblühern nur mit Vorsicht zu empfehlen ist. Auch hier wird man eher die Frühjahrsblüher bevorzugen und die Auswahl für den Sommer etwa auf einzelne Rittersporne

Rittersporn gilt als Rosenbegleitpflanze par excellance. Die blauen Ritterspornrispen stehen in spannungsreichem Kontrast zu den gefüllten, zitronengelben Blumen der Strauchrose 'Lichtkönigin Lucia'. Zartblütige *Geranium*-Sorten umrahmen den Rosenstrauch.

(Delphinium), Eisenhüte *(Aconitum)*, hohe Glockenblumen *(Campanula)* und vielleicht noch Lupinen beschränken. Man wird das Augenmerk in erster Linie auf passende Nuancen in Grün richten, um den Rosenfarben einen guten Hinter- und Untergrund zu geben. Letztere Überlegung leitet wieder zu den Kleingehölzen hin, zu *Euonymus fortunei* var. *vegeta, Gaultheria procumbens* usw. Man spürt aus diesen wenigen Andeutungen schon die reichen Möglichkeiten, Pflanzenbilder in ungezwungener Form zu gestalten, wie sie dem gegenwärtigen Gartengefühl in besonderem Maße entsprechen.

In den erwähnten Beispielen standen die Polyantha- und Floribundarosen im Vordergrund. Sie spielen sozusagen die erste Geige. Es könnte aber auch sein, daß sie gelegentlich nur die Begleitmusik machen sollen, zum Beispiel wenn sie in einer öffentlichen Anlage, mit **Strauchrosen** zusammen, eine breite Barriere gegen unerwünschten Durchgang bilden sollen. Da sind büschelblütige Rosen, besonders in den ersten Jahren, ein ausgezeichnetes Füllmaterial. Freilich darf man sich dann nicht daran stoßen, daß einzelne unter ihnen nach und nach durch die stärker wachsenden Rosensträucher unterdrückt werden. Das ist schließlich das Schicksal aller Füllpflanzungen.

Vor allem auch die staudigen Ziergräser fügen sich gut in Rosenpflanzungen ein. Besondere Wirkung zeigen dabei graulaubige Arten und Sorten wie *Andropogon gerardii* und *A.scoparius, Helictotrichon sempervirens* 'Pendula', *Pennisetum orientale, Stipa giganteum* und *Sorghastrum avenaceum*. Siehe auch Seite 177, sechstes Beispiel.

Zwischen großen Flächen von Rosen finden in den niederen Zwischenpflanzungen auch die immergrünen **Zwergkoniferen** Verwendung. Es gibt eine reiche Auswahl von Fichten, Tannen, Wacholder und Föhren in den verschiedensten Formen. Von diesen Koniferen wähle man zu den Rosen besonders die hell- und dunkelgrünen sowie die bläulichen, jedoch nicht die gelben Arten und Sorten. Sie lassen sich einzeln und in Gruppen verwenden, die niederliegenden Sorten von *Juniperus* z. B. sogar flächenmäßig. Sie bilden die ruhigen Pole.

Für die **Kletterrosen** gibt es eigentlich kaum ernsthafte Nachbarschaftsprobleme. Da sie sich in ihrer Blütezeit weise beschränken, haben sie recht wenig Anlaß, mit anderen Gewächsen in Streit zu geraten. So sind sie auch in der Nähe von Staudenpflanzungen eine geschätzte Ergänzung, um die Lücke auszufüllen, wenn die Herrlichkeit des Frühlings vorbei, die Pracht des Hochsommers und Herbstes aber noch nicht da ist. Am Rankgerüst lassen sich Kletterrosen leicht zu Geißblatt und *Clematis* gesellen. Gegen die unbändige Wüchsigkeit des Knöterichs oder der Glyzine kommen die Rosen jedoch nicht an.

Bepflanzungsbeispiele

Erstes Beispiel: Rosen mit Nadelgehölzen (Koniferen)

In freigestalteten Gärten ist es immer von Vorteil, größere Rosenbeete mit anderen Pflanzen zu kombinieren. Rosen und Koniferen (Nadelhölzer) vertragen sich gegenseitig besonders gut, sowohl im Boden als auch bezüglich der harmonischen Wirkung im Garten. Die Rosenblüten kommen neben dem meist dunklen Grün der Nadelhölzer ganz besonders schön zur Geltung, und vor allem nehmen sich im Frühjahr, der Entwicklungszeit der Rosen, die Koniferen im Rosenbeet vornehm aus.

Pinus sylvestris 'Watereri'. Kiefer mit stahlblauer Benadelung, mit breitem, kompaktem, pyramidenförmigem Wuchs.

Juniperus sabina 'Tamariscifolia', Wacholder. Blaugrün, nur flach am Boden einwachsend.

Picea abies 'Compacta'. Fichte mit frischgrünen Nadeln, von schönem Wuchs und dichtem Aufbau.

Taxus cuspidata. Frisch dunkelgrüne Zwergeibe von sparrigem Wuchs, die auch sonnigen Standort gut erträgt.

Chamaecyparis obtusa 'Nana Gracilis'. Mit fächerförmigen, dunkelgrünen, gedrehten Zweigen. Eine der edelsten Zwergkoniferen.

Die Auswahl an Nadelhölzern zur Verwendung mit Rosen ist mannigfaltig. Die Pflanzenabstände müssen so gewählt werden, daß die Rosen nicht unter der Entfaltung der Koniferen leiden.

Die Flächen zwischen den Koniferen lassen sich nach Belieben mit Rosen anpflanzen. Jedoch sollten Polyanthahybrid- und Floribundarosen immer getrennt voneinander verwendet und in Tuffs (Einzelgruppen) zu mindestens sieben Stück gepflanzt werden. Man vermeide zu starke Vermischungen. Dadurch würde die einheitliche Wirkung wie auch das Wachstum leiden. Der Abstand der Rosen vom Traufrand eines Nadelbaumes muß mindestens 1,2 m betragen, man darf nicht vergessen, daß die Bäume immer größer werden. Dies wird leider zu oft außer acht gelassen.

Zweites Beispiel: Rosen mit Laubgehölzen (Sträuchern)

Größere Rosenbeete, bei denen die Gefahr besteht, daß sich die verschiedenen Rosen ineinander verlaufen, unterbricht man durch Kleingehölze. Bei ihrer Wahl ist jedoch darauf zu achten, daß sie helfen, die Wirkung der Rosen zu erhöhen. Die Auswahl an Laubgehölzen ist sehr groß, nachstehend eine kleine Auslese.

Ceanothus americanus. Der etwa 1 m hoch werdende Strauch ist in den milderen Gegenden Mitteleuropas winterhart. Die Blütenrispen gehen vom Weiß ins Lilarot bis Azur über.

Buddleja alternifolia, Sommerflieder. Lange Blätter, elegant überhängende Zweige, purpur bis lila blühend (Juni). Im Hintergrund der Rosen pflanzen!

Osmanthus × burkwoodii. Immergrüner Strauch, 1–1,5 m. Im April-Mai duftende weiße Blüten. Vorzüglich für Gruppen von Rosen geeignet.

Deutzia gracilis. Etwa 80 cm hoher Strauch, Wuchs straff aufrecht, blüht weiß, in aufrechten langen Rispen.

Euonymus fortunei var. *vegeta*. Vorzüglicher Strauch zu Rosen, Wuchs breitbuschig, mit dicken Trieben, im Herbst reich mit schönen Früchten besetzt.

Caryopteris × clandonensis, Bartblume. Laubabwerfender Zwergstrauch, 1 m, dunkellila Blüten im August-September. Im Frühjahr leichter Rückschnitt empfehlenswert.

Corylopsis pauciflora. Ein frühblühender Strauch, der sich mit Rosen vorzüglich kombinieren läßt. Breit ausladender Wuchs, etwa 1,2 m hoch werdend, blüht in primelgelben Trauben.

Beim Pflanzen achte man darauf, daß diese Sträucher sich ungehemmt entfalten können, ohne daß die benachbarten Rosenpflanzen darunter leiden. Der Abstand zu den Rosen muß mindestens 1 m betragen, und sie müssen ständig mit der Schere in Bann gehalten werden.

Zu den Sträuchern eignen sich besonders Polyanthahybrid- und Floribundarosen in möglichst großen Gruppen.

Drittes Beispiel: Rosen mit bodenbedeckenden Stauden

Werden Rosen in unregelmäßigen Beeten angelegt oder in der Weise, daß von mehreren Sorten und Klassen jede einzelne Gruppe für sich zur Geltung kommt, so werden sie am besten durch Stauden voneinander getrennt. Ebenso kann man in einem streng geführten Garten die Formgebung durch bodenbedeckende Stauden wesentlich hervorheben, wenn der Rand der Beete mit ihnen ausgepflanzt wird. Die Stauden werden im Herbst oder frühen Frühling gesetzt. Der Abstand zwischen den Rosenstöcken und den Stauden muß 80 cm betragen.

Iberis sempervirens 'Schneeflocke'. Schleifenblume. Weiß, 25 cm hoch.

Thymus vulgaris. Lila, 10 cm hoch.

Sedum spurium. Rosa. 'Album Superbum' nur 10 cm hoch.

Antennaria parvifolia. Weiß, 10–15 cm hoch.

Micromeria croatica. Hellila, 20 cm hoch.

Lavandula angustifolia. Lilablau, 40 cm hoch.

Lithospermum canescens 'Heavenly Blue'. Enzianblau, 5–10 cm hoch.

Stachys nivea. Purpur, 15 cm hoch.

Campanula barbata. Hellblau, 15 cm hoch.

Mit den Kleinstauden zusammen lassen sich Polyanthahybrid- und Floribundarosen gleich gut verwenden. Je Sorte benötigen wir mindestens sieben Pflanzen. Je größer die Beete, um so mehr Rosenpflanzen sind pro Sorte erlaubt.

Viertes Beispiel: Rosen mit halbhohen und hohen Stauden

Achillea filipendula 'Neugold', Schafgarbe. Goldgelb, 70 cm hoch.

Delphinium-Hybriden, Rittersporn. Verschieden blau und weiß, 1,5 m hoch.

Delphinium-Hybriden (Belladonna-Gruppe), Rittersporn. Reich verzweigt und graziös, 1,1–1,2 m hoch.

Scabiosa caucasica 'Miss Willmott'. Rahmweiß, 80 cm hoch.

Scabiosa caucasica 'Stäfa'. Dunkelblau, 80 cm hoch.

Dictamnus albus, Brennender Busch. Rosa und weiß, 70 cm hoch.

Helenium-Hybride 'Kugelsonne', Sonnenbraut. Reingelb, 1,2 m hoch.

Physostegia virginiana 'Summer Snow', Gelenkblume. Weiß, 70 cm hoch.

Campanula persicifolia 'Grandiflora Alba', Glockenblume. Weiß, 1 m hoch.

Campanula persicifolia 'Telham Beauty'. Dunkelblau, 1 m hoch.

Damit die Rosen nicht Schaden nehmen, ist bei der Kombination mit Stauden zu beachten, daß die Abstände zwischen den Rosen und Stauden genügend groß sind. Dabei sollte die Belichtung möglichst von der Seite her kommen, wo die Stauden stehen. Dadurch wachsen die Stauden mehr dem Licht entgegen und neigen sich weniger den Rosen zu.

Die hohen Stauden sind frühzeitig vor dem Umfallen zu schützen.

In Gemeinschaft mit den Stauden wähle man höher wachsende Rosensorten.

Fünftes Beispiel: Rosen mit Gehölzen und bodenbedeckenden Pflanzen

Je größer eine Rosenpflanzung ist, um so schwerer wird es sein, die Rose in ihrer Verschiedenartigkeit so wirken zu lassen, daß sie ihre edle Form, Farbe und ihren Habitus entsprechend zur Geltung bringen kann. Deshalb wurde immer wieder versucht, die Rosen in Gemeinschaft mit anderen Gehölzen und Stauden zu verwenden. Wichtig ist dabei nur, eine ruhevolle Harmonie zu schaffen.

Bei der Pflanzarbeit sind die Zwischenräume zu den übrigen Pflanzen groß genug zu wählen, um den Rosen das Licht nicht zu rauben. Je starkwüchsiger eine Pflanze ist, um so größer der

Abstand. Auch hier können Polyanthahybrid- und Floribundarosen gleich gut verwendet werden.

Arctostaphylos nevadensis, Bärentraube. Immergrünes, flachwachsendes Gehölz. Nur für milde Lagen.

Artemisia stelleriana, Beifuß. Mit silbergrauem Blatt, 40 cm hoch.

Caryopteris × clandonensis, Bartblume. Niedriger Wuchs, blaue Blüten, etwa 1 m hoch.

Chimonanthus praecox, Winterblüte. Hellgrüne Blätter. Gelbe, duftende Blüten im frühen Frühjahr. 2 m hoch.

Corylopsis spicata, Scheinhasel. Intensiver Wuchs. Schwefelgelbe Blüten. 1,2–1,8 m hoch.

Empetrum nigrum, Krähenbeere. Nadelförmige Blätter und schwarze Beeren. 20 cm hoch.

Gaultheria procumbens, Scheinbeere. Kriechender Zwergstrauch, rote Beeren.

Ilex crenata, Stechpalme. Kleinblättriger, immergrüner Strauch. Wirkt als ruhiger Pol in einer Rosenpflanzung. Etwa 1,8 m hoch.

Ligustrum vulgare 'Lodense', Rainweide. Dichter Wuchs, mit schöner, blaugrüner Belaubung, etwa 1 m hoch.

Magnolia stellata, Sternmagnolie. Kleine weiße Blume, blüht schon im April, also wesentlich vor dem Rosenblühen. Etwa 1,5 m hoch. Nur für milde Lagen.

Salix herbacea. Flachwachsende Gletscherweide mit kreisrunden Blättern, 25 cm hoch.

Sedum album 'Fetthenne'. Rasenbildend, weiß, reichblühend, 15 cm hoch.

Thymus villosus. Dichtrasig mit graufilzigen Blättern, hellrosa, 5 cm hoch.

Veronica gentianoides. Enzianblau, wintergrün, 25 cm hoch.

Sechstes Beispiel: Rosen mit Ziergräsern

Zu Polyanthahybrid- und Floribundarosen lassen sich Gräser ganz vorzüglich verwenden. Die schönen, meist tiefgrünen Blätter der Rosen ergeben mit dem bizarren und eleganten Habitus der Gräser eine ganz besonders schöne und abwechslungsreiche Note. Zudem ertragen sie sich gegenseitig auch im Wurzelbereich recht gut. Die Auswahl von Gräsern ist so groß, daß wir für niedrige wie auch für höher werdende Rosen immer auch die passenden Gräser zur Mitverwendung haben.

Carex morrowi 'Variegata'. Glänzend dunkelgrüne, leicht überhängende Blätter mit gelben Randstreifen. Gelbbraune Ähren, straff aufrecht. Höhe 30 cm, Blütenstand 40 cm. Eignet sich vorzüglich als flächige Zwischenpflanzung zu roten Rosen.

Calamagrostis acutiflora. Dichte Blattbüsche mit aufrechten, gelblichen Ähren. Höhe 60 cm, Blütenstand 1,2 m.

Deschampsia cespitosa. Feste grüne Horste mit überhängenden Blättern, gelblichweißschweifige Rispen. Wirken zwischen großen Rosenflächen besonders zierend. Höhe 30 cm, Blütenstand 80 cm.

Festuca glauca bildet dichte halbkugelige, blaue Büsche. Höhe 15 cm, Blütenstand 25 cm. Wirkt besonders schön in größeren Flächen zwischen Rosen.

Helictotrichon (Avena) sempervirens bildet starre Blatthorste. Dieses blaubereifte, halbkugelige Steppengras mit den lokkeren Blütenrispen bildet mit den Rosen zusammen eine wahre Zierde. Höhe 40 cm, Blütenstand 1,2 m.

Luzula sylvatica. Blätter 1 cm breit, dunkelgrün und glänzend, am Rande bewimpert. Blütenstände bräunlich. Höhe 30 cm, Blütenstand 40 cm.

Miscanthus sinensis 'Gracillimus'. Schmale Blätter mit auffallenden, weißen Mittelstreifen, überhängend. Zierliche Pflanze, blüht selten. Höhe 1,5 m.

Pennisetum compressum. Blätter schmal, graugrün, bilden einen dichten Horst. Blütenstände braun, bewimpert. Höhe 40 cm, Blütenstand 70 cm.

Uniola latifolia. Blätter lanzettlich, hell, kurze breite, bräunliche Ährenrispen. Höhe 80 cm, Blütenstand 1 m.

Die Gräser gehören allgemein zu den wenig anspruchsvollen Pflanzen. Ihre Pflege bereitet nicht viel Mühe, so bleibt uns mehr Zeit für die Rosen. Der Abstand zu den Rosen ist je nach der Höhe der einzelnen Gräser 70 cm–1,2 m zu wählen. Gräser sollten nicht gedüngt werden.

Bei den sogenannten **Kombinationspflanzungen der angeführten Beispiele** sind einige wesentliche Punkte besonders zu beachten:

1. Stets genügend große Abstände zwischen den Rosen und den Begleitpflanzen wählen. Man rufe sich immer in Erinnerung, daß die Nachbarpflanzen größer werden und dadurch nach wenigen Jahren sehr unliebsame Folgen eintreten können.
2. Der Vermehrungsdrang der Stauden muß durch Drosselung der Wurzelausläufer, Rhizome usw. ständig unter Kontrolle gehalten werden. Die Nachbarpflanzen dringen leicht in den Wurzelbereich der Rosen und machen ihnen die Nährstoffe streitig. Das ist bei der Düngung immer zu berücksichtigen. Die Rosenbegleitpflanzen selbst darf man nie zu reichlich düngen, damit sie sich nicht zu üppig ausbreiten. Unter Umständen sind von Zeit zu Zeit die Randwurzeln der Begleitpflanzen mit dem Spaten abzustechen. Sonst entsteht ein Existanzkampf, in welchem die Rosen immer den kürzeren ziehen.
3. Für die Kombinationspflanzungen müssen kräftig wachsende und gesunde Rosensorten, und zwar nur Polyanthahybrid- und Floribundarosen gewählt werden, um den Pflegeaufwand auf einem Minimum zu halten. Die Rosengruppen sollten groß genug sein, um die wünschenswerte Wirkung zu entfalten. Bedienen wir uns in einer Pflanzung mehrerer Farben, so stellt sich die erhoffte Intensität eher ein. In einer einzelnen Gruppe aber dürfen nur Rosen derselben Klasse und in einer Farbe verwendet werden.

Den Rosenprüfgärten in aller Welt widmet sich ab Seite 245 ein eigenes Kapitel.

Rosengärten

Die Rosen gehören zu den ältesten Begleitpflanzen des Menschen. Er hat sie von alters her in mannigfacher Weise bis in unsere Tage verherrlicht, in Dichtung, Malerei und Bildhauerei. Es ist darum fast selbstverständlich, daß er dieser Lieblingsblume auch immer wieder besondere Gärten widmete, in denen die Pflege der Rose beinahe zu einer kultischen Handlung wurde. Doch lohnt es sich, auch ohne einem Kultus zu verfallen, der Rose an eigens für sie hergerichteter Stätte besondere Aufmerksamkeit zu schenken. Solche Stätten – Rosengärten – sind in den meisten Kulturländern anzutreffen.

Jeder Rosengarten hat sein eigenes Gepräge, trägt den Stempel eines Gestalters oder des betreffenden Landes und erfüllt eine Aufgabe. So wird der Besuch von Rosengärten für den Rosenfreund stets zu einem Erlebnis. Wenn auch heute noch in aller Welt die Gestalter von Rosengärten an einer gewissen Überlieferung festhalten, wie beispielsweise die unten aufgeführten, kann man doch feststellen, daß bei einzelnen Gärten in der Anlage und Pflanzenzusammenstellung neue Wege beschritten wurden.

Öffentlich zugängliche Rosengärten

Belgien: Königin Astrid Park, Pokrijk Domein, Limburg.
Dänemark: Rosengarten im Valby-Park, Kopenhagen.
Deutschland: Gönneranlage, Baden-Baden; Insel Mainau, Rosengärten und Straße der Wild- und Strauchrosen; Rosarium VDR, Dortmund; Rosengärten in Mainz, Hamburg, Karlsruhe, Saarbrücken, Trier, Uetersen, Weihenstephan (Sichtungsgarten), Zweibrükken, Seppenrade; Kassel-Wilhelmshöhe; Rosarium Sangerhausen u. a.
England: Regents Park, Queen Mary Rose Garden, London; Kew Rose Collection, Richmond; Rosengarten der Royal National Rose Society, St. Albans.
Frankreich: Parc de Bagatelle, Malmaison, Parc de L'Hay-les-Roses, Paris; Parc de la Tête d'Or, Lyon.
Italien: Roseto di Roma, Rom; Rosarium Villa Reale, Monza.
Luxemburg: Rosengarten, Bad Mondorf.
Niederlande: Rosarium im Amstelpark, Amsterdam; Rosarium Westproekpark, Den Haag.
Norwegen: Rosarium der Landwirtschaftlichen Hochschule, Vollebekk.
Österreich: Volksgarten, Donaupark, Wien.
Schweden: Rosarium der Staatlichen Gartenbauschule, Norrköping.
Schweiz: Parc de la Grange, Genf; Rosengarten, Bern; Rosengarten Schloß Gerzensee, Bern; Muraltengut, Zürich; Rosengärten in Rapperswil am oberen Zürichsee; Roseraie de la Vallée de la

Am Rosenbogen beweist sich die Wüchsigkeit der einmalblühenden Kletterrose 'Sanders White Rambler'. In reicher Fülle erscheinen die relativ kleinen, weißen, duftenden Blüten.

Rosengärten bieten die Gelegenheit, Sorten miteinander zu vergleichen. Außerdem erhält man unmittelbar eine Vorstellung vom Wuchsverhalten und dem Charakter einer bestimmten Sorte.

Jeunesse, Lausanne; Rosengarten auf dem Heiligen Berg, Winterthur; Schloß Heidegg, Gelfingen, LU; Alpine Rosenprüfgärten in Braunwald, Glarus.
Spanien: Rosa leda del Parque des Oeste, Madrid.
Tschechien: Rosarium im botanischen Garten, Pruhonice bei Prag

Das **Rosarium im Park »La Grange« in Genf** wurde im Jahre 1946 angelegt. Die wunderbare Lage dieses herrschaftlichen Parkes am Genfer See ist wie geschaffen für ein Rosarium, und wer in der Zeit, da dort 13000 Rosenpflanzen auf 12000 Quadratmetern Fläche in Blüte stehen, die Anlage besucht, der wird von der Pracht beeindruckt sein. Pflanzungen, Unterhalt und Pflege dieser Rosenanlage werden vom Service des parcs et promenades der Stadt Genf mustergültig besorgt.

Der **Rosengarten zu Heidegg**, ein reizender Barockgarten inmitten einer herrlichen Landschaft, soll nebst seinem Reiz für den Beschauer vor allem der Dokumentation über die Geschichte der Rose dienen.

Die Gesellschaft Schweizerischer Rosenfreunde hat 1991 dem neuen Schweizer Paraplegiker-Zentrum in **Nottwil/Luzern** einen **Rosengarten** mit 2500 Rosenpflanzen geschenkt – 1900 Polyantha-, Floribunda- und 600 Edelsowie 14 Kletterrosen und einige Strauchrosen. Mit den 34 Sorten erhält der Garten eine abwechslungsreiche Wirkung. Die Rosen können von den Gehwegen aus nächster Nähe auch mit den Rollstühlen besichtigt werden. Auch von den Liegeterrassen kann der Rosengarten in seiner vollen Schönheit erblickt werden. Der Garten wurde von der Gestaltung bis zur Ausführung durch die Spender organisiert, ausgeführt und finanziert.

1981 wurde der **Munot-Rosengarten** durch die Stadt **Schaffhausen** und die Rosenfreunde angelegt. Vom Garten aus genießt der Besucher das schöne Bild der Altstadt mit dem Münster und der Kirche St. Johann. Der Rosengarten hat eine Grundfläche von 2000 Quadratmetern. Er beherbergt 1386 Rosenpflanzen in 129 Sorten in Edel-, Polyantha- und Floribundarosen. Kletterrosen überwachsen eine Pergola, unter welcher einige Ruhebänke aufgestellt sind, von denen wir den Überblick auf den Garten genießen können. Die Beete sind mit Buchs eingefaßt.

Die beiden **Rosengärten am Fuße des Schloßrebberges und beim Kloster zu Rapperswil** am Zürichsee wollen dem Besucher in schönster Umgebung die Würde der Rose vor Augen führen.

Ebenso ist der **Rosengarten beim Schloß Gerzensee (Bern)** ein Kleinod ersten Ranges. Auch hier wird die Rose als Sinnbild des Vollkommenen in den Mittelpunkt gestellt.

Auch die beiden Rosengärten **Parko Ciani** und der Strauchrosengarten **Tassino** sind sehenswert.

Für den Rosenfreund und Fachmann aber, der auf der Suche nach verschiedenen Verwendungsmöglichkeiten ist, bietet der **Rosengarten von Zweibrükken** in der Pfalz außerordentlich viel Anregung. Er ist sowohl in seiner Gesamtgestaltung als auch in der liebevollen Behandlung der einzelnen Partien zu einem erstklassigen Studienobjekt geworden. Heute finden wir dort mehr als 1200 Rosensorten. Damit gilt der zur Zeit vier Hektar umfassende Rosenpark als bedeutender Prüfungsgarten. Die dauernde Sichtung der Rosen ist ein Forschungsbeitrag, dessen Bedeutung nicht hoch genug zu werten ist. Wer durch die Pfalz reist, sollte sich den Besuch dieses Rosengartens nicht entgehen lassen.

Das **Deutsche Rosarium VDR in Dortmund**, am Kaiserrain 25, wurde 1969 von dem Verein Deutscher Rosenfreunde gegründet. Es verfügt über mehr als 2500, nach Ländern geordnete Sorten mit etwa 45 000 Pflanzen. Zudem beherbergt es eine Wildrosensammlung und eine Rosenbibliothek.

Sehenswürdige Rosenpflanzungen sind außerdem der **Volksgarten in Wien** mit vielen älteren Sorten, Hochstämmen und Strauchrosen sowie der **Wiener Donaupark**, in dem eine Rosenprüfung für Österreich durchgeführt wird. Es fällt die großzügige Verwendung der Rosen in allen öffentlichen Parkanlagen auf.

Die Besichtigung solcher Gärten regt den Beschauer an, auch in seinem Garten entsprechende Bilder zu schaffen, sei es im Hinblick auf die Kombination seiner Rosen mit anderen Pflanzen oder im Hinblick auf die Wahl der Rosen selbst. Und dennoch wird jeder Rosengarten durch seinen Erbauer und Betreuer ein bestimmtes Gepräge erhalten und somit etwas Individuelles bleiben.

Rosen in Hausgärten

Zur Freude an den Rosen gesellt sich vielleicht auch der Sammeleifer. Wer sich ihm nicht entziehen kann, wird bald alle möglichen Rosenarten und -sorten in seinem Garten zusammentragen. Die Sammlung erhält ihren Wert durch die Reichhaltigkeit, der Rosengarten aber durch seine Schönheit im allgemeinen und durch das Darbieten der Rosen im speziellen. Die Berücksichtigung botanischer Interessen geht meist auf Kosten der Schönheit eines Gartens. Zwar hat der Sammler seine Ordnung und damit immer die Übersicht in seinen Beständen. Der Ästhet aber wird sie als Durcheinander empfinden, weil sie nicht im Sinne einer natürlichen Pflanzengemeinschaft aufgebaut werden können und auch in der äußeren Form nicht ohne weiteres miteinander harmonieren. Es ist ratsam, diese Dinge zu überlegen, bevor man mitsamt seinem Garten von der Sammelleidenschaft überwuchert wird.

Der berühmte Palmengarten in Frankfurt am Main birgt in seinem formal gestalteten »Rosengarten« ein reichhaltiges Sortiment.

Im Rosengarten sind üblicherweise die Edelrosen vorherrschend. Sie sollen in ihrer Wirkung von anderen Rosen nicht gestört werden. Letztere müssen deshalb mit besonderer Sorgfalt in die Gartenbilder eingeordnet werden. Da ist es gut, sich zum Beispiel darüber Rechenschaft zu geben, daß die Kletterrosen zur Zeit ihres Blühens alle anderen Rosen überwältigen. Es muß zwar nicht, kann unter Umständen aber doch unerwünscht sein. Auch die Polyantha- und Floribundarosen haben eine ähnliche Wirkung. Wenn man nicht auf sie verzichten will, sollten sie auf eine Weise angeordnet werden, in der das Auge sie nicht gleichzeitig mit den Edelrosen erblickt. Sie können zum Beispiel in genügend vertieften oder auch für sich gesonderten Gartenpartien Platz finden. Die meisten Strauchrosen sind sehr starkwüchsig und finden daher nur dort Verwendung, wo viel Platz zur Verfügung steht. Das schließt nicht aus, daß bei knappen Raumverhältnissen gelegentlich auch eine der weniger raumgreifenden Sorten, wie zum Beispiel 'Mozart', Verwendung findet.

Wenn es im Rosengarten blüht, kann kaum jemand seinem Zauber widerstehen. Zwar dauert die Herrlichkeit lange über die eigentliche Rosenzeit, bis gegen den Herbst hin, an, doch während der übrigen Jahreszeit stehen die Edelrosen auf kahlen Beeten oder sind ausnahmsweise mit Tannenreisig zugedeckt. Aber auch dann sollte der Rosengarten nicht langweilig sein. So muß man nun mit ergänzenden Pflanzungen in ihrer Umgebung – wir haben davon im Zusammenhang mit den Rosennachbarschaften gesprochen – die Aufmerksamkeit vorübergehend von den Rosen ablenken. Auch soll ein Rosengarten eine ausgeprägte Form erhalten, deren Linien, Körper und Räume auch dann noch die Sinne beschäftigen und begeistern können, wenn zeitweise fast alle Farbe aus ihm gewichen ist. Die im Jahreslauf in Erscheinung tretenden Veränderungen können bis zu ausgesprochenen Gegensätzlichkeiten gesteigert werden, dann wird es im Rosengarten keinen Moment der Langeweile geben.

Duftrosengärten für Blinde

Farbe, Form und Duft einer Rosenblüte in ihrer Vielfalt zu genießen gehört mit zum Schönsten, was uns der Garten geben kann!

Wer sein Augenlicht verloren hat, kann zwar die Schönheit einer Rosenblüte nicht optisch erleben, doch ist es ihm möglich, ihre Schönheit zu riechen und zu ertasten. Bekommt er zudem noch die Farben einer Rosenblüte geschildert, so ist für ihn der Eindruck vielleicht noch intensiver als für einen sehenden Menschen.

Unter den über 60 000 Rosensorten gibt es einen kleinen Anteil an Sorten, die einen gut wahrnehmbaren Duft ausströmen. Nur diese Sorten reihen wir in die Gruppe der Duftrosen ein. Die Zusammensetzung und Art des Duftes ist bei jeder Rose anders. Gerade diese feinen Duftunterschiede und Duftnuancen erlauben es dem blinden Menschen, sich von den einzelnen Sorten ein Merkmal einzuprägen.

Ein mustergültiges Vorbild ist z. B. der erste **Blindenrosengarten in Rapperswil** (Schweiz). 1984/85 wurde dort auf Initiative von Hans Rathgeb ein Rosengarten für Blinde ins Leben gerufen. Mitten in der Stadt, neben pulsierendem Verkehr, hat man diesen besonderen Garten gestaltet und mit 1664 Rosenstöcken in 58 Duftsorten bepflanzt. Auch einige Strauch-, Kletter- und Stammrosen sind mitverwendet worden. Die Rosen sind so plaziert, daß jede Sorte immer auch am Wegrand steht. So wird der Kontakt mit jeder Sorte leicht hergestellt. Außerdem sind die Rosen am Wegrand mit 80 cm hohen Schrifttafeln sowohl in »normaler Schrift« als auch in der Brailleschen Blindenschrift mit allen nötigen Daten versehen. Ein Beispiel zur Nachahmung.

Das Pflanzen der Rosen

Standort

Die Rosen lieben weder zu heißen, zu trockenen, noch zu schattigen Standort. Vor allem vor Mauern und Hauswänden muß man mit dem Plazieren von Rosen vorsichtig sein. Hier sind besonders widerstandsfähige Sorten wie 'Mme A. Meilland', 'Michèle Meilland', 'Duftwolke', 'Sutters Gold' usw. zu wählen, da die Rosen in solchen Lagen für Krankheiten und Schädlinge anfälliger sind. Zudem verblühen sie rascher, und die Blütenfarben verblassen leicht.

Standorte, an denen die frische Luft freien Zutritt hat und die keiner zu intensiven Sonneneinstrahlung ausgesetzt sind, lieben die Rosen am meisten. Auch halbschattige Lagen ertragen die Rosen sehr gut. Hingegen ist Trauf (von Bäumen und Sträuchern abtropfendes Wasser) schädlich.

Dringend zu vermeiden ist die Nähe von Plattenbelägen, Asphalt und Kieswegen. Die Reflexion des Lichts bei heißem Sommerwetter begünstigt vorzeitigen Blattfall und einen frühen und intensiven Befall durch Spinnmilben. Deshalb sollte an verkehrsreichen Plätzen auf Rosenpflanzungen verzichtet werden. Verkümmern der Laubblätter und vorzeitiges Abfallen sind sonst die Folgen. Dies führt dann automatisch zu kümmerlichem Pflanzenwuchs.

Ideal ist es, wenn die Rosenbeete mit Rasen oder Polsterpflanzen (*Sedum spurium* 'Album') oder mit Buchs (*Buxus sempervirens* 'Suffruticosa') eingefaßt werden können. Dadurch kommen die Rosen nicht nur besonders gut und vornehm zur Geltung, sondern sie können sich auch gesünder entwickeln.

Boden

Physikalische Eigenschaften

Unsere Böden sind meist komplizierte Gemische aus den verschiedensten Bestandteilen. Fruchtbare Böden, Ackerkrume sowie Gartenerden besitzen die drei Komponenten Humus, Sand und Ton in einem idealen Verhältnis.

Der dunkelfarbene **Humus** besteht aus organischen Stoffen. Er entsteht vorwiegend aus abgestorbenen Pflanzenteilen, Kleintieren und Mikroorganismen. Sein hoher Kohlenstoffgehalt ist für die pflanzliche Ernährung zwar unbedeutend, hat aber dadurch die Fähigkeit, mit den Tonteilchen zusammen die wichtigen Nährstoffionen festzuhalten. Diese Ton-Humus-Komplexe sind auch für eine gute Wasserführung im Boden wichtig; ein guter Humusboden bindet viel Wasser, gibt es aber nur langsam ab. Deshalb können humusreiche Böden lange feucht bleiben und erwärmen sich zudem rascher als andere Böden.

Sand bewirkt eine lockere Struktur des Bodens und ist, je nach Anteil, für eine geringere oder größere Wasserdurchlässigkeit des Erdreichs verantwortlich. Der Gehalt des Bodens an Luft ist für das Wurzelwachstum, vor allem bei Rosen, von großer Bedeutung. Jedes Wachstum setzt intensive Atmungsvorgänge voraus, die nur bei reichlicher Sauerstoffzuführung optimal vor sich gehen können.

Der **Ton** verhält sich in mancher Beziehung gerade in umgekehrter Weise wie der Sand. Durch ihn wird die Porosität des Bodens verschlechtert, womit Durchlüftung und Wasserdurchlässigkeit verringert werden. Die Pflanzen welken auf dem Tonboden weniger rasch als auf Sandböden. Der Ton bringt die Sandteilchen zum Verkleben, so daß im Extremfall eine zähe, schwerbearbeitbare Masse

entsteht, die beim Austrocknen leicht verkrustet. Andererseits besitzen die tonigen Bestandteile, wie oben gesagt, für die pflanzliche Ernährung eine große Bedeutung, weil sie die Nährelemente im Boden fixieren und zur Verfügung halten.

Eine Mischung aus Humus, Sand und Ton in einem günstigen Verhältnis ergibt das beste Substrat für das Pflanzenwachstum. Darin machen auch die Rosen keine Ausnahme.

Bodenreaktion und Bodenuntersuchung

Das Wohlbefinden der Rosen ist weitgehend auch vom pH-Wert des Bodens, der Bodenreaktion, abhängig. Die pH-Zahl zeigt eine relative Menge der im Boden vorhandenen freien Wasserstoffteilchen (H^+-Ionen) an und gibt Aufschluß über den Säuregrad des Bodens. Überwiegen in einer Bodenlösung die Wasserstoff-(H^+)-Ionen, dann ist der Boden sauer, überwiegen die Hydroxyl(OH^-)-Ionen, dann ist er alkalisch. Die pH-Skala reicht von 1 bis 14. Eine pH-Zahl von 7 zeigt Neutralität an. Zahlen unter pH 7 geben saure und Zahlen über pH 7 alkalische Bodenreaktionen an.

Die Bodenlebewesen sind in ihrer Entwicklung großenteils von den freien Wasserstoffionen abhängig, welche weitgehend vom im Boden vorhandenem Kalk reguliert werden. Es lohnt sich deshalb, besonders bei größeren Anpflanzungen, den pH-Wert des Bodens festzustellen, um dann vor allem die Düngung danach zu richten.

Für Rosen liegt die ideale pH-Zahl zwischen 6,4 und 8. Beim Herrichten des Bodens sollte darauf geachtet werden, daß der Wert dazwischen liegt, weil in den meisten Fällen durch Düngung und künstliche Bewässerung dem Boden Kalk zugeführt wird, so daß die oberste

Grenze ohnehin erreicht werden kann. Die Ermittlung des pH-Wertes kann mit dem sogenannten Pehameter auf einfache Art erfolgen.

Die Kalkfrage in bezug auf Rosen findet in der einschlägigen Literatur stets von neuem einen besonders starken Niederschlag. Immer wieder liest man, daß der Boden für die Rosen gekalkt werden müsse, und dann vernimmt man wieder, daß zuviel Kalk für die Rosen nicht zuträglich sei. Beides mag zutreffen, kann aber nicht beliebig in die Praxis umgesetzt werden, denn diese Frage kann jeweils nur auf Grund einer genauen Bodenuntersuchung einwandfrei beantwortet werden, die durch eine zuständige Untersuchungs- oder Forschungsanstalt erfolgen kann. Zu diesem Zweck sind etwa 2 kg Erde aus dem mit Rosen zu bepflanzenden Beet einzusenden. Ist das Beet noch nicht gerichtet, also die Erde noch nicht überall gründlich und tief durchgemischt, so nimmt man mehrere Proben von verschiedenen Stellen des Gartenbeetes und in verschiedenen Tiefen (bis 60 cm) und vermengt alles gründlich miteinander. Auf diese Weise erhält man einen ausreichenden Durchschnitt von der chemischen Qualität des betreffenden Gartenbodens.

Selbstverständlich können wir uns selbst schon ein Bild vom Anteil des Kalks im Boden machen, sofern wir wissen, welche geologischen Verhältnisse in unserem Gebiet vorliegen; zum Beispiel liegt in den Jurazonen zu viel und im Tessin zu wenig Kalk für Rosenpflanzungen usw. Auf alle Fälle sollte jeder Rosenpflanzer vorher gründlich orientiert sein und nicht planlos handeln, denn vom Zustand des Bodens, der für Rosen vorgesehen ist, hängt sehr viel ab.

Von ebenso großer Wichtigkeit ist, daß keine überschüssige Feuchtigkeit im Boden, also Staunässe auftreten kann. Rosen, die auf kiesigem Untergrund stehen, sogar die gegen Blattfall und Sternrußtau empfindlichen Pernetrosen, bleiben in abflußgesicherten Böden selbst in Höhenlage gesund, während stagnierende Feuchtigkeit die Rosen an der vollen Entfaltung grundlegend hindert; meistens bekommen sie dann gelbe Blätter, da in solchen Böden die Luft fehlt.

Standortwahl und gesunde Rosen

Will man bei der Rosenkultur mit dem geringsten Aufwand an Pflanzenschutzmitteln auskommen, muß der Wahl des Standortes bzw. des Erdreiches, wohin die Rosen gepflanzt werden, ganz besondere Aufmerksamkeit geschenkt werden.

Mit Nachdruck ist darauf hinzuweisen, daß bei Neuanlagen in gesunde, unverbrauchte, lockere Erde mit gutem Wasserabfluß gepflanzt werden muß. Wir konnten in den letzten Jahren versuchsmäßig feststellen, daß Rosen verschiedenster Sorten, die unter dieser Berücksichtigung ausgepflanzt waren, fünf und mehr Jahre lang fast ohne Pflanzenschutz auskamen. Müssen notgedrungen alte Gartenböden für die Rosenkultur verwendet werden, ist eine dementsprechend gründliche, tiefe (60–80 cm) Bearbeitung notwendig, damit so wenig Pflanzenschutz wie möglich betrieben werden muß. Rosen sind **Tiefwurzler**, sie wurzeln zum Teil bis 1,5 m tief.

Die Rolle der Vorkulturen bei der Bodenwahl

Bei der Standort- und Bodenwahl muß man sich darüber im klaren sein, mit welchen Kulturen das betreffende Grundstück vorher belegt war. Denn Rosen können Schaden nehmen, wenn dort vorher für sie ungeeignete Gewächse vorhanden gewesen sind. Sie reagieren besonders empfindlich auf alle Rosengewächse (Rosaceen) wie Rosen selbst,

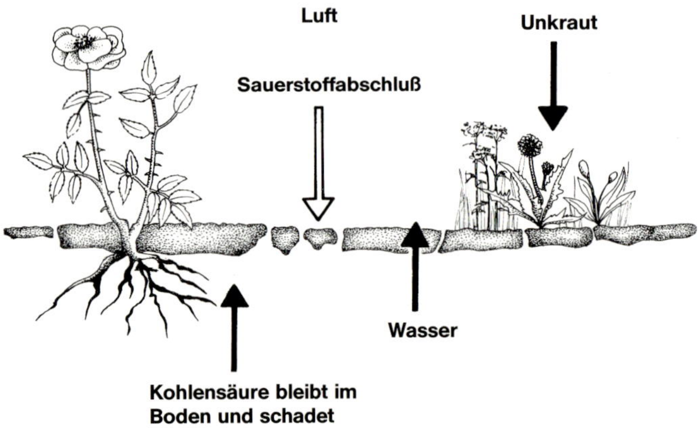

Die verkrustete Erdoberfläche eines nicht gelockerten Bodens verhindert den Luftaustausch. Wasser kann durch die Bodenrisse in verstärktem Maß verdunsten.

Äpfel, Aprikosen, Birnen, Pfirsiche, Zwetschgen, Feuerdorn usw. Sogar die bloße Nachbarschaft solcher Pflanzen kann sich unter Umständen nachteilig auswirken, wenn das Wurzelwerk mit jenem der Rosen in Konkurrenz tritt (unverträgliche Wurzelsekrete). Neben einseitigem Nährstoffentzug können auch in solchen Böden (an den Wurzelresten) angereicherte Krankheitserreger schädliche Wirkungen ausüben. In solchen Fällen ist es unumgänglich, den Boden gegen gesunde, notfalls entseuchte Ackererde auszuwechseln, und zwar genügend tief. Andererseits aber kann ein Kontakt mit Wurzeln von Nadelhölzern das Wachstum günstig beeinflussen.

Bodenvorbereitung

In den bereits behandelten Kapiteln wurde versucht, die wichtigsten Fragen zum Boden zu beantworten. Die nachfolgenden Ausführungen stellen *unerläßliche Voraussetzungen für eine erfolgreiche Rosenkultur* dar.

Bei der Verwendung von Rosen in unseren Gärten und öffentlichen Anlagen wird vermehrt die Frage über Gesundheit, Gesunderhaltung sowie die Lebensdauer gestellt. Wir müssen deshalb die wichtigsten Grundregeln bei der Herrichtung des Bodens für eine Rosenpflanzung berücksichtigen. Neben der Wahl eines geeigneten Standortes und des richtigen Bodentyps (Seiten 183–185) gilt vor allem der Bodenvorbereitung für die Pflanzung ganz besondere Beachtung. In der Praxis wird der Bodenvorbereitung leider generell zu wenig Aufmerksamkeit entgegengebracht. Meist kommt erst einige Jahre nach einer Rosenneupflanzung der Fehler zum Tragen, daß der Pflanzgrund für die Aufnahme von Rosen nicht sorgfältig genug vorbereitet wurde – dann nämlich, wenn das Wachstum versagt hat.

Das Herrichten des Bodens beginnt einige Wochen vor dem Pflanzen der Rosen. Durch eine **gründliche Bodenbearbeitung** wird die Erde bis in die Tiefe derart aufgelockert, daß sich diese stark absetzt, vor allem bei Regenfall. Werden die Rosen in die frisch zubereitete, nicht abgesetzte Erde gepflanzt, wird das Absinken der Rosenstöcke begünstigt, so daß die Pflanzen zu tief in den Boden zu stehen kommen. Bei zu tief stehenden, okulierten Rosen bildet der Edelteil Wurzeln, wodurch der kräftige Trieb durch die Unterstützung der Unterlage (Wildteil) beeinträchtigt wird. Bei wurzelechten Rosen bestimmt der Raum zwischen Krone und Wurzelansatz die Pflanzentiefe. Der Kronenansatz soll nur wenige (5–7) Zentimeter tief in die Erde zu stehen kommen, sonst wird eine kräftige Triebbildung verhindert.

Der Boden muß möglichst tief, mindestens 60 cm, und gründlich durchgearbeitet werden, möglichst nie in nassem, schmierigem Zustand. Befindet sich der zu bearbeitende Boden in einer Rasenfläche, dürfen wir die abgeschälte Rasennarbe nicht in die Erde einarbeiten; dadurch würde, vor allem in schweren Böden, die Wurzelfäulnis begünstigt.

Von der Verwendung von Komposterde, Torfmull und Häcksel jeglicher Art sei dringend abgeraten. Hingegen können wir in schweren, ton- bzw. lehmhaltigen Böden durch Beimischen von grobkörnigem, gewaschenem Sand oder sogar Splitt eine Bodenstruktur erreichen, in der sich die Rosen wohlfühlen. Wir wissen aus der Praxis, daß scharfkörniger Sand das Wurzelwachstum günstig beeinflußt, und zudem wird der Boden auf lange Zeit locker gehalten. Bei der Bearbeitung sind nur jene Steine zu entfernen, die bei der Bodenpflegearbeit hinderlich sind. Kleine Steine belassen wir in der Erde. Sie tragen dazu bei, daß der Boden besser durchlüftet wird. Mit ihnen können wir auch die Bodentemperatur ausgleichen (»Kachelofeneffekt«).

Die Erde ist gründlich durchzuarbeiten, alle Schichten sind durchzumischen. Unerläßlich ist es, auch den Untergrund, die sogenannte **Bodensohle**, aufzureißen und durchzuarbeiten. Wir dürfen sie nicht mehr festtreten, nur so erhalten wir einen zuverlässigen Wasserabzug. Besteht der Untergrund aus einer kompakten Lehm- bzw. Tonschicht, dann ist diese Schicht noch zusätzlich etwa 20 cm tiefer auszuheben. Diesen Raum füllen wir mit Geröll auf, das ausreichenden Wasserabzug sicherstellt. So verhindern wir, daß die Wurzeln im Wasser stehen, und es wird ihnen ausreichend Bodenluft zugeführt. Nur wer der Bodenvorbereitung für Rosenneupflanzungen die allergrößte Aufmerksamkeit entgegenbringt, wird gesunde, wuchsfreudige und langlebige Rosen erhalten. Dadurch helfen wir mit, den Pflanzenschutz auf ein Minimum zu beschränken.

Laub in Rosenbeeten?

Die verschiedenartigen Meinungen und Empfehlungen über die Frage von Laub zur Bodenverbesserung gaben Anlaß, hierüber Versuche anzustellen. Diese Versuche liefen über 10 Jahre und bezogen folgende Laubarten ein: Apfelbaum-, Birnbaum-, Kirschbaumlaub, Laub von Trompetenbaum *(Catalpa bignonioides)*, Tulpenbaum *(Liriodendron tulipifera)*, Weißdorn *(Crataegus × lavallei)* und Eichen *(Quercus robur)*. Das Laub wurde jeweils im Herbst etwa 3 cm hoch zwischen die Pflanzen gebracht und im Frühjahr dann mit dem Dünger in die Erde eingearbeitet – vier Jahre hintereinander. Es wurden Verhältnisse gewählt, wie sie in einem Garten bei normalem Laubfall auftreten können. Die einzelnen Laubarten kamen möglichst rein, also nicht gemischt, in die Beete. Es wurden auch Rosenbeete, die über ein verhältnismäßig großes Sortenspektrum verfügten, so behandelt. Die Düngung und Bodenpflege entsprachen der gebräuchlichen Art und wurden überall gleich vorgenommen.

Nach Abschluß der Versuche mußte festgestellt werden, daß sich sämtliche verwendeten Laubarten auf das Wachstum allgemein nachteilig ausgewirkt hatten. Vom fünften Jahr an zeigten sich beim Wachstum aller Rosenpflanzen gewisse Ermüdungserscheinungen, auch spärlicheres Blühen, zudem mit kleineren Blüten. Auch bei der Kontrolle des Wurzelzustandes mußte man eine Verringerung der neuen Wurzelbildung konstatieren, obschon die Erde locker und humusreicher wurde!

Rosen vertragen keine Staunässe. Deshalb wird der Untergrund bei der Bodenbearbeitung aufgerissen und durchgearbeitet. Eventuell muß eine eingebrachte Schicht aus Geröll für die notwendige Dränage sorgen.

Ein Unterschied zwischen den einzelnen Laubarten ließ sich nur beim Birnbaum- und Eichenlaub feststellen; offenbar spielt da der hohe Anteil an Gerbstoffen eine Rolle. Das Birnbaum- und Eichenlaub wurde auch bedeutend langsamer abgebaut (erst nach 8 Jahren), wohl eine Folge der hemmenden Eigenschaften der Gerbstoffe. Bei den anderen Laubarten war schon nach dem sechsten Jahr, d. h. zwei Jahre nach der letzten Laubgabe, eine fast vollständige Verrottung des Laubes feststellbar.

Herrliche Blütenaufnahmen sind kein ausreichendes Kaufkriterium. Den Ausschlag für die Sortenwahl geben die Eignung für die vorliegenden Standortverhältnisse und die zu erwartende Höhe und Breite des Strauches.

Unsere Versuche über die Verwendung von Laub in Rosenkulturen haben gezeigt, daß man mit dem Einarbeiten von Laub ganz allgemein sehr zurückhaltend sein muß. Vor allem Birnbaum- und Eichenlaub sollte man aus Rosenbeeten fernhalten. Auch Nußbaumlaub ist zu vermeiden. Es war zwar nicht in die Versuche miteinbezogen, aber man weiß aus Beispielen in Gemüsekulturen, daß es sich nachteilig auf das Wachstum der Pflanzen auswirkt. Ebenso zurückhaltend wie mit der Verwendung von frischem Laub sollte man auch mit verrottetem Laub vorgehen. Denn nicht nur der allgemeine Zustand des Bodens und die Bodenstruktur, sondern auch der pH-Spiegel kann für die Rosen ungünstig verändert werden.

Auswahl, Bestellung und Ankunft der Rosen

Der Bestellung geht am besten eine Besichtigung von guten Rosenpflanzungen voraus. Die Begeisterung für neue Rosen wird sehr oft durch schöne Abbildungen hervorgerufen. Die Kataloge gaukeln manchmal etwas vor, was in Wirklichkeit ganz anders aussieht. Vor allem die Farben entsprechen nicht immer der Natur. Um keine Enttäuschung zu erleben, sollte die gewünschte Sorte möglichst vor dem Kauf besichtigt werden. Am besten ist es, wenn man sich an Ort und Stelle von einem erfahrenen Rosengärtner beraten lassen kann.

Die Monate August-September sind die geeignete Zeit, um in den Rosenschulen die passenden Rosen auszusuchen. Die Pflanzen haben dann die Größe erreicht, die sie am künftigen Standort besitzen werden, und die Blumen sind in ihrer Beschaffenheit und Farbe der Vollendung ziemlich nahe gekommen. Eine Rosenbestellung muß folgende Angaben enthalten:

- Rosenformen (Busch-, Stamm-, Kletter- oder Strauchrose).
- Klasse (zum Beispiel Teehybrid-, Polyantha-, Floribunda- oder Miniaturrosen).
- Sortenangabe (eventuell nähere Beschreibung).
- Stückzahl(en).
- Angabe, ob Ersatzlieferung gestattet ist, und wenn ja welche Sorten.
- Zeit der Lieferung (evtl. auf Abruf).

Werden die Rosenpflanzen in einer bewährten **Rosenschule** rechtzeitig bestellt, dann ist die Gewähr dafür geboten, daß wüchsiges, junges, möglichst gesundes, einheimisches Pflanzenmaterial geliefert wird. Junge Pflanzen sind stets älteren, wenn auch stärkeren, vorzuziehen; denn sie wachsen besser an und passen sich leichter an die neuen klimatischen Bedingungen und Bodenverhältnisse an als ältere Rosenpflanzen.

Viele Rosenneuheiten stehen unter **Züchterschutz**: Rosensorten, die ein sogenanntes Züchterschutzetikett tragen, dürfen weder vermehrt noch dürfen ihre Edelaugen verkauft oder verschenkt werden. Mit der Unterzeichnung der Bestellung solcher Sorten erkennt der Besteller die Schutzbestimmungen an und macht sich strafbar, wenn er sie nicht einhält. Fachleute, die geschützte Rosensorten vermehren wollen, können Kulturlizenzen erwerben, welche es ihnen unter den entsprechenden Bedingungen erlauben, auch diese Sorten zu vermehren und in den Handel zu bringen.

Noch vor wenigen Jahren hatte man keine Ahnung, daß lebende Rosenpflanzen, in einem **Kunststoffbeutel** luftdicht verschlossen, einmal von den Warenhäusern und Großverteilerfirmen zum Kauf angeboten würden. Es werden nicht nur importierte, sondern auch im eigenen Land angezogene Rosenpflanzen so verkauft. Aber der Umsatz ist schon wieder

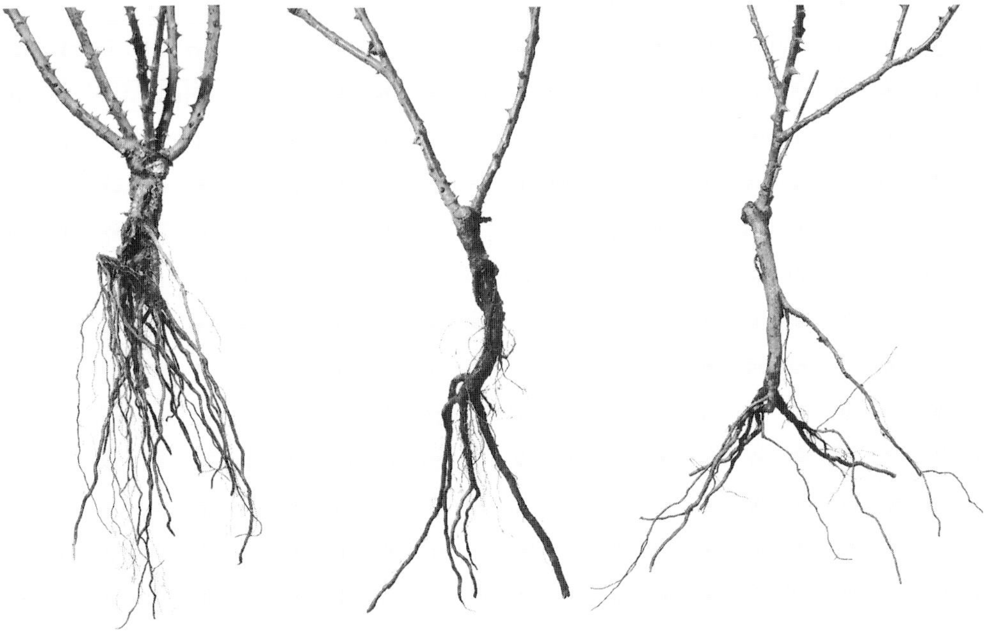

Die Rosenpflanzen lassen sich in drei Güteklassen einteilen:

Links: Pflanzen der Güteklasse A müssen mindestens drei Triebe aufweisen.

Mitte: Pflanzen der Güteklasse B müssen mindestens zwei Triebe haben. Auch diese Qualität verspricht noch guten Erfolg.

Rechts: Rosen der Güteklasse C liegen an der Grenze der Verwendbarkeit und sollten nur in Ausnahmefällen gepflanzt werden.

zurückgegangen, denn die Qualität läßt bei dieser nicht immer genügend schonend und pflanzengerecht vorgenommenen Vermarktung unter Umständen zu wünschen übrig.

In Kunststofftöpfen kultivierte Rosen (Container-Rosen)

Die sogenannten Container-Rosen können wir während der ganzen Vegetationszeit pflanzen (es muß also nicht unbedingt der Herbst oder das Frühjahr abgewartet werden); dabei sind aber ganz bestimmte Vorkehrungen zu treffen.

Im Gegensatz zur üblichen Bodenvorbereitung beim Pflanzen von Rosen muß die Erde besonders sorgfältig hergerichtet und zusätzlich mit Humus und feuchtem Torfmull vermengt werden, hinzu kommt verrotteter Mist oder alte, gesunde, reife Komposterde (kein Kehrichtkompost). Denn die Rosenpflanzen in Kunststofftöpfen stehen in reiner leichter Humuserde, die oft sogar noch mit Perlite (einer weißen Kunststoffmasse) durchsetzt ist; die Wurzeln solcher Pflanzen könnten nur mit Mühe in den sonst meist eher tonigen Böden festwurzeln. Durch diesen Wechsel vom Container-Substrat in die freie Erde müssen bei der Verwendung von Container-Rosen immer wieder Pflanzenverluste hingenommen werden. Mit Rücksicht auf diese Erfahrung ist es daher unumgänglich, die Fläche, auf der solche Rosen wachsen sollen, zusätzlich mit Humus anzureichern.

Vor dem Auspflanzen sind die Kunststofftöpfe sorgfältig zu entfernen, damit die Ballen nicht zerfallen, denn dadurch wäre für ein gutes Anwachsen keine Sicherheit gegeben.

Wurzelechte Rosen

Unter wurzelechten Rosen verstehen wir Rosenpflanzen, die nicht okuliert sind, sondern über Steckholz vermehrt werden (vegetative Vermehrung). Diese Vermeh-

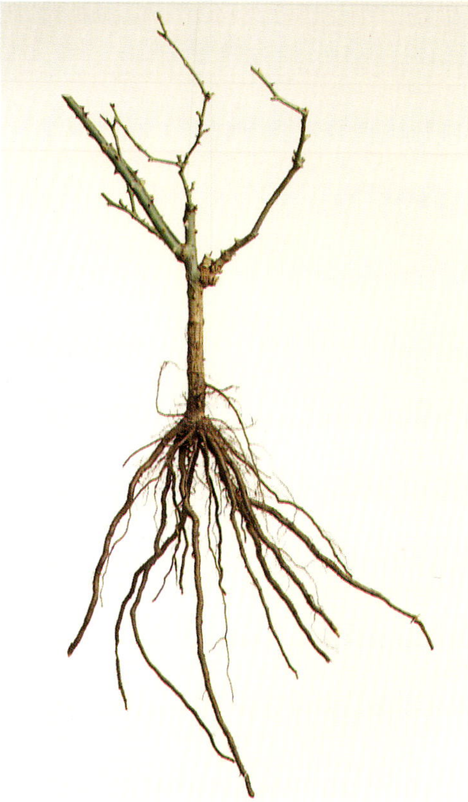

Über Steckholz vermehrte Rosen stehen auf eigener Wurzel, sie sind »wurzelecht vermehrt«. Es können sich – im Gegensatz zu den veredelten Pflanzen – keine störenden Wildtriebe bilden.

rungsart der Rosen ist älter als jene über die Okulation. Beide Vermehrungsarten haben ihre Vorzüge. Der Vorteil wurzelechter Rosen besteht darin, daß wir im Garten mit keinen Wildtrieben zu kämpfen haben und in kurzer Zeit vollentwikkelte Rosenstöcke erhalten. Im Gegensatz zum Weg über die Okulation können wir vor allem bei der Vermehrung von seltenen Sorten nur spärlich Steckholz schneiden, so daß einer beliebigen Verbreitung Grenzen gesetzt sind.

Die Vermehrungsart über Steckholz hat sich in kurzer Zeit wieder stark verbreitet. Hierdurch sind die Verkaufsangebote verhältnismäßig groß geworden. Dem Rosenfreund wird daher die Wahl zwischen okulierten und wurzelechten Rosen erschwert. Heute sind noch nicht alle Sorten als wurzelechte Pflanzen erhältlich, dies wird auch nie der Fall sein. Die okulierten Rosen werden auch in Zukunft ihre Bedeutung haben, schließlich besitzt die Methode eine einige hundert Jahre alte erfolgreiche Tradition, während wir mit den wurzelechten Rosen auf breiter Basis noch keine genügenden Erfahrungen besitzen. Dies sollte uns aber nicht daran hindern, an geeigneten Standorten und Böden in unseren Gärten wurzelechte Rosen zu verwenden.

Wurzelechte Rosen verändern unter gewissen Bedingungen ihren Habitus, so daß z.B. die 60 cm hohe Beetrose 'Josephine Bruce' bis 1,2 m Höhe erreichen kann; andererseits wieder erreichen diese Sorten nie die Höhe der okulierten Rosen. Damit müssen wir uns abfinden und dürfen nicht enttäuscht sein, wenn die Rosen in den Beeten unregelmäßige Höhen aufweisen.

Die Pflege unterscheidet sich in keiner Weise von den okulierten Rosen. Bei extrem tiefen Wintertemperaturen ist die Ausfallrate leicht erhöht, da die Wurzeln der wurzelechten Pflanzen weniger frostresistent sind. In Höhenlagen ist der Ausfall verhältnismäßig groß. Daraus können wir schließen, daß wurzelechte Rosen vor allem im milderen Lagen bevorzugt werden sollten.

Pflanzzeit

Der Herbstpflanzung (ab Ende Oktober) ist der Vorzug zu geben. Seitdem die Pflanzen in Kühlkellern überwintert werden können, hat die Frühjahrspflanzung an Bedeutung gewonnen. Denn schon im ersten Sommer, bereits wenige Wochen nach dem Pflanzen, erweisen sich Anwuchs und Blühen als ausgezeichnet. Stammrosen jedoch werden nur in mildem Klima im Herbst gepflanzt, sonst im Frühling.

Kletter- und Strauchrosen werden am besten ebenfalls im Herbst gepflanzt. Ganz besonders in Berglagen ist Herbstpflanzung angezeigt, weil man dort erst sehr spät im Frühling pflanzen könnte, zudem bildet der Schnee einen vortrefflichen Winterschutz

Sämtliche im Herbst nicht zum Versand gelangenden Pflanzen werden in den Rosenschulen ausgegraben und in gut gelüfteten, kühlen Kellern (Rosenüberwinterungshäusern) in Sand oder Erde eingeschlagen überwintert, neuerdings auch in Kühlhäusern, wo die Rosen bei einer Temperatur von 0–0,5 °C und bei einer relativen Luftfeuchtigkeit zwischen 95 und 98 % gelagert werden. Die Pflanzen werden auf Gestellen bundweise überwintert, ohne daß sie irgendwie bedeckt würden.

Im Kühlhaus gelagerte Rosen haben den Vorteil, daß sie im Frühjahr noch recht spät gepflanzt werden können. So überwinterte Rosenstöcke lassen sich mit bestem Erfolg bis Ende Mai pflanzen, und wenn sie sofort nach Erhalt gesetzt werden, ist ein sicheres Anwachsen gewährleistet und schon im ersten Sommer ein reiches Blühen sicher.

Behandlung bei der Ankunft

Sollte die Lieferung bei Kälte eintreffen oder gar gefroren ankommen, so bringt man sie in einen frostfreien, ungeheizten Raum und läßt sie in verpacktem Zustand 5–7 Tage liegen; dann wird sie geöffnet und, wenn von Frost nichts mehr wahrzunehmen ist, eingeschlagen. Sollte ein Frachtstück etwas trocken ankommen, schlägt man die Pflanzen in einem wie oben beschriebenen Raum senkrecht ein, so daß Wurzeln und Triebe beinahe ganz bedeckt sind, und begießt sie gründlich, damit sie bis zum Zeitpunkt der Pflanzung genügend Feuchtigkeit aufgenommen haben.

Rosen, die für die Frühjahrspflanzung bezogen wurden, sollen sofort nach Eintreffen der Sendung ausgepackt und an schattiger Stelle, aber niemals in Mistbeet- oder Komposterde, eingeschlagen werden. Die Bündel müssen aufgelöst, möglichst flachliegend mit feiner Erde 5–10 cm über die Veredlungsstelle hinaus zugedeckt werden. Die Erde ist an den Wurzeln anzudrücken und gut zu begießen.

Das Pflanzen

Pflanzabstände

Rosen brauchen ausreichend Platz, um sich entfalten zu können. Der Bedrängung durch Nachbarpflanzen halten sie nicht gut stand.

Stammrosen werden in geschlossenen Rosenbeeten mit einer Distanz von 80 cm nach jeder Seite zu gepflanzt. Auf einer schmalen, langen Rabatte dagegen werden sie mit 2 m Abstand in der Reihe gepflanzt.

Buschrosen von mittlerer Höhe werden auf 20 cm Abstand und im Verband gepflanzt, stärkerwachsende Pflanzen auf 35 cm (im Durchschnitt 7–12 Pflanzen pro Quadratmeter). Diese etwas engere Pflanzweise hat sich ganz vorzüglich bewährt. Denn im Sommer, bei großer Hitze, darf die Sonne nicht zwischen den Rosenpflanzen auf den Boden scheinen, sondern es muß sich in einem Rosenbeet ein geschlossenes Blätterdach bilden können.

Kletterrosen, oft mit Trieben von 10 m Länge, vor allem unter den Sorten der Wichuraiana-Klasse, sind je nach der Breite der Fläche, die sie bekleiden sollen, in mindestens 5 m Abstand zu pflanzen, wobei auch die Höhe der Fläche zu berücksichtigen ist.

Auf 6 m Abstand werden die großblumigen, wiederholtblühenden Sorten gepflanzt, wie die Climbing-Rosen, zum Beispiel 'Blaze Superior', wobei zu beachten ist, daß die zu bekleidende Fläche die Höhe von 5 m nicht übersteigen sollte.

Strauchrosen pflanzt man am besten einzeln als Solitäre oder zu dritt in je 1,5–2 m Abstand. Man rechnet pro Pflanze, je nach ihrer Wüchsigkeit, eine Fläche von 1,5–12 m^2.

Bei der Bepflanzung von ganzen **Böschungen** wird am besten unregelmäßig gepflanzt. Die Pflanzabstände bewegen sich je nach der Wüchsigkeit zwischen 1,5 und 3 m nach allen Seiten.

Bei Bepflanzung von Flächen mit **Rosa rugosa** müssen genügend große Pflanzabstände gewählt werden, jede Pflanze soll einen Entwicklungsraum von 1–1,2 m^2 erhalten. Zu enge Abstände würden zu großen Pflegeaufwand erfordern.

Allgemeines über das Pflanzen

Beim Pflanzen achte man darauf, daß die Rosen, vor allem die Wurzeln, nie der Sonne oder dem Wind ausgesetzt sind; es empfiehlt sich deshalb, sie stets mit einer nassen Sackleinwand zuzudecken.
Ebenso darf man nicht zu viele Pflanzen auf einmal aus dem Einschlag hervorziehen. Es sollen keine Rosen in durchnäßte Erde gepflanzt werden, der Boden sei für die Pflanzarbeit stets gut getrocknet und nie gefroren.

Unten: Vor dem Pflanzen werden die Wurzeln auf etwa 20 cm zurückgeschnitten. Rechts: Danach werden die Pflanzen bis über die Veredlungsstelle in einen dickflüssigen Lehmbrei getaucht.

Man bringe beim Pflanzen keinen trokkenen Torfmull, Dünger oder gar Mist zuunterst ins Pflanzloch oder direkt an die Wurzeln, Rosenwurzeln durchdringen eine Lage Mist kaum, sie ersticken eher darin. Erst wenn angepflanzt ist, soll die Erde zwischen den Pflanzen mit Mist oder anderen organischen Materialien überdeckt werden, um sie vor dem Austrocknen oder Erfrieren zu schützen. Rosenwurzeln sind empfindlich, daher darf bei Temperaturen unter 0 °C nicht eingepflanzt werden.

Es hat sich bewährt, vor dem Pflanzen die fertig zugerichteten Wurzeln bis zur Veredlungsstelle in einen Lehmbrei zu tauchen. Dadurch wird das Anwachsen begünstigt.

Vorbereiten der Rosenstöcke für das Pflanzen

Vor dem eigentlichen Herrichten für das Pflanzen werden die Rosenstöcke 8–12 Stunden ins Wasser gelegt. Krone wie Wurzeln sollen dabei vollständig im Wasser liegen, das sichert ein gutes Anwachsen am neuen Standort. Diese Maßnahme ist bei der Frühjahrspflanzung unbedingt vorzunehmen.

Vor jeder Pflanzarbeit werden die Wurzeln, von der Veredlungsstelle her nach unten gemessen, auf etwa 20 cm eingekürzt. Bei der **Herbstpflanzung** wird die Krone nicht zurückgeschnitten; nur angebrochene Triebe sind wegzuschneiden. Bei der **Frühjahrspflanzung** hingegen werden alle Triebe, auch bei den Strauch- und Kletterrosen, kräftig zurückgeschnitten. Als Regel gilt, daß bei kräftigen Trieben im Maximum 5 Augen belassen werden, bei schwächeren 3 Augen, ganz schwache schneidet man etwa 3 mm über der Anwuchsstelle vollständig weg. Die Ausführung sämtlicher Schnittarbeiten setzt sehr gut schneidende Scheren voraus.

Ausführung der Pflanzarbeit

Das Anpflanzen soll wenn möglich immer von zwei Personen ausgeführt werden. Die eine kümmert sich um die Pflanzlöcher, die andere hält die Pflanze, verteilt die Wurzeln im Pflanzloch und drückt sie sorgfältig an (nicht mit den Füßen). Stamm- und Buschrosen sollten nie miteinander in dasselbe Beet gepflanzt werden, weil dann die zweckmäßige Überwinterung nicht möglich ist.

Stämmchen werden so tief gesetzt, daß die Wurzeln etwa 10 cm mit Erde überdeckt sind. Dabei achte man darauf, daß alle eventuell treibenden Augen oder Triebe an den Wurzeln mit einem scharfen Messer samt der Anwuchsstelle entfernt werden; auf diese Weise beugt man der Bildung von lästigen Bodenwildlingen vor. Um die Wurzeln nicht zu beschädigen, muß man vor dem Pflanzen einen soliden Pfahl einschlagen, an welchem das Stämmchen nachher befestigt wird. Dann wird in das Pflanzloch etwas lockere Erde eingefüllt, das Stämmchen darauf gesetzt, die Wurzeln werden ausgebreitet und ein wenig lockere Erde kommt auf die Wurzeln. Dann wird das Stämmchen etwas angehoben, damit die Erde zwischen die Wurzeln rieseln kann, die Erde vorsichtig angedrückt und dann die Pflanzöffnung endgültig zugefüllt. Zum Schluß wird die Pflanze angegossen und festgebunden.

Busch- und Kletterrosen werden so gepflanzt, daß die Wurzeln abwärts wachsen können und so tief in das Pflanzloch kommen, daß die Veredlungsstelle oder, noch besser, die Stelle, wo die Verzweigung beginnt, etwa 5 cm in den Boden kommt. Der Ungeübte legt einen Stab über das Pflanzloch, damit er die Pflanze weder zu hoch noch zu tief setzt. Nachher wird die Erde angeschüttet und reichlich angegossen. Das Angießen muß vor dem vollständigen Einfüllen der Pflanzgrube ausgeführt werden. Dadurch verhindern wir ein Verkrusten der Erdoberfläche und erhalten die Feuchtigkeit länger bei den Wurzeln.

Richtig gepflanzt steht eine Rose aufrecht im Boden. Die Veredlungsstelle sollte sich 5 cm unter der Erdoberfläche befinden.

Das Gießen der frisch gepflanzten Rosen mit sauberem Wasser bei Trockenheit im Frühling fördert die Bewurzelung und ist besonders auch im Herbst bei trockenem Wetter angezeigt; es darf jedoch nicht übertrieben werden! Nach der Herbstpflanzung ist es angebracht, den Boden zwischen den Pflanzen mit strohigem Mist, bei der Frühjahrspflanzung mit altem, verrottetem Mist zu bedecken, damit die Erde nicht austrocknet und nicht zu häufig gefriert und wieder auftaut, was den Rosen hauptsächlich im Frühjahr (Februar-März) stark schaden würde.

Schnitt nach der Pflanzung

Im Herbst gepflanzte Rosen dürfen nicht sofort nach der Pflanzung geschnitten werden, sondern erst im Frühjahr, nach-

So sieht eine frisch gepflanzte Buschrose nach dem Rückschnitt aus. Gleich ob im Herbst oder im Frühjahr gepflanzt wurde – der Kronenrückschnitt erfolgt immer erst im Frühjahr.

dem die Frostgefahr vorüber ist. Bei den im Frühjahr zu pflanzenden Rosen dagegen muß der Schnitt unmittelbar vor der Pflanzung geschehen. Stamm- und Buschrosentriebe sind auf 3–5 Augen zu schneiden. Bei Strauch- und Kletterrosen läßt man nur 3–5 Triebe, die übrigen entfernt man unten an der Anwuchsstelle auf Astring. Die belassenen Triebe sind ebenfalls auf 3–5 Augen einzukürzen, dadurch lösen wir eine kräftige Neutriebbildung aus.

Auspflanzen von Lücken in bestehenden Rosenbeeten

Es wird nie zu umgehen sein, daß in einem Rosenbeet ab und zu eine Rosenpflanze eingeht und somit eine Lücke entsteht. Welcher Rosenfreund möchte aber ein lückenhaftes Rosenbeet besitzen? Jeder größere Zwischenraum unter den einzelnen Pflanzen verhindert zudem ein gleichmäßiges Wachstum. Man wird aber derartige Lücken jedes Jahr wieder auspflanzen. Für diese Arbeit eignet sich die Zeit von Ende Oktober bis Ende November oder das Frühjahr von März bis April am besten. Dort, wo wir eine neue Pflanze setzen müssen, ist die Erde etwa in 30 cm Umkreis und 40 cm tief vollständig zu entfernen und die Öffnung mit neuer, gesunder Ackererde (keinen Kompost oder alte Gartenerde verwenden!) auszufüllen. Das Einpflanzen erfolgt wie beschrieben.

Wichtig ist beim Auspflanzen von Lükken, daß wir gleiche Rosensorten wählen, wie sie sich im Umkreis dieser Lücke befinden, damit wir den Charakter des Rosenbeetes nicht nachteilig beeinflussen. Auch das Wachstum könnte Schaden nehmen, wenn etwa plötzlich eine extrem starkwüchsige Sorte inmitten von schwachwüchsigen stehen würde.

Können alte Rosen noch verpflanzt werden?

Diese Frage wird von den Rosenfreunden immer wieder gestellt. Viele Verpflanzungsversuche verliefen positiv. Gesunde Rosenpflanzen lassen sich ohne Bedenken bis etwa zu ihrem 18. Altersjahr verpflanzen. Daß man in solchen Fällen besonders behutsam und schonend vorgeht, versteht sich von selbst.

Die beste Verpflanzungszeit ist von Ende Oktober bis Anfang Dezember, ausnahmsweise auch im zeitigen Frühjahr (März-April), je nach Witterung und Zustand des Bodens. Die zu verpflanzenden Rosen sind sorgfältig auszugraben, so daß möglichst viele unverletzte Wurzeln an den Pflanzen erhalten bleiben. Vor der Neueinpflanzung werden sämtliche abgebrochenen und zu langen Wurzeln abgeschnitten, alle Blätter entfernt, allzulange Triebe etwas eingekürzt sowie eventuell dürres Holz herausgeschnitten. Dann wird gepflanzt; diese Arbeit unterscheidet sich grundsätzlich nicht von der Pflanzung junger Rosen. Im Frühling werden dann auch diese Rosen auf 3–5 Augen zurückgeschnitten.

Die Pflege der Rosen

Rosenschnitt

Zeitpunkt des Rosenschnittes

Die beste Zeit für den Rosenschnitt ist das Frühjahr. Eine Ausnahme bilden die einmalblühenden Kletterrosen, vor allem der Wichuraiana-Klasse, die im September zu schneiden sind. Die während zehn Jahren gemachten Beobachtungen über den Herbst- und Frühjahrsschnitt bei Buschrosen (Teehybriden, Polyantha und Floribunda) sind in der Tabelle zusammengestellt. Die Zahlen zeigen deutlich, daß der Frühjahrsschnitt dem Herbstschnitt vorzuziehen ist.

Der Zustand der Pflanzen gibt uns den Termin des Schneidens am besten an, nämlich wenn die Knospen in den unteren Pflanzenpartien zu schwellen anfangen und sich leicht verfärben. Wenn wir die Rosen zu diesem Zeitpunkt schneiden, ist es uns möglich, festzustellen, welche Augen Leben zeigen und im Austreiben zuverlässig sind. Schneiden wir dagegen die Pflanzen im Zustand noch vollkommen schlafender Augen, dann sind wir später gezwungen, bei nicht austreibenden Augen einen Nachschnitt vorzunehmen. Würden wir sie einfach stehen lassen, dann wäre zu befürchten, daß ganze Triebe eintrocknen.

Vor Ende März sollten wir jedoch mit dem Schneiden nicht beginnen. Ausnahmen sind nur in extrem milden Lagen zulässig. Infolge des vorzeitigen frühlingshaften Wetters im Jahre 1966 wurde der erste Schnitt am 25. Februar vorgenommen und der spätere Anfang April. Der spätere Schnitt brachte aber die betreffenden Pflanzen um fünf Tage früher zum Blühen als jene, die schon Ende Februar geschnitten worden waren.

Allzuleicht läßt man sich durch einen kräftigen Austrieb täuschen, und glaubt dann, man sei mit dem Schneiden zu spät dran. In Wirklichkeit aber schwächt ein solcher Austrieb in den oberen Regionen die Pflanzen nicht. Denn diese Austriebe bilden sich fast vollständig aus den jeweiligen Reserven der Knospen. Hier von einer allgemeinen Schwächung der Pflanzen zu sprechen, ist unrichtig.

Nur in extrem geschützter Lage ist ein früher Schnitt zulässig. Das darf aber nicht verallgemeinert werden. Der immer wieder empfohlene Schnitt der Rosen im Herbst hat sich nicht bewährt und sollte unterlassen werden. Bei Rosen, die im Herbst geschnitten werden, treiben die untersten Augen schon bei der ersten Wachstumsreaktion aus, und beim ersten stärkeren Frost werden diese zarten Jungtriebe »gestaucht« oder sogar

	Blühbeginn (Ø von 10 Jahren)	Blühverzögerung durch Spätfröste (Ø von 10 Jahren)	Blütenzahl (Stiele) (Ø pro Stock und Jahr)	Veralterung nach Jahren (Ø von 10 Jahren)	eingegangene Sträucher (Durchschnitt)
Herbstschnitt	17. Juni	17 Tage	13	4 bei allen Sorten	5 Stück
früher Frühjahrsschnitt (März)	20. Juni	5 Tage	21	7 nur bei extrem schwachwüchsigen	1 Stück
später Frühjahrsschnitt (nach 15. April)	25. Juni	2 Tage	23	7 nur bei extrem schwachwüchsigen	1 Stück

Die Auswirkungen von Herbst- und Frühjahrsschnitt auf Blüh- und Wuchsverhalten bei Buschrosen im zehnjährigen Beobachtungszeitraum

Ganz oben: Für das Entfernen kräftiger Äste, z. B. bei Strauchrosen, verwenden wir den sogenannten Fuchsschwanz (Sandvik). Das Blatt aus erstklassigem Stahl ermöglicht einen einwandfreien Schnitt.
Unten im Bild: Die einklappbare Felco-Säge mit auswechselbarem Sägeblatt ist ein unentbehrliches Werkzeug.

Darunter: Die Baumschere Felco 2 eignet sich hervorragend zum Schnitt von Rosenholz. Für feinere Arbeiten wie das Wegschneiden verblühter Rosen empfiehlt sich die Schere Felco 6. Links im Bild: ein feiner Abziehstein zum Nachschleifen.

Rechts: Auf die richtige Schnittführung kommt es bei Rosen an (hier Linkshänder!).

zum Eingehen gezwungen. Beim Frühjahrsschnitt treiben dagegen die obersten Augen zuerst aus, und die untersten, für uns so wichtigen Augen »schlafen« noch und sind damit vor Frösten geschützt. Zudem sind diese auch den ganzen Winter über, dadurch daß die Pflanze von oben her nach unten erfriert, geschützter als bei den schon im Herbst geschnittenen Rosen. Beim Herbstschnitt würden wir ein viel zu großes Risiko eingehen.

Allgemeine Schnitthinweise

Beim Schnitt der Rosen handelt es sich nicht nur um die Kürzung von Trieben, die eine gewisse Höhe nicht überschreiten sollen, sondern vor allem darum, reichliches, früh einsetzendes Blühen von möglichst vollkommenen Blüten zu fördern. Mit dem Schnitt wollen wir auch das Wachstum jeder einzelnen Pflanze so regulieren, daß Holztrieb und Blüte in ein normales Verhältnis gebracht werden. Es gibt keine Schablonen, nach denen geschnitten werden könnte.

Bei der Schnittarbeit haben wir auf folgendes besonders zu achten:

- Sämtliches dürre Holz ist immer vor der eigentlichen Schnittarbeit sauber herauszuschneiden. Schnitt von Gabeln ist unbedingt zu vermeiden.
- Es dürfen keine Zapfen geschnitten werden, also immer 3–5 mm über einem Auge schneiden.
- Die Zahl der Augen eines Triebes richtet sich stets nach seiner Stärke. Bei extrem starken, langen und dicken Trieben wird lang, das heißt bis auf 7 Augen zurückgeschnitten, bei normal starken Trieben auf 5 Augen und bei schwachen auf 3 Augen. Ganz schwache, dünne Triebe werden etwa 2–3 mm über der Anwuchsstelle entfernt. Die Rindenanschwellungen müssen stehenbleiben. Die Augen werden von der Anwuchsstelle des Triebes von unten nach oben gezählt.
- Die Schnittfläche ist immer leicht schräg vom Auge weg zu erstellen, damit das Wasser nicht über das Auge abläuft, wodurch die jungen zarten Austriebe länger gesund bleiben.
- Auf die Stellung der Augen muß beim Schnitt nicht besonders geachtet werden, obwohl es oft empfohlen wird. Denn jede Stellung, ob nach außen oder nach innen, kann ihre Vorteile haben! Hingegen wirkt es sich bei den Stammrosen günstig aus, wenn die Haupttriebe auf außenstehende Augen zurückgeschnitten werden können.

Die Ausführung der Schnittarbeit muß ganz individuell erfolgen. Der Gesundheitszustand, die Stärke des Wuchses der einzelnen Pflanze, ja sogar die Stärke jedes einzelnen Triebes ist beim Schnitt besonders zu berücksichtigen.

Für die Durchführung des Schnittes muß eine gut schneidende, nicht klemmende Schere verwendet werden, damit wir einen sauberen Schnitt erzielen, der Fäulnis- und Krankheitserregern möglichst wenig Angriffspunkte bietet. Bei dieser Arbeit sollte der Boden geschont werden, daß heißt man sollte ihn so wenig wie möglich betreten. Falls keine Schrittplatten oder -steine zwischen den Pflanzen vorhanden sind, kann man zum Betreten ein kleines Brett legen.

Schnitt der Buschrosen (Teehybrid-, Polyantha-, Polyanthahybrid-, Floribunda- und Miniaturrosen)

Der Schnitt, wie ihn die Fotos unten zeigen, ist besonders empfehlenswert. Er erspart Arbeitszeit und erleichtert die Bearbeitung des Bodens zwischen den Pflanzen. Er ist aber nur bei Busch- und Stammrosen anwendbar. Bei dieser Methode werden alle aus der Veredlung kommenden reifen Triebe erhalten, sofern sie nicht zu dick oder zu schwach sind; es wird auf 3, höchstens bei extrem starken Trieben auf 7 Augen geschnitten.

Bei außerordentlich stark wachsenden Sorten, zum Beispiel bei ‘Frau Karl Druschki’, wendet man einen andern Schnitt an, und zwar schneidet man die schönsten Triebe um die Hälfte oder ein Drittel zurück und bindet sie dann möglichst flach herunter. Auf diese Art sind

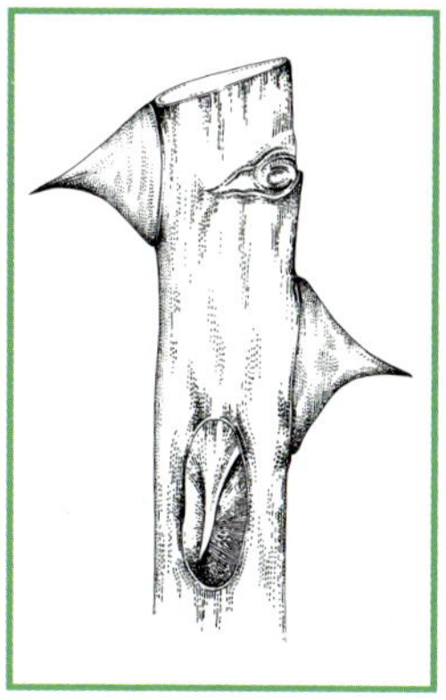

Bei einem richtig angesetzten Rückschnitt verläuft die Schnittfläche vom Auge weg leicht schräg nach hinten. Die Distanz zwischen Auge und Schnittfläche beträgt 5 mm.

Unten: Eine kräftige Buschrose vor und nach dem Schnitt. Je nach Triebstärke wurde unterschiedlich stark zurückgeschnitten, gemäß der Faustregel: starker Trieb = schwacher Rückschnitt, schwacher Trieb = starker Rückschnitt.

Durch das vor Vegetationsbeginn durchgeführte Einkerben der Rinde, des Bastteils sowie des Kambiums über und unter einer Knospe (Auge) können sich aus den Reserven der Knospen Triebe von 7–10 cm Länge entfalten. Dies ist ein Beweis dafür, daß auch ein etwas späterer Schnitt die Pflanzen nicht schwächt.

viele und gutentwickelte Blumen zu erwarten. Dabei kommt uns die Beetpflanzung sehr zustatten, da die Triebe, welche niedergebunden werden, an der nächsten Pflanze befestigt werden können, so daß die verblühten Blumen später gleichwohl leicht zu schneiden sind.

Schnitt der Stammrosen

Im allgemeinen sollten die Kronen der Stammrosen voller sein als dies meistens der Fall ist, also muß etwas kürzer geschnitten werden. Höchstens bei stärker wachsenden Sorten, wie 'Papa Meilland', 'Super Star' usw. kann auf 4 Augen und mehr geschnitten werden, bei weniger stark wachsenden Sorten auf 2 oder 3 Augen pro Trieb. Schwächliche, unreife und parallel mit andern laufende Triebe müssen entfernt werden; besonders wenn bei einer Krone nur eine Veredlung vorhanden ist, kann durch ganz kurzen Schnitt mancher Krone zu einem vollen und gleichmäßigen Aussehen verholfen werden. Sind die Stammrosen geschnitten, dann sollen sie frisch angebunden werden und wenn nötig einen neuen Pfahl erhalten.

Besonders wichtig ist, daß das oberste Band solider ist als das untere. Wenn nämlich bei Sturm das obere reißt, dann bricht auch das untere; so ist kaum mit einem Verlust zu rechnen. Der eine Teil vom obersten Band wird durch die Krone gezogen, während der andere direkt unter derselben befestigt wird. Der Rosenstamm soll fest an den Pfahl gebunden werden, damit keine Reibstellen entstehen. Als Band dienen gelbe Weidenruten oder solide Kokosschnüre.

Schnitt der Hängerosen (Trauerrosen)

An ihren elegant abwärtshängenden Trieben wird der Kletterrosenschnitt ausgeführt. Wenn möglich werden bei der Veredlungsstelle alle Triebe entfernt, die einoder zweimal geblüht haben. Eine Ausnahme bilden die Climbing-Rosen, denen wir zwei- und mehrjähriges Holz belassen müssen, damit sie reichlich Blüten ausbilden.

Schnitt der einmalblühenden Kletterrosen

Der ideale Zeitpunkt für die Durchführung des Schnittes dieser Kletterrosen ist unmittelbar nach Beendigung der Blüte gegeben. Die Wahl dieses Zeitpunktes hat den großen Vorteil, daß dann das Holz der noch jungen Triebe bis zum Herbst besser ausreifen kann. Zudem wird beinahe ein Arbeitsgang eingespart, denn die abgeblühten Rosen müssen ja ohnehin entfernt werden.

Kletterrosen, die Pergolen, Säulen, Wände usw. zu bekleiden bestimmt sind, sollen sich ständig aus der Veredlung (die aus Stecklingen vermehrten aus dem Wurzelhals) verjüngen. Zuerst werden alle unreifen Triebe, aus denen sich keine Blumen entwickeln können, sowie schwächliche Triebe, die schon einmal geblüht haben, entfernt, wodurch die Arbeit leichter vonstatten geht. Die schönen, langen Triebe, die sich im Vorsommer entwickelt haben, sind zu schonen, denn von diesen sind im folgenden Jahr die schönsten Blütendolden zu erwarten.

Die Seitentriebe am alten Holz werden auf 2–3 Augen gekürzt. Schwache Seitentriebe werden vollständig entfernt. Diejenigen Triebe, die schon einmal geblüht haben, blühen im folgenden Jahr noch einmal. Nachher sind sie erschöpft und werden, wenn wir die Pflanzen wieder schneiden, entfernt. Haben wir jedoch genügend junge Triebe, dann entfernen wir sämtliche Triebe, welche schon einmal geblüht haben. Dann werden die Triebe gleichmäßig ausgebreitet und mit Bindegarn angeheftet.

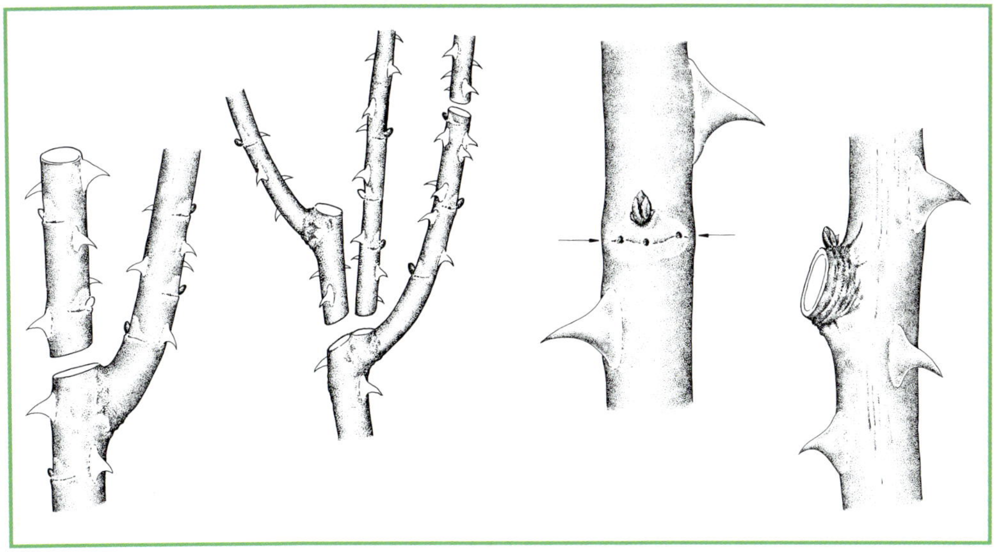

Links: Das kurze Triebstück wird als Zapfen (Stummel) bezeichnet. Solche dürfen nicht stehenbleiben.

Mitte links: Nahe beieinanderstehende Triebstücke nennt man Gabeln. Sie dürfen beim Rückschnitt nicht stehen bleiben, weil es sonst zu einer »Bäumchenbildung« kommt.

Mitte rechts: An mehrjährigen Trieben sind die Augen stark zurückgebildet. Bei genauem Hinsehen lassen sich die schlafenden Augen über dem »Querstrich« entdecken.

Rechts: Müssen schwache oder überflüssige Triebe weggeschnitten werden, sind die ringförmigen Rindenschwellungen zu belassen. Aus diesem sogenannten Astring bilden sich immer neue Triebe.

Schnitt der Climbing-Rosen

Wie Edel- und Polyantharosen werden auch die Climbing-Rosen, die dauerblühenden Kletterrosen also, im Frühjahr geschnitten. Bei der Durchführung müssen wir darauf Rücksicht nehmen, daß bei den meisten Sorten dieser Kletterrosen erst das zwei- und mehrjährige Holz die Fähigkeit hat, reichlich zu blühen. Dieser Umstand bedingt, daß der Schnitt nie zu stark ausgeführt werden darf; es ist also stets dafür zu sorgen, daß wir ein-, zwei- und mehrjährige Triebe an der gleichen Pflanze haben. Ein zu starker Rückschnitt löst einen zu starken Holztrieb aus, und dies würde das Blühen vereiteln. Auch hier ist beim Schnitt auf den Wachstumszustand der einzelnen Pflanzen Rücksicht zu nehmen.

Die an den Haupttrieben befindlichen Seitentriebe werden je nach ihrer Stärke auf 2–5 Augen zurückgeschnitten. Die Triebenden sollten nicht angeschnitten werden; nur dann, wenn sie zurückgefroren sind, wird auf das erste unterhalb der abgefrorenen Stelle befindliche treibende Auge eingekürzt.

Die Triebe der Climbing-Rosen sollte man, wenn immer möglich, nicht biegen, sondern in einer Lage von etwa 45° als sogenannte Palmette anbinden. Denn dort, wo wir einen starken Bogen bilden, erhalten wir einen extrem starken Austrieb, den wir nicht schätzen würden.

Schnitt der Strauch- und Wildrosen

Nach neueren Erfahrungen hat man kaum noch den Mut, vom Schneiden der Strauchrosen zu sprechen. Früher war man allgemein der Auffassung, daß alle Strauchrosenarten einem regelrechten Schnitt zu unterziehen seien. Nun hat man aber auf Grund langandauernder Versuche ermitteln können, daß dem nicht so ist.

Einmalblühende Strauch- und Wildrosen werden heute unter normalen Bedingungen keinem eigentlichen Schnitt unterzogen. Nur dann können sie sich voll entfalten und in einer unendlichen Fülle Blüten und Früchte hervorbringen; ferner einen Habitus erreichen, der uns erst recht erfassen

Links: So sieht eine einmalblühende Strauchrose nach dem Herausschneiden der kranken und dürren Triebe und Äste aus.

Rechts: Im Gegensatz zu den Einmalblühenden werden die Dauerblühenden einem regelrechten Schnitt im Frühjahr unterzogen. Dadurch eignen sie sich auch für den kleinen Hausgarten.

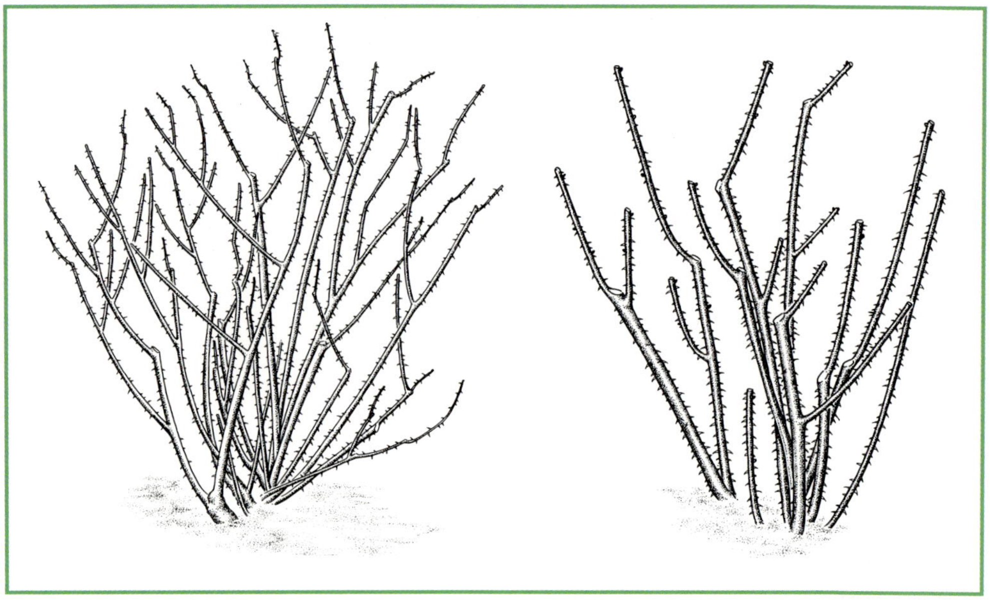

läßt, was uns Rosensträucher zu bieten imstande sind. Wir entfernen jedes Jahr das kranke und dürre Holz mit Säge und Schere. Ebenso werden je nach Zustand des Strauches 1–2 alte Äste entfernt. So ergibt sich jeweils eine Verjüngung der Sträucher, ohne daß wir dadurch eine übermäßige Neutriebbildung auslösen.

Dauerblühende Strauchrosen können auf zweierlei Weise einem Schnitt unterzogen werden:

1. Der Schnitt wird wie bei den einmalblühenden durchgeführt. Dies ist in milden Lagen möglich sowie auch dort, wo diesen Sträuchern ein genügend großer Entfaltungsraum zur Verfügung steht.
2. In weniger milden und geschützten Gegenden sowie in kleineren Gärten wird ein ähnlicher Schnitt wie bei den Buschrosen praktiziert. Die starken Triebe des Vorjahres sind um etwa ein Drittel zurückzuschneiden, weniger starke auf 3–5 Augen einzukürzen, während an den schwachen Trieben gar nichts geschnitten wird. Auf diese Weise führen wir – indem die ungeschnittenen Triebe alsbald Blättchen bilden – eine bessere Beschattung der inneren Pflanzenteile herbei, und eine zu extreme Triebbildung kann eher unter Kontrolle bleiben. Auch hier ist ein Auslichten unerläßlich, wollen wir der Veredlungsstelle laufend einen Neuaustrieb entlocken. Es hält diese Sträucher zudem leichter in guter Form, was besonders im kleinen Garten wünschenswert ist.

Behandlung nach dem Schnitt

Unmittelbar nach Beendigung des Frühjahrsschnittes (vor jeglichem Austrieb!) kann vor allem dort, wo im Herbst keine Spritzung mehr ausgeführt werden konnte, die sogenannte Winterspritzung mit heute üblichen Präparaten nachgeholt werden. Wenn diese Arbeit frühzeitig und wirklich exakt gemacht wird, beugt man damit einigen gefährlichen Rosenkrankheiten vor, vor allem Mehltau, Rost und Sternrußtau. Haben sich diese Pilze erst einmal festgesetzt und ausgebreitet, ist es schwer, sie wieder loszuwerden. Sofort nach der ersten Blattbildung werden die Rosenpflanzen außerdem mit einem der gebräuchlichen organischen Fungizide behandelt, in laublosem Zustand können auch Kupferspritzmittel eingesetzt werden. Dies ist besonders dann notwendig, wenn wir im Herbst starke Spätinfektionen von Mehltau hatten.

Sobald der Boden genügend abgetrocknet und der Dünger ausgebracht ist, folgt dann eine gründliche, 15–18 cm tiefe, aber sorgfältige Lockerung des Bodens. Dazu nehmen wir die zweizinkige Rosengabel (Abbildung nächste Seite).

Entspitzen (Pinzieren) »voreiliger« Triebe und Ausbrechen von Knospen

Bei schlechtem Frühlingswetter und ungenügend einkürzendem Schnitt nur eines Triebes kommt es sehr oft vor, daß an einem solchen Trieb das oberste Auge früh austreibt und sich dann rasch entwickelt und Knospen bildet.

Solche »voreiligen« Triebe sind, soviel Freude sie auch dem Rosenfreund bereiten können, nachteilig für die allgemeine Entfaltung der betreffenden Rosenpflanze. Sie müssen möglichst frühzeitig auf etwa drei Augen (Blätter) über der Anwuchsstelle eingekürzt werden. Dadurch bringen wir die Entwicklung der ganzen Pflanze in ein normales Verhältnis. So erhalten wir nicht weniger Rosenblüten, im Gegenteil, lediglich jene des eingekürzten Triebes erhalten wir später, aber dafür zwei aus dem gleichen Trieb.

Immer wieder wird die Frage gestellt, ob es nicht zweckmäßig sei, die Seitenknospen auszubrechen und nur die Hauptknospe stehenzulassen, um größere und langstieligere Rosen zu erhalten. Dies kann ohne Bedenken ausgeführt werden, sofern es jemandem zusagt. Der Blütenreichtum wird aber dadurch stark vermindert, und die Rosenpflanze verliert außerdem ihren natürlichen Habitus.

Ausführliche Schnittanleitungen finden sich in Dietrich Woessner: Das Schneiden der Rosen. Verlag Eugen Ulmer, Stuttgart 1992.

Bodenpflege

Gesundes Aussehen und Wachstum der Rosen hängt weitgehend von der fleißig durchgeführten **Lockerung des Bodens** ab. Sie schützt den Boden vor Austrocknung und Verkrustung und fördert auch den Luftaustausch in der Erde, der für die Rosen so wichtig ist. Nach jedem Regen und jeder künstlichen Bewässerung ist der Boden zu lockern, sobald er abgetrocknet ist. Abdecken des Bodens zwischen den Rosenpflanzen mit strohigem

Eine regelmäßige Bodenlockerung begünstigt den Gasaustausch zwischen Bodenluft und Atmosphäre, Wasser bleibt im Boden den Pflanzen verfügbar, und es keimt weniger Unkraut auf.

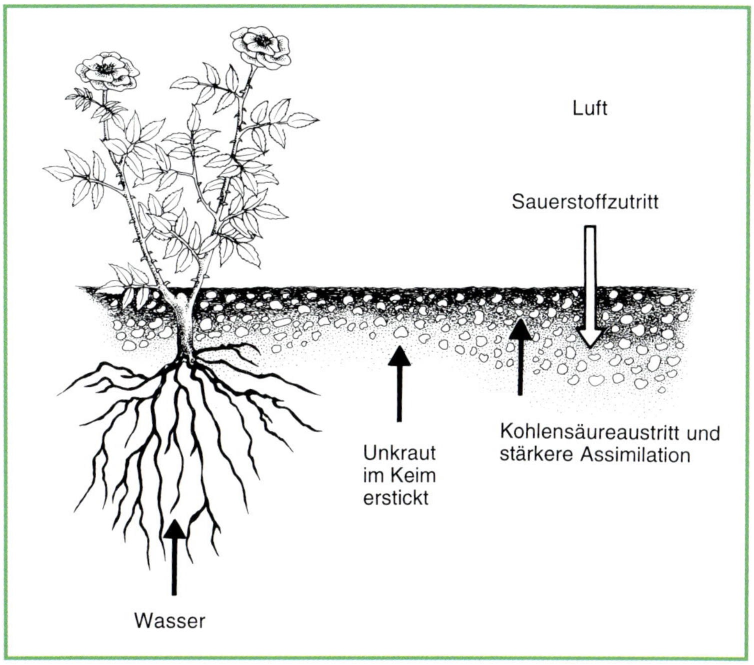

Die zweizinkige Rosengabel ist das ideale Werkzeug für die Bodenbearbeitung. Als besonders hilfreich erweist sie sich für die Bodenlockerung zwischen Buschrosen.

Material oder halbverrottetem Mist, auch den Sommer hindurch, erhält den Boden ständig locker, verhütet das Aufkommen des Unkrautes, begünstigt den Luftaustauch und verringert auch den Arbeitsaufwand.

Das heute verbreitete **Häckseln** (maschinelles Zerkleinern von holzigen Gartenabfällen) sowie frischer Rindenabfall ergeben ein Material, das u.a. gern gleich zum Abdecken der Pflanzenzwischenräume in den Rosenbeeten verwendet wird. Versuche mit frischem Häcksel haben aber derart negative Ergebnisse gezeigt, daß von diesem Gebrauch abgeraten werden muß. Unbefriedigendes allgemeines Wachstum und starke Gelbfärbung der Laubblätter waren die Folgen.

Solche Materialien dürfen erst nach dreijähriger, sorgfältiger Kompostierung zur Verwendung kommen. Nicht anders liegen die Verhältnisse bei Rindenmulch. Auch dieser darf erst nach seiner Umwandlung zu Kompost mit gutem Gewissen bei Rosen angewendet werden.

Auftretendes **Unkraut** ist rechtzeitig, das heißt im ersten Entwicklungsstadium, zu bekämpfen, ebenfalls durch regelmäßiges Lockern des Bodens. Bei jeder Bodenpflegearbeit schone man die Rosen, besonders ihre Wurzeln und den Wurzelhals. Jede mechanische Verletzung ist zu verhüten. Man vermeide, bei dieser Arbeit den Boden zwischen den Rosen zu betreten, denn festgetretener Boden schadet ihnen, besonders wenn er noch naß ist.

Das **Umgraben** mit dem Spaten zwischen den Rosen im Schmuckbeet ist zu unterlassen. Bei der Bearbeitung darf der Boden *nie naß* sein!

Düngung der Rosen

Die Rosen stellen in bezug auf Nährstoffe, vor allem Humusgehalt, ziemlich große Anforderungen. Wenn man bedenkt, was eine Rosenpflanze im Laufe des Jahres an Trieben, Blättern und Blüten produziert, dann sind ihre Ansprüche verständlich.

Als wertvolle Bereicherung des Bodens wird strohiger Mist, kurzgeschnittenes Stroh, Bohnenstroh usw. abwechslungsweise im Herbst als leichter Winterschutz über die Erde ausgebreitet. Kompost soll mit Zurückhaltung verwendet werden, höchstens gesunde, gut ausgereifte Komposterde, Kehrichtkompost nur mit größter Zurückhaltung verwenden! Zur Bodenbedeckung vor der Einwinterung darf, in einem Rhythmus von 2–3 Jahren, nur sogenannter Reifekompost verwendet werden. Ohne genügenden Humusvorrat im Boden können die Dünger nicht zu ihrer vollen Wirkung gelangen.

Hauptnährstoffe

Bevor wir den Dünger verabreichen, müssen wir uns eine Vorstellung davon verschaffen, welchen Einfluß die einzelnen Nährstoffe auf das Wachstum der Rosen ausüben.

Stickstoff (N) begünstigt das Trieb- und Blattwachstum. Zuviel Stickstoff ergibt mastige, krankheitsanfällige Pflanzen und einen unschönen Habitus.

Phosphor (P_2O_5) begünstigt die Blühwilligkeit und beeinflußt die Blüte auch in bezug auf die Bildung des Duftes. Zu hoher P-Gehalt fördert die Bildung sonstiger Mangelschäden und löst Chlorose aus.

Kali (K_2O) begünstigt zusammen mit der Phosphorsäure die Widerstandsfähigkeit der Pflanze. Im besonderen vertieft Kali die Intensität der Blütenfarbe.

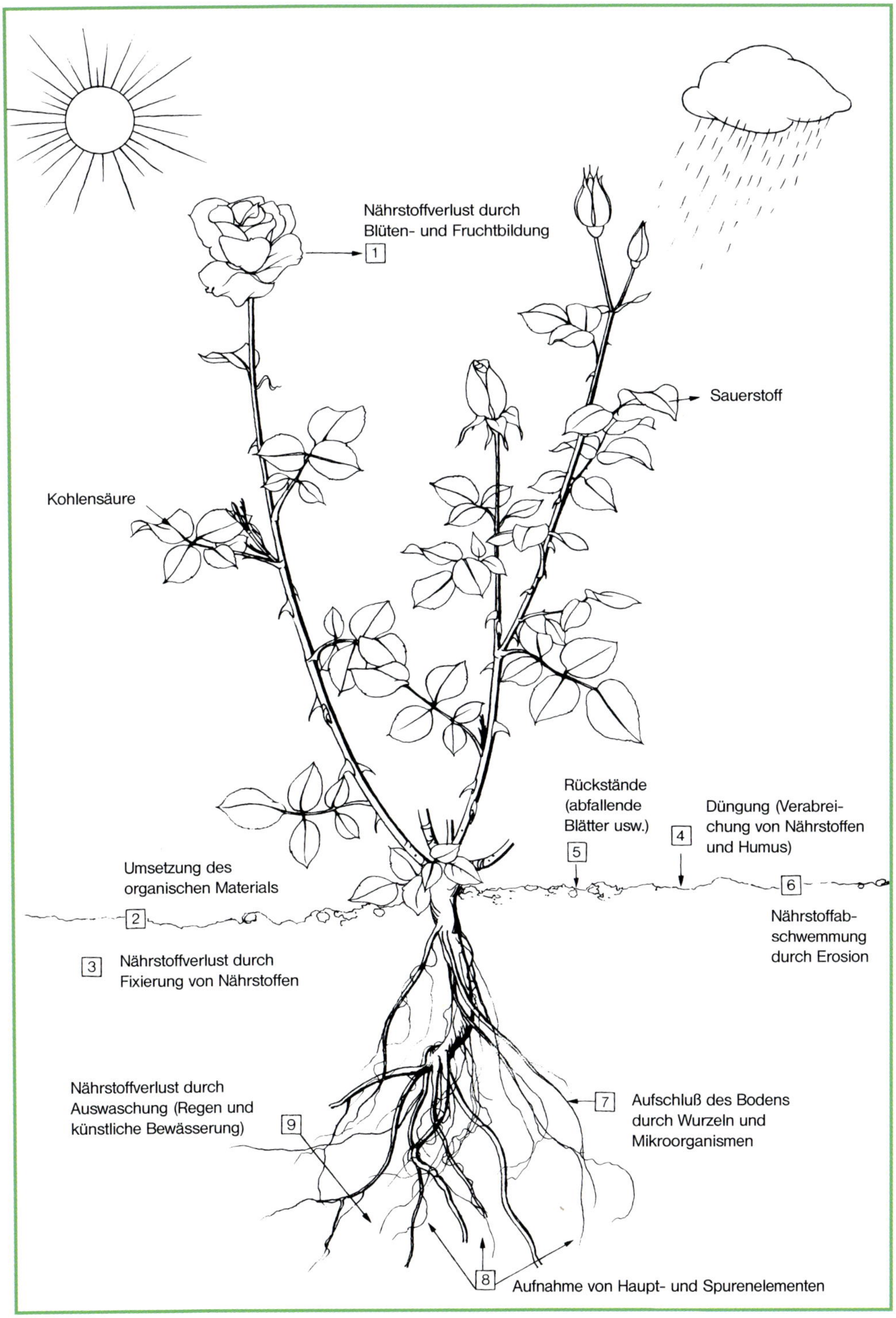

Ernährungsschema der Gartenrosen. Wie alle Pflanzen sind die Rosen in einen komplizierten Nährstoffkreislauf eingebunden. Licht, Temperatur, Wasser sowie der Boden mit seinen physikalischen und chemischen Eingenschaften stellen entscheidende Wachstumsfaktoren dar.

Kalk ($CaCO_3$), im richtigen Verhältnis zugeführt, begünstigt das Wachstum ganz allgemein und besonders die Bodentätigkeit. Zuviel Kalk ist jedoch schädlich und macht die Nährstoffe schwer löslich.

Spurenelemente (Mikronährstoffe)

Eine Reihe von Spurenelementen ist für ein gesundes Wachstum der Rosen unerläßlich. Der größte Teil von ihnen ist meistens in genügender Menge im Boden vorhanden. Bei den Rosen spielt vor allem das **Magnesium (Mg)** eine nicht zu unterschätzende Rolle. Es hilft mit, das Wachstum ganz allgemein positiv zu beeinflussen, deshalb sind magnesiumhaltige Dünger stets empfehlenswert. Werden Symptome von Magnesiummangel (siehe unten) festgestellt, ist sofort etwas zu unternehmen, zum Beispiel in Form von Magnesium-Blattspritzung. Für die Rosen wählen wir Dünger, die als Norm folgende Nährstoffzusammensetzung aufweisen:

9 N (Stickstoff)
6 P (Phosphorsäure)
12 K (Kali)

Bei der Wahl eines Düngers muß unbedingt auf den Kalkgehalt des Bodens Rücksicht genommen werden, denn sowohl zuviel als auch zuwenig Kalk wirkt hemmend auf das Wachstum.

Im Zweifelsfall bringt eine Laboruntersuchung Aufschluß über die tatsächlichen Nährstoffverhältnisse im Boden. Wie man dabei vorgeht, wird auf Seite 185 beschrieben.

Nährstoff-Mangelsymptome

N-Mangel: Geringes Wachstum, gelbgrüne bis gelbe Blattfarbe, oft mit rötlichen Farbtönen. Die Blätter und Blüten sind klein.

P-Mangel: Geringe Wuchsleistung, dunkelgrüne Blattfarbe, geringe Blüten- und schlechte Wurzelbildung.

K-Mangel: Absterben (Braunwerden) der Blattspitzen und Blattränder. Die Stiele der Blütenknospen färben sich dicht unterhalb der Knospen braun bis schwarz, die Knospen biegen sich abwärts, welken und sterben ab. Dunkelrote Rosen verfärben sich hellrot.

Mg-Mangel: Die Blätter hellen zwischen den Rippen auf, später sterben diese Zonen ab. Die Pflanzen entblättern sich vorzeitig. Dunkelrote Sorten bleiben hellrot gefärbt.

Wer diese Symptome rechtzeitig entdeckt und entsprechend rasch handelt, kann größeren Pflanzenschäden vorbeugen. Rosen sind wenig salzverträglich, deshalb sind mehrmalige hohe Gaben von leichtlöslichen Nährsalzen unbedingt zu unterlassen. Zu extreme Gaben von Düngersalzen fördern im übrigen die Verschlämmung des Bodens.

Mit Gefühl düngen

Es darf nicht in jedem Jahr die gleiche Menge Dünger pro Flächeneinheit verabreicht werden. Wir müssen uns stets bewußt sein, daß wir es mit Lebewesen zu tun haben und dabei nicht vergessen, daß der Boden und die auf ihm wachsenden Rosenstöcke von einander abhängig sind. Wie leicht können wir den Boden mit Nährstoffen übersättigen, wodurch die Bodentätigkeit ihre Aktivität verliert und dadurch das Wachstum der Rosen in Mitleidenschaft gezogen wird. Es kann andererseits aber auch Nährstoffmangel auftreten, wodurch sich die Rosen nur kümmerlich entfalten können.

Die angegebenen **Düngermengen** gelten als Faustregel. Die effektiv anzuwendenden Düngergaben müssen stets nach dem Nährstoffgehalt des verwendeten Düngers und dem Wachstumszustand der Rosen angepaßt werden. Dabei darf auch nicht außer acht gelassen werden, ob während der Wachstumsperiode genügend Niederschläge gefallen sind, oder ob wir bei eventueller Trockenheit dem Boden das erforderliche Wasser zugeführt haben. Ohne genügende Bodenfeuchtigkeit wird die aktive Bodentätigkeit beeinträchtigt, wodurch auch die Umwandlung der Bodennährstoffe in den von den Wurzeln aufnehmbaren Zustand erfolgen kann. Nur dann erhalten wir einen genauen Überblick über die Entwicklung der Rosen und somit auch über die Wirkung der Dünger.

Wer diese Umstände bei der Verabreichung der Dünger außer acht läßt, wird zu oft vor Wachstumsprobleme im Rosengarten gestellt und ist oft hilflos, diese zu lösen. Wie leicht können unsere Rosen überdüngt werden. Darunter leiden Boden und Rosen gleichermaßen, was sich negativ auf das Wachstum auswirkt. Vor allem im ungenügend durchlässigen Boden zeigt sich dieser Zustand am auffälligsten. In **überdüngten Rosenbeeten** können durch eine sorgfältige, nie erlahmende Bodenpflege und nach Bedarf zusätzlicher Wässerung die Nährstoffe vollständig gelöst und aufgenommen werden. Zudem unterlassen wir die Verabreichung von Dünger oder verwenden ihn äußerst sparsam.

Nährstoffmangel zeigt sich im allgemeinen in schwachem, aber meistens gesundem Zustand der Rosenpflanzen; schwaches Triebwachstum, kleine Laubblätter und Blüten. Nährstoffmangel läßt sich leicht korrigieren, indem wir durch entsprechende (nicht überhöhte) Düngergaben den Mangel in 2 Jahren ausgleichen. Dann können wir ein auffallend kräftigeres Wachstum beobachten.

Ob bei *Nährstoffüberschuß* oder *Nährstoffmangel*, es müssen parallel mit den Pflegemaßnahmen auch die Nährstoffverhältnisse berücksichtigt werden (Seite 204) Nur so kann der Nährstoffgehalt allmählich wieder ins Gleichgewicht gebracht werden. Aus diesen Angaben können wir ersehen, daß das jährliche Düngen differenziert, d. h. dem jeweiligen Zustand der Rosenstöcke gemäß, erfolgen muß.

Frühjahrsdüngung

Im Frühjahr, unmittelbar nach Beendigung der Schnittarbeit, werden die Rosen gedüngt. Pro Quadratmeter verabreichen wir zusätzlich zur Herbstdüngung 100–170 g eines Rosendüngers mit organischem Anteil. Falls die Pflanzenzwischenräume über Winter mit Mist abgedeckt werden, reduziert man die Düngemenge um etwa 50–70 g/m^2. In stark kalkhaltigen Böden wirkt es sich positiv aus, wenn ein sauer wirkender Dünger mitverwendet wird, zum Beispiel 100 g Rosendünger und 100 g des sauren Düngers. Beide werden gleichmäßig zwischen den Pflanzen verteilt, nicht nur gerade unmittelbar um die Pflanzenstengel herum, und dann sofort 15–18 cm tief in den Boden, das heißt in den Bereich der Wurzeln, eingearbeitet. Der Frühjahrsdüngung ist besonders dann eine ganz besondere Aufmerksamkeit zu schenken, wenn keine Herbstdüngung verabreicht wurde, denn die Pflanze steht vor ihrer Hauptentwicklungszeit. Sind genügend Nährstoffe vorhanden, dann ist eine der wichtigsten Voraussetzungen gegeben, daß wir gesunde und wachstumsfähige Pflanzen mit reichem Flor den ganzen Sommer über erhalten.

In sorgfältigen Vergleichsversuchen konnte gezeigt werden, daß man vorteilhaft immer die gleichen Düngermarken verwendet. Man ist dann stets über das Nährstoffverhältnis im Boden orientiert, was bei eventuellen Wachstumsstörungen eine wertvolle Hilfe für die zu ergreifenden Maßnahmen sein kann.

Sommerdüngung?

Früher gehörte eine Sommerdüngung zur üblichen Rosenpflege. Leider herrscht auch heute noch die weitverbreitete Meinung, daß man ohne eine Sommerdüngung nicht auskommen könne. Jahrzehntelange Düngungsversuche haben ergeben, daß durch sie sehr oft Überdüngungen entstehen, die dann zu Pflanzenschädigungen führen. Denn durch sommerliche Düngergaben hält das Wachstum ununterbrochen bis in den Spätherbst an, so daß das Holz nachher kaum mehr ausreifen kann. Deshalb wird das Hauptgewicht auf die Düngung im Herbst und im Frühjahr gelegt.

Sollte der Wachstumszustand der Rosen ungenügend sein, so kann ausnahmsweise während der ersten Blüte bei niederschlagsarmem Wetter in Abständen von zwei Wochen ein- bis zweimal eine flüssige Düngergabe von 0,2%iger Lösung, und zwar 10 l/m^2 verabreicht werden. Die hierfür verwendeten Nährsalze müssen alle wesentlichen Nährstoffe und Spurenelemente enthalten.

Beim Auftreten chlorotischer Pflanzenblätter empfiehlt es sich, bis Ende Juni 30 g Ammonsalpeter pro Quadratmeter auszustreuen und gut mit der Erde zu vermengen. Bei Trockenheit ist anschließende Bewässerung notwendig.

Bei zu üppigem Wachstum kann zur Förderung der Ausreifung des Holzes im Mai-Juni eine Gabe von etwa 40 g Kalimagnesium pro Quadratmeter verabreicht werden. Ab Anfang Juli dürfen dann keine Düngergaben mehr erfolgen, ausgenommen Kali, um das Wachstum nicht unnötig in Bewegung zu halten, denn dadurch würden wir kein frostwiderstandsfähiges Rosenholz erhalten.

Herbstdüngung

Auf Grund von Versuchen über den geeignetsten Zeitpunkt der Verabreichung der Dünger wurde festgestellt, daß eine Gabe Rosendünger im Herbst von großem Vorteil ist, und zwar bei allen Bodenarten, vor allem bei schweren Böden. Denn der im Herbst (November-Dezember) ausgestreute Dünger gelangt im Frühjahr zeitlich günstig mit dem eigentlichen Wachstumsbeginn zur Wirkung. Vor dem Ausbringen sind möglichst alle auf dem Boden liegenden Rosenblätter einzusammeln und zu vernichten. Je nach dem Zustand der einzelnen Rosenbestände berechnet man 130–150 g eines Rosendüngers mit einem Anteil organischer Substanzen. Es sind sogar sogenannte Rosen-Herbstdünger bereits in den Handel gebracht worden. Von beachtlichem Vorteil ist es, den ausgebrachten Dünger nur oberflächlich in die Erde einzuziehen, weil sich in der Folge der organische Anteil leichter abbaut.

Düngen frisch gepflanzter Rosen

Sowohl im Herbst als auch im Frühjahr gepflanzte Rosen erhalten ihre erste Düngung, wenn sich die frühesten Blütenknospen bei ihnen zeigen. Denn erst dann hat sich das Wurzelwerk so gestärkt, daß ihm Düngemittel keinen Schaden mehr antun können. Im ersten Jahr, in welchem sie im Garten stehen, erhalten frischgepflanzte Rosen nur *eine* Düngergabe vor der Herbstdüngung. Man rechnet auf den Quadratmeter nicht mehr als 100 g Rosendünger, der gleichmäßig auf die Erde (nicht über die Blätter) verteilt und hernach nur flach in die Erde eingezogen wird.

Blattdüngung

Die Blattdüngung hat in den letzten Jahren enorm an Bedeutung zugenommen. In allen Zweigen des Gartenbaus wird sie eingesetzt. So wird sie auch zu einem Teil der Rosenpflege. Leider aber übertrieb man sie im allgemeinen, so daß sogar Pflanzenschädigungen aufgetreten sind: vorzeitiger Blattfall, unnatürliche Verdikkung der Laubblätter oder eine Abnahme der aktiven Wurzeltätigkeit usw.

Eine Blattdüngung erreicht dann ihr Ziel, wenn wir sie allein, also ohne Pflanzenschutzpräparate, anwenden. Es darf nicht zur Regel werden, daß Blattdünger jeder Pflanzenschutzbrühe beigemischt wird. Denn eine vielfältige Kombination von chemischen Präparaten kann sehr nachteilig sein. Als idealen Anwendungsturnus pro Vegetationsperiode betrachten wir maximal drei Behandlungen, die aber vor August abgeschlossen sein müssen. Wird eine solche Düngung richtig eingesetzt, wirkt sie wachstumsanregend und wachstumskorrigierend. Sie darf aber nie bei voller Sonne geschehen. Das Versprühen muß mit Hilfe einer ganz feinen Düse vor sich gehen, wobei ein regelrechter Nebel erzeugt wird. Die Brühe darf nicht abtropfen.

Für eine solche Düngung besitzen wir heute eine ganze Reihe von Nährsalzen und Flüssigdüngern. Beispiel einer Nährstoffzusammensetzung:

18% N (Stickstoff)
6% P (Phosphorsäure)
12% K (Kali)
\+ Spurenelemente

Die Anwendung erfolgt nach dem Nährstoffgehalt der einzelnen Düngemittel zwischen 0,05 und 0,2%. Die Blattdüngung darf nie in zu hohen Konzentrationen verwendet werden, sonst können leicht große Schäden entstehen. Dieser Dünger kann mit 1%iger Lösung (10 l pro m^2) gegossen werden.

Bananenschalen für die Rosendüngung?

Düngungsversuche mit Bananenschalen sind in großer Zahl durchgeführt worden. Die Versuchsergebnisse wurden ermittelt in Hinsicht auf die Blütenzahl, Blütengröße, Blütenfarbe sowie auf den gesamten Pflanzenwuchs. Die Anwendung erfolgte 1. mit vollständig ganzen Schalen, 2. zerkleinert, 3. nur um die jeweiligen Pflanzen gelegt, 4. durch Auslegen der ganzen Pflanzenzwischenräume. In jedem Fall wurden die Schalen mit 5 cm Erde zugedeckt. Bei einigen Pflanzengruppen wurden die Schalen etwa 10 cm tief eingegraben.

Bananenschalen enthalten Calcium, Kalium, Magnesium, Phosphor, Schwefel, Natrium, Kieselsäure sowie Chloride, jedoch fast nur in Tausendstelmengen, zum Teil sogar nur in Spuren.

Die Versuchsresultate kann man folgendermaßen zusammenfassen:

1. Wachstum und Blüte waren allgemein befriedigend, jedoch eine Wirkung der Bananenschalen war nicht festzustellen.
2. Üblicher Rosendünger und Bananenschalen zusammen erbrachten ein besseres Resultat als Rosendünger allein.
3. Blütenzahl und Blütenqualität wurden durch die Bananendüngung im Vergleich zu einer üblichen Düngung nicht beeinflußt.
4. Der Gesundheitszustand erwies sich als leicht verbessert (vermutlich durch das zusätzliche Kali und Magnesium).
5. Ob die Schalen mit 5 oder 10 cm Erde überdeckt wurden, ergab keinen feststellbaren Unterschied.

Wir empfehlen: Bananenschalen können zerkleinert, im Frühjahr nach dem Rosenschnitt, etwa 5 cm unter die Erdoberfläche gebracht werden. Bei normalen Pflanzenabständen (10 Pflanzen pro

Eine Blattdüngung kann bei einem akuten Nährstoffmangel (z. B. bei einer Eisenmangelchlorose) schnell Abhilfe schaffen. Das Düngemittel ist jedoch genau zu dosieren, um Schädigungen der Blätter zu vermeiden. Oft beruht die Mangelerscheinung auf einem aus dem Lot geratenen Kalkhaushalt im Boden.

Quadratmeter) ist die gesamte Fläche damit zu belegen. Praktisch aber ist eine solche Düngung nur im kleinen durchführbar. Normalerweise bringt man die nötige Menge Bananenschalen gar nicht zusammen, es sei denn, man hat eine entsprechende Lieferquelle.

Meeralgenmehl als Rosendünger?

Von verschiedenen Seiten wird auf die »Wunderwirkung« von Meeralgenmehl als Dünger bei Rosen hingewiesen. Das hat uns veranlaßt, einen entsprechenden Versuch durchzuführen. Es wurden drei Parzellen angelegt:

Parzelle 1: Kontrolle ohne Meeralgenmehl.
Parzelle 2: 100 g Meeralgenmehl pro m^2.
Parzelle 3: 300 g Meeralgenmehl pro m^2.

Die erwähnten Mengen Meeralgenmehl wurden im Spätherbst (Mitte November) ausgebracht und nur leicht in die Erde eingearbeitet. Im folgenden Frühjahr (Mitte April) bekamen alle drei Parzellen eine normale Gabe von 200 g Rosendünger pro Quadratmeter. Er wurde mit der Rosengabel etwa 15 cm tief in die Erde eingearbeitet. In den darauffolgenden zwei Jahren fand auf den Parzellen 2 und 3 keine Meeralgendüngung mehr statt, um eine eventuelle Dauerwirkung dieses Düngers feststellen zu können. Während der drei Versuchsjahre erfolgte jeden Monat von Mai bis Oktober eine Kontrolle nach folgenden Kriterien:

1. Allgemeiner Wachstumszustand.
2. Größe der Laubblätter,
3. Blütenzahl und Remontieren,
4. Gesundheitszustand.

Die Versuche fielen ohne sichtliche Vorteile zugunsten des Meeralgenmehls aus, gleichgültig, ob mit 100 g oder 300 g pro Quadratmeter gedüngt wurde. Es war absolut kein Unterschied zwischen der Kontrollparzelle und den beiden Versuchsparzellen feststellbar. Eine düngende Wirkung blieb aus. Das Ergebnis deckt sich auch mit früheren Versuchen im Gemüsebau. Auf Grund dieser Erfahrungen sollten Meeralgendünger nur mit Zurückhaltung angewendet werden, vor allem auf kalkreichen Böden. Hingegen könnte das Meeralgenprodukt in sehr schweren Böden für die Lockerung sowie Durchlüftung eine gewisse Bedeutung haben.

Biologisch-organische Düngung

Von biologischer Rosenpflege wird heute viel gesprochen, da sie als zeitgemäße Kulturmethode angesehen wird. Viele glauben fortschrittlich zu sein, wenn sie auch bei den Rosen die Düngung in dieser Richtung durchführen. Wie steht es damit? Mit einer ausschließlich biologischen Düngung wird man nur dann zu einem Ziel kommen, wenn folgende Voraussetzungen erfüllt werden:

1. Genügend tiefgründiger Boden (60 cm) mit gutem Wasserabzugsvermögen.
2. Abwechslungsweise sollten Humusstoffe in rohem und vollständig verrottetem Zustand verabreicht werden; alle diese Materialien müssen immer ganz gesund, also krankheitsträgerfrei sein.
3. Mit diesen Humusstoffen ist auch im Herbst der Boden zwischen den Pflanzen abzudecken, und im Frühjahr nach dem Rosenschnitt sind diese Stoffe gut in die Erde einzuarbeiten.
4. Allenfalls fehlender Stickstoff kann mit Hornspänen, mangelnde Phosphorsäure mit Knochenmehl ergänzt werden. Kali wird auch hier in Form von Kalimagnesium der Erde zugeführt.

Es dürfen nie zu große Mengen an Humusstoffen auf die gleichen Beete gelangen, denn übermäßige Verwendung verkürzt die Lebensdauer der Rosen, weil die Tiefenwurzeln verkümmern würden. Von den Tiefenwurzeln sind sowohl die gesunde Entfaltung als auch die Lebensdauer der Rosen abhängig. Zudem wird mit einer übertriebenen Humusanwendung der Anteil an mineralischen Substanzen, die für die Pflanzen so wichtig sind, rasch verringert. Im übrigen beachte man die allgemeinen Aussagen zur Düngung und hüte sich vor jeder einseitigen oder extremen Auffassung von Düngungsfragen. Die Wahrheit liegt auch hier in der Mitte.

Bewässerung der Rosen

Im Herbst oder Frühjahr gepflanzte Rosen werden erst nach einer Trockenperiode von etwa drei Wochen begossen. Schon mehrere Jahre im Garten stehende Rosen hingegen müssen nur bei anhaltender Trockenheit bewässert werden. Die Häufigkeit des Gießens richtet sich nach dem Wasserhaltevermögen des Bodens und nach Anzahl und Stärke der Niederschläge; im allgemeinen wird zu oft gegossen.

Auf keinen Fall gieße man bei voller Sonne, denn eine Benetzung der Blätter bei Sonnenschein ist schädlich, manchmal sogar tödlich (Verbrennungen!). Am besten wird diese Arbeit abends ausgeführt. Wenn wir das Wasser mit dem Schlauch zu den Rosen führen, dann binden wir um das Mundstück ein Stück Sackleinwand, damit der Wasserstrahl gebrochen wird. So verhindern wir das Naßwerden der Blätter. Können die

Die Auswirkungen verschiedener Bewässerungsmethoden und -zeiten

Gießmethode	Gesundheitszustand	Wachstum	Zustand des Bodens
1. Gestandenes Wasser direkt zu den Wurzeln	Bei dreimaligem Gießen Vergilbung und Abfallen der Blätter vom Boden her	Nach dem zweiten Gießen allgemein eine leichte Wachstumshemmung	Verkrustung der Erdoberfläche sowie starke Verdichtung
2. Leitungswasser direkt zu den Wurzeln mit Schlauch (Strahlbrecher)	Frühes Vergilben der Blätter und früher Rostbefall	Nach dem dritten Gießen entstehen allgemeine Wachstumshemmungen	Starke Verkrustung sowie Verdichtung
3. Beregnung			
a) tagsüber auch bei Sonne	Schon nach dem zweiten Beregnen Sternrußtaubildung und Blattfall	Wachstumsstillstand wird indirekt durch Sternrußtau, Rost und Blattverlust eingeleitet	Bei genügend dichtem Pflanzbestand keine Verkrustung und Verdichtung
b) bei Nacht 20.00–4.00 Uhr	Gesundheit unverändert in bestem Zustand. Kein Krankheitsbefall	Wachstum vollständig normal, üppig, gute Erholung der Pflanzen über Nacht	Bei genügend dichtem Pflanzbestand keine Verkrustung und Verdichtung
4. Kontrolle ohne Bewässerung	Gesundheit gut, auch 1947 und 1976 unverändert in gutem Zustand	Wachstum unverändert, nur 1947 und 1976 starke Wachstumshemmung (trockene Jahre) mit längerer Unterbrechung der Blütezeit	Unverändert

Überall dort, wo künstlich bewässert wird, müssen pro einmaliger Wassergabe 30 l pro m^2 ausgebracht werden.

Rosen dagegen am späten Abend oder gar während der Nacht fein beregnet werden, dann sind natürlich keine Nachteile infolge Blätterbenetzung zu befürchten. Es sind unter verschiedenen Umständen **Bewässerungsversuche** durchgeführt worden:

- Bewässerung nach 8 hintereinanderfolgenden Sonnentagen.
- Bewässerung nach 21 Tagen, von denen mindestens 15 hintereinanderfolgende Sonnentage waren.
- Bewässerung nach 21 hintereinanderfolgenden Sonnentagen.
- Jede künstliche Bewässerung wurde unterlassen (Kontrolle).

Die jeweils verabreichte Wassermenge wurde von 10 l/m^2 und einmaligem Gießen bis auf 30 l/m^2 gesteigert. Das Gießen wurde auf drei verschiedene Arten ausgeführt:

1. Gestandenes Wasser wurde mit der Gießkanne direkt zu den Wurzeln gebracht.
2. Das Wasser wurde mittels Schlauch direkt zu den Wurzeln gebracht (Schlauch mit Strahlbrecher).
3. Das Wasser wurde mit dem Regner fein über die Pflanzen verteilt (Regner mindestens 50 cm über den Pflanzen).

Die dritte Methode (Beregnung über Nacht – muß vor Sonnenaufgang abgebrochen werden) ergab eindeutig die besten Resultate, auch in den beiden Trockenjahren 1947 und 1976. Die verbreitete Annahme, daß durch nächtliches Bewässern die Rosenbestände krankheitsanfälliger würden, trifft nicht zu.

Eine Wiederholung des Gießens bei extrem heißem, trockenem Wetter ist frühestens nach 20 Tagen notwendig, wenn in der Zwischenzeit der Boden gut gelockert worden ist. Zu häufiges wie zu sparsames Gießen wirkt hemmend auf das Wachstum, und auch der Boden würde darunter leiden. Gut im Boden verwachsene Rosen können auch große Trockenheit ohne Gießen ertragen (Sommer 1976).

Kletterrosen an sonnigen Wänden bedürfen größerer Feuchtigkeit, da viel größere Mengen von Blättern vorhanden sind, die dem Boden Feuchtigkeit entziehen. Der an sonnigen Stellen oft zu beobachtende Befall der Kletterrosen durch Mehltau und Zikaden wird durch ungenügende Bodenfeuchtigkeit noch gefördert. Um solche Pflanzen herum muß eine Vertiefung gemacht werden, damit das Wasser dort stehenbleibt und den Boden richtig durchfeuchten kann. Hier ist ein Gießen in kürzeren Zeitabständen notwendig. Ein Abdecken der Erdoberfläche im nächsten Umkreis einer solchen Rose mit strohigem Material, eventuell Kompost oder dergleichen hilft mit, das Wasser dem Boden länger zu erhalten.

Sommerbehandlung

Nachdem die ersten Rosen verblüht sind, werden bei den **Busch-, Stamm- und dauerblühenden Kletterrosen** (Climbing-Rosen) sowie bei den **dauerblühenden Strauchrosen** die abgeblühten Blumen und Blütendolden unverzüglich mit zwei vollkommenen Laubblättern abgeschnitten ($^1/_2$ cm über dem dritten Laubblatt), da die Pflanzen die Nahrung, die sie dem Boden entziehen, sonst den Früchten zuführen würden. Richtig sollte diese Arbeit jede Woche einmal ausgeführt werden. Wenn dies versäumt wird, geht der anhaltende Sommerflor oft teilweise oder ganz verloren. Da die dritt- oder viertoberste Achselknospe am besten entwickelt ist, darf diese beim Entfernen der verblühten Rose nicht mit weggeschnitten werden, da aus ihren Augen mit Bestimmtheit wieder Rosen hervorgehen. Die weiter unten stehenden Augen sind dagegen nur schwach entwickelt, und es ist ungewiß, ob sie im gleichen Sommer Rosen hervorbringen werden; auf alle Fälle nur sehr spät. Dies zeigen die in der untenstehenden Tabelle zusammengestellten Versuchsergebnisse.

Bei den entfernten Blättern handelt es sich stets um vollständig entwickelte Laubblätter (nicht voll entwickelte werden nicht gezählt). Die Tabelle zeigt deutlich: Je mehr Laubblätter entfernt werden, um so länger dauert es, bis sich am betreffenden Trieb wieder eine neue Rose bildet. Durch die Methode 5 konnte unter normalen Witterungsbedingungen das anhaltende Durchblühen von Juni bis Oktober erreicht werden. Es ist dies nicht so sehr eine Sorteneigenschaft, wie allgemein angenommen wird. Das Entfernen der verblühten Rosen mit 2 Laubblättern läßt die Rosenstöcke höher und die Blütenstiele oft kürzer werden.

Bei den **büschelblühenden Rosen** (Polyantha-, Polyanthahybrid- und Floribundarosen) gelangten wir durch das Entfernen einer abgeblühten Blütendolde direkt über dem *ersten Blatt* unter der Dolde zum gleichen Ergebnis wie bei den Teehybriden. Ein tieferer Schnitt befriedigte nicht, weil dadurch eine Verzöge-

Links: Verblühte Polyantha- und Floribundarosen entfernt man immer über dem ersten Blatt unter der Verzweigung der Dolde.

Unten: Dagegen muß bei Edelrosen (Teehybriden) die zu entfernende Rose mit zwei vollständig entwickelten Laubblättern geschnitten werden. Man schneidet also von der Blüte nach unten gezählt über dem dritten Laubblatt.

Methode	Zeit bis zur erneuten Blumenbildung	Bemerkungen
1. Alte Methode: Nach Beendigung des ersten Blühens allgemeiner kräftiger Rückschnitt um mindestens die Hälfte	58–60 Tage	Hier ergaben sich unter den einzelnen Sorten starke Unterschiede
2. Die verblühte Rose wird mit 5 Laubblättern entfernt	53–60 Tage	Weniger große Unterschiede
3. Die verblühte Rose wird mit 4 Laubblättern entfernt	41–45 Tage	Unterschiede unter den einzelnen Sorten kleiner
4. Die verblühte Rose wird mit 3 Laubblättern entfernt	28–30 Tage	Unterschiede unter den einzelnen Sorten kleiner
5. Die verblühte Rose wird mit 2 Laubblättern entfernt	18–21 Tage	Je nach Witterung unbedeutende Unterschiede

Wegschneiden der verblühten Blumen bei den Buschrosen der Klasse Teehybriden

rung des neuen Blütebeginns von durchschnittlich fünf Tagen entstand. Nicht selten entstehen an schwachen Pflanzen sogenannte wilde oder Schmarotzertriebe, welche die Pflanzen bald zugrunde richten, wenn sie nicht so früh wie möglich ganz nahe an der Anwuchsstelle weggerissen werden. Dazu müssen wir diesen Trieben oft nachgraben. Denn nur richtig entfernte Wildtriebe können an der Basis nicht mehr austreiben.

Bei **Hängerosen** werden nur die abgeblühten und schwächlichen Triebe entfernt, wodurch die übrigen Triebe gekräftigt werden.

Es sei davor gewarnt, **Edelrosen** im Herbst zu schneiden; höchstens dürfen die längsten Triebe um etwa 20 cm gekürzt werden, damit sie nötigenfalls besser gedeckt werden können und das Rosenbeet etwas gepflegter aussieht. In alpinen Lagen sind hingegen die Buschrosen im Herbst auf etwa 15 cm zurückzuschneiden.

Links: Schneidet man – wie oft praktiziert – bei einer Teehybride die verblühten Blumen fortlaufend weg, wird die Pflanze zu hoch, und es bilden sich nur unvollkommene Blüten. Richtig wird über dem ersten Blatt unter dem letzten Seitentrieb abgeschnitten.

Rechts: Bei Floribundarosen wird der ganze Blütenstand direkt über dem ersten Blatt weggeschnitten, nachdem sämtliche Blumen einer Dolde abgeblüht sind.

Das Schneiden von Rosen für die Vase

Das Abschneiden von langstieligen Rosen soll auf ein Minimum beschränkt werden, es sei denn, wir haben spezielle Schnittrosenbeete. An ein und derselben Pflanze sollten nicht mehr als drei Rosen auf einmal geschnitten werden; und wenn immer möglich nur kurzstielig. Auch Rosen mit kurzen Stielen lassen sich in geeigneter Vase prächtig einstellen, so daß sie sich sehr schön präsentieren. Nur ausnahmsweise darf einmal eine Rose mit einem längeren Stiel geschnitten werden. Die Länge des Stiels der einzelnen Rose ist nicht allein von der Anzahl der Blätter abhängig, sondern auch von den Abständen der Blätter an den Blütenstielen (Internodien). Für den Schnitt eignen sich deshalb ganz allgemein Sorten mit großen Blattabständen besser, zum Beispiel 'Sutters Gold', 'Papa Meilland', 'Schweizer Gold' und andere, wogegen 'Crimson Glory' zum Beispiel zu den Sorten mit den kürzesten Blattabständen gehört und deshalb eine für den Schnitt weniger geeignete Sorte ist – es sei denn, wir ziehen solche Rosen für einen ganz bestimmten Zweck vor.

Beim Schneiden müssen wir uns immer bemühen, möglichst wenig Blätter mitabzuschneiden: nicht mehr als sechs Blätter auf einmal von einer Pflanze, weil sie sonst zu sehr geschwächt würde. Beim Schneiden muß die Pflanze, von der wir die Rose nehmen, stets geschont werden. Es dürfen auch keine Triebstummel entstehen.

Im Herbst jedoch, ab Mitte September, dürfen etwas mehr Rosen geschnitten werden, auch längere Stiele, da das Wachstum zu dieser Zeit allmählich nachläßt und das junge, blütentragende Holz doch nicht mehr vollständig ausreift. Bei Rosen, die in die Vase eingestellt werden, muß jener Teil des Stieles, der ins Wasser zu stehen kommt, von Blättern und Stacheln befreit werden. Dabei dürfen wir jedoch die Rinde der Stiele nicht verletzen. Das Stielende ist mit einem scharfen Messer (nicht mit der Schere!) so anzuschneiden, daß eine lange, schräge Schnittfläche entsteht; das begünstigt die Haltbarkeit.

Winterschutz

Während südlich und südwestlich der Alpen die Rosen nicht gedeckt werden müssen, bedeutet es nördlich der Alpen ein großes Risiko, das Decken vollständig zu unterlassen. Aber des Guten wird oft zuviel getan. Wegen der Kälte bräuchten wir kaum zu decken, der Schutz ist vielmehr notwendig gegen die Sonnenstrahlen an hellen Wintertagen und vor allem im Vorfrühling. Wenn dann nämlich ein Auftauen bewirkt wird, dem nachher wieder ein Gefrieren folgt, so überstehen die Rosen das nicht (siehe folgenden Abschnitt). Ende November bis Anfang Dezember sollte diese Arbeit ausgeführt werden, aber nur dort, wo dies unerläßlich ist. Zu frühes Decken ist nicht zu empfehlen.

Stammrosen müssen in rauheren Lagen auf die flache Erde niedergelegt werden. Nie dürfen wir die Krone in eine Grube eingraben. Die Triebe sind vor dem Legen um ein Drittel ihrer Länge einzukürzen und vollständig von ihren Blättern zu befreien. Die Stämmchen müssen immer auf die gleiche Seite gelegt werden. Die Erde ist beim Stämmchen auf jener Seite, auf die es gelegt werden soll, etwas zu entfernen; damit verhindern wir ein Brechen.

Mit einer Astgabel oder zwei kleinen, übers Kreuz in die Erde geschobenen Stecken wird das Rosenbäumchen am Boden festgehalten. Darauf wird die Veredlungsstelle am Kronenansatz vollständig mit lockerer Erde überdeckt (keine Komposterde); Stamm und Krone werden mit Deckreisig zugedeckt.

In besonders milden Lagen dürfte sich unter normalen Witterungsverhältnissen ein Winterschutz erübrigen. Höchstens wird die Veredlungsstelle mit etwas Stroh, Holzwolle, Moos oder Deckreisig eingebunden.

Buschrosen (Edel-, Polyantha-, Floribunda- und Miniaturrosen) werden – nur dort, wo die Veredlungsstelle zu wenig tief (5 cm) im Boden ist – leicht mit Dekkästen (von Tanne oder Fichte) zugedeckt, also nur leicht beschattet. Eine Lage von strohigem Mist, Stroh, Bohnenstroh usw. zwischen den einzelnen Rosenstöcken ist sehr zu empfehlen und hat sich selbst im kalten Februar 1956 auch ohne Deckäste sehr gut bewährt.

Stehen bei den Buschrosen die Veredlungsstellen *über* der Erde, so wird der Boden nach dem Verabreichen der Herbstdüngung tief (18 cm) gelockert und hernach so viel neue Ackererde eingefüllt, bis sich die Veredlungsstellen wieder 5 cm unter der Erdoberfläche befinden.

Ein Anhäufeln ist bei der heutigen Pflanzweise der Buschrosen zu unterlassen, da den einen Pflanzen die Erde nur weggenommen würde, um sie den andern zuzuführen.

Hängerosen sind an exponierter Lage auch zu decken. Dabei werden die Triebe zusammengebunden und am Stämmchen befestigt und mit etwas Tannenreisig, Holzwolle, Schilf oder dergleichen eingebunden.

Auch bei den **Kletterrosen** ist es empfehlenswert, vor dem Decken den Boden gründlich zu wässern und diese Pflanzen im Umkreis von etwa 70 cm mit strohigem Material zu belegen. Sie sind bis etwa 80 cm ab Boden mit Tannenreisig

Wir erleichtern den Rosentrieben das Abhärten im Herbst, wenn wir ab Ende Juni–Anfang Juli keinen Stickstoff mehr düngen.

oder Juteleinen leicht einzubinden. Diese Empfehlungen haben sich auch in den kalten Wintern 1984/85 und 1986/87 bewährt.

Behandlung von Frostschäden

Werden die jungen, zarten Triebe, die sich im Frühling soeben entwickelt haben, von einem Frost von –3 °C und tiefer heimgesucht, dann ist es leicht möglich, daß sie Schaden nehmen. Dies ist erkennbar am Welken der Triebspitzen, einige Stunden nachdem sie aufgetaut sind.

Meistens ist dann bei solchen Jungtrieben auch das innere Zellgewebe verletzt, so daß ein weiteres Wachsen nicht mehr möglich ist. In diesem Falle ist es empfehlenswert, die Triebe etwa 6 Tage nach dem Frost bis auf das vollständig grüne Zellgewebe (an der Schnittstelle erkennbar) einzukürzen. Oft ist es sogar nötig, die beschädigten Triebe vollständig, das heißt etwa 3 mm über der Anwuchsstelle, wegzuschneiden.

Lebensdauer der Rosen

Die allgemeine Auffassung, daß Rosen, vor allem die Buschrosen, nur ein Alter von 8 Jahren erreichen, ist irrig. Wenn wir den Rosen von Anfang an den richtigen Standort und den richtigen Boden geben können, dann dürfen wir mit einem Alter von mindestens 25 Jahren rechnen. Erhalten die Rosen zudem die richtige Pflege, dann erhöht sich die Erwartung um weitere 10 Jahre, so daß wir im Idealfall von vornherein mit etwa 35 Jahren Lebensdauer rechnen dürfen und während dieser Zeit stets reichblühende Rosenpflanzen haben können.

Wer zu all diesen wichtigen Faktoren (Standort, Boden und sorgfältige Pflege) noch das Glück hat, lebenskräftige Rosensorten gewählt zu haben, der wird die Freude erleben, Rosen mit 40 und mehr Lebensjahren im Garten zu besitzen. Kletter- und Strauchrosen können leicht 20 und mehr Jahre älter werden. Lebensfähigere und dankbarere Gartenblüher können wir uns nicht wünschen.

Die Englische Rose 'Graham Thomas' ist eine sehr reichblühende Sorte, die sich durch besonders gute Widerstandskraft gegenüber Krankheiten und Schädlingen auszeichnet.

Krankheiten und Schädlinge

Allgemeine Pflanzenschutzmaßnahmen

Der Wunsch jedes Rosenbesitzers ist, daß sich seine Rosen stets in gesundem, einwandfreiem Zustand befinden. Die erste und letzte Voraussetzung dafür ist eine vollkommene Kulturpflege. Es sei hier nochmals auf die Wahl des Standortes und Bodens hingewiesen. Dann aber spielt die Pflege der Rosen und vor allem die Düngung eine ausschlaggebende Rolle, ebenso die Bewässerung. Bei all dem muß jeder, der sich mit der Pflege von Rosen befaßt, ein guter Beobachter sein oder werden; denn nur durch rechtzeitiges Feststellen und Erkennen eines Kulturfehlers, einer Mangelerscheinung, einer Krankheit, eines Schädlings usw. (und sofortiges Handeln!) kann man große Schäden verhüten.

Pilzkrankheiten sind stets vorbeugend zu behandeln. Nachträgliche Spritzungen können in der Regel nur noch die Ausbreitung der Krankheiten eindämmen, den entstandenen Schaden aber nicht mehr beseitigen. Die Bekämpfung der Krankheiten und Schädlinge beginne man rechtzeitig und verwende nur zugelassene und bewährte Mittel.

In Katalogen und Fachzeitschriften ist immer wieder von mehltaufreien Rosen die Rede. Gibt es sie wirklich? Nein! Es gibt wohl Sorten, die weniger rasch und stark von diesem Pilz befallen werden oder an besonders günstigem Standort gesund bleiben. Grundsätzlich aber ist keine Sorte immun gegen Mehltau. Gegen den Rosenmehltau muß man wohl oder übel (und rechtzeitig!) mit einem der hierfür empfohlenen organischen Fungiziden oder mit dem guten alten Netzschwefel vorgehen. Ebenso darf man den noch gefährlicheren Sternrußtau nicht ungehindert um sich greifen lassen.

Vorbeugung und biologischer Pflanzenschutz

Vor jeder Pflanzung von Rosen muß man sich vergewissern, ob pilzliche oder tierische Schaderreger vorhanden sind. Besonders in Engerlingsjahren ist Vorsicht angebracht. Ebenso ist auf die Larven des Dickmaulrüßlers achtzugeben.

Vorbeugen ist besser als heilen. Eine allgemeine Prophylaxe ist die beste Gewähr dafür, daß nur in Ausnahmefällen, bei einem akuten bzw. massierten Auftreten einer Krankheit oder von Schädlingen, spezielle Maßnahmen zu ergreifen sind.

Auch beim biologischen Pflanzenschutz sind die wichtigsten Voraussetzungen für gesunde Rosenkulturen ein idealer Standort, gute Bodenverhältnisse, sorgfältige Sortenauswahl, optimale und ausgeglichene Düngung. Man wird Erfolg haben, solange keine extremen Witterungsverhältnisse auftreten, bei denen sich die Krankheiten plötzlich epidemisch einstellen und die Schädlinge invasionsartig in Erscheinung treten. Ob dann in solchen akuten Situationen aber Behandlungen mit biologischen Präparaten noch Erfolg versprechen, ist zumindest fraglich. Wenn wir – auch bei biologischer Pflege – schöne und gesunde Rosenbeete haben wollen, wird unter extremen Verhältnissen der Einsatz chemischer Mittel (Kupferpräparate) eben unumgänglich sein. Wir haben dann aber die Genugtuung, daß ihr Verbrauch auf ein Minimum reduziert werden kann. Die Überwachung der Rosenpflanzungen erfordert beim biologischen Pflanzenschutz noch mehr Aufmerksamkeit als sonst, ist eigentlich nur bei sehr intensiv betreuten Kulturen möglich. Wir können nur indirekt mithelfen, zum Beispiel indem wir die natürliche Feinde der Blattläuse (Schwebfliegen, Marienkäfer u. a.) schonen. Es gibt noch keine bio-

Schon eine ausreichende Wasserversorgung und ein guter Ernährungszustand beugen einem übermäßigen Krankheits- und Schädlingsbefall vor. Kaliummangel fördert die Ausbreitung von Rost und Sternrußtau, mit Stickstoff überernährte Pflanzen entwikkeln weiches Gewebe, in das die Schaderreger leichter eindringen können.

logischen Pflanzenschutzmittel, mit denen man Rosenkrankheiten regelrecht bekämpfen könnte.

Spritzbrühen und Stäubemittel

Erstes Gebot bei der Verwendung von chemischen Pflanzenschutzmitteln ist peinliche Sorgfalt in jeder Hinsicht. Die Herstellung von Spritzbrühen hat genau nach den Gebrauchsanweisungen auf den Packungen zu erfolgen, man unterlasse jede Abweichung von der angegebenen Herstellungs- und Verwendungsart. Insbesonders ist stets daran zu denken, daß man es auch mit giftigen Substanzen zu tun hat. Die Häufigkeit der Behandlungen muß sich nach den Witterungsverhältnissen und dem Wachstumstempo der Pflanzen richten. Unregelmäßige, planlose Behandlungen führen nicht zum Erfolg.

Die Spritzflüssigkeiten sind mit feiner Düse unter genügendem Druck (nebelartig) an die zu behandelnden Rosenpflanzen zu führen, immer von unten nach oben spritzen, auch die Knospenpartien gründlich behandeln. Die Spritzdüse muß immer in genügendem Abstand von der zu behandelnden Pflanze entfernt gehalten werden, mindestens 50 cm, noch besser ein Meter.

Zeitpunkt des Pflanzenschutzes

Man sollte es sich zur obersten Pflicht machen, mit dem Pflanzenschutz *frühzeitig*, unmittelbar nach der ersten Entfaltung der Laubblätter, einzusetzen. Denn die noch weichen Laubblätter, die in der Nähe des Bodens stehen, sind besonders krankheitsanfällig. Können wir diese Blattpartien lange gesund erhalten, dann haben wir schon viel gewonnen und können uns später viel Arbeit und Geld sparen. Der Einsatz von chemischen Pflanzenschutzpräparaten soll mit Zurückhaltung erfolgen.

Einzelne Rosensorten sind kupferempfindlich; es muß deshalb darauf geachtet werden, daß nie mehr als 0,1% metallisches Kupfer verwendet wird, das heißt 0,1 g auf einen Liter Wasser. Dabei ist noch zu berücksichtigen, daß in »hitzigen« Lagen die Rosen ganz besonders sorgfältig hinsichtlich Kupfer behandelt werden müssen. Die alten Strauchrosensorten ertragen überhaupt kein Kupfer und reagieren allgemein auf Pflanzenschutzpräparate empfindlich (Blattfall). Kupferschäden sind ganz besonders in feuchten Sommern zu erwarten, weil dann immer gewisse Kupfermengen von der Feuchtigkeit gelöst werden und zu Verätzungen der Oberhaut und des darunterliegenden Gewebes führen (Sommer 1961). Kupfer wird heute dennoch wieder (bei der Behandlung der noch laublosen Rosen im Frühjahr) vermehrt verwendet, um zugleich an verschiedenen Orten erscheinendem Kupfermangel des Bodens vorzubeugen.

Bei der Verwendung von **Stäubemitteln** ist nur eine filmartige Auftragung vorzunehmen. Auch Stäuben soll immer von unten nach oben geschehen.

Spritzmittel sollen wenn möglich bei warmer Witterung angewendet werden, damit die ausgebrachte Brühe an den Pflanzen rasch antrocknet. Stäubemittel haften dagegen an taufeuchten Pflanzen besser. Bei starker Sonne hat das Spritzen wie das Stäuben zu unterbleiben. Wir wählen den Vormittag, den späten Nachmittag oder trübe Witterung. Die offenen Blüten müssen so gut wie möglich geschont werden (Bienen!).

Nichtparasitäre Schädigungen

Gelbsucht (Chlorose)

Allgemeine Vergilbung der Laubblätter und der jungen Spitzentriebe läßt auf Chlorose schließen. Das kann verschiedene Ursachen haben, zum Beispiel Eisen- oder Manganmangel, Kali- oder Magnesiummangel, Kalkanreicherung im Boden, Stickstoffmangel, ungenügende Bodendurchlüftung, Beschädigungen an Wurzeln und Trieben, unzweckmäßige Verwendung von Düngemitteln wie zum Beispiel unreifer Kehrichtkompost. Auch mangelnde Kohlenhydratreserven in den Wurzeln können zu Chlorose führen. Denn von den Wurzeln aus wird Citronensäure umgesetzt, die dem Eisentransport dient. Sind die Kohlenhydratreserven ungenügend, dann entsteht ein Eisenmangel in den Blättern, weil zu wenig von diesem Element von den Wurzeln hergebracht wird. Schlechte Bodenstruktur, die gewissermaßen zu einem Ersticken der Wurzeln führt, begünstigt diesen Zustand. Allgemein wirkt gründliche Bodenbearbeitung und Einarbeiten von verrottetem Mist, grobkörnigem tonfreiem Sand dem Auftreten der Chlorose entgegen, wobei auch regelmäßige Blattdüngung mit zum Beispiel 0,2% Wuxal wertvoll sein kann. Verabreichung einer zusätzlichen Stickstoffgabe, zum Beispiel Ammonsalpeter 30 g/m^2, oder ein Begießen der betroffenen Pflanzen, zum Beispiel mit Sequestren 138 Fe (Gesal-Pflanzen-Tonic), kann ebenfalls Abhilfe schaffen.

Sonnenbrand

Die Rosenknospen hängen nieder; der Stiel ist gekrümmt und weist auf der Sonnenseite schwarze Flecken auf, außerdem fühlt er sich sehr fest an. Nach anhaltender Regenperiode, auf die plötzlich sommerliches Wetter folgt, ist diese Erscheinung festzustellen, und zwar vorwiegend bei Rosen, die nahe an Hauswänden oder sonstigen Mauern stehen. Solche Knospen werden am besten sofort mit zwei Blättern weggeschnitten. Bei Neupflanzungen sollte man solche Lagen meiden.

Verschiedene Ursachen können zu Blattchlorosen führen. Eine gründliche Bodenbearbeitung, die Zufuhr organischer Substanz und eine ausgewogene Nährstoffversorgung wirken dem entgegen.

Winterschäden

An allen Rosen können durch den Einfluß der Winterkälte und -sonne Schäden entstehen, die sich meistens erst bei Vegetationsbeginn durch kümmerliches Austreiben bemerkbar machen. An Busch-, Hochstamm- und Kletterrosen zeigen sich vor allem bei den Veredlungsstellen eingetrocknete Partien, welche den Saftdurchfluß verhindern und daher die Rosen oft sogar zum Eingehen bringen. In exponierten Lagen sind die Rosen durch leichten Bodenschutz aus Mist oder reifem Kompost und dergleichen sowie leichtes Beschatten mit Deckreisig zu schützen.

Wurzelverletzungen

Die Symptome der Bodenmüdigkeit und der Winterschäden können auch auf Wurzelverletzungen zurückzuführen sein, die bei der Bearbeitung des Bodens entstanden sind.

Jede Bearbeitung des Bodens ist deshalb mit größter Sorgfalt auszuführen, da die Rosen in bezug auf mechanische Verletzungen sehr empfindlich sind. Die Folge von Verletzungen ist Wurzelfäulnis, verursacht durch Bakterien und Bodenpilze.

Blinde Triebe

Darunter verstehen wir Triebe, die zwar kräftig wachsen, aber keine Endknospen bilden. Diese Erscheinung kann verschiedene Ursachen haben.

Erstens ist es eine Sorteneigenschaft, zum Beispiel bei 'Ulrich Brunner fils', 'Frau Karl Druschki' usw. Bei diesen Sorten bilden sich im Hochsommer gerne bis zu 2 m lange Triebe, die nicht zum Blühen kommen. Legen wir sie jedoch flach auf das Beet und binden sie fest, dann kommen auch diese Triebe zum Blühen. Bei anderen Rosensorten, vor allem bei den Edelrosen, ist die Bildung blinder Triebe häufig das Zeichen einer Schwäche, verursacht durch ungünstigen Standort, ungünstige Witterung, Lichtmangel und starke Temperaturschwankungen, ungenügende Düngung oder den Befall durch Schädlinge. Hier gilt es, den Fehler zu beheben. Ausnahmsweise können auch Spätfröste blinde Triebe verursachen.

Schäden durch Pflanzenschutzmittel sowie Herbizide sollten heute nicht mehr vorkommen!

Die besagte Erscheinung kann, gleichgültig wie verursacht, durch ein leichtes Einkürzen solcher Triebe gutgemacht werden, da es eine neue Triebbildung anregt und so das Blühen begünstigt.

Schädigungen durch Unkrautbekämpfungsmittel

Durch die Anwendung von Rasendüngern mit unkrautbekämpfender Wirkung und bei ungenügender Reinigung von Pflanzenspritzen, Gießkannen usw., mit denen chemische Unkrautbekämpfungsmittel ausgebracht wurden, entstehen leider nur zu häufig Schädigungen an Rosen. Es können die verschiedensten Schadbilder entstehen: Verkrümmung der Triebspitzen, Mißbildungen der Blätter wie Fiedrigkeit usw. Diese Symptome treten jedenfalls dann auf, wenn Wuchsstoffherbizide verwendet wurden.

Alle diese Schäden können, wenn sie nur leichter Natur sind, durch genügende Durchwässerung des Bodens in verhältnismäßig kurzer Zeit behoben werden. Es empfiehlt sich auch, beschädigte Triebteile wegzuschneiden. Starke Schäden können sich aber 2–3 Jahre lang hemmend auf das allgemeine Wachstum auswirken. Wenn ein Rosenstock dadurch eingeht, so muß er samt Erde entfernt werden, falls am gleichen Ort wieder gepflanzt werden soll.

Herbizidschäden können leicht verhütet werden, wenn wir mit den Mitteln nur vorsichtig umgehen. Peinliche Ordnung ist unerläßlich. Auch wenn nur ein wenig Staub eines Rasendüngers mit unkrautbekämpfender Wirkung auf die Blätter der Rosen gelangt, werden Schädigungen ausgelöst. Rosenspritzen und Gießkannen müssen nach jedem Gebrauch von Unkrautbekämpfungsmitteln mit temperiertem Wasser, dem ein Abwasch- oder Netzmittel beigegeben wird, gründlich ausgespült werden.

Bodenmüdigkeit und Rosenmüdigkeit

Kümmerlicher Wuchs, kaum oder keine Blüten und Laubblätter, schwache Entwicklung der jungen Triebe, das sind allgemeine Kennzeichen einer Störung, die gemeinhin als Bodenmüdigkeit bezeichnet wird, ohne daß man immer eine ganz bestimmte Krankheitsursache erkennen kann. Es kann an einem einseitig gedüngten Boden liegen, an ungenügender Durchlüftung, an stagnierender Nässe, an festgetretenem Boden, eventuell auch an zurückgelassenen alten, kranken Rosenstöcken im Boden sowie am Vorhandensein von Bodenälchen (Nematoden). Am besten nimmt man einen Standortwechsel vor und verpflanzt solche Rosenbestände in neue Erde. Wenn das nicht möglich ist, hilft oft eine Bodenentseuchung mit einem der zugelassenen Mittel (Beratung im Fachhandel).

Auch der Ausdruck »Rosenmüdigkeit« wird angewendet, wenn sich die Rosen in den Schmuckbeeten nicht richtig entfalten und ein kümmerliches Wachstum zeigen. In der Literatur, aber auch in Fach- und Liebhaberkreisen wird in solchen Situationen die Schuld den Wurzelälchen (Nematoden) zugeschrieben. Von 100 untersuchten Fällen wurden diese nur 23mal als Ursache des unbefriedigenden Wachstums festgestellt.

Unabhängig davon interessiert die immer wieder diskutierte Frage, ob das Hinzupflanzen von *Tagetes* eine abhaltende Wirkung auf Nematoden hat oder nicht. In zehn verschiedenen Rosenbeständen, in Erwerbsanlagen und Privatgärten, wurden Experimente durchgeführt, um das zu klären. Die Beete wurden so ausgepflanzt, daß sämtliche Rosenzwischenräume mit *Tagetes erecta* (nur sie soll besonders wirksam sein) belegt waren. Die Auspflanzung erfolgte während 3 Jahren hintereinander. Die *Tagetes* wurden jeweils erst im Frühjahr, zur Zeit des Rosenschnittes abgeräumt, um so die vermutete Wirkung ihrer Wurzelausscheidungen (hemmende Wirkung gegen freilebende Nematoden) möglichst lange anhalten zu lassen.

Es konnte kein Einfluß auf das Wachstum der Versuchsrosen festgestellt werden. Die *Tagetes* haben nur dort zu einem positiven Resultat geführt, wo die Rosenbeete vollständig abgeräumt, hierauf die Erde 50 cm tief bearbeitet und mit einem Drittel neuer Ackererde vermengt und sämtliche Wurzelteile der Rosen fein säuberlich eingesammelt worden waren, und dann erst wurden *Tagetes* eingepflanzt.

Nach zwei Jahren kamen dann wieder neue Rosenpflanzen in den früher leicht verseuchten Boden, und das Wachstum fiel während drei Kontrolljahren zufriedenstellend aus. Ohne eine Beigabe von neuer Erde war kein brauchbares Resultat zu erreichen.

Rosenvirus (Rosenmosaik)

Die Viruskrankheiten haben sich unter unseren Kulturpflanzen allgemein ausgebreitet, und auch die Rosen blieben nicht verschont. Zum Glück sind bisher nur wenige Virusarten in Rosenkulturen aufgetreten. In der Hauptsache erfolgt die Übertragung des hier wichtigen Rosenmosaik-Virus (nach der mosaikartigen Gelbverfärbung der Blätter) bei der Veredlung. Andere Viren werden durch Blattläuse, Zikaden, Thrips oder Rote Spinne übertragen.

Viren direkt zu bekämpfen ist nicht möglich. Für den Rosenanzuchtbetrieb sowie für jeden Rosenbesitzer ist es von Wichtigkeit, daß verdächtige Pflanzen sofort ausgemerzt werden müssen, und vor allem ist bei der Wahl des Veredlungsholzes jede nur mögliche Vorsicht angezeigt. Daneben gehört die regelmäßige Kontrolle aller saugenden Schädlinge zur selbstverständlichen Routinearbeit. Das bei uns schon häufiger anzutreffende Virus ist der Erreger der sogenannten Rosenwelke. Die Rosenwelke ist daran zu erkennen, daß die an der Triebspitze befindlichen jungen Blättchen eingedreht und eng zu einer Rosette vereint sind. Diese Blätter sind brüchig, und es entsteht Blattfall.

Das Rosenmosaikvirus verursacht eine mosaikartige Aufhellung der Blätter. Infiziert wurden die Pflanzen meist schon beim Veredeln.

Besonders an schlecht durchlüfteten Standorten tritt bei feucht-warmer Witterung der Echte Mehltau auf.

Bei einem Befall durch die Rosenblattlaus welken zunächst die Knospen, später werden die Blätter klebrig, und die jungen Triebe kräuseln sich.

Rosenkrankheiten und -schädlinge

Die folgende Aufstellung der Schaderreger und der Schadbilder, geordnet nach den wichtigsten Pflanzenorganen, soll einen Überblick über die Möglichkeiten geben und das Erkennen der Ursachen erleichtern. Was im Einzelfall (vor allem vorbeugend!) zu tun ist, muß die Praxis erweisen. Patentrezepte gibt es nicht. Eine Beratung beim Pflanzenschutzamt bzw. beim Fachhandel lohnt sich immer. Ausführlich werden die Rosenkrankheiten beschrieben im gleichnamigen Buch von D. Woessner, ebenfalls im Verlag Eugen Ulmer, Stuttgart 1987 (3. Auflage).

Vorsicht beim Umgang mit Pflanzenschutzmitteln

Die Giftklasse ist bei den Pflanzenschutzpräparaten stets zu beachten! Nach Möglichkeit verwende man ein wenig giftiges und bienenungefährliches Mittel. Alle Pflanzenschutzmittel nur in den Originalpackungen trocken, frostsicher und vor unerlaubtem Zugriff (Kinder!) verschlossen aufbewahren! Leere Gebinde und Papierbehälter gehören ordnungsgemäß in den Sondermüll.

Blätter

Brauner Rosenwickler, *Archips (Cacoecia) rosana:* Blätter und Triebe, seltener auch die Knospen zerfressen und eingesponnen.

Dickmaulrüßlerkäfer, *Otiorrhynchus sulcatus:* Die Blätter und zarten Triebe werden von den Käfern über Nacht zerfressen.

Echter Rosenmehltau, *Sphaerotheca pannosa:* Mehliger Belag auf Blättern und Trieben.

Eulenraupen, *Noctuidae:* Fraß an Blättern und Blütenknospen.

Falscher Rosenmehltau, *Peronospora sparsa:* Grauweißer Schimmel vorwiegend auf den Blattunterseiten.

Grüne Rosenblattlaus, *Macrosiphon rosae:* Gekräuselte Blätter.

Miniermotte, *Nepticula* sp.: Unregelmäßig geschlängelte Gänge in Blättern.

Rosenblattfleckenkrankheiten, *Sphaceloma rosarum* u. a.: Verschieden geformte graue Flecken von rotbraunem Rand umsäumt.

Rosenblattrollwespe, *Blennocampa pusilla:* Teilblättchen röhrenförmig nach unten eingerollt.

Rosenblattwespe, *Endelomyia (Caliroa) aethiops:* Skelettierfraß an Blättern.

Rosenrost, *Phragmidium mucronatum:* Anfänglich auf Blattunterseite goldbraune Pusteln, später auch auf der Oberseite goldbraune Flecken sichtbar, im Herbst braune Wintersporen auf Blattunterseite.

Rosenwickler, *Teras forskaleana:* Blätter an Triebspitzen zusammengesponnen und zerfressen.

Rosenzikade, *Typhlocyba rosae:* Weißgesprenkelte Blätter, Zikaden an der Blattunterseite meist gut sichtbar.

Rote Spinne, Spinnmilbe, *Tetranychus urticae* u. a.: Feine Gelbsprenkelung der Blätter, später ganz rötlichbraun, an der Unterseite der Blätter die rötlichgrünen Milben, Larven und Eier.

Rußtau, *Apiosporium salicinum:* Rußähnlicher Überzug der Blattoberflächen im Gefolge von Blattlausbefall (Honigtau!).

Sternrußtau, *Marssonina (Diplocarpon) rosae:* Schwarze, runde, oft gezähnte Flekken auf der Blattoberfläche gut sichtbar. Blattfall.

Tapezierbiene, Blattschneider, *Megachile centuncularis:* Halbkreisförmige Stücke aus den Blättern herausgefressen.

Weißgegürtelte Sägewespe, *Allantus (Emphytus) cinctus:* Anfänglich Lochfraß, später Fraß vom Blattrand her.

Die Larve der Miniermotte frißt sich während ihres Reifungsfraßes durch das Blattgewebe. Dadurch entstehen die typischen geschlängelten Miniergänge.

Bei einem Befall durch die Rosenblattrollwespe rollen sich die Teilblättchen nach unten ein.

Die Larven der Rosenblattwespe fressen von unten Löcher in die Blätter. Bei einem starken Befall bleiben nur noch die Blattadern übrig.

Der Rosenrost verursacht die Bildung gelber, später dunkler Sporenhäufchen auf der Blattunterseite. Die Blätter vergilben und fallen ab.

An den Triebspitzen zusammengesponnene und zerfressene Blätter weisen auf einen Befall durch den Rosenwickler hin.

Besonders im Spätsommer oder Herbst tritt an nassen, kalten und ebenso an heißen, trockenen Standorten der Sternrußtau auf. Die vergilbenden Blätter fallen ab.

Triebe und Blütenstiele

Braunrote, fleckige Rosentriebe, *Botrytis cinerea.*
Bürstenhornwespe, *Arge rosae:* Larven zerfressen Blätter vom Rand her.
Himbeergallmücke, *Lasioptera rubi:* An jungen Trieben von Strauchrosen sind Knoten (Gallen) sichtbar.
Knospenstielfäule, *Botrytis cinerea:* Blütenhals dunkel gefärbt, oft mit Schimmelrasen versehen, Knospen hängen nach unten.
Rindenfleckenkrankheit, *Coniothyrium wernsdorffiae:* Am vorjährigen Holz meist in Augennähe ziemlich große Flecken, anfänglich dunkel gefärbt und meist purpurrot umrandet.
Rosentriebbohrer, Röhrenwurm, *Ardis brunniventris* u. a.: Absterben der Triebspitzen.
Schildläuse, *Aulacaspis rosae, Parthenolecanium corni* u. a.: Saugen an Trieben und scheiden Honigtau aus, auf welchem sich Rußtau bildet.

Knospen, Blüten und Hagebutten

Abfallen der Blütenknospen, *Botrytis cinerea.*
Blütenstecher, *Anthonomus rubi:* Herabhängen oder Abfallen der Knospen.
Fraßschäden durch Wild: Knospen, zarte Blätter und Triebe abgefressen.
Hagebuttenfliege, *Rhagoletis alternata:* Maden fressen das Hagebuttenfleisch.
Knospenfäule, *Botrytis cinerea:* Die sich öffnenden Blüten sind von einem grauen Schimmelrasen überzogen; ein vollständiges Aufblühen wird so verhindert.
Ohrwurm, *Forficula auricularia:* Ausgefranste Blütenblätter und ausgefressene Triebenden.
Rosenkäfer, *Cetonia aurata* u. a.: Käfer zerwühlt Blüten.
Thrips, Blasenfuß, *Thrips fuscipennis* u. a.: Weißliche bis graubraune Flecken auf den Blütenblättern und Verhinderung des Aufblühens der Rosen.

Wurzelhals und Wurzeln

Dickmaulrüßlerlarven, *Otiorrhynchus sulcatus* u. a.: Fraß an Wurzeln und Rinde der unterirdischen Pflanzenteile.
Hallimasch, *Agaricus melleus:* Schlechtes, kümmerliches Wachstum.
Krebswucherungen, *Nectria galligena:* Krebsartige Verdickungen an den verschiedensten Pflanzenteilen.
Wühlmäuse, *Arvicola terrestris:* Absterben ganzer Pflanzen, Wurzeln vollständig abgefressen.
Wurzelälchen, Nematoden, *Meloidogyne:* Knotige Anschwellungen an den Wurzeln.

Beim Rosentriebbohrer handelt es sich um eine Blattwespe, deren Larven sich vom Mark der Triebe ernähren. Die Rosentriebe welken oberhalb der Befallsstelle und vertrocknen.

Der Himbeerblütenstecher ist ein Rüsselkäfer, der jeweils ein Ei in ein Loch in der Knospe ablegt und den Blütenstengel unterhalb der Knospe annagt. Die Larve entwickelt sich in der welkenden Knospe, die oft abfällt.

Pflanzenschutz mit Sinn und Verstand

In den ersten Abschnitten dieses Kapitels wurde schon auf die Risiken des Pflanzenschutzes und der unüberlegten Präparateanwendung aufmerksam gemacht. Zu beachten ist, daß die Rosenpflanzen ab dem Blühbeginn anfälliger für Krankheiten werden; deshalb sind von diesem Zeitpunkt an die Rosenbestände noch sorgfältiger zu kontrollieren, damit Krankheiten oder Schädlinge rechtzeitig erkannt werden und man gezielt dagegen vorgehen kann.

Wichtig ist immer, die Dinge im Zusammenhang zu sehen, möglichst vorbeugend zu wirken und nur dann gezielt einzugreifen, wenn ein Schaderreger sich auf natürliche Weise nicht in Schach halten läßt bzw. die Rosen zu leiden drohen. Es muß alles getan werden, um frohwüchsige Kulturen zu erreichen. Denn nur kräftig wachsende Rosen besitzen auch Abwehrkräfte gegen Schaderreger und Krankheiten. Wichtig ist, daß die Pflegemaßnahmen immer auch den Witterungsverhältnissen angepaßt werden. Manche Schädlinge greifen die Pflanzen an ihren unterirdischen Teilen an, wo wir oft allzu spät den Schaden feststellen. Das ist stets zu bedenken, wenn einem Krankheitssymptome ins Auge fallen, die keine physiologischen Ursachen haben. Bei den oberirdischen Schädlingen, meist Insekten, ist die Kontrolle leichter. Wenn wir schon bei der ersten Invasion unverzüglich etwas unternehmen, werden wir schädliche Insekten leicht wieder los. Zudem haben wir, so vor allem bei der Vernichtung der Blattläuse, natürliche Helfer wie die Marienkäfer und ihre Larven, die Larven der Florfliegen und Schwebfliegen, Schlupfwespen und andere mehr.

Besondere Rosenpflanzungen

Die Rosenkultur in Alpinlagen

Der Rosenfreund möchte natürlich überall Rosen anpflanzen, wo immer er einen Garten besitzt. Und das auch in hohen Lagen, wo man nicht ohne weiteres annehmen kann, daß sich Rosen noch wohlfühlen. Um darüber Erfahrungen zu sammeln, wurden in alpinen Regionen von 1210–1910 m ü. d. M. Anbauversuche mit Rosen der wesentlichsten Klassen durchgeführt. Dies geschah in Braunwald GL (Schweiz), wo einige hundert Sorten, auf acht Sektionen verschiedener Höhenlage verteilt, zur Prüfung gelangten.

Neben der Tauglichkeit der Sorten erprobte man gleichzeitig die zweckmäßigsten Pflegemaßnahmen in den verschiedenen Höhenlagen und auch die sehr unterschiedlichen Bodenverhältnisse. Darüber hinaus konnte an Hand der Versuchsergebnisse entschieden werden, welche Pflanzzeiten – Herbst oder Frühjahr – unter den betreffenden Bedingungen zu empfehlen sind.

Die Prüfung dauerte pro Sorte mindestens fünf Jahre, denn in der Regel kann man erst nach dem fünften Jahr mit Sicherheit etwas über die Tauglichkeit einer Sorte aussagen. Nach Ablauf dieser Zeit erwiesen sich bestimmte Sorten als unbeeinträchtigt oder gar als gefördert durch das Höhenklima. Bei anderen hingegen war nach und nach ein Absinken in der Entwicklung, bis zum vollständigen Eingehen, festzustellen.

Folgendes Punktesystem wurde der Prüfung der Rosen in alpiner Lage zugrunde gelegt:

Pflanze: Wuchs (max. 5 Punkte), Gesundheit (5), Krankheitsbefall (5), Schädlingsbefall (5);
Zustand vor der Überwinterung (5), Zustand nach der Überwinterung (5).

Blüte: Anzahl (5), Farbe (5), Verhalten gegenüber der Witterung und Farbintensität (5).

Alle Sorten wurden einer wöchentlichen Kontrolle unterzogen. Jeweils im September fand dann fünf Jahre hindurch bei jeder Sorte die sogenannte Jahresbonitierung statt. Eine Sorte kann maximal 45 Punkte erreichen. Sorten mit 30 Punkten erhalten noch das Prädikat »empfehlenswert«.

Auf Grund der Versuchsergebnisse können heute für den Anbau und die Pflege von Rosen in alpinen Lagen folgende Empfehlungen gegeben werden:

1. **Lage.** Möglichst freier Standort. Sogenannte windgeschützte Lagen sollten wegen Krankheitsanfälligkeit und Gefahr von größeren Winterschäden (Sonne und Kälte) nicht gewählt werden.
2. **Boden.** Nötig ist ein gut bearbeitbarer Boden von 40–60 cm Tiefe mit gutem Wasserabzug. Diese Bedingung ist unerläßlich! Steine, gleichgültig welcher Art, auch Schiefer, wirken sich nicht nachteilig aus. Der Humusanteil sollte nicht weniger als 4% betragen. Der Kalkgehalt ist ideal bei einem pH-Wert 7–7,5 (8,2!)
3. **Pflanzdichte.** Die ideale Menge beträgt mindestens 10 Pflanzen pro Quadratmeter. Dieser Abstand hat sich vor allem der meist heftigen Gewitterregen wegen besonders gut bewährt. Die Erde verkrustet so weniger, und die Bodentemperatur kann ausgeglichener erhalten werden, da wir oft nach einem heißen Tag mit einer starken Abkühlung rechnen müssen. Eine Ausnahme bilden nur extrem kräftig wachsende Sorten, bei ihnen rechnen wir etwa 8 Stück pro Quadratmeter.
4. **Herrichten der Pflanzen für das Setzen.** Die Wurzeln sind wie üblich auf etwa 20 cm einzukürzen, während die Krone nach dem eigentlichen Triebbe-

Bei der alpinen Rosenprüfanlage in Braunwald im Schweizer Kanton Glarus handelt es sich um die höchstgelegenen Rosengärten Europas. Hier werden Rosen aller Klassen auf ihre Tauglichkeit in Lagen zwischen 1260 und 1900 m ü. d. M. geprüft.

ginn zu schneiden ist, gleichgültig, ob Herbst- oder Frühlingspflanzung. Bei der Frühjahrspflanzung sind vor dem Pflanzen die Rosenstöcke (Wurzeln und Kronen) mindestens 12 Stunden zu wässern, möglichst in stehendem Wasser.

5. **Pflanztiefe.** Die Veredlungsstelle muß sich unbedingt stets 5 cm unter der Erdoberfläche befinden, auf keinen Fall tiefer. Nur so können wir die Rosen vor der Auswinterung schützen, wenn wir im Winter schneelose, sonnige Tage haben. Wir konnten dies beispielsweise in einer Periode von Dezember bis Ende Januar 1971/1972 erleben. In dieser Zeit lag kein Schnee. Wir hatten täglich Sonne und nachts Temperaturen bis minus 8 °C. Wir stellten deswegen keinen Rosenausfall fest, während bei vielen Pflanzen, deren Veredlungsstellen über dem Boden standen, etwa die Hälfte durch Frost und Sonne ausfielen.
6. **Pflanzmethode.** Es kann die übliche Pflanzmethode angewendet werden. Beim Pflanzen ist vor allem darauf zu achten, daß die Wurzeln *senkrecht* in die Erde zu stehen kommen. Bevor die Pflanzgrube vollständig mit Erde eingefüllt wird, ist ein gründliches Angießen unerläßlich.
7. **Düngung vor dem Pflanzen:** Sie ist in höheren Regionen weniger nachteilig als im Tiefland. Am erfolgreichsten werden Hornspäne verwendet, 100 g/m^2, gleichmäßig verteilt und mit der Erde gut vermengt.
8. **Schnitt.** Die Zeit des Schnittes richtet sich vorwiegend nach der Schneeschmelze. Nachdem der Boden etwas abgetrocknet ist, kann mit der Schnittarbeit begonnen werden. Da die Rosen als Vorbeugung vor Schneedruckschäden im Herbst schon kräftig eingekürzt wurden, wird ein sehr kurzer Schnitt durchgeführt. In der Regel schneidet man auf 2–4 Augen zurück. Verletzte, angebrochene und ganz schwache Triebe werden ausnahmslos auf den Astring 2–3 mm über der Auswuchsstelle zurückgeschnitten. In hohen Regionen muß ganz besonders auf saubere, exakte Schnittarbeit geachtet werden. Im übrigen unterscheidet sich der Rosenschnitt nicht vom üblichen.

Die einzelnen Maßnahmen

Düngung. In den alpinen Gegenden, in denen die Vegetationszeit wesentlich kürzer ist als im Tiefland (im günstigen Falle total fünf Monate), muß der Boden reichlich mit Nährstoffen versorgt sein. Bedenken wir, daß durch den notwendigen starken Rückschnitt die Pflanzen vorerst einen enormen Holzneuwuchs produzieren müssen, bevor sie zum Blühen kommen können.

Es werden die üblichen Düngemittel angewendet, pro Quadratmeter 300 g, je nach dem Wachstumszustand der Rosen. Zusätzlich werden im Frühjahr pro Quadratmeter noch 30 g Ammonsalpeter mitverabreicht, um den durch die starken Niederschläge ausgewaschenen Stickstoff wieder zu ersetzen.

Es ist von Vorteil, mindestens jedes zweite Jahr im Herbst nach dem Rosenrückschnitt etwas Mist zwischen die Pflanzen zu legen, um dem Boden den erforderlichen Humus zukommen zu lassen.

Bodenbearbeitung. Durch die kurzen, oft jedoch kräftigen Sommerniederschläge und die starken Schneeablagerungen wird der Boden extrem beansprucht. Die Oberfläche verkrustet stark, und die tieferen Bodenlagen werden in Böden mit wenig Steinen derart verdichtet, daß das allgemeine Wachstum der Rosen darunter leidet. Die Folge davon ist schlechtes Wachstum und Vergilben der Blätter.

Im Frühjahr, nach Beendigung der Schnittarbeit und dem Ausbringen des

Düngers, wird (nach genügendem Abtrocknen der Erdoberfläche) der Boden 15–18 cm tief mit der Rosengabel so gelockert, daß wir damit den Dünger gleich in den Bereich der Wurzeln bringen.

Wir müssen uns bemühen, den Sommer über den Boden locker zu halten. Dies wirkt sich auch gegen eine eventuelle Ausbreitung von Rost und Sternrußtau günstig aus.

Wässern. Bei mindestens zweijährigen Rosenbeständen ist in alpinen Lagen eine künstliche Bewässerung überflüssig. Nur Hauswandrabatten oder Rosen mit Standorten im Regenschatten bedürfen einer Nachhilfe mit Wasser.

Pflanzenschutz ist bis in eine Höhe von 1400 m ü. d. M. notwendig. In höheren Lagen kann man vollständig darauf verzichten.

An Pilzkrankheiten haben wir es hier vorwiegend mit dem Rosenrost (*Phragmidium mucronatum*) und dem Sternrußtau (*Marssonina rosae*) zu tun. Sie treten vor allem bei zu weiten Pflanzenabständen auf. Ende August können auch der Echte (*Sphaerotheca pannosa*) sowie der Falsche Mehltau (*Peronospora sparsa*) auftreten, vor allem, wenn dem allgemeinen Pflanzenschutz ungenügende Beachtung geschenkt wurde. Bei frühzeitigem Pflanzenschutz werden im Maximum drei Behandlungen notwendig. Es können ausnahmslos die üblichen Präparate verwendet werden. Besonders die Partien der Blattunterseite und auch der Boden sind sorgfältig zu behandeln.

Von den Insekten sind die Grünen Blattläuse (*Macrosiphon rosae*), der Dickmaulrüßlerkäfer (*Otiorrhynchus sulcatus*) und die Schaumzikade (*Philaenus spumarius*) zu nennen. Sie können vereinzelt auftreten und leicht bekämpft werden.

Sommerschnitt. Darunter verstehen wir das regelmäßige Wegschneiden der abgeblühten Rosen. Die Methode unterscheidet sich nicht gegenüber der Behandlung im Tiefland. Wenn wir diese Arbeit regelmäßig ausführen, können wir auch in den alpinen Regionen ein ununterbrochenes Blühen ab etwa 10. Juli bis Ende September erwarten.

Entfernen wilder Bodentriebe (Schosse). In den Berggebieten bilden die Rosen, welche auf Unterlagen veredelt sind und stark zur Wurzelschoßbildung neigen (zum Beispiel *Rosa canina* 'Schmids Ideal', 'Senff' u. a.), verhältnismäßig mehr Wurzelaustriebe als im Tiefland. Diese müssen regelmäßig weggerissen werden.

Winterschutz ist überflüssig (Schnee!). Nur an geschützten Hauswänden ist ein leichter Sonnenschutz mit Deckreisig notwendig.

In Alpinlagen stellt die Natur den besten Winterschutz für die Rosen bereit: In aller Regel schützt eine ausreichend dicke Schneedecke.

Vorbereitung für die Überwinterung. Um die Rosenpflanzen vor totalem Schneedruckschaden zu schützen, ist es unerläßlich, sie frühzeitig (Ende September, spätestens Mitte Oktober) auf ca. 15 cm zurückzuschneiden. Bei dieser Arbeit werden die Augen nicht berücksichtigt. Bei größeren Beständen kann hierzu auch die Heckenschere verwendet werden. Die Schnittabfälle dürfen aber auf keinen Fall zwischen den Rosen belassen werden, denn sie verfaulen bis zum Frühjahr vollständig unter der starken Schneedecke, und es werden von da aus die Triebe der Rosenstöcke angegriffen.

Allgemeine Ergebnisse der alpinen Sortenprüfungen

1. Der Unterschied im Wuchs ist bei den einzelnen Sorten nur unbedeutend, ob in Berg- oder in Tieflagen.
2. Der Gesundheitszustand ist im Gesamtdurchschnitt besser als im Tiefland.

3. Der Krankheits- und Schädlingsbefall ist geringer.
4. Die Blütenzahl ist im allgemeinen höher. Der Grund ist im notwendigerweise kräftigen Rückschnitt zu suchen.
5. Die Blütenfarbe ist durchweg intensiver.
6. Die Blüten sind gegenüber der Witterung unempfindlicher. Das liegt vermutlich an der extrem starken Taubildung, am Nebel, an den häufigeren Niederschlägen usw.
7. Im Durchschnitt ist der Zustand der Pflanzen bis Ende September gut.
8. Der Zustand nach der Überwinterung variiert verhältnismäßig stark, je nach der Höhe und Festigkeit des Schnees sowie der Dauer der Schneeauflage.
9. Die Verlustquote ist von Sorte zu Sorte sehr unterschiedlich. Sie liegt zwischen 0 und 100%, wobei die größte Einbuße erst vom dritten auf das vierte Jahr entsteht.

Für alpine Lagen bewährte Sorten

Sie sind bei der Beschreibung der Rosenklassen und -sorten speziell erwähnt. Sorten mit drei Sternen *** gelten als sehr gut, mit zwei Sternen ** als gut und mit einem Stern * als noch geeignet. Um auch in Zukunft über die Tauglichkeit neuer Rosen für Berglagen orientiert zu sein, werden laufend neue Sorten geprüft. In der Regel pflanzen wir sie an die Stellen, wo die untauglichen ausgeschieden werden mußten, nachdem zuvor die Erde gründlich durchgearbeitet wurde. Versuche mit Container-Rosen in Höhen von 1200–1600 m ü. d. M. erbrachten ein unterschiedliches Ergebnis. Von 1200–1300 m ü. d. M. waren die Resultate befriedigend, darüber aber gingen die in Kunststoffgefäßen kultivierten Rosen schon nach dem ersten Winter ein.

Höhengrenze

Weil bekannt ist, daß verschiedene Wildrosen bis in Höhen von über 2600 m ü. d. M. vorkommen, kommt leicht die Vermutung auf, daß sich auch die Kulturrose in ähnlichen Höhen halten lasse. Unsere Versuche aber haben gezeigt, daß in ausgeglichenen alpinen Verhältnissen für die Schweiz die Grenze des noch erfolgreichen Anbaus von Kulturrosen bei 1600 m ü. d. M. liegt. Sie kann ohne weiteres auch auf Deutschland, Frankreich, Italien und Österreich übertragen werden. Die Lagen über 1900 m ü. d. M. konnten deshalb nicht zufriedenstellen, da während des Sommers immer wieder Schnee fällt, gefolgt von Frösten, so daß die Pflanzen dort in ihrer Entwicklung immer wieder zurückversetzt werden. Aus diesem Grunde kann die jeweilige Blütezeit nur wenige Wochen dauern, und der Aufwand lohnt sich infolgedessen niemals. Es mag wohl einzelne Gegenden geben (Wallis), wo ein Anbau auch zwischen 1800 und 1900 m ü. d. M. noch einigermaßen befriedigen kann.

Rosen als Balkon- und Dachgartenpflanzen

Mit der Zunahme von Wohnblocks und Hochhäusern steigt die Zahl der Menschen, die keinen Garten besitzen, aber dennoch Pflanzen, und auch Rosen, um sich haben möchten. Bis vor kurzem schien es noch wenig aussichtsreich, Rosen in Schalen, Balkonkästen, Kübeln oder Betonwannen zu kultivieren. Mehrjährige Versuche haben jetzt aber derart gute Resultate gezeigt, daß immerhin das Halten von Rosen auf dem Balkon und Dachgarten empfohlen werden kann.

Es eignen sich aber nicht alle Sorten (siehe Sortenzusammenstellungen). Vor allem ist es wichtig, solche zu wählen, die die Sonne gut ertragen. Die Pflanzen müssen einen kurzen Wurzelhals aufweisen, damit die Veredlungsstelle beim Pflanzen in die Erde zu stehen kommt. Das verhütet ihr Austrocknen.

Gefäße. Man nimmt zum Beispiel Balkonkästen mit einer Mindesttiefe von 18 cm und Schalen von 30 cm Tiefe aus Ton oder Beton usw. Man hüte sich vor zu kleinen Gefäßen, da die Rosenwurzeln über genügenden Entwicklungsraum verfügen müssen. Die Normalmaße liegen bei 40 cm Breite, 60 cm Tiefe und 80 bis 150 cm Länge. Die Form des Gefäßes spielt keine Rolle.

Erde. Am besten eignet sich gute Ackererde für die Rosenkultur in Pflanzgefäßen. Wir geben ihr etwas sauberen Flußsand und verrotteten Mist bei. Dies ist die beste Voraussetzung für ein gutes und freudiges Wachstum. Außer dem Mist darf der Erde vor der Pflanzung kein Dünger beigemischt werden. Fertige Substrate verwende man nur mit Zurückhaltung, denn sie erfordern meist häufiges Gießen, was die Lebensdauer der Rosen reduziert. Torfmull sollte nur ausnahmsweise verwendet werden.

Einfüllen der Gefäße. Der Behälter muß über einen guter Wasserabzug verfügen. Bei genügend tiefen Gefäßen wird direkt auf den Boden eine 5–10 cm hohe Schicht Lecaton (Blähton) von 20 mm Ø oder feiner Kies eingelegt. Dadurch ist eine vollständige Durchlässigkeit und Durchlüftung der Erde gewährleistet. Auf diese Unterlage gibt man zuerst eine Schicht von etwa 5 cm grobfaserigem Torf, Steinfasermatten oder ähnliche Materialien; darauf schüttet man die Erde. (Nur in dieser Funktion, als Schutzschicht zur Vermeidung des Absinkens der Erde in die Kiesunterlage, ist Torfmull zu verwenden.)

Pflanzung. Für die Gefäßkultur sollte nur die Frühlingspflanzung gewählt werden (Ende März bis Ende Mai). Die Pflanzarbeit selbst unterscheidet sich nicht gegenüber jener im Freiland (Seite 183 ff.). Auch hier ist unbedingt darauf zu achten, daß die Veredlungsstelle 5 cm unter der Erdoberfläche zu stehen kommt.

Standort der Gefäße. Die Rosen dürfen nicht zu sehr der Sonne oder kräftigen Winden ausgesetzt sein. Ost- und Südostlagen sind ideal. Natürlich eignet sich auch die direkte Südlage, sofern die Rosen während der größten Hitze des Tages durch einen Sonnenschutz leicht beschattet werden können.

In erster Linie die Miniaturrosen (siehe Seite 109) bzw. die ab Seite 111 beschriebenen Compacta-Rosen kommen für die Kultur in der Schale oder im Kübel in Frage.

Gießen ist nur erforderlich, wenn die Erde ziemlich trocken ist. Es ist unerläßlich, an jedem sonnigen Tag nachzusehen, ob die Erde noch genügend feucht ist. Im Frühjahr und Herbst gießt man am Morgen, im Sommer dagegen am Abend. Am besten verwendet man temperiertes Wasser. Da sich die ganze Umgebung meist stark erwärmt, muß eine plötzliche Abkühlung vermieden werden. Beim Gießen müssen wir die Erde gründlich durchnässen. Es ist immer besser, weniger häufig, dafür aber sehr gründlich zu gießen.

Düngung. Von ihm machen wir im Anpflanzungsjahr erst ab Ende Juni bis Anfang Juli Gebrauch. Es empfiehlt sich, hierzu übliche Nährsalzgaben von 0,2% (2 g auf 1 l Wasser) zu verwenden. Nährsalzlösungen dürfen nie in trockene Erde gegeben werden. Hat man mit der Verabreichung von Düngerlösungen einmal begonnen, so ist sie jede zweite Woche bis Mitte August zu wiederholen.

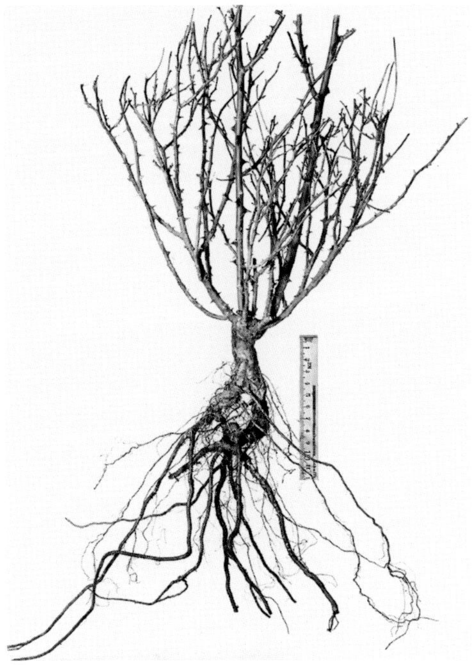

Miniaturrosen, die in ein Gefäß gepflanzt werden, müssen einen kurzen Wurzelhals (5 cm) aufweisen. Schließlich soll auch hier die Veredlungsstelle genügend tief in die Erde kommen.

Schneiden. Die Rosen werden Ende März geschnitten, wenn sie zu treiben beginnen. Die Schnittarbeit unterscheidet sich nicht von jener bei den Freilandrosen (siehe Seite 195 ff.). Wenn bei Beginn des Wachstums vereinzelt starke Triebe aufkommen, sind sie leicht einzukürzen. Dadurch regen wir vermehrte Seitentriebbildung an und fördern auch die Blühwilligkeit.

Rosen zur Bepflanzung von Gräbern

So wie die Rose im Garten allgemein an Beliebtheit gewonnen hat, so ist auch der Wunsch nach Rosen zum Schmücken der Gräber größer geworden. Wer die richtige, d. h. dem Standort angepaßte Sortenwahl trifft, wird eine dankbare und schmuckvolle Grabbepflanzung erhalten. In den meisten Fällen eignet sich der durchlässige Boden auf den Gräbern sehr gut, es fehlt ihm höchstens etwas Humus, der jedoch leicht beizugeben ist. Am besten werden Polyantha- und Floribundarosen verwendet. Sie gehören zu den unermüdlichen Sommerblühern. Beim Pflanzen ist das gleiche zu beachten wie bei der allgemeinen Rosenpflanzung. Damit der Boden nicht austrocknet, sollte der Pflanzabstand höchstens 25 cm betragen. Auch hier ist eine regelmäßige und sorgfältige Pflege unerläßlich, wenn wir eine schmucke Grabbepflanzung erhalten wollen. Als Frostschutz verwendet man im Winter schöne Weißtannenäste. Damit sieht das Grab gepflegt und sauber aus.

Rosen als Grabschmuck haben den Vorteil, daß wir das Anpflanzen während des ganzen Jahres, also auch im Sommer, vornehmen können, wenn wir in Töpfen kultivierte Rosen dazu verwenden (Container-Rosen). Beim Auspflanzen solcher Topfrosen müssen wir jedoch darauf achten, daß der Topfballen nicht zerfällt.

Dies würde ein gutes Weiterwachsen der Rosen stark hemmen oder sie sogar eingehen lassen.

Freilandrosen im Folientunnel

Es handelt sich um eine Kulturmethode, die nach wie vor ihre Berechtigung hat, denn mit ihr können die Lieferlücken bei Schnittrosen überbrückt werden. Es eignen sich alle als gute Schnittrosen bekannten Buschrosen (siehe Sortenverzeichnis).

Vorbereitung der Rosenpflanzung. Die im Freien stehenden Rosen, welche im Frühling mit Frühbeetfenstern überdeckt werden sollen, sind im Vorjahr sorgfältig zu kultivieren, das heißt, es sind alle Wachstumsbedingungen so zu erfüllen, daß ein Maximum an Wuchskraft und somit an Stärkung der einzelnen Pflanze erreicht werden kann. Das Schneiden von Blumen ist auf ein Minimum zu reduzieren; wenn geschnitten wird, dann nur mit kurzen Stielen, damit die Pflanzen nicht geschwächt werden. Es ist sogar empfehlenswert, die ab September sich bildenden Blütenknospen vor dem Aufgehen zu entfernen. Bei diesen Rosenbeeten wird die Erde im Herbst nur mit jungem oder altem Mist abgedeckt. Deckkäste sind nur in ganz rauher Lage anzubringen.

Überspannen mit Folientunnel. Das Überdecken der Rosen wird am besten erst im Frühjahr vorgenommen, dann können die noch während des ganzen Winters fallenden Niederschläge in den Boden eindringen. Das Auflegen der Frühbeetfenster im Frühjahr oder das Überspannen mit Kunststoffolien geschieht im März. Die Vorrichtung der Überspannung unterscheidet sich von Betrieb zu Betrieb; man bedenke, daß nur einfache, billige Einrichtungen sich bezahlt machen. Es ist zu beachten, daß die Folie nicht zu hoch über die Rosen zu liegen kommt. Am besten wird der Abstand vom Boden so gewählt, daß man sich bei der Pflege der Kultur ungehindert unter dem Deckmaterial bewegen kann. Es ist ferner jede unnötige Schattenbildung zu verhindern. Alle vier Seiten werden anfänglich vorteilhaft mit Folie verschlossen. Für eine ausreichende Lüftung muß immer gesorgt werden.

Kultur. Nachdem der Boden aufgetaut ist, werden die Rosen geschnitten (siehe Seite 195 ff.), hernach wird der Boden gut gelockert und die Bodendecke von Mist leicht mit der Erde vermengt. Solange die Seitenwände stehen, muß bei Sonnenschein sorgfältig darüber gewacht werden, daß die Temperatur 16 °C zunächst nicht übersteigt, denn wir wollen ja nicht »treiben«, sondern nur eine frühere Ernte erzielen. Die Hauptpflege besteht im Feuchthalten des Bodens und in eventuell notwendiger Nachhilfe mit flüssigem Dünger (siehe Seite 202 ff.) sowie, wenn nötig, mit rechtzeitigen Pflanzenschutzmaßnahmen (siehe Seite 215 f.).

Mit dem **Schneiden** der Blumen kann bei derart kultivierten Rosen normalerweise Anfang Mai begonnen werden, das entspricht einer Kulturzeit von etwa acht Wochen.

Das Treiben von Topfrosen

Die Topfrosenkultur hatte noch in den zwanziger Jahren allgemein eine große Bedeutung. Zu jener Zeit brauchte der Austausch von Pflanzen von einem Land zum andern noch Tage und Wochen, so daß blühende Blumen seltener verfrachtet wurden. Daher versuchte man, die vor allem im Frühling fehlenden blühenden Pflanzen im Inland zu kultivieren. Die Topfrose galt damals als ein beliebter

Frühjahrsblüher, heute aber hat ihre Kultur an Bedeutung eingebüßt. Wir haben jetzt eine große Auswahl an Frühjahrsblühern, auch einen starken Frischblumenimport. Vermutlich hat auch die kurze Blütezeit der Topfrosen die Käufer etwas enttäuscht. Und die neuzeitliche Glashaus-Rosenkultur zur Erzeugung von Schnittrosen macht der Topfrose den Rang streitig. Nicht zuletzt muß man die verhältnismäßig lange Kulturzeit sehen, die es erfordert, bis blühende Topfrosen verkauft werden können.

Die Sortenwahl hat sehr vorsichtig zu erfolgen, und jeder Praktiker muß selbst ausfindig machen, welche Sorten sich für seine Zwecke eignen (siehe Sortenverzeichnis).

Einpflanzen in die Töpfe. Am besten werden die zum Treiben bestimmten Rosensorten im Herbst direkt aus dem Anzuchtfeld in Töpfe gepflanzt. Es sind Ton- oder Kunststofftöpfe geeignet. Der ideale Topfdurchmesser beträgt mindestens 14 cm. Die Rosen sind, nachdem die Wurzeln etwas eingekürzt wurden, so tief einzupflanzen, daß die Veredlungsstelle leicht (3 cm) in die Erde zu stehen kommt. Aus diesem Grunde wählen wir am besten Pflanzen mit kurzem Wurzelhals aus. Als Erde wird eine nahrhafte Rasenerde verwendet. Eine Beigabe eines organischen Düngers (6 kg auf 1 Kubikmeter Erde oder 6 g pro Liter Erde) oder auch von gut verrottetem Kuhmist ist sehr wertvoll. Man hüte sich vor der Verwendung zu leichter Erden. Die Wurzeln sind fest in die Erde einzubetten und hernach gut anzugießen.

Der Rückschnitt der Krone erfolgt je nach Stärke der Triebe auf 3–5 Augen. Die so eingepflanzten Rosen werden frostfrei, aber kühl überwintert. Das geschieht vorteilhaft in einem Frühbeetkasten, in kalten Glashäusern usw. Auf diese Weise bilden die Rosenstöcke sehr bald neue Wurzeln.

Früher wurden solche Topfrosen ein volles Jahr in Kultur genommen, bis sie zum Treiben aufgestellt wurden. Eine solche Kultur würde unter den heutigen Bedingungen die Verkaufspreise unerschwinglich hoch klettern lassen.

Das Treiben *nicht* vorkultivierter Rosen kann ab Januar beginnen, während vorkultivierte schon früher zum Blühen gelangen. Vom Zeitpunkt an, da die Topfrosen zum Treiben aufgestellt sind, läßt sich errechnen, wann ungefähr die ersten blühenden Exemplare verfügbar sein werden: Die Treibdauer (bis zum Blühen) beträgt während der Wintermonate etwa 10, ab März etwa 5 Wochen.

Treiben. Bei Beginn des Treibens wird die Temperatur auf 10 °C gehalten, und sobald Wachstum feststellbar ist, wird sie allmählich auf etwa 18 °C erhöht. Zu hohe Temperaturen ergeben keine schönen Rosen. Die Pflanzen sind ständig feucht zu halten, sie dürfen aber nie naß oder trocken stehen.

Zeichnen sich die ersten Knospen ab, dann beginnt man mit einer Nachhilfe von einem im Wasser gelösten Volldünger (1–2 g pro Liter Wasser), der wöchentlich zweimal zu verabreichen ist. Die Luft im Treibraum muß stets feucht sein, die Pflanzen selbst aber dürfen bei Sonnenschein nie bespritzt werden, da dies an den jungen, zarten Blättern Brennflecken erzeugen würde. Es muß rechtzeitig durch allmähliches, vorsichtiges Lüften (zu hohe Temperatur erzeugt »geile Triebe«) mit der Abhärtung der Pflanzen begonnen werden, damit die blühenden Pflanzen nicht bei jedem Sonnenstrahl oder Luftzug welken.

Sobald die Knospen voll entwickelt sind, also vor dem Aufbrechen stehen, sind die Pflanzen aus dem Treibraum zu entfernen und kühl und schattig zu stellen, was dann auch die Farbe der Blumen intensiver werden läßt.

Interessantes über alte Rosensorten

Die zarte Edelrose 'Niphetos'

Diese von Bougère im Jahre 1843 gezüchtete Edelrose stellt wohl für jeden Rosenfreund ein Kleinod dar, welches er zu besitzen wünscht, obschon er weiß, daß er ziemlich viel Mühe und Sorge um ihr Fortkommen haben wird. Alma de l'Aigle schreibt von ihr als von einer wahren »Seelenrose«.

Sie gehört eigentlich zu den Kletterrosen, ihres sehr zarten, schwachen Wuchses wegen darf sie aber füglich zu den Buschrosen gezählt werden. Sie kann ihres feinen Wuchses wegen auch als »Topfrose« gelten und zählt zu den wenigen gut geeigneten blühwilligen »Zimmerrosen«.

Im Sommer, Ende Juni bis Anfang August, hat sie ihre Ruhezeit. In dieser Zeit stellen wir sie in den Garten oder auf den Balkon, nicht zu extrem sonnig. Ende August nehmen wir sie wieder an ihren hellen, eher kühlen Standort, möglichst nahe am Fenster, wobei wir im Winter die direkte Einwirkung der Zentralheizung vermeiden. Mäßige Feuchtigkeit und kein Wasser im Unterteller des Topfes ist für ihr Wohlbefinden wichtig. Ein öfteres leichtes Übertauen während der Heizperiode hält sie gesund.

Meistens bilden sich die Blüten an den Triebenden. Es sind reinweiße Teerosen, das Innere ist zartrosa angehaucht. Besonders vornehm wirken die eleganten Knospen, wie sie den Teerosen eigen sind. Die Blume ist stark gefüllt, annähernd »100blättrig«, mit herrlichem Teerosenduft, der vom Öffnen der Blüte bis zu ihrem Verblühen anhält. Die Laubblätter sind mattgrün, eigentlich etwas spärlich, aber gut und schön an der ganzen Pflanze verteilt. Wer einmal eine 'Niphetos' gesehen hat, möchte sie haben.

Die Bourbonrose 'Souvenir de la Malmaison'

Eine Jahrgängerin der Niphetosrose ist die Bourbonrose, ein Zuchtergebnis von Béluze, Frankreich (1843). Unter diesem Namen ist sie allgemein bekannt, ihr wirklicher Name ist jedoch 'Souvenir de la Malmaison'. Es handelt sich hier wirklich um eine Seltenheit unter den rosafarbenen Rosen, ähnlich wie 'Maréchal Niel' und 'Niphetos'. 'Souvenir de la Malmaison' ist eine robuste, gesunde, wüchsige und winterharte Pflanze, die gut in die heutige Zeit hineinpassen würde.

Sie besitzt hellgrünes Laub mit ziemlich breiten Fiedern und einer besonders schönen Blattoberfläche. Ihre Blüte ist überaus dicht gefüllt, die Blütenblätter sind von einem herrlichen, frischen Zartrosa, zu einem Kreuz angeordnet, das bis

Die erstaunlich langlebige Sorte 'Souvenir de la Malmaison' verdient einen zentralen Standplatz im Garten. Ihr Name erinnert an den berühmten Rosengarten der Kaiserin Joséphine.

Die berühmte 'Maréchal Niel' mit ihrem wunderbaren Teerosenduft wächst hier, vorbildlich an einer geschützten Hauswand gezogen, gesund und kräftig.

zum vollständigen Erblühen vollkommen erhalten bleibt. Sie behält ihre Farbe unverändert bis zum vollständigen Abblühen bei. Ihr Duft ist so zart wie die Farbe ihrer Blüten. Farbe und Duft bilden ein Ganzes und hinterlassen beim Beschauer gleichsam die Spur eines sanft anmutenden Wesens – etwas für das innere Leben.

Die Rose 'Maréchal Niel'

Die 'Maréchal Niel' ist unzweifelhaft die Rose, die den größten Triumph erlebte. Sie hat überall, wo große Feste gefeiert wurden, den Ehrenplatz in der Dekoration einnehmen dürfen. Es gab keinen Schloß- oder Herrschaftsgarten, in welchem sie nicht entweder im Gewächshaus oder an geschützter Hauswand anzutreffen war und während der Blütezeit die Luft mit ihrem herrlichen, feinen Duft erfüllte. Diese schön geformte, mäßig gefüllte, in einem vornehmen Zartgelb prangende Blume hat stets als erste unter den Rosen die schlanken Kelchvasen gefüllt. Im Kelch kann sie auch ihre schöne Blüte richtig zur Schau tragen, was ihr in einer andern Vase ihres etwas schwachen Stieles wegen nicht möglich ist.

Heute aber ist sie nur noch selten anzutreffen, meistens in alten Herrschaftsgärten oder im Garten eines Rosenliebhabers. Und die Rosenliebhaber sind es, welche diese edle Rose der Zukunft erhalten, denn sie ist es wert, erhalten zu bleiben, die schönste unter den Teerosen. Das Jahr, in welchem die 'Maréchal Niel' in den Handel gebracht wurde, wird mit 1864 angegeben.

Ob diese Rose das Ergebnis einer geplanten Züchtung ist oder eine Mutation, ein sogenanntes Findelkind, darüber gehen die Meinungen auseinander, wenn auch die Partner einer durchgeführten Kreuzung mit 'Chromatella' und einer unbekannten Teerose angegeben werden. Diese Behauptung ist mit der großen Ähnlichkeit der 'Chromatella' und der 'Maréchal Niel' in Zusammenhang zu bringen.

Als Züchter oder glücklicher Finder der 'Maréchal Niel' wird ein gewisser Pradel junior, Gärtner, angegeben, während ihr Verbreiter Rosenzüchter E. Verdier ist, der im Jahre 1864 diese damals noch unbekannte Rosenneuheit in Paris ausstellte und mit ihr einen großen Erfolg verzeichnen konnte.

Als diese damals noch weitgehend unbekannte Rose im Botanischen Garten in Mantauban angepflanzt war, wurde ihr anläßlich eines Besuches von Maréchal Niel, der als großer Rosenfreund bekannt war, zu Ehren dieses tüchtigen, verdienstvollen französischen Generals der Name 'Maréchal Niel' verliehen. Maréchal Niel wurde kurz nach der Schlacht von Solferino, in welcher er als Kommandant große Erfolge errang, feierlich zum Marschall von Frankreich ernannt. Er wurde am 4. Oktober 1802 zu Muret (Haute-Garonne) geboren, besuchte die Militärakademie, wurde 1850 Chef des Geniedepartements im Kriegsministerium, und 1856 begegnen wir ihm als Leiter der Belagerung von Sebastopol. Er starb am 13. August 1869.

Die Rose, die seinen Namen trägt (leider meistens falsch ausgesprochen, richtig 'Maréchal Ni-el'), lebt aber weiter. An uns und unseren Nachkommen liegt es nun, die edelste unter den Rosen zu erhalten, um sich an ihr auch weiterhin zu erfreuen.

'Crimson Rambler', eine beinahe in Vergessenheit geratene Kletterrose

Die von Turner 1894 gezüchtete Kletterrose erfreute sich während Jahrzehnten ihrer überaus großen Blühwilligkeit und Wirkung wegen einer sehr großen Beliebtheit. Heute noch wird sie vereinzelt, vor allem in alten Herrschaftsgärten, in ebenso guter Wüchsigkeit angetroffen.

Die kleinen, etwa 2 cm messenden Blüten sind stark gefüllt, tiefrot mit leicht bläulichem Einschlag und halten sehr lange. Leider verblauen die Blumen beim Abblühen.

Diese Rose erlebte einen Siegeszug durch ganz Europa, wie er etwa der Kletterrose 'Pauls Scarlet Climber' seit 1917 beschieden ist. Leider ist die 'Crimson Rambler' bei ungünstigem Standort sehr mehltauanfällig, vor allem an zu warmen Wänden und zu kräftigen (= zu warmen) Pergolapfosten. In vollständig freier Lage bewährt sie sich jedoch auch heute noch ebenso gut wie früher. Zudem besitzen wir ja heute nun Mittel zur Bekämpfung des Mehltaues.

Die Rose 'Frau Karl Druschki'

Im Jahre 1901 wurde ein mit 3000 Goldmark dotierter Wettbewerb ausgeschrieben. Es sollten neue Rosensorten eingesandt werden, die wert und würdig sein mußten, den Namen »Fürst Bismarck« zu tragen. Keiner einzigen der vielen Einsendungen wurde der Preis zuteil. Unter den eingesandten Züchtungen war auch eine weiße Edelrose des Gärtners Peter Lambert aus Trier. Sie fiel als unbrauchbar vollständig durch. Dennoch wurde sie zu einer der besten weißen Rosen, die wir noch heute in unveränderter Wuchskraft und Schönheit kennen. Nur heißt sie nicht 'Fürst Bismarck', sondern 'Frau Karl Druschki' (Schneekönigin), nach der Gattin des damaligen Präsidenten des Vereins deutscher Rosenfreunde.

Die erhaltungswürdige Kletterrose 'Mme Grégoire Staechelin'

Hier handelt es sich um eine überaus wüchsige, gesunde und frostwiderstandsfähige Kletterrose mit herrlichen rosafarbenen Blüten in Edelrosenform und mit einem feinen, zarten Duft. Sie entstammt einer im Jahre 1927 gelungenen Züchtung von Pedro Dot, Spanien. Er gab ihr diesen Namen zu Ehren der Gemahlin seines Freundes, Grégoire Staechelin, zu Basel. Sie entstand durch eine Kreuzung 'Frau Karl Druschki' × 'Chât. Clos Vougeot'.

Zur Geschichte der Rose 'Mme A. Meilland'

Aus den Züchtungsakten der Firma F. Meilland in Antibes (Frankreich) können wir entnehmen, daß der 15. Juni 1935 der Tag ist, an dem die erste Bestäubung im Hinblick auf die Züchtung der heute in aller Welt berühmt gewordenen Rose 'Mme A. Meilland' durchgeführt worden ist. Im Sommer 1936 wurden dann mit dem Ergebnis dieser Bestäubung die ersten Unterlagen veredelt, worauf am 10. Oktober 1936 die erste wunderschöne, sonnengelbe, an den Blumenblatträndern lachsrosa angehauchte Rose der künftigen 'Mme A. Meilland' erblühte.

Bis zum Jahre 1939 erfolgte eine gewissenhafte Prüfung dieser Neuheit durch den Züchter, Francis Meilland. Dann wurde diese unter der Immatrikulationsnummer 3–35–40 in Kontrollanbau angezüchtete Rose dem Handel übergeben. Zum Gedenken an seine verstorbene Mutter nannte sie der Züchter 'Mme A. Meilland'. Bevor der Zweite Weltkrieg ausbrach und die Grenzen rings um Frankreich sich schlossen, wurden die Lizenzinhaber in Amerika, Italien und Deutschland mit Edelaugen beliefert, um die so vielversprechende neue Rose auch dort vermehren zu können.

Es dauerte 5 Jahre, bis der Züchter erfahren konnte, wie es seiner 'Mme A. Meilland' im Ausland ergangen war. In Amerika wurde sie unter dem Patronat der American Rose Society auf den schönen Namen 'Peace' (Frieden) getauft. In den englischsprachigen Ländern kennt man sie seither unter diesem Namen. Bei der Friedenskonferenz von San Francisco, die im Jahre 1945 stattfand, wurde jedem der 49 Delegierten ein Strauß dieser herrlichen Rose überreicht.

In Deutschland hat sich der Ruhm dieser Rose unter dem Namen 'Gloria Dei' verbreitet, und in Italien, wo man der Schönheit ganz besonders zugetan ist, kennt man sie unter dem klangvollen Namen 'Gioia'. Und wirklich, sie hat die Rosenfreunde in aller Welt zu begeistern vermocht und wird bis in die heutige Zeit hinein von allen Rosenliebhabern als eine hervorragende Rose gewertet.

Allerlei Wissenswerte über Rosen

Kulturgeschichtliches über Rosen

Über die Herkunft der Rose ist man sich im allgemeinen einig, nämlich, daß ihr Ursprungsland Asien ist, obwohl die Funde von Rosenfossilien aus der Tertiärzeit (ungefähre Zeitdauer von 50 Millionen Jahren) den Beweis dafür bis heute nicht eindeutig erbringen konnten. Die zahlreichen Arbeiten (über 70), welche über die Funde von Rosenresten erstellt wurden, bringen jedoch den deutlichen Beweis für die sehr frühe und weite Verbreitung der Rosen. Die Funde verteilen sich über Asien, Nordamerika und Europa. Als nach den Funden sicher bestimmbare Rosenarten dürfen *Rosa akashiensis* und *Rosa multiflora* gelten, während eine größere Zahl (etwa ein Dutzend) nur mit geringerer Sicherheit bestimmt werden konnte. Diese Hinweise sind immerhin Lichtpunkte im Dunkel der Rosengeschichte, die sonst von viel Mysteriösem umgeben ist.

Zur römischen Kaiserzeit (30 v. Chr. bis 476 n. Chr.) spielte die Rose, welche durch die Griechen nach Italien gebracht worden war, in Rom eine große Rolle. Rosengärten wurden überall angelegt. Das Ausmaß dieser Gärten war derart übertrieben, daß sie den Getreideanbau verdrängten, und dadurch stieg der Getreidepreis katastrophal.

Rosenüberschwang bei den Römern

Die Vorliebe der Römer für die Rose ging vom herrlichen Duft dieser Blume aus, weshalb sie Rosen immer in großen Mengen beieinander verlangten, um das Betäubende des Duftes voll zu erfahren. Der Wunsch nach Rosen war so groß, daß es nicht mehr genügte, Rosen vom Frühjahr bis zum Herbst zu haben, die Römer wollten Rosen während des ganzen Jahres, so daß Schiffsladungen aus Ägypten und Neukarthago gebracht werden mußten. In Läden und auf Märkten wurden die Rosen in Càlathos (speziell hierfür geflochtene Körbe) oder zu Girlanden geflochten, durch Mädchen zum Verkauf angeboten. Eine kulturhistorische Bestätigung bietet das Gemälde in einer römischen Grabkammer, die im Jahre 1704 entdeckt wurde und die Bilder des Blumenhandels in allen Arten aufweist. Für Rosen, so berichtet der Gerichtsschreiber von Sizilien, Suetonius, gab Kaiser Nero anläßlich eines Festes einst 30000 Sesterzen (römische Münze bis 260 n. Chr.) aus. Bei einem anderen Anlaß bezahlte er für Rosen, die er mitten im Winter aus Ägypten kommen ließ, eine Tonne Gold.

Die Geschichte weiß auch zu berichten, daß Antiochus auf einem Bette von Rosenblättern zu schlafen pflegte. Daher dürfte die bekannte Redensart herrühren »nicht auf Rosen gebettet sein«, denn von dieser Gepflogenheit, auf Rosen zu schlafen, waren natürlich gewöhnliche Sterbliche ausgeschlossen.

Kleopatra ließ, als sie Markus Antonius bis nach Sizilien entgegenreiste, das Speisezimmer eine Elle hoch mit Rosenblüten decken und diese mit einem feinen Netz überziehen. Die Kosten für diese Überraschung betrugen ein Talent, was einem Betrag von nahezu 6000 Schweizer Franken entspricht. Markus Antonius soll Kleopatra gebeten haben, sie möge einst sein Grab mit Rosenbüschen schmücken. Ein Lieblingsausdruck römischer Liebhaber für die Geliebte war übrigens *mea rosa*. Bei den Griechen war es Sitte, Testamentsbestimmungen zu hinterlassen, nach welchen über dem Grabe des Testators immerwährend ein Rosengarten erhalten werden müsse. In Forello bei Venedig soll noch eine Inschrift zu sehen sein, die zeigt, daß diese Sitte auch von Italienern angenommen wurde.

Etwa 240 verschiedene Rosensorten barg zu Joséphines Zeiten der Park von Malmaison. 170 dieser Rosen sind in den bekannten Tafeln von Pierre-Joseph Redouté enthalten. Damit wollte Joséphine ihre Rosenpracht für die Nachwelt festhalten. Den Text für das dreibändige Werk »Les Roses« verfaßte Antoine Thory. Es konnte erst nach dem Tod der Kaiserin in den Jahren 1817 bis 1824 erscheinen.

Daß man Rosen auch auf Münzen prägte, zeigen die Funde am Altai (Innerasien), wo man in den Gräbern der Tsuden, einem indogermanischen Volksstamm, silberne Münzen mit dem Gepräge einer aufgeblühten Rose fand. Das deutet wiederum auf eine Verehrung der Rose schon in vorgeschichtlicher Zeit hin. Das Okulieren der Rosen, so berichteten Aristoteles (384 v. Chr.) und sein Schüler Theophrast (um 300 v. Chr.) kannten schon die Phönizier, und die Griechen sollen es von ihnen gelernt haben. Von den Griechen ging es darauf an die Römer über.

Vom heidnischen zum christlichem Symbol

Mit dem Ende des römischen Weltreiches ging auch die große Zeit der Rosen zu Ende, und sie verschwanden damit zum zweiten Male aus der Öffentlichkeit, da das aufkommende Christentum die Rose als heidnisches Symbol ablehnte. Doch die Liebe zu dieser Blume war stärker als jedes Verbot, der Kult blieb im geheimen bestehen. Die Kirche hat die Rose dann wieder zu Ehren gebracht, indem sie sie der Jungfrau Maria beigesellte. Die runden Fenster über den Portalen gotischer Dome wurden »Rosen« genannt. Der hl. Dominikus de Guzman stiftete 1208 den »Rosenkranz«, und Papst Gregor der XIII. stiftete 1573 in Erinnerung an den bei Lepanto über die Türken errungenen Sieg das »Rosenkranzfest«.

Im Mittelalter waren in Frankreich die Rosen ein so teures Adelszeichen, daß eine königliche Lizenz dazu erforderlich war, sie ziehen zu dürfen. In Frankreich fand die Rose überhaupt schon früh eine Heimstätte. Rosenzucht bildete in diesem Lande bereits im 15. und 17. Jahrhundert einen gärtnerischen Kulturzweig, der auf hoher Stufe stand. Ja sogar schon im 14. Jahrhundert zeichnete sich Rouen durch ausgedehnte Rosenzucht aus. Von Montpellier wird berichtet, daß dort im vorigen Jahrhundert bereits große Rosenfelder existierten und daß eine Gärtnerei bestand, die 40000 Stück Rosen in Kultur hatte. Weitaus die größten Kulturen in Frankreich befinden sich aber in der Umgebung von Paris, in **Brie-Comte-Robert**. Statistischen Aufzeichnungen zufolge wohnten dort vor etwa 130 Jahren insgesamt 90 Rosenzüchter, die zusammen über 1,5 Millionen Rosenstöcke kultivierten. Bei einer Ausstellung im Jahre 1865 sollen unter einem Zelt nicht weniger als 80000 abgeschnittene Rosenblüten ausgestellt gewesen sein.

Königliche Rosengärten

Daß die Könige mit Vorliebe Rosengärten anlegen ließen, ist bekannt. So gab auch die Kaiserin Joséphine, die erste Gemahlin Napoleons I., den Auftrag, den Rosengarten von Malmaison anzulegen, welcher alle damals in Europa bekannten Rosen enthielt. Einen ganz besonderen Reichtum stellten darin die Varietäten von *Rosa × damascena* und *Rosa centifolia* dar. Der Park des Schlößchens Bagatelle hat eine Ausdehnung von 24 Hektar, wovon das Rosarium einen Platz von 14000 Quadratmetern einnimmt.

Antibes, die Hochburg und das Zentrum der Rosenzucht, vor den Toren Nizzas gelegen, gleicht einem Wallfahrtsort und Rosenparadies. Hier befinden sich weit ausgebreitete Rosenkulturen. Unter Glas wird Qualitätsware produziert, welche Antibes einen guten Ruf im Rosenfach einbringt. Die immer gleich bleibende Qualität einer 'Happiness', 'Baccara', 'Soraya', 'Message', 'Madame René Coty', 'Mitzi', 'Belle Blonde', 'Grace de Monaco' und anderer ist dort gewährleistet. Dies sind vor allem die von der Firma Meilland entwickelten neuen Hybriden, die hier und überall in königlicher Anmut über dem Gesamtbild thronen. Ihre prachtvollen, aufrechten Stiele, die samtige Farbenglut der Blüte und ihre Haltbarkeit werden wohl immer das beneidenswerte Nonplusultra bleiben. Ohne Zweifel haben Neuheiten aus Antibes die Aussicht, in Zukunft die ersten Plätze im Blumenhandel einzunehmen. Viele neue Rosensorten befinden sich jedes Jahr auf dem Wege der Realisierung und erobern nach bestandener Prüfung die Welt. Ein ebenfalls bekanntes Rosarium, das als Pendant zu L'Hay bei Paris anzusehen ist, befindet sich in **Sangerhausen** (Mitteldeutschland). In diesem Rosarium befinden sich noch sehr viele alte Rosensorten, die es sonst nirgends mehr gibt. Es war einst die Forschungsstätte des Vereins deutscher Rosenfreunde und hat dem ehemaligen Leiter, Dr. v. Rathlef, wertvolle Arbeiten über Unterlagen- und Züchtungsfragen ermöglicht. Dort befand sich auch eine der wertvollsten Rosenbibliotheken der Welt.

Trotz der Wirren zweier Weltkriege hat sich der Rosengarten in **Zweibrücken** (siehe Seite 180) erhalten können. Nach der Bombardierung im Zweiten Weltkrieg, bei welcher auch der Rosengarten stark gelitten hatte, entstand aus den Trümmern unter der Obhut der Stadt Zweibrücken und der kundigen Leitung von Gartendirektor Oskar Scheerer einer der schönsten Rosengärten des Westens.

Die Rose als Namensgeberin

Wie sehr die Rose in allen Ländern von Bedeutung ist, kann man auch daraus ersehen, daß sie überall als Namenleiherin für Straßen und Häuser dient. So trifft man immer und immer wieder Häuser mit Namen wie »Zur Rose«, »Zu den drei Rosen«, »Zum Rosenstock«, »Rosenhof« usw., und bei den Straßen sind es Namen wie »Rosenweg«, »Rosengasse«, »Rosenbergstraße« usw. Daß **Rapperswil** als die »Rosenstadt« bezeichnet wird, rührt daher, daß das Wappenschild der Grafen von Rapperswil zwei Rosen aufweist. Rosen leuchteten auch von den Panieren der Edlen von Rapperswil auf den Turnieren, die wahrscheinlich dort abgehalten wurden, wo heute die Hirsche äsen. Rosen wurden in die Siegel eingestochen, und noch heute stehen zwei Rosen im Stadtwappen. Auf Grund des Wappens heißt Rapperswil die »Rosenstadt«, und nicht ihrer Rosenfülle wegen, obschon die Kletterrosen diese Stadt in auffallender Weise zieren; jetzt sind Bestrebungen im Gange, Rapperswil zu einer wirklichen Rosenstadt werden zu lassen.

Aber auch bei den volkstümlichen **Pflanzennamen** wurde der Rose die Ehre gegeben. man denke nur an »Adonisröschen«, »Stockrose«, »Alpenrose«, »Christrose«, »Sonnenröschen«, »Klatschrose«, »Rosmarin«, »Pfingstrose«, »Knabenröschen«, »Zimtrose«, »Rosenkohl« usw. Die Rose an der Decke eines römischen Hauses bedeutete, daß über alle Gespräche innerhalb dieses Raumes **Stillschweigen** bewahrt werden solle. Papst Hadrian V. brachte 1276 die Rose über den Beichtstühlen als Symbol der Verschwiegenheit an. »Weiße Rose« nannte sich auch die Widerstandsbewegung der Geschwister Scholl gegen das Hitler-Regime.

Die Rose als Zeichen für Leben und Tod

In der Symbolik nimmt die Rose einen ganz bedeutenden Platz ein, als Symbol der Jugend, der Freude, der Schönheit, der Tugend, der Liebe und ebenso als Symbol der Trauer und der Vergänglichkeit, dies bestätigen auch die Rosen auf den Soldatenfriedhöfen Finnlands, wo auf jedem Grab ein Rosenstock blüht. Bei den Ägyptern symbolisiert die Rose die Kürze des menschlichen Lebens.

Die ersten Rosengärten beherbergten Wildrosen, da sie schon bestanden, bevor es Kulturrosen gab; letztere wurden erst um das Jahr 800 in unseren Breitengraden eingeführt. Die Wildrosen aber hatten vorwiegend den Zweck, die Gärten durch die Rosenhecken erst zu Gärten werden zu lassen. Deshalb auch die große Bedeutung der Rosenhecke, des Rosenhages, der Rosenlaube usw.

Der Rosengarten war als öffentlicher Festplatz der engste Bezirk der »männlichen Tugend des Kampfes und des edlen Wettstreites in den Künsten«. Hier bedeutete die Rose das Blut, die Wunden und den Tod; im Frühling aber Freude und Glück.

Die wilden Rosen (*Rosa canina*) hatten früher wenig heitere oder gar erotische Vorstellungen im Volke ausgelöst, im Gegenteil, dieser Dornenstrauch war eher mit der Unterwelt verbunden – er stand mit blutigen Opferstätten in engem Zusammenhang, zum Beispiel bei der Schlacht zu St. Jakob an der Birs wurde das Schlachtfeld zum »Rosengarten«.

Heute noch wird in verschiedenen Landesgegenden der Friedhof »Rosengarten« genannt. Hiervon kommt auch der »Röseligarten« zu Bern, der heutige Rosengarten dieser Stadt. Rosen werden auch in die Gräber geworfen als Zeichen der Vergänglichkeit, während man sie auf dem Grabhügel als Symbol des Lebens pflanzt.

Die Rose spielte schon frühzeitig in der Poesie eine große Rolle, wo sie als Sinnbild fröhlichen und beglückten Lebens gilt. Ebenso erlangte die Rose Bedeutung in Sprichwörtern und sprichwörtlichen Redensarten, zum Beispiel: »Keine Rose ohne Dornen« – »Nicht auf Rosen gebettet sein« – »Geduld bringt Rosen«.

Wenig Bekanntes über Rosen

Von einer alten Rose wird berichtet, daß Graf Thibaut der VI. von Champagne sie um die Mitte des 13. Jahrhunderts aus Syrien zu seinem Schlosse nahm, wo sie in seinem Garten angepflanzt und vermehrt wurde. Es ist dies eine orientalische Edelrose, die heute noch unter dem Namen »Provinsrose« bekannt ist.

Topfrose mit Tradition

Eine der kleinsten unter den Rosen, *Rosa rouletii*, hat die Gemüter der Fachwelt schon öfters erhitzt, wobei gegenseitige Vorwürfe erhoben wurden, daß diese Rose, deren Vorhandensein schon für mehr als hundert Jahre nachgewiesen werden kann, in Vergessenheit geriet. Diese Rose, ohne näher bekannten Namen, die ihrem Aussehen nach von *Rosa chinensis* (syn. *R. lawrenceana*) abstammen muß, ist, wie die Überlieferung besagt, vermutlich von der Familie de Candolle zur Zeit der Genfer Wirren in die Waadt mitgenommen worden, und zwar wird als Ort Champagne angegeben. Dort soll sie ausschließlich als Topfrose verwendet worden sein, was ihre Zwergform ermöglichte. Im Jahre 1910 wurde diese Rose durch Hauptmann Roulet nicht unweit der Gemeinde Champagne, in Mauborget ob Grandson, gefunden; nach ihm wurde sie dann auch *Rosa rouletii* genannt. H. Correvon berichtet, daß diese Rose früher, nach Aussage von Hauptmann Roulet, auf allen Fenstergesimsen des Dorfes geblüht haben soll. Diese gute Eigenschaft kann ihr heute noch nachgesagt werden, und es ist nur zu hoffen, daß diese Rose mit ihren kleinen, schönen, leicht gefüllten, im Aufgehen roten, dann aber rosafarbenen Blüten vermehrt Verwendung finden möge als echte schweizerische Rose.

Preisgekrönte 'Fashion'

In verschiedenen Ländern, auch in der Schweiz, wurde die amerikanische Polyantharosen-Neuheit 'Fashion' geehrt und mit Medaillen und Urkunden ausgezeichnet. Sie entstammt den beiden Sorten 'Pinocchio', und 'Crimson Glory'. Es handelt sich um eine Rose, die besonders ausdauernd und reich blüht. Die Knospe hat Ähnlichkeit mit einer Edelrose; in aufgeblühtem Zustand ähnelt ihre Form sehr den Blüten der Kletterrose 'New Dawn'. Die Farbe ist leuchtend korallenrosa mit Gold. Die Sorte 'Fashion' ist ziemlich robust, das heißt, sie ist gegen Kälte wenig empfindlich und mäßig wüchsig, aber mehltauanfällig. Sie erreicht je nach Unterlage eine Höhe von 60–80 cm. Das Vermehrungsrecht wurde in den USA geschützt (patentiert).

Auch die frühestblühende Kletterrose, 'Madame Sancy de Parabère', sei erwähnt. Es ist eine ältere, heute nur noch wenig bekannte Rose mit zartseidiger, rosafarbener Blume, die leicht gefüllt ist und einen zarten Duft ausströmt. Eine Kletterrose im wahrsten Sinne des Wortes, ein Rosenjuwel voller Charme.

Schwarze Rose per Zufall

Die folgende Merkwürdigkeit sei hier zur Kenntnis gebracht. Der Züchter E. Verdier entdeckte 1862 eines Morgens in seinen Kulturen mehr als zwanzig in voller Blüte stehende Rosen, welche sich im schönsten samtigen Rußschwarz präsentierten. Versuche, diese schwarze Rose über Samen oder Veredlung zu züchten, schlugen fehl. Keine dieser Rosen erschien erneut in dem samtigen Rußschwarz, sondern sie variierten in den verschiedensten samtigen Purpurfarben mit schwärzlichem Schimmer oder in andern roten Nuancen, die wohl schwärzlich schienen, jedoch nicht die reine schwarze Farbe aufwiesen. Es ist höchst faszinierend, daß in diesem Falle die zufällige Konstellation der äußeren Umstände (Faktoren wie Standort, Bodenbeschaffenheit, Düngung und eine Reihe unbekannter Einflüsse) zuwege brachte, was die sorgfältig planende genetische Forschung in Jahrhunderten nie erreichen wird, auch nicht mit aller Raffinesse wissenschaftlicher Züchtung.

Eine sehr schöne **weiße Rose** erzielte durch systematisches Züchten im Jahre 1875 der Züchter Franz Deegen in Köstritz. In Form und Duft erinnert sie stark an die 'Maréchal Niel', in der Knospe an 'Niphetos'. Im Verblühen verfärbt sie sich von Weiß zu Crème. Der Züchter nannte sie 'Deegens Weiße Niel'. Der von ihm erwartete Erfolg blieb jedoch aus im Gegensatz zur gelben 'Maréchal Niel'.

Sträucher gigantischen Ausmaßes

Welche Größe die Rosensträucher mit der Zeit erreichen können, ersieht man daraus, daß ein in Toulon (Frankreich) stehender Rosenstrauch, der im Jahre 1813 gepflanzt wurde, zur Zeit seiner höchsten Entwicklungskraft 50000 (!) Blüten trug. Ein anderer befindet sich in Freiburg im Breisgau und trug im Jahre 1900 6200 Blüten, im Jahre 1941 dagegen bereits deren 15000. Baronesse Hilgers in Bonn berichtet, daß auf dem dortigen alten Friedhof (auf welchem die Mutter Beethovens begraben liegt) eine alte La-France-Rose zu finden sei, bei der von Krankheit nichts zu bemerken ist, obschon das Grab, auf welchem sie steht, schon im Jahre 1875 belegt wurde und heute ganz verwildert ist.

Um diesem Wunder auf die Spur zu kommen, hat die Baronin die ganze ihr zur Verfügung stehende Rosenliteratur studiert und glaubt die Lösung in dem Umstand gefunden zu haben, daß zu jener Zeit die Gärtner der französischen

Riviera das Monopol für Rosenvermehrung innehielten und dort die Rosen aus Stecklingen angezogen wurden. Sie hat mittlerweile selbst aus Stecklingen eine La-France-Rose gezogen und diese in den schlechtesten Teil ihres Gartens gepflanzt. Inzwischen ist die Rose seit Jahren von Iris umwuchert, und trotzdem gedeiht sie ebenso gut wie diejenige im Efeugestrüpp des alten Friedhofes.

Eine vollständig stachelfreie, weiße, gefüllte Rose brachte William Kerr im Jahre 1807 von China nach England. Im Kew Garden bei London wurde sie dann vermehrt und von hier aus auf ganz Europa verbreitet. Es handelt sich um eine Kletterrose mit goldgelben, kleinen, gefüllten Blüten, ohne Duft. Der Wuchs der Pflanze ist elegant und locker. Sie trägt schmale Laubblätter und gedeiht nur in geschützter Lage, am besten an Hauswänden.

Welcher **Wert einer Rosenneuheit** beizumessen ist, kann daraus ersehen werden, daß im Jahre 1880 für die Sortenneuheit 'William Francis Bennett' (Züchter Bennett, Sheperton, England) 5000 Dollar bezahlt wurden.

Zu Lebzeiten Linnés wurden 14 Rosenarten gezählt, der bedeutende Rosenkenner Lindley erwähnt 1820 (60 Jahre später) bereits 78 Arten und dazu noch viele Abarten.

Der Rosenpfarrer (1870–1954)

Diesen Namen verdient der inzwischen verstorbene evangelische Seelsorger W. Meyer mit vollem Recht, hat er doch seiner Gemeinde Altnau am Bodensee während seiner 42jährigen Amtstätigkeit mit seinen geliebten Rosen ein ganz besonderes Gepräge gegeben. Er hat es verstanden, bei seinen Gemeindemitgliedern den Sinn für die Schönheit der Rosen so zu wecken, daß Altnau nun buchstäblich in Rosen gebettet liegt. Auch das kleinste Gärtchen dieser Ortschaft ist voll der schönsten Rosen. Überall, wo man hinkommt, eine Fülle von Rosen. Von der Friedhofmauer hängen sie, einer Kaskade gleich, bis auf die Straße hinunter, und wenn man den Friedhof betritt, so steht man vor Gräbern, die alle von Rosen überwachsen und umsponnen sind. Das Pfarrhaus läßt schon von weitem erkennen, daß hier ein Rosenfreund wohnte. Es ist förmlich versteckt in Rosen. Bis zum Giebel hinauf wachsen die Kletterrosen, sie umrahmen die Fenster und gucken in die Zimmer hinein. Wer zur Rosenzeit in jene Gegend kommt, sollte nicht versäumen, Altnau zu besuchen, um sich an dieser Rosenpracht erfreuen zu können, die hoffentlich erhalten bleibt.

Vom Wert der Rosenfrüchte (Hagebutten) und Blütenblätter

Hagebutten

Es ist bekannt, daß Hagebutten von jeher für die verschiedensten Verwendungszwecke in der Volksmedizin und Ernährung dienten. Noch nicht so lange bekannt ist, daß die Rosenfrüchte das wertvolle Vitamin C, die Ascorbinsäure, enthalten. Der Nachweis erfolgte im Jahre 1931. Nicht alle Hagebutten besitzen den gleichen Gehalt an Vitamin C. Nach einer Arbeit von v. Rathlef lassen sich nur von wenigen Arten (bis heute bei etwa 15) mit Sicherheit genaue Angaben über den Ascorbinsäuregehalt in der Trockensubstanz des Hagebuttenfleisches aufstellen. Zu den wertvollsten Rosen bezüglich ihres Gehalts an Ascorbinsäure (Vitamin C) gehören die folgenden Arten. In 100 g frischem Hagebuttenmark sind enthalten:

Rosa pendulina (syn. *R. alpina*)	1100 mg
Rosa macrophylla	910 mg
Rosa moyesii	850 mg
Rosa acicularis	940 mg
Rosa rubrifolia	820 mg
Rosa rugosa	940 mg
Rosa villosa	920 mg

Zu den Rosen mit geringem Gehalt an Ascorbinsäure (300–500 mg pro 100 g frischem Hagebuttenmark) gehören zum Beispiel *Rosa canina, Rosa sericea, Rosa pimpinellifolia* (syn. *R. spinosissima*).
Aus den Hagebutten bereiteten schon die Pfahlbauer ein Mus, wie deutlich aus den Ausgrabungsfunden der Pfahlbauten von Robenhausen-Pfäffikon in der Schweiz hervorgeht, bei denen in den Küchenabfällen Hagebuttenkerne gefunden wurden.

Blütenblätter

Das Land, in dem die Kultur von Rosen zur Gewinnung der Blütenblätter Bedeutung hat, ist heute noch vor allem Bulgarien. Daneben werden Rosen für die Ölgewinnung auch in Frankreich (Grasse), Marokko, Türkei, auf der Krim und in Georgien angebaut. Die Boden- und Klimaverhältnisse sind in Bulgarien im sog. Rosental für diesen Anbau besonders günstig. In der Umgebung von Karlowo, Kezanlyk, wurden die ersten Rosen zur Ölgewinnung angebaut. Hierfür steht vor allem die *Rosa* × *damascena* 'Trigintipetala' (hell rosarot), die das beste Öl liefert, im Anbau. Es werden auch *Rosa* × *alba* sowie *Rosa centifolia* kultiviert; letztere wird vorwiegend zu Extraktionszwecken verwendet.

Die »Rote Krimrose«, eine Kreuzung *Rosa gallica* × *Rosa* × *damascena* 'Trigintipetala' gilt im Balkan als eine der wichtigsten Rosen für die Gewinnung von Rosenöl und wird in unseren Gegenden auch zur Konfitürenherstellung verwendet. Heute werden im Balkan einige hundert Rosensorten für die Forschung zur Feststellung von Duftwerten angebaut. Die Blütenblätter dieser Rosensorten dienen zur Gewinnung von Rosenöl. Um 1 g Rosenöl zu erhalten, werden etwa

Rosenöl: Hauptkomponenten im Vergleich mit einigen Spurenkomponenten

Komponente	Konzentration in %	Schwelle der Duftentfaltung ppb in Wasser	10^{-3} × Zahl der Dufteinheiten	rel. % der Dufteinheiten
(–)-Citronellol	38	40	95000	62
Paraffine	16	–	0	0
Geraniol	14	75	1860	1,2
Nerol	7	300	233	0,15
Phenyl-Ethylalkohol	2,8	750	37	0,024
Eugenol-Methylether	2,4	820	29	0,019
Eugenol	1,2	30	400	0,26
Farnesol	1,2	20	600	0,39
Linalool	1,4	6	2300	1,5
(–)-Rosen-Oxid	0,46	0,5	9200	6
(–)-Carvon	0,41	50	82	0,05
Rosen-Furan	0,16	200	8	0,005
β-Damascenon	0,14	10	140	0,09
β-Ionon	0,03	0,007	42860	28

Konzentration von *β*-Ionon 1/200 von Nerol. Duftwert aber ~ 200 × höher. 5 Spurenkomponenten machen nur 1,5% aus, besitzen aber 50% des Duftwertes der Hauptkomponenten (84% des Öles).

3–5 kg Blütenblätter benötigt. Das Pflükken der Rosenblüten, der Pflücktermin sowie die Lagerung der Blüten haben einen wesentlichen Einfluß auf den hohen Anteil an ätherischen Ölen.

Haltbarkeit von Schnittrosen

Nach amerikanischen Versuchen sollen Freilandrosen erst am späteren Nachmittag, ab 17 Uhr, geschnitten werden. Die Rosen sollen dann nicht so rasch welken wie nach dem Schnitt am frühen Morgen. Der Grund mag darin liegen, daß Blätter und Stengel nach einem sonnigen Tag einen höheren Gehalt an Kohlenhydraten aufweisen als nach der Nacht; außerdem hat sich die Pflanze während des Sonnenscheins vielleicht schon auf den geringen Wasserverbrauch eingestellt, wodurch der durch den Schnitt der Rose entstehende Wassermangel sich weniger rasch auswirkt.

Ob die Rosen mit einem scharfen Messer oder einer Schere vom Stock getrennt werden, ist gleichgültig. Hingegen dürfen sie nicht in zu knospigem Zustand geschnitten werden; die Kelchblätter müssen sich vollständig von der Knospe gelöst haben. Je nach Sorte muß der Schnitt früher oder später vorgenommen werden. Es ist von Vorteil, wenn die Blumen in etwas stärker geöffnetem Zustand geschnitten werden; in diesem Falle sind sie aber kühler zu halten. Dagegen sollen die Stiele der Schnittrosen, bevor man sie ins Wasser stellt, mit einem scharfen Messer geschnitten werden, und zwar so, daß der Schnitt schräg verläuft, also eine große Schnittfläche entsteht; dadurch wird mehr Xylem freigelegt, und es kann mehr Wasser aufgenommen werden; ferner wird auf diese Weise nie die ganze Schnittfläche auf dem Vasenboden aufstehen und die Wasseraufnahme erschwert sein.

Unmittelbar nach dem Abschneiden sollten die Blumen reichlich mit frischem Wasser betaut werden. Die unteren Blätter und Stacheln jeder einzelnen Rose sind zu entfernen, da Blätter Substanzen ins Vasenwasser abgeben, die die Haltbarkeit vermindern. Außerdem würde bald Fäulnis eintreten; die sich rasch vermehrenden Bakterien verstopfen dann die Wasserzufuhrkanäle im Stengelgewebe, so daß die Blumen vorzeitig welken und eingehen. Deshalb ist dem Reinhalten der Gefäße ganz besondere Aufmerksamkeit zu schenken.

Die Verwendung von chemischen Mitteln (Aspirin, Chinin, Kochsalz usw.) ins Einstellwasser hat keinen nennenswerten Einfluß, hingegen erhöht die Beigabe von Blumenfrischhaltemitteln die Haltbarkeit um einige Tage.

In der heißen Jahreszeit hat sich stets als gutes Mittel zur längeren Haltbarkeit der Schnittrosen ein kühler Raum bewährt. Auch der Kühlschrank leistet hierfür gute Dienste, in welchem die Rosen über Nacht oder bis zu ihrer Verwendung aufbewahrt werden; die Temperatur darf dann jedoch nicht unter 5 °C sinken.

Eine andere Möglichkeit zur Haltbarmachung der Schnittrosen, ebenfalls aus amerikanischen Versuchen stammend, geht dahin, daß die geschnittenen Rosen unverzüglich in mit Paraffin behandelte Schachteln verpackt und vor dem Schließen der Schachtel leicht betaut werden. Die Paraffinschicht siegelt die Schachteln fast luftdicht ab. So verpackte Rosen können bei etwa 6 °C fünf Tage frisch erhalten werden. Sobald die Rosen dieser Packung entnommen sind, werden die Stiele angeschnitten und in Wasser von etwa 21 °C eingestellt. Bei einer Zimmertemperatur von 18–20 °C halten solche Rosen ungefähr fünf Tage, drei Tage in voller Blüte und zwei Tage im Abblühen.

Rosen, die unverpackt in Wasser gestellt aufbewahrt werden, halten am besten bei hoher Luftfeuchtigkeit (etwa 70–80%) und bei einer Raumtemperatur von 6–7 °C. Die heute noch allgemein übliche Methode des Schneidens der Rosen am frühen Morgen in taufrischem Zustand und nachherigen tiefen Einstellens bis zum Kelch ist nach wie vor empfehlenswert. Von großem Vorteil ist es auch, wenn an weniger günstigen Orten die einzustellenden Rosen über Nacht mit (angefeuchtetem) Papier umwickelt werden, um sie vor Zugluft und Austrocknung zu schützen.

Die Rose in der Werbung

Natürlich wird die Rose auch vom Floristen als Schnittblume hochgeschätzt und zu künstlerischen Blumenarrangements immer wieder verwendet. Und auch den Werbefachmann überzeugt diese allgemein so beliebte Blume. Ihre schöne Blütenform, ihre vornehme Gestalt und ihr Farbenreichtum sind für die Werbung eines jeglichen Erzeugnisses ein anziehendes Mittel. Überall wird die Rose für Werbezwecke herangezogen; bei Erzeugnissen der Kosmetik (Parfüm), bei Stickereien aller Art, bei Pralinen und Schokolade, bei Porzellan, ja sogar bei Nähmaschinen. Es gibt bald kein Erzeugnis mehr, für dessen Werbung nicht auch die Rose in irgend einer Art und Weise verwendet wird. Das eine Mal vollständig naturgetreu, in beinahe echter Farb- und Formvollkommenheit, das andere Mal stilisiert in wenigen Strichen, stets aber deutlich die Rose darstellend.

Nicht nur auf Verpackungen und in Inseraten treffen wir die Rose als »Werbedame« an, sondern auch auf Plakaten wirbt sie für einen schönen Ferienort, beispielsweise für Montreux; oder gar auf Seide geprägt, gedruckt oder gestickt, wirbt sie für die »Schweizer Woche«, für eine Uhrenmarke usw. Und immer spricht uns die Rose in ihrer vollendeten Form an, sie ist auch auf diesem ganz modernen Gebiet ein voller Erfolg. Bisher ist es meistens gelungen, die Rose so wiederzugeben, daß man an ihr in der Werbung Freude haben kann.

Rosenprüfgärten in aller Welt

Neuheitenprüfungen von Rosen finden über die ganze Welt verteilt statt. Die Rosenzüchter und Rosenfreunde sind heute mehr denn je an einem umfassenden Kenntnisstand und einer international gültigen Bewertung interessiert.

Belgien: Vom Staat aus werden in einem Versuchsgarten Rosenneuheiten geprüft. Diese Prüfung hat in diesem Fall mehr für das Land selbst eine Bedeutung.

Deutschland: Es gibt eine Reihe von Sortenprüfungen und Beobachtungen über die Tauglichkeit von Rosen.

Baden-Baden ist der Ort, an dem die internationalen Rosenprüfungen stattfinden. Baden-Baden, der weltbekannte Kurort, hat mit diesen Wettbewerben schon seit nahezu vierzig Jahren einen besonderen Anziehungspunkt mit wirklich internationalem Charakter. Die Neuheiten werden im dritten Jahr endgültig bewertet, nachdem sie in jedem der Prüfjahre durch ein lokales und ein permanentes Preisgericht unter strenger Kontrolle stehen. Im dritten Jahr dann wird mit der Bewertung durch das internationale Preisgericht die Prüfung einer Sorte abgeschlossen. In Baden-Baden werden die zu prüfenden Rosenneuheiten auch noch einem ästhetischen und einem Jugendpreisgericht unterzogen. Diesen beiden Preisgerichten obliegt die Hauptaufgabe in der Feststellung der »schönsten« Rosenneuheit. Neben Baden-Baden hat der auf Seite 180 schon erwähnte

Die Prüfziele, denen die alpinen Versuchsgärten in Braunwald dienten, werden auf Seite 225 ff. erläutert.

Rosengarten in Zweibrücken eine sehr große Bedeutung für die Prüfung von Rosenneuheiten.

In Deutschland spielt die **All-Deutsche Rosenneuheitenprüfung (ADR)** eine bedeutende Rolle bei der Ermittlung der »besten« Rosen. Die Prüfungen werden an elf verschiedenen Orten verwirklicht: in Dortmund, Kiel, Osnabrück, Rethmar, Thiensen, Veitshöchheim, Weihenstephan, Wiesbaden, Zweibrücken, Marquardt bei Potsdam und Sangerhausen. Die Bewertungen sind streng und werden nach dem 100-Punkte-System vorgenommen. Die als ADR-Rosen anerkannten Sorten tragen ein besonderes Anerkennungsetikett. Eine ADR-Sorte darf bevorzugt werden. Es gibt noch weitere Gärten in Deutschland, die sich mit der Eignungsprüfung von Rosensorten befassen, wie Frankfurt am Main, Mainz, Hamburg, Insel Mainau/Bodensee und andere. Die internationalen Rosenwettbewerbe sind häufig festliche Anlässe: Verleihung von Medaillen, Anerkennungsurkunden und Preisen. Eine Anzahl Rosenzüchter unterhalten eigene Rosenprüfgärten, die jedoch außerhalb der Wettbewerbe stehen.

England: Die Rosenprüfung wird während dreier Jahre vorgenommen. Der einzige Prüfgarten befindet sich in St. Albans, dem Sitz der National Rose Society. England vergibt eine Auszeichnung für die beste Duftrose des Jahres.

Frankreich besitzt Rosenprüfgärten in Paris im Rosarium Bagatelle, in Orléans, Lyon und in Saverne (Zabern, Elsaß). Die Universal Rose Selection (Frankreich) führt innerhalb ihrer Lizenzfirmen, die auf verschiedene Länder verteilt sind, eigene Prüfungen mit selbst aufgestellten Prüfungsvorschriften durch.

Italien führt seinen internationalen Wettbewerb in Rom durch, dessen Veranstalterin die Stadt Rom ist. Die italienische Rosengesellschaft verleiht außerdem jenem Rosenzüchter, welcher die duftreichste Rose des Jahres herausbringt, einen Preis, der in einer Nachbildung der Theodelindenkrone im Domschatz von Monza besteht. (Theodelinde war eine langobardische Königin und starb 627.)

Niederlande: Die Rosenneuheiten werden in Den Haag ('s-Gravenhage) geprüft, und zwar nach einem sehr gut ausgearbeiteten Prüfsystem.

In **Luxemburg** werden im Park des Staatsbades Mondorf die Sortenprüfungen durchgeführt.

Österreich: Dort finden nur interne Rosenprüfungen der Rosenkultivateure statt.

Schweden: Die Prüfungen der Rosenneuheiten sind verschiedenen Instituten zugewiesen, deren Ergebnisse vorwiegend für das eigene Land ausgewertet werden.

Schweiz: Im Jahre 1946 wurde von den Sociétés d'horticulture de Genève und Helvétique d'horticulture de Genève unter der Obhut des Conseil administratif der Stadt Genf und unter Mithilfe des Service des parcs et promenades der Internationale Rosenwettbewerb gegründet. Diese Organisation wurde nach dem Vorbild der französischen Rosenwettbewerbe von »Bagatelle« in Paris und dem »Concours de la plus belle rose de France« in Lyon geschaffen.

Die Neuheiten müssen, bevor sie in den Handel gebracht werden, ohne Namen, nur mit einer Kontrollnummer versehen, nach Genf geschickt werden. Für jede Sortenneuheit können fünf Stück konkurrieren, die nach der in Genf üblichen Methode gepflanzt und gepflegt werden. Im ersten Jahr werden diese noch unbekannten Neuheiten von Genfer Spezialisten auf ihr Wachstum, die

Zu den Stars unter den öfterblühenden Kletterrosen zählt 'Schwanensee' mit großen, gefüllten, leuchtend weißen Blüten mit rosa Schimmer im Innern.

Form der Blume, den Duft und die Widerstandsfähigkeit gegenüber Krankheiten sowie die Belaubung kontrolliert. Im zweiten Jahr wird von der ständigen kantonalen Aufsichtskommission, zusammen mit dem internationalen Preisgericht, welchem Rosenspezialisten aus allen Ländern angehören, die Rangliste veröffentlicht, und die Preise werden nach Punkten verliehen. Der erste Preis besteht in einem Diplom mit goldener Medaille, der zweite Preis in einem Diplom mit silberner Medaille. Darüber hinaus werden weitere Auszeichnungen verliehen. Kletterrosen werden zwei Jahre lang beaufsichtigt und erst im dritten Jahr prämiert.

Spanien besitzt ebenfalls einen internationalen Rosenwettbewerb, der von der Stadt Madrid veranstaltet wird.

USA: In 24 Gärten der Vereinigten Staaten werden Rosen zur Prüfung angebaut. Diese Wettbewerbe führt die American Rose Society durch. Die Rosenneuheiten werden im Laufe von zwei Jahren bewertet.

Rosenzüchter

Wenn man die Schönheit der heutigen Rosen genießt und daran denkt, wieviel Ausdauer und Mühe die Rosenzüchter aufbieten mußten, um so herrliche Blumen von so vollendeten Formen und Farben zu erreichen, dann mag es angezeigt sein, eine Auswahl der bedeutendsten Rosenzüchter mit einigen ihrer Züchtungen aufzuführen, wobei auch der großen Zahl der hier nicht genannten Rosenzüchter ehrend gedacht sei.

Aicardi, Domenico; San Remo (Italien): 'Eterna Giovinezza', 'Gloria di Roma' usw.

Armstrong; Ontario, Californien (USA) (Swim-Armstrong): 'Charlotte Armstrong', 'Buccaneer', 'Circus', 'Lotte Günthart', 'Mojave', 'Sutters Gold' usw.

Barbier; Orléans (Frankreich): 'Madame Henri Graveraux', 'Alberic Barbier' usw.

Bennett, J.; Stapleford (England): 'Mrs. John Laing', 'Captain Hayward' usw.

Buisman, G. A. H., & Zoon; Heerde (Niederlande): 'Buismans Triumph', 'Kathleen Ferrier' usw.

Croix, P.; Loire (Frankreich): 'Astree', 'Coral Flow' usw.

Delbard, Georges; Paris (Frankreich): 'Centenaire de Lourdes', 'Crêpe de Chine', 'Dr. Albert Schweitzer' usw.

De Ruiter, Gerrit; Hazerswoude (Niederlande): 'Europeana', 'Orange Sensation' usw.

Dickson, Alex; Newtonards (Nordirland): 'Betty Uprichard', 'Dame Edith Helen', 'Margaret Dickson' usw.

Dot, Pedro; San Feliu de Llobregat (Spanien): 'Baby Gold', 'Coralin', 'Pour toi' usw.

Gaujard, J.; Feyzin, Isère (Frankreich): 'Eve', 'Léon Chenault', 'Québec' usw.

Grootendorst, J. F.; Boskoop (Niederlande): 'Pink Grootendorst', 'Muttertag' usw.

Guillot, P.; Lyon (Frankreich): 'La France', 'Madame Jules Grolez' usw.

Hauser, V.; Vaumarcus (Schweiz): 'Madame Charles Piquet', 'Madame Hermann Haefliger' usw.

Heizmann, E.; Vevey (Schweiz): 'General Guisan', 'Ville de Saverne' usw.

Hetzel, Karl; Beutelsbach bei Stuttgart (Deutschland): 'Duftwunder', 'Sans Soucis' usw.

Hill, E. G.; Richmond, Indiana (USA): 'Richmond', 'General MacArthur' usw.

Huber, Richard; Dottikon (Schweiz): 'Bern', 'Black Night', 'Rapperswil' usw.

Jackson & Perkins; Newark, N. Y. (USA): (Fisher, Jackson & Perkins): 'Blaze Superior', 'Goldilocks', 'Masquerade', 'Morning Dawn', 'Sterling Silver' usw.

Kordes, Wilhelm; Sparrieshoop (Deutschland) (heute Reiner Kordes): 'Bajazzo', 'Cathrine Kordes', 'Crimson Glory', *Rosa kordesii* Wulff, 'Fritz Nobis', 'Schneewittchen' usw.

Krause, M.; Nordhausen (Deutschland): 'Feuerschein', 'Max Krause' usw.

Lambert, Peter; Trier (Deutschland): 'Kaiserin Auguste Victoria', 'Frau Karl Druschki', 'Trier' usw.

Leenders, M.; Tegelen (Niederlande): 'Jonkheer J. L. Mock', 'Comtesse Vandal' usw.

Levavasseur, E.; Orléans (Frankreich): 'Madame Norbert Levavasseur', 'Orléans Rose' usw.

Mallerin, C.; Varres, Allières-et-Risset, Isère (Frankreich): 'Madame Pierre S. du Pont', 'Madame G. Forest Colcombet', 'Helvetia', 'Virgo' usw.

McGredy, Sam jun.; Portadown (Irland): 'Lord Charlemont', 'Mrs. Henry Morse' usw.

Meilland, F.; Cap d'Antibes (Frankreich): 'Baccara', 'Bonne Nouvelle', 'Grace de Monaco', 'Mme A. Meilland', 'Michèle Meilland' usw.

Müller, Hermann Dr.; Weingarten, Pfalz (Deutschland): 'Conrad Ferdinand Meyer' usw.

Norman-Harknes; Bedale, Yorkshire (England): 'Ena Harknes', 'Fernsham' usw.

Pernet-Ducher, J.; Venissieux-le-Lyon (Frankreich): 'Madame Caroline Testout', 'Soleil d'Or' usw.

Poulsen, D. T.; Planteskole, Kelleriis, Kvistgard (Dänemark): 'Ellen Poulsen', 'Anne-Mette Poulsen' usw.

Pradel, Henri jun.; Montauban, Tarn-et-Garonne (Frankreich): 'Maréchal Niel' usw.

Spek, Jan; Kwekerijen, Boskoop (Niederlande): 'Diana', 'Orange Perfektion', 'Rosa Gruß an Aachen' usw.

Tantau, M.; Uetersen (Deutschland): 'Johanniszauber', 'Amulett', 'Super Star', 'Duftwolke', 'Schweizergruß' usw.

van Fleet, W. Dr.; Glenn Dale (USA): 'American Pillar', 'Heart of Gold' usw.

van Rossem, G. A.; Vaarden (Niederlande): 'Mevrouw G. A. van Rossem', 'Narden' usw.

Verdier, E.; Paris (Frankreich): 'Fisher et Holmes', 'Prince Camille de Rohan', 'Jeanne d'Arc' usw.

Verschuren, H. A.; Haps (Niederlande): 'Etoile de Hollande', 'Red Star', 'Hens Verschuren' usw.

Vielseitig verwenden läßt sich die sehr kompakt wachsende 'Orange Meillandina'. Die sehr blühwillige Sorte hat sich als Topfpflanze ebenso bewährt wie für die Bepflanzung von Dachgärten, gemischten Rabatten und Gräbern.

Freunde der Rose

Freunde der Rose taten sich im Lauf der Zeit zusammen, um gemeinsam die Fortschritte ihrer Liebhaberei, ja ihrer Wissenschaft zu besprechen, Erfahrungen auszutauschen und neue Sorten zu besprechen. Die Rosenschau wurde mehr und mehr gefördert. Die Briten gingen voran.

Royal National Rose Society: Sie wurde schon 1867 gegründet. Das ist ein Zeichen dafür, daß in England die Liebe zu den Gärten und ihren Blumen besonders tief verankert ist. Wie nirgends auf der Welt ist hier die Rose populär. Die Gesellschaft zählt heute schätzungsweise 16000 Mitglieder und ist mit die größte Rosengesellschaft der Welt. Sie unterhält einen großen Rosengarten in St. Albans, veranstaltet Rosenschauen und gibt ein für die Forschung sehr wichtiges Rosenjahrbuch heraus.

La Société française des Roses heißt die große französische Schwestergesellschaft mit etwa 18000 Mitgliedern, welche die Zeitschrift »Les Amis des Roses« publiziert. Gegen 450 Nummern sind bisher erschienen. Die großen Rosenwettbewerbe in Bagatelle und anderswo zeugen für die französische Arbeit. Die Rosarien in L'Hay-les-Roses und Bagatelle sind eine gewaltige Leistung.

Verein deutscher Rosenfreunde: Gegründet 1883, besitzt der Verein heute über 8000 Mitglieder in Deutschland und in der übrigen Welt. Einer der ersten Präsidenten des Vereins war Karl Druschki, sein engster Mitarbeiter Peter Lambert aus Trier. Die große Leistung des deutschen Vereins ist die Schaffung des Rosariums in Sangerhausen, das in seiner Blütezeit vor allem unter Dr. H. v. Rathlef und Max Vogel für die Rosenforschung Großes leistete. Der große Rosenzüchter Wilhelm Kordes hat nach 1945 den Verein deutscher Rosenfreunde wieder ins Leben gerufen; er hat sich große Verdienste um den Wiederaufbau erworben, ebenso Oskar Scheerer, Walter Rieger und Dr. J. Lambert. Im Jahre 1969 gründete der Verein deutscher Rosenfreunde am Kaiserrain 25 in Dortmund das Deutsche Rosarium VDR. Dank der Größe des Geländes von 10 Hektar sind fast unbeschränkte Erweiterungsmöglichkeiten vorhanden.

Gesellschaft Schweizerischer Rosenfreunde: Sie wurde 1959 auf Anregung von Dietrich Woessner gegründet. Sie entwickelte sich schnell. Die Gesellschaft gibt jeden Monat ein Bulletin heraus im Rahmen eines Beratungsdienstes: das »Kleine Rosenblatt«. Jährlich erscheint zudem eine Ausgabe »Rosa Helvetica«, das literarische und wissenschaftliche Beiträge zur Kulturgeschichte der Rose publiziert. Die Gesellschaft zählt heute etwa 3500 Mitglieder sowie 14 lokale Arbeitsgruppen, die über das ganze Land verteilt sind. Von 1971 bis 1996 wurden in acht alpinen Rosenprüfgärten in Braunwald, Glarus, Versuche durchgeführt.

Österreich besitzt keine eigentliche Vereinigung der Rosenfreunde, diese sind als Gruppe der Rosenfreunde der Österreichischen Gartenbaugesellschaft mit Sitz in Wien angeschlossen. Bei monatlichen Zusammenkünften werden Rosenprobleme behandelt und kameradschaftliche Beziehungen gepflegt.

Weitere Gesellschaften der Rosenfreunde befinden sich auch in folgenden Ländern:

Belgien: Société Nationale »Les Amis de la Rose«, gegründet 1923, zählt heute etwa 600 Mitglieder. Sie gibt die Zeitschrift »Rosa Belgica« heraus, die zweimal jährlich erscheint.

Italien: Associazione Italiana delle Rosa, gegründet 1963, etwa 2000 Mitglieder, gibt alljährlich ein Jahrbuch heraus.

Japan: Japan Rose Society (Nihon-Bara-Kai), große Vereinigung mit vielen tausend Mitgliedern und über 200 örtlichen Arbeitsgruppen.

Polen: Polskie Towarzystow Mikosnikow Roz (Polnische Gesellschaft der Rosenliebhaber), gegründet 1958, 2300 Mitglieder; 6mal im Jahr erscheint eine Publikation.

Niederlande: »De Roos«, Verenigingter Bevrdering van de Rozenteelt. Gegründet 1891.

Tschechien und Slowakei: Rosa Klub, gegründet 1968, über 1000 Mitglieder.

Ferner gibt es in Spanien, in den Vereinigten Staaten von Amerika, Neuseeland, Kanada, Südafrika, Indien und Australien Rosengesellschaften.

Vor allem an freistehenden Gerüsten kann sich die einmalblühende Kletterrose 'Alchymist' prächtig entfalten. Krankheiten und Schädlinge treten an dieser Rose kaum auf.

Literaturverzeichnis

Adam, G.: Le Roman des Roses. S. A. M. Les Beaux Livres 1954.

de l'Aigle, A.: Begegnung mit Rosen. Verlag Frick, Moos/Bodensee 1977, 2. Auflage.

Austin, D.: Alte Rosen und Englische Rosen. DuMont Buchverlag, Köln 1993.

Beales, P.: Klassische Rosen. DuMont Buchverlag, Köln 1992.

Becker, M.: Alte Rosen. Mosaik Verlag, München 1992.

Benrath, H.: Die Welt der Rosen. Verlag Hans Dulk, Hamburg 1954.

Boesch, G., und Günthart, L.: Die Rose des Straßburger Münsters. Gesellschaft Schweizerischer Rosenfreunde, Zürich 1962.

Breloer, J.: 1000 Jahre Rosenstock am Dom zu Hildesheim. Bornwaldverlag, Hildesheim 1974.

Bünemann, O., und Becker, J.: Rosen. Graefe und Unzer, München 1993.

Burri, F.: Umgang mit Rosen. Verlag Hallwag AG, Bern 1966.

Carow, B.: Frischhalten von Schnittblumen. Verlag Eugen Ulmer, Stuttgart 1978.

Christ, H.: Die Rosen der Schweiz. Basel 1873.

Christ, H.: Der alte Bauerngarten. Basel 1923.

Coats, P.: Roses. London 1962.

Coats, P.: Rosen. Ariel Verlag, Frankfurt.

Coggiatti, S.: Rosen. Delphin Verlag, München 1986.

Coggiatti, S.: Berühmte Rosen und ihre Geschichte. J. Berg, München 1987.

Cornuz, L., und Friedrichs, W.: Belles Roses. Beaux-Jardins, Delachaux et Niestlé, Neuenburg und Paris 1966.

Crépin, F.: Primitiae monographia rosarum. Materiaux pour servire l'histoire des Roses 1869–1882. Société royale de botanique de Belgique.

Das Rosenblatt 1 bis 22. Gesellschaft Schweizerischer Rosenfreunde, Zürich 1960–1978.

Deutsches Rosenjahrbuch, 1950, 1956–1977.

Die Gartenbauwirtschaft. Österreichischer Agrarverlag, Wien 12, 1956.

Die Rose und die Frau. Amandus-Verlag, Wien 1954.

Dietrich, M.: Rosengabe, Rosenlyrik aus drei Jahrhunderten. Sanssouci-Verlag, Zürich 1966.

Döll, W.: Der Rosengarten. Anlage und Unterhaltung des Rosariums, Anpflanzung, Hybridisierung und Vermehrung der Rosen, deren Kultur im freien Lande und in Töpfen. Nach William Paul: The Rose-Garden. Leipzig 1855. Reprint im Verlag Frick, Moos/Bodensee 1978.

Edland, H.: The pocket Encyclopaedia of Roses in Colour. London 1963.

Edward, G.: Mein Rosengarten. Verlag Neumann-Neudamm, Melsungen 1967.

Fairbrother, F.: Roses. Penguin Handbooks, London 1958.

Feild, R.: Rosenblätter. Sphinx Verlag, Basel 1992.

Fisher, J.: The Companion to Roses. Penguin Books Ltd., Harmonds Worth, Middlesex, England 1986.

Fletcher, H. L. V.: The Roses Anthology. London 1963.

Fortunatus: Unsterbliche Rose. Landbuch-Verlag, Hannover 1964.

Fretz, D.: Conrad Geßner als Gärtner. (Der Abschnitt über Rosen enthält viel Interessantes, das Geßner auf Reisen zusammengetragen hat.) Zürich 1948.

Fuchs, H.: Rosiers. Paris 1947, 1961.

Fuchs, H.: Les Roses de nos jardins. Librairie Larousse, Paris 1976.

Fuchs, H., und Ruch, V.: Rose, Königin der Gärten. Fehling, Hannover 1978.

Geilinger, M., und Roshardt, P.: Das kleine Rosenbuch. Verlag Hallwag, Bern 1947.

Geliebte Rose. Verlagsgesellschaft Seewald und Schuler, Stuttgart 1955.

Genders, R.: Miniature Roses. London 1960.

Genders, R.: Die Rose. Albert Müller Verlag, Rüschlikon 1968, 1978.

Gergely, M.: Die Rose. Deutscher Landwirtschaftsverlag, Berlin 1962.

Gibson, M.: Strauchrosen. Verlag Albert Müller, Rüschlikon 1973.

Glasau, F.: Rosen im Garten. Verlag Paul Parey, Hamburg 1961.

Gloor, A.: The History of the Rose in the Holy Land throughout the Ages. Rendered from the Hebrew by Max Nurock, Israel 1981.

Gordon, E.: Roses for enjoyment. London 1962.

Gossner, G.: Vielfalt der Rosen. Selbstverlag, Gauting 1976.

Gottschalk, W.: Ratschläge für den Rosenfreund. Verlag Neumann, Leipzig 1985.

Goverts, W. J.: Die Rose (Praktisches Handbuch über die Pflanze und Pflege der Rose). Amthor'sche Verlagsbuchhandlung, Leipzig 1929.

Graham, S. T.: The Old Shrub Roses. Phoenix House Ltd., 1961.

Graham, S. T.: Shrub Roses of Today. Phoenix House Ltd., 1962.

Graham, S. T.: Climbing Roses Old and New. Phoenix House Ltd., 1965.

Günthart, L.: Alte Rosen und Gedichte. Gesellschaft Schweizerischer Rosenfreunde, Zürich 1968.

Günthart, L., und Boesch, G.: Vom Ruhm der Rose. Albert Müller Verlag, Rüschlikon 1962.

Haenchen, F.: Rosen im Garten. Dt. Landwirtschaftsverlag, Berlin 1963.

Hanisch, K.: Rosen. Schöne Wild- und Edelrosen für jeden Garten. Verlag Eugen Ulmer, Stuttgart 1973.

Hanisch, K.: Erlebte Rose. Verlag Eugen Ulmer, Stuttgart 1988.

Harkness, J. L.: Die schönsten Rosen der Welt. Edition Colibri, 1979.

Harkness, P.: Rosen. Naturbuch Verlag, Augsburg 1992.

Harris, C. C.: Les Roses. Verlag Larousse, Paris 1971.

Harvey, N. P.: The Rose in Britain. Souvenir Press, London 1958.

Hegi, G.: Alpenflora (Abschnitt Rosen). München 1922.

Hegi, G.: Flora von Mitteleuropa (Abschnitt Rosen). München 1931.

Heinemann, F. C.: Die Rose. Leipzig 1908.

Heinis, F.: Franz Eduard Fries (1811–1849), ein Forscher des Baselgebietes. Tätigkeitsbericht der Naturforschenden Gesellschaft Basel-Land, Band 17, 1947 (Abschnitt Rosen), Liestal 1949.

Heitz, H.: Rosen. Graefe und Unzer, München 1990.

Hertel, F.: Die Rose, Königin der Blumen, Behandlung und Verwendung der Rose im Garten und in öffentlichen Anlagen. Lehrmeister-Bücherei, Band 747, Minden 1951.

Hess, H. E., Landolt, E., und Hirzel, R.: Flora der Schweiz (Band 2: Rosen). Birkhäuser Verlag, Basel und Stuttgart 1972.

Hofmann, S.: Rosenkurs. Albert Müller Verlag, Rüschlikon 1975.

Hollis, L.: Collingridge Standard Guides Roses. The Hamlyn Publishing Group Ltd., London 1970.

Jacob, A., Grimm, H. und W., und Müller, B.: Alte Rosen und Wildrosen. Verlag Eugen Ulmer, Stuttgart 1990.

Jacobi, K.-H.: Rosen. BLV Verlagsgesellschaft, München 1992.

Jaeger, A.: Rosenlexikon. Zentralantiquariat der DDR, 1960.

Jaehner, I.: Das bunte Rosenbuch. Bertelsmann Verlag, 1965.

Jahn, O.: Darstellungen des Handwerks und Handelsverkehrs auf antiken Wandgemälden (Abschnitt Rosen). Leipzig 1868.

Jud, K., und Hauenstein, C.: Rosen. Aldus Manitius Verlag, Zürich und Stuttgart 1964.

Kiaer, E.: Das große Rosenbuch, Verlag Gebrüder Weiß, Berlin 1966.

Kordes, W.: Rosen. Berlin 1932.

Kordes, W.: Das Rosenbuch. Schaper, Hannover 1956, 1960, 1966, 1977.

Krüssmann, G.: Handbuch der Laubgehölze (Abschnitt Rosen). Verlag Paul Parey, Berlin und Hamburg 1962.

Krüssmann, G.: Rosen, Rosen, Rosen. Verlag Paul Parey, Hamburg und Berlin 1974, 1986.

Le Grice, E. B.: Rose growing complete. London 1965.

Lejeune, S.: Rosenbücher mein Steckenpferd. Gustaf Weiland Nachf., Lübeck 1970.

Leroy, A.: Les Roses. Verlag J. B. Baillière et Fils, Paris 1970.

Les plus belles Roses au début du XXe siècle.

Manz, I.: Rosen. Falken Verlag, Niedernhausen/Taunus 1978.

Mark: Die Rose. Deutscher Landwirtschaftsverlag, Berlin 1962.

McFarland, H.: How to Grow Roses. New York 1949.

McFarland, H.: Modern Roses. Harrisburg, Pennsylvania 1965, 1969, 1980.

Moißl: Veredeln, keine Kunst (Rosen). 1952.

Mütze, W., und Schneider, C.: Das Rosenbuch. Berlin 1924.

Nickels, C.: Kultur, Benennung und Beschreibung der Rosen. Verlag Josef Landes, Preßburg 1845. Reprint im Verlag Frick, Moos/Bodensee 1976.

Nietner, T.: Die Rose, ihre Geschichte, Arten, Kultur und Verwendung. Verlag Wiegandt Hempel und Parey, 1880. Reprint im Verlag Frick, Moos/Bodensee 1983.

Nisbet, F. J.: Growing Better Roses. Verlag Alf. A. Knopf, New York 1974.

Noack-Kallauch: Rosenkultur unter Glas. 1937, 1952, 1972.

Noack, H.: Schöne Gartenrosen. Verlag Eugen Ulmer, Stuttgart 1989.

Noack, H.: Wild- und Parkrosen, Verlag Neumann-Neudamm, Melsungen 1989.

Olbrich, S.: Der Rose Zucht und Pflege. Stuttgart 1925.

Otto, A.: Kultur der Rose. Verlag Ferdinand Enke, Erlangen 1858.

Pal, B. P.: The Rose in India. Indian Council of Agricultural Research, New Delhi 1966, 1972.

Park, B.: Le Livre des Roses. Horizons de France, Paris 1962.

Park, B.: The World of Roses (deutsch übersetzt). Verlag Albert Müller, Rüschlikon 1963.

Pearsons Encyclopaedia of Roses. Verlag Harcourt P. Champneys, London 1956.

Petersen, E.: Taschenbuch für den Rosenfreund. Verlag J. F. Schreiber, Esslingen und München 1965.

Petersen, V.: Ganile roser inyc haver. Det jydske Haveselskab, Arhus 1968.

Pflanzen und Garten. Rosennummer. Verschiedene Autoren, Stichnote-Verlag, Darmstadt 1961.

Philippi, B.: Mein kleines Rosenbuch. Umschau-Verlag, Frankfurt 1966.

Pinney: The Miniature Rose Book. London 1965.

Rathgeb, H.: Rosen in der Schweiz. Verlag Gesellschaft Schweizerischer Rosenfreunde, Auslieferung: Rapperswiler Buechlade 1985.

Ridge, A.: For Love of a Rose. Faber and Faber, London 1965.

Ridge, A.: Die Rosenfamilien. Ehrenwirth-Verlag, München 1966.

Rosa Helvetica Heft 1, 1985; Heft 2, 1986; Heft 3 1987. Gesellschaft Schweizerischer Rosenfreunde, Wädenswil.

Rupprecht, H.: Rosen unter Glas. Verlag Neumann-Neudamm, Basel und Wien 1970.

Saakov, S. G.: Wild- und Gartenrosen. Deutscher Landwirtschaftsverlag, Berlin 1976.

Sackville-West, V.: Aus meinem Garten (Abschnitt Rosen). Verlag Heimeran, München 1962.

Sala, O.: Das große Rosenbuch der tausend Rosen. Mosaik Verlag, München 1992.

Schauer, G. K.: Rosen und Tulpen, Lilien und Safran. Verlag Georg Kurt Schauer, Frankfurt 1947.

Scheerer, O.: Rosen im Garten. Zweibrücken.

Scheerer, O.: Rosen und schöne Gehölze als Begleitpflanzen. Stichnote-Verlag, Darmstadt 1963.

Scheerer, O.: Rosen in unserem Garten. BLV, München, Basel, Wien 1969.

Schindlmayr, B.: Schädlinge und Krankheiten der Rose. Lehrmeister-Bücherei Band 220, Minden.

Schleiden, M. J.: Die Rose. Geschichte und Symbolik in ethnographischer und kulturhistorischer Beziehung. Leipzig 1873. Reprint by Martin Sändig-Verlag, Wallauf bei Wiesbaden 1973.

Schnack, F.: Königin der Gärten. 1961.

Schneider, C.: Das Rosenbuch. 1924.

Servais Lejeun: Die Rose (Ausschnitt aus Krünis' Enzyklopädie). Verlag Gustav Weiland, Lübeck 1978.

Späth, L.: Geschichte und Erzeugnisse der Spätschen Baumschule (Rosen). Berlin 1920.

Steinhauer, H.: Vom betörenden Zauber der Rosen. Falken Verlag, Niedernhausen 1984.

Steinhauer, H.: Rosen. Falken Verlag, Niedernhausen 1993.
Stettler, A.: Gereimtes und Ungereimtes über Rosen. Verlag Gaffner, Stettler & Co., Spiez/Schweiz 1975.
Straßheim, C. P.: Otto's Rosenzucht. Verlag Paul Parey, Berlin und Hamburg 1889.
Tantau, M., und Weinhausen, K.: Die Rose. Verlag Eugen Ulmer, Stuttgart 1950, 1956.
Taylor's Guide to Roses. Houghton Mifflin Co., Boston USA, 1976.
The National Annual 1965. Jahrbuch der englischen Grafschaft. National Rose Society.
Thomae, K.: Rosen. Verlag Gartenschönheit, Aachen 1962.
Thomson, R.: Old Roses for Modern Gardens. Princeton 1959.
Věceřa, L.: Taschenatlas der Rosen. Verlag Werner Dausien, Hanau 1971.
Werger, J., und Burton, R. E.: Roses. A Bibliography of Botanical, Horticultural, and Other Works Related to the Genus Rosa. The Scarecrow Press, Inc. Metucken, New York 1972.
Wesselhöft, J.: Der Rosenfreund. Vollständige Anleitung der Rosen im freien Lande und im Topfe, zum Treiben der Rosen im Winter sowie Beschreibung und Verwendung der schönsten und alten Arten der systematisch geordneten Gattungen. Weimar 1873, 1878. Reprint im Verlag Frick, Moos/Bodensee 1976, 3. Auflage
Westrich, J.: Die Rose – alt und erlesen. Edition Florales, Essen 1987.
Willmott, E.: The genus Rosa. John Murray, London 1914.
Woessner, D.: Buch der Rosen. Verlag Huber AG, Frauenfeld und Stuttgart 1951, 1957, 1962, 1967.
Woessner, D.: Kleine Rosenwelt. Verlag Huber AG, Frauenfeld und Stuttgart 1963, 1969.
Woessner, D.: Die schönsten Rosen. Verlag Avanti, Neuenburg 1976.
Woessner, D.: Rosen – Mein Hobby. Verlag Hallwag AG, Bern 1978, 1982.
Woessner, D.: Rosenkrankheiten. Verlag Eugen Ulmer, Stuttgart 1987, 3. Auflage.
Woessner, D.: Das Schneiden der Rosen. Verlag Eugen Ulmer, Stuttgart 1992.
Young, N.: The Complete Rosarian. Hodder and Stoughton, London-Sydney-Auckland-Toronto 1971.
Zeck, J.: Bunte Welt der schönen Rosen. Franckh'sche Verlagshandlung, Stuttgart 1973.
Zimmermann, G. A.: Das Rosenbüchlein. Deutscher Bauernverlag, Berlin 1958.

Bildquellen

Fotos
Barbier, F., CH-Braunwald: Seite 224, 228, 250.
Bärtels, A. Waake: Seite 68, 85.
Gehm, T., Bad Segeberg: Seite 69, 106, 169.
Hauenstein, K., CH-Rafz: Seite 44 (6).
Hoppe, A., Grafing: Seite 160.
Huber, R., CH-Dottikon: Seite 29, 41, 61, 62 oben, 89, 104, 214.
Isler, R., CH-Wädenswil: Seite 30 (2).
Köhlein, F., Bindlach: Seite 170.
Kordes-Rosen, Sparrieshoop: Seite 33, 80.
Lehmann, I., Kippenheim: Seite 115.
Leibacher, U., CH-Beringen: Seite 211 links.
Morell, E., Dreieich: Titelfoto, Seite 8, 49, 63, 65, 66, 71, 77, 92, 102, 112, 116, 120, 121, 125, 126, 148 unten, 151, 159, 164/165, 173, 179, 181.
Reinhard, H., Heiligkreuzsteinach: Seite 15, 19, 21, 58, 72, 76, 83, 87, 91, 96, 98, 101, 108, 114, 119, 123, 124, 128, 130, 132, 134, 137, 140, 141, 143, 147.
Rücker, K., Stuttgart: Seite 149, 163.
Schultheis, H., Bad Nauheim-Steinfurth: Seite 17, 70, 166, 233, 249.
Seidl, S., Altdorf: Seite 2, 62 unten, 93, 105, 148 oben links, oben rechts, 155, 157, 247.
Strauß, F., Au in der Hallertau: Seite 55.
Vieli, D., CH-Küsnacht: Seite 234.
Wessendorf, R., CH-Schaffhausen: Seite 10, 35 (3), 38 (3), 189 (3), 192 (2), 193, 194, 196, 197 (2), 198, 202, 211 rechts, 217, 220 (3), 221 (3), 222 (3), 223 (2), 230, Einbandrückseite.

Alle übrigen Aufnahmen von Dietrich Woessner und seinem Freundeskreis.

Zeichnungen (nach Vorlagen oder Angaben des Autors)
Heß, K., Stuttgart: Seite 39, 171 unten, 186, 197, 201, 211.
Flubacher, H., Waiblingen: Seite 26, 37, 38 (3), 51, 203 sowie die Zeichnungen auf Seite 50, 162, 166, 171 (3), 199, 200 (2) aus "Das Schneiden der Rosen" von D. Woessner.

Register

Mit Sternchen* versehene Seitenzahlen verweisen auf Abbildungen.

Abdecken des Bodens 201 f.
'Abraham Darby' 115, 114*
Absenken 34
Ackerrose 67
ADR-Rosen 246
'Aimée Vibert' 14
Ägypten 237
'Alain' 117
'Alberic Barbier' 97, 98*
'Alberich' 111
'Albertine' 97, 98*
Älchen 223
'Alchymist' 96*, 97, 250
All-Deutsche Rosenneuheitenprüfung (ADR) 246
'Allgold' 117
'Aloha' 74
Alpen-Hangrose 69
alpine Rosenpflanzungen 224*, 225 ff., 228
Alte Rosen 64
Altnau 242
'Ama' 117
'Ambassador' 135
'American Home' 135
'Americana' 135
'Anabell' 117
Anbau im Folientunnel 231
'Andalusien' 117
'Andenken an Alma de l'Aigle' 74
Anhäufeln 46
'Anna de Diesbach' 118
'Anna Wheatcroft' 118
'Anne Marie Trechslin' 135
Anplatten der Augen siehe Forkertsche Methode 37*
'Anthony Meilland' 118
Antibes 238
'Antonia Ridge' 135
Anzucht, Rosenstämme 47
– Unterlagen 40 ff.
– wurzelechte Rosen 34 ff.
Apfelrose 70
'Apricot Nectar' 118, 119*
Armstrong 11
'Arturo Toscanini' 135
'Aschermittwoch' 97
Astring 199*
ätherische Öle 60, 243 f.
'Atoll' 136
Augen 195 ff.
Ausbrechen von Knospen 201
Auspflanzen von Lücken in Rosenbeeten 194
Aussaat 32, 34, 42

'Baby Baccara' 74
'Baby Gold Star' 109
'Baden-Baden' 136, 137*
'Bajazzo' 136
'Baldwin' 111
Balkonbepflanzung 228 f.
'Bantry Bay' 97
'Barbara Hauenstein' 136
'Baroness Rothschild' 136
'Baronne E. de Rothschild' 136
Bauerngarten 165 f.
'Beauté' 136
Beetrosen 23 f., 161, 164
Befruchtung 26, 27
Begleitpflanzen 168, 171 ff.
Behandlung der Rosen bei der Ankunft 191
'Bella Rosa' 118
'Bengali' 118
Bengalrosen 10, 14
Bepflanzungsbeispiele 174 ff.
'Berliner Luft' 120*
'Bern' 138
'Bertram' 111
Bestäubung 31
Bestellung der Rosen 188
'Betty Prior' 118
Bewässerung 209 f., 227
'Bicolor' 90
biologische Rosenpflege 208
biologischer Pflanzenschutz 215
'Bischofsstadt Paderborn' 74
'Black Night' 138
'Blanc Pur' 74
Blasenfuß 222
Blattdüngung 206
Blattfleckenkrankheiten 221
Blattläuse 220*, 221
Blattschneider 221
Blattspritzung 204
'Blaze' 97
blinde Triebe 218
'Blue River' 138
'Blush Noisette' 14
Blütenblätter 55 ff., 243
Blütenformen 54
Blütenfüllung 57
Blütenstecher siehe Himbeerblütenstecher 222, 223*
Boden 183 ff., 225
Bodenbearbeitung 226
bodenbedeckende Rosen 23, 24, 94
Bodenbedeckung 202
Bodenlockerung 186*, 201*
Bodenmüdigkeit 218 f.
Bodenpflege 201
Bodenprofil 184*
Bodenreaktion 184
Bodentätigkeit 204, 205
Bodenuntersuchung 184 f.
Bodenverkrustung 186*
Bodenvorbereitung 186, 189
Boerner 11
Bohnenstroh 202
'Bonica 82' 74, 75*
'Bonne Nuit' 138
botanische Merkmale 50 ff.
botanische Rosen 23, 73
Botrytis cinerea 222
'Boule de Neige' 17*
Bourbonrose 10, 17, 233
'Braunwald' 74
Braunwald (alpine Lage) 224*, 225
'Bredon' 41*
'Buismanns Triumph' 75
Bulgarische Rose 60
'Burgund' 138
Bürstenhornwespe 222
Buschrosen 23 f., 161, 164

'Candy Rose' 94, 95*
'Caprice' 138
'Carol' 118
'Cécile Brunner' 120
'Centenaire de Lourdes' 120
Champney, John 14
'Champneys Pink Cluster' 14
'Champs-Elysées' 138
'Charles Austin' 115
'Charles de Mills' 75, 76*
'Charles Mallerin' 138
'Charlotte Armstrong' 139
'Chicago Peace' 139
Chinesenrose 10
Chinesisches Goldröschen 69*
Chlorose 206, 217*
'Chromatella' 16
Chromosomen 26, 27
'Clair Matin' 75
'Claire Rose' 115
Climbing-Rosen 27, 28, 107, 161
'Cloth of Gold' 16
'Cocktail' 75

'Cognac' 120
Compactarosen 24, 111
Container-Rosen 189
'Conrad Ferdinand Meyer' 76
'Coral Dawn' 98
'Crêpe de Chine' 139
Crepin, François 23
'Crimson Glory' 139
'Crimson Rambler' 235
'Cristata' 88*, 89

Dachgarten 229 f.
Damaszenerrose 10
'Danse des Sylphes' 98
'Danse du Feu' 99
'Decor Arlequin' 76
'Decor Rose' 76
'Deegens Weiße Niel' 241
'Degenhard' 111
'Deuil de Paul Fontaine' 76
'Devoniensis' 139
Dickmaulrüßler 220, 223
'Direktor Benschop' 99
Dornen 52*
'Dornröschen' 76
'Dorothy Perkins' 99
'Dortmund' 77
'Dr. A.J. Verhage' 139
'Dr. Albert Schweitzer' 139
'Dr. Eckener' 77
Duft 49, 60 ff., 168 f.
'Duftparadies' 141
Duftrosengärten 182
'Duftwolke' 140*, 141
'Duftzauber' 84, 141
'Dukat' 99
Düngung 202 ff., 226
– bei frischgepflanzten Rosen 206
– biologisch-organische 208
– mit Bananenschalen 207
– mit Meeralgenmehl 208
– vor dem Pflanzen 226
'Dupuy Jamain' 65*

'Eberwein' 111
Edelholz 36
Edelrosen 161, 212
'Eden Rose' 141
'Eiffel Tower' 141
Eisenmangel 217
'Elegance' 99
'Elmshorn' 77
'Else Poulsen' 120
'Elysium' 120
'Eminance' 141
'Ena Harkness' 142, 143*
Englische Rosen 113 ff.
Entblättern 47
Entspitzen 46, 48, 201
'Erfurt' 77*
Ernährungsschema 203*
Erziehungsformen 161 ff.
'Escapade' 121
Essigrose 68
'Esmeralda' 141*
'Etoile de Hollande' 142
Etymologie des Wortes Rose 11
'Eugène Fürst' 142
Eulenraupen 220
'Europeana' 121
'Excelsa' 99
'Eyepaint' 77

'Fair Play' 77
'Fairy Dance' 94
'Fantasia' 121
'Fashion' 241
'Fenja' 78
'Feria' 142
'Feuerwerk' 78
'Fidelio' 121*
'Fiona' 78
'Fisher und Holms' 142
'F.J. Grootendorst' 78
'Flammentanz' 99, 170*
'Florian' 121
Floribundarosen 20, 23 f., 117 ff.
– Verwendung 169
Floribunda-Grandiflora-Rosen 117 ff.
Flüssigdünger 207
'Folklore' 142
'Fortuna' 142
Forkertsche Methode 37*
'Frau Anni Beaufays' 121
'Frau Dagmar Hastrup' 78, 79*
'Frau Karl Druschki' 144, 235
'Fräulein Octavia Hesse' 100
Freilandrosen 231
'Friesia' 122
'Fritz Nobis' 78
'Fritz Thiedemann' 144
Frostschäden 214
Fruchtblatt 30*
Frühjahrsdüngung 205
'Frühlingsanfang' 78
'Frühlingsduft' 80
'Frühlingsgold' 80
'Frühlingsschnee' 81
'Frühlingszauber' 81
Fuchsrose 68
'Fugue' 100

Gabel 199*
'Gail Borden' 144
'Galia' 144
Gaujard 10
'Gay Vista' 81
'Geisha' 122
'Gelbe Holstein' 122
Gelbsucht 217
'General Mac Arthur' 144
'Gerbe Rose' 100
'Gertrude Jekyll' 114
Geschichtliches 9
Gewebekultur (Vermehrung) 49
'Giesebrecht' 111
Gießmethoden 209
Grabbepflanzung 230
'Gioia' siehe 'Mme A. Meilland' 11, 149*, 236
'Gletscherfee' 80*, 81
'Gloire de Dijon' 18, 100
'Gloria Dei' siehe 'Mme A. Meilland' 11, 149*, 236
'Goethe' 81
'Goldbusch' 81
'Golden Arches' 109
'Golden Fantasie' 144
'Golden Medaillon' 33*, 144
'Golden Showers' 81
'Golden Slippers' 122
'Golden Wings' 81
'Goldschatz' 122
'Goldstein' 123*
'Goldstern' 2*
Grandiflora-Hybriden 20, 117 ff.
'Graham Thomas' 114
'Greensleeves' 122
Gruppeneinteilung der Rosen 161
'Gruß an Aachen' 122
'Gruß an Heidelberg' 82
Guillot 18, 19
'Guinée' 100'

Häcksel 187, 202
'Hadley' 145
Hagebutten 31 f., 59, 62*, 167, 242
Hagebuttenfliege 222
Halbstamm 49, 161 f.
Hallimasch 223
Haltbarkeit von Schnittrosen 244
'Händel' 82

Handveredlung 36
Hängende Rose 69
Hängerosen 162, 212
'Hansa' 82
'Hanseat' 82
Hauptnährstoffe 202
Hecke 164, 165*, 168
Heckenrose 9
'Heidekind' 122
'Heideröslein Nozomi' 82, 83*, 94
Herbstdüngung 206
'Heritage' 61*, 114
'Hermosa' 123
'Hero' 114
'Hidalgo' 145
'Hilda Heinemann' 145
Himbeerblütenstecher 222, 223*
Himbeergallmücke 222
Historische Rosen 64
Hochstamm-Hängerosen 49
Hochstammrosen 49, 161 f., 168 f.
Höhengrenze der Rosenkultur 228
'Holstein' 123
'Hostesse Gisela' 123
'Hugh Dickson' 145
Humus 183
Hundsrose 9, 67
Hybrid-Remontantrosen 17

'Ilse Haberland' 82
'Ilse Krohn Superior' 82
'Inermis' 38
'Interflora' 145
'Irish Beauty' 123
'Iskra' 100

'Jaques Cartier' 84
'Jardins de Bagatelle' 145
'John F. Kennedy' 145
'Josephine Baker' 146
'Josephine Bruce' 146
'Josephine Wheatcroft' 109
'Jules Margottin' 146
'Julias Rose' 146
'Just Joey' 134*

'Kaiserin Auguste Victoria' 146
Kaiserin Josephine 238
Kali 202, 206
'Kalinka' 124
Kalk 184 f., 204
'Karl Höchst' 124
'Käthe Duvigneau' 124
Kelchblätter 54
'Kent' 94
'Kerry Gold' 124
'Kings Ransom' 146
Klassifizierung 23 f., 64
Kleinstrauchrosen 23 f., 73
'Kleopatra' 146
Klettergerüst 171*
Kletterrosen 23 f., 97 ff., 161, 164
– Verwendung 167, 169
Klimmwuchs 28
Klosterplan St. Gallen 10*
Knospenfäule 222
Knospenmutationen 28, 29
Knospenstielfäule 222
Kohlrose 89
Komposterde 187, 202
'Königin von Dänemark' 17, 72*, 84
'Königliche Hoheit' 147
'Konrad-Adenauer-Rose' 147
Kopulation 36
Kordes, Wilhelm 10, 22
Kordesii-Rosen 22
Krebswucherungen 223
Kreuzung 30
Kronblätter 55
Kulturgeschichtliches 9, 237
Kupfer 216

'La France' 18, 147*
'La Reine' 17
'La Sevillana' 124, 125*
'La Tosca' 149
'Lady Di' 147
'Lady Gray' 103
'Lady Hillingdon' 147
'Lady X' 147
Laffay 10, 17
'Lagerfeuer' 124
'Lamarque' 16
Lambert, Peter 10
Laub zur Bodenverbesserung 187
'Lambertiana' 16
'Landora' 149
'Las Vegas' 148*
Laubblätter 50
Lebensdauer der Rosen 214
'Lichterloh' 125
'Lichtkönigin Lucia' 84, 173*
'Lilli Marleen' 125
'Liselle' 148*
'Little Wonder' 125
'Liverpool' 125
'Lolita' 149, 151*
'Love' 148*
'Ludwigshafen am Rhein' 125*
'Lusambo' 149
'Lutea' 21*
'Lyric' 84

'Macrocarpa' 62*
'Mme A. Meilland' 11', 149*, 236
'Mme Alfred Carrière' 15*
'Mme Caroline Testout' 150
'Mme Edouard Herriot' 150
'Mme Grégoire Staechelin' 235
'Mme Hardy' 84
'Mme Hermann Haeflinger' 103
'Mme Isaac Pereire' 6*
'Mme Jules Bouché' 150
'Mme Louis Lévêque' 84
'Mme Pierre Oger' 84
'Mme Plantier' 85
'Mme Sancy de Parabère' 241
Magnesium 204
'Magnifica' 85*
'Maidens Blush' 17, 86
'Maidy' 109
'Maigold' 86
Mairose 69, 70*
Mallerin 10
'Malvina' 86
Malmaison 238
Markottieren 34
'Märchenland' 125
'Maréchal Niel' 16, 18, 103, 169*, 234*
'Margaret Merril' 126
'Margo Koster' 126
'Marguerite Hilling' 86, 87*
'Maria Callas' 150
'Mary Rose' 112*, 114
'Mascotte 77' 150
'Max Graf' 86
Meeralgenmehl 208
Mehltau, Echter 220*
– Falscher 221
mehltaufreie Rosen 215
Meilland, Antoine 11
– Francis 11
'Meilland Decor Rose' 86
'Meillandina' 109
Meiose 26
'Message' 150
'Mevr. G.A. van Rossem' 150
'Michèle Meilland' 152
'Mermaid' 103
Meristem-Sproßspitzenkultur 49
Mikronährstoffe 204
Miniaturrosen 20, 23 f., 109 ff., 230

– Vermehrung 36
Miniermotte 221*
'Minijet' 109
Minijet-Rosen 36
'Mireille Mathieu' 126*
'Miss France' 126
'Miss Universe' 152
Mist 202, 205
'Mister Lincoln' 152
Mittelalter 238
'Mona' 49*
Moosrosen 73, 166
'Morgensonne 88' 103
'Moulin Rouge' 126
'Mozart' 86
'Mrs. John Laing' 152
'Muchacha' 126
'Muscosa' 89
Mutationen 28f.
'Muttertag' 127

Nährstoffmangel 204, 205
Nährstoffüberschuß 205
Nährstoffverhältnis 205
'Narondo' 94
Nematoden 219, 223
'Némésis' 109
Neuheitenprüfung 245
'Nevada' 88
'New Dawn' 101*, 103
nichtparasitäre Schädigungen 217
'Nina Weibull' 127
'Niphetos' 10, 233
'Nirvana' 127
Noisette, Philippe 14
Noisetterosen 13, 14, 16
Normalstamm 162
'Nozomi' siehe 'Heideröslein Nozomi' 82, 83*, 94

'Ochroleuca' 14
Ohrwurm 222
Ökorosen 95
Okulation 28, 37f., 37*, 44, 45, 48
Okuliermade 48
'Olala' 127
'Old Blush' 14
Ölgewinnung 243
'Orange Meillandina' 249*
'Orange Sensation' 127
'Orange Triumph' 127, 128*
'Overture' 152

'Pâquerette' 19
'Papa Meilland' 152
'Paprika' 127
'Parador' 152
'Parkjuwel' 8*
Parkrosen 73
'Parsons Pink China' 14, 57, 58
'Pascali' 153
'Paul Noël' 104
'Paul Ricard' 153
'Pauls Scarlet Climber' 102*, 104
'Peace' siehe 'Mme A. Meilland' 11, 149*, 236
'Peer Gynt' 153
Pergola 171
'Perla de Alcanada' 110
'Perla de Montserrat' 110
Pernet-Ducher 10, 18, 57
Pernetrosen 18
Petalen 55, 59
'Peter Frankenfeld' 153
'Pfänder' 38
Pflanzabstände 191
Pflanzenschutz 227
– sinnvoller 223
– Zeitpunkt 216
Pflanzenschutzmaßnahmen 215ff.
Pflanzung 183ff., 225f.
– Allgemeines 192
– Ausführung 193
– Pflanzdichte 225
– Pflanzschnitt 192*
– Pflanztiefe 193*, 226
– Pflanzzeit 190
– Vorbereiten der Rosenstöcke 192
Pflege 195ff.
Phosphor 202
Pilzkrankheiten 215, 227
Pinzieren 46, 48, 201
'Pink Grootendorst' 55*, 88
'Pink Parfait' 129
'Pink Peace' 153
'Pollmeriana' 38
Polyanthahybriden 19f., 24, 117ff.
Polyantharosen 19f., 23f., 117ff., 161
– Verwendung 169
'Pompon de Bourgogne' 88
'Poulsens Gruppenrose' 127
'Princesse' 153
'Princesse Margaret d'Angleterre' 153
'Pristine' 153
'Promise' 154
'Prosperity' 88
'Prospero' 115*
Provinsrose 17, 240

Qualität der Pflanzware 189
'Queen Elizabeth' siehe 'The Queen Elizabeth Rose' 131, 133*

'Rainer Maria Rilke' siehe 'Uwe Seeler' 131
Rapperswil 238
'Raubritter' 163*
'Rebecca' 154
'Red Bells' 88
Reduktionsteilung 26
Remontantrosen 135ff.
'Repandia' 88
Rindenfleckenkrankheit 222
Rindenmulch 202
Roden 42, 46
Röhrenwurm 222
Römer 237
Rosa abietana 13
– *acicularis* 67
– *agrestis* 67
– × *alba* 16, 24, 243
– *arvensis* 24, 67
– – 'Lutea' 21*
– *banksiae* 22
– × *borboniana* 17
– *caesia* siehe *R. coriifolia* 13, 67
– *canina* 13, 24, 67
– – 'Inermis' 38
– – 'Pfänder' 38
– *carolina* 67
– *centifolia* 24, 73, 243
– – 'Cristata' 88*, 89
– – 'Muscosa' 89
– *chinensis* 24, 240
– – 'Viridiflora' 89*, 90
– *cinnamomea* siehe *R. majalis* 69
– *coriifolia* 13, 67
– – 'Pollmeriana' 38
– – 'Froebelii' 39
– *corymbifera* siehe *R. coriifolia* 'Froebelii' 39
– × *damascena* 24
– – 'Trigintipetala' 60, 243
– *deseglisei* 13
– *foetida* 68
– – 'Bicolor' 90
– × *fortuniana* 22
– *gallica* 24, 58*, 68
– – 'Versicolor' 90
– *glauca* 68
– *helenae* 68
– *hugonis* 69*
– *indica* 10

– – *fragrans* 16
– – var. *odoratissima* 10
– × *kordesii* 22
– *lawrenceana* siehe *R. chinensis* 240
– *laxa* siehe *R. coriifolia* 'Froebelii' 39
– × *macrantha* 'Raubritter' 163*
– *majalis* 69, 70*
– *moschata* 16
– – *hybrida* 14
– *moyesii* 69
– *multiflora* 39, 69
– – var. *adenochaeta* 71*
– *nitidula* 13
– *noisettiana* siehe Noisetterose 14
– *obtusifolia* 13
– *odorata* 16
– – 'Ochroleuca' 14
– *omeiensis* f. *pteracantha* 51*, 69
– × *paulii* 90
– *pendulina* 24, 69
– *pimpinellifolia* 70
– *repens* siehe *R. arvensis* 67
– *rouletii* 20, 240
– *roxburghii* 70
– *rubiginosa* 24
– *rubrifolia* siehe *R. glauca* 68
– *rugosa* 24, 62*, 90
– *sericea* 70
– *silvestris* siehe *R. arvensis* 67
– *spinosissima* siehe *R. pimpinellifolia* 70
– *sweginzowii* 70
– – 'Macrocarpa' 62*
– *thea* 10
– *villosa* 24, 70
– *vosagiaca* 13
– *wichuraiana* 20, 90
– *willmottiae* 70, 73
– *xanthina* 70
'Rosamunde' 116*, 129
'Rosarium Uetersen' 104*
'Rose Gaujard' 154
'Rosenelfe' 129
Rosenbäumchen 161 f., 168 f.
Rosenblattlaus 220*, 221
Rosenblattrollwespe 221*
Rosenblattwespe 221*
Rosenbogen 166*
Rosenfarbstoffe 57 ff.
Rosenfreunde 250
Rosengabel 201, 202*
Rosengärten 178 ff.
Rosengesellschaften 250 f.
Rosenhecke, freistehende 164, 165*
Rosenkäfer 222
Rosenkrankheiten 220 ff.
Rosenkultur in Alpinlagen 225
Rosenmehltau siehe Mehltau
Rosenmosaikvirus 219, 220*
Rosenmüdigkeit 218 f.
Rosenöl 243
Rosenpfarrer 242
Rosenpflanze, Aufbau 50*
Rosenprüfgärten 245 ff.
Rosenrost 221, 222*
Rosenschädlinge 220 ff.
Rosenschnitt 195 ff.*
– Zeitpunkt 195
Rosenstämme, Anzucht 47
– Höhe 49
Rosenstrauch 164
Rosentriebbohrer 222, 223*
Rosenvirus 219
Rosenwelke 219
Rosenwickler 221, 222*
Rosenzikade 221
Rosenzüchter 248 f.
Rosenzüchtung 25 ff.
'Roseraie de L'Hay' 91*
'Rosi Mittermaier' 129
'Rosier de Phil. Noisette' 14
'Rosmarin 89' 110
Rote Krimrose 243
Rote Spinne 221
'Roter Stern' 154
Rouletii-Rose 20
'Royal Gold' 104
Rückschnitt 196 f.*, 198*
'Rumba' 129
Rußtau 221

Sägewespe 221
'Salet' 91
'Samba' 129
Samen 31, 62
Sämlinge 32
Sand 183, 187
'Sanders White Rambler' 179*
Sangerhausen 238
'Sangria' 129
'Sarabande' 129, 130*
'Scarlet Gem' 110
Schädlinge 227
'Scherzo' 130
Schildläuse 222
schlafende Augen 195, 199*
'Schloß Heidelberg' 91
'Schneeküßchen' 110
'Schneeschirm' 91
'Schneewittchen' 92
'Schneezwerg' 92
Schnitt 195 ff., 226
– allgemeine Hinweise 196
– Buschrosen 197*
– Climbing-Rosen 199
– dauerblühende Strauchrosen 200*
– einmalblühende Kletterrosen 198
– einmalblühende Strauch- und Wildrosen 199
– Hängerosen 198
– nach der Pflanzung 193, 194*
– nachfolgende Behandlung 200
– Stammrosen 198
– Strauchrosen 199, 200*
– verblühte Rosen 210 f., 211*, 212*
Schnittwerkzeuge 196*
'Schwanensee' 247*
'Schwarze Madonna' 154
'Schweizer Gold' 154
'Seashell' 154
Selektion von Rosensorten 49
'Senator Burda' 154
'Sensation' 155
'Shocking Blue' 130
'Silva' 155
'Silver Star' 155
'Snow Ballet' 92
'Soleil d'Or' 19
'Solo' 104
Sommerbehandlung 210 f.
Sommerdüngung 206
Sommerschnitt 227
'Sonia Meilland' 130
Sonnenbrand 217
'Sonnenröschen' 130
Sortenangaben, Erläuterungen 63 f.
Sortenwahl, alpine Lagen 228
– Bauerngarten 165 f.
– Garten und Park 166 ff.
– Grundsätzliches 73
'Souvenir de la Malmaison' 10 f., 17, 155, 233*
Spalier 171*
'Sparrieshop' 92
Spinnmilbe 221
Sports 28 f.
Spritzbrühen 216
Sproßspitzen-Vermehrung 49
Spurenelemente 204
Stacheln 51*, 52 f.*
'Stadt Basel' 130
'Stadt Eltville' 63*
'Stadt Luzern' 130

Stammrosen 49, 161 f., 168 f.
Standort 162, 183, 185, 225
'Starina' 108*, 110
Staubblatt 30*
Stäubemittel 216
Staunässe 185
Steckholzvermehrung 35*, 36
– beim Rosenliebhaber 35
– im Rosenbetrieb 34
Stecklinge 34, 35*
'Stéphanie de Monaco' 155
Sternrußtau 221, 222*
Stickstoff 202
Stratifikation 40
Strauchrosen 23, 73 ff., 161
– Verwendung 167
Stroh 202
Stummel 199*
'Suaveolens' 17
'Sultane' 156
'Sun King' 156
'Super Star' 155*, 156
'Sutters Gold' 156, 157*
'Swany' 92
'Sweetheart' 131
Swim 11
'Swiss Fire' 156
'Sylvia' 131
'Sympathie' 104*, 105

Tagetes 219
Tantau, Matthias 10
Tapezierbiene 221
'Tausendschön' 105
'Tchin Tchin' 131
Teehybridrosen 18, 23 f., 135 ff., 161
– Verwendung 167, 168
Teerosen 10, 16, 18, 23 f., 135 ff.
'The Fairy' 131, 132*
'The Queen Elizabeth Rose' 131, 133*
'The Squire' 115
Thrips 222
Thunberg 19
'Ticino' 131
'Tino Rossi' 156
'Tip Top' 131
Ton 183
Topfrosen 231 f.
Torfmull 187
'Toscade' 156
'Tradition' 157
Trauerrosen 162
Triebe 51
'Trigintipetala' 60, 243
'Tuscany Superb' 66*

Überwinterung 47, 227
'Ulrich Brunner Fils' 157
Umgraben 202
'Uncle Walter' 158
Unkraut 202
Unkrautbekämpfungsmittel 218
Unterlagen 36, 37 ff., 39, 42, 43
– Anzucht 40 ff.
– Auslese 39 f.
– Auspflanzung und Kultur 43
– Sortierung 42
– Typen 38*
'Uwe Seeler' 131

'Valencia' 158, 159*
'Variegata di Bologna' 93
'Vatertag' 133
'Veilchenblau' 106*
'Venusta Pendula' 106*
Vasenschnitt 212
Verbinden (Veredlung) 46, 48
Verblauen 59
Veredlung 36 ff., 45 ff.
Vererbung 25 ff.
Verkauf 47
Vermehrung 34 ff.
– durch Aussaat 34
– durch Steckholz 34 f.
– Miniaturrosen 36
– über Ausläufer 34
– vegetative 28
Verpflanzen alter Rosen 194
Versand 47
'Versicolor' 90
Verwendung der Rosen im Garten 160 ff.
– im Hausgarten 181 f.
'Via Mala' 158
Vilbert 10
'Ville de Zurich' 133
'Viridiflora' 89*, 90
Viruskrankheiten 219
'Vogelpark Walsrode' 92*
Vorkulturen 185

'Warwick Castle' 29*
'Wedding Day' 106
Weiße Nelkenrose 93
Werbung 245
'Westerland' 93*, 164/165*
'Western Sun' 158
'Whisky' 158
'White Gem' 110
Wichuraiana-Hybriden 20, 23
'Wiener Charme' 158
Wiesenrose 67
Wildkrone, Entfernen 46, 48
Wildrosen 23 f., 67 ff., 73
Wildschäden 222
Wildtriebe (Schosse) 39, 227
'Wilhelm Tell' 133
'William Lobb' 166*
Winterschäden 217
Winterschutz 213, 227
Winterspritzung 200
Wuchsformen 161
Wühlmäuse 223
Wurzelausläufer 34
wurzelechte Rosen 189 f.
Wurzelverletzungen 217

'Yankee Doodle' 158
'Yesterday' 93, 133
'Youki San' 158

Zapfen 199*
Zellteilung 25 f.
Zentifolie 9
'Zéphirine Drouhin' 93
Zimtrose 69, 70*
'Zorina' 133
Züchterschutz 188
Zuchtziele 25, 60
Zweibrücken 238
Zwerg-Bengalrosen 20, 109 ff.
'Zwergkönig' 110
'Zwergkönig 78' 111
Zwergrosen 23 f., 36